EGMONT R. KOCH · MICHAEL WECH

Deckname Artischocke

Buch

Am 28. November 1953 starb Frank Olson, Biochemiker der CIA, nach einem Sturz aus einem Hotelfenster in New York. Angeblich war es Selbstmord. Fünfzig Jahre später beweisen Egmont R. Koch und Michael Wech: Es war Mord im Auftrag des amerikanischen Geheimdienstes. Frank Olson musste sterben, weil er zuviel wusste – über die Experimente der CIA mit tödlichen Keimen, chemischen Kampfstoffen und gefährlichen Psychodrogen.

Autor

Der Journalist Egmont R. Koch, Jahrgang 1950, wurde 1978 mit dem Öko-Bestseller »Seveso ist überall« (zus. mit Fritz Vahrenholdt) bekannt. Für seine für ZDF und WDR produzierten TV-Dokumentationen wurde er vielfach ausgezeichnet. Mit seinen Buchveröffentlichungen erregte Egmont R. Koch weltweit Aufsehen, so etwa mit den Enthüllungen über HIV-verseuchte Blutkonserven (»Böses Blut«, 1990, zus. mit Irene Meichsner).

Michael Wech, Diplom-Politologe, Jahrgang 1969, studierte Politische Wissenschaften in Hamburg, London und Ankara. Er ist Autor von Fernsehdokumentationen für 3 SAT, Arte, ZDF und ARD und arbeitet seit mehr als zehn Jahren mit Egmont R. Koch zusammen.

Von Egmont R. Koch ist im Goldmann Verlag außerdem erschienen:

Wagners Geständnis. Wie sich ein SS-Mann als Jude tarnte (15210)

Egmont R. Koch
Michael Wech

Deckname Artischocke

Die geheimen Menschenversuche der CIA

GOLDMANN

Bildnachweis:

Eric Olson: S.15, S.22, S.40, S.44, S.57, S.68, S.71, S.81, S.115, S.119, S.157, S.177, S.200, S.202, S.233, S.249; Armand Pastore: S.23; KZ-Gedenkstätte Dachau: S.26; US Holocaust Memorial Museum Washington: S.49; US Army Medical and Material Command Fort Detrick: S.63, S.84; Franz Gajdosch: S.99, S.100; National Archives College Park: S.129 oben; Valeska Hoffmann: S.129 unten; New York Daily News: S.140; AP: S.148; Alliierten Museum Berlin: S.161; Arthur Vidich: S.165; Bud Railey: S.171, Ira Feldman: S.206; Egmont R. Koch: S.215, S.217, S.245, S.264; New York Times: S.223; GeraldRichards: S.244; Sven Kiesche: S.254; Gerald Ford Library: S.261

Umwelthinweis:
Alle bedruckten Materialien dieses Taschenbuches
sind chlorfrei und umweltschonend.

Der Goldmann Verlag ist ein Unternehmen
der Verlagsgruppe Random House GmbH

1. Auflage
Vollständige Taschenbuchausgabe Mai 2004
Wilhelm Goldmann Verlag, München,
in der Verlagsgruppe Random House GmbH

Umschlaggestaltung: Design Team München
Satz: DTP im Verlag
Druck: GGP Media GmbH
Verlagsnummer: 15281
KF · Herstellung: Sebastian Strohmaier
Made in Germany
ISBN 3-442-15281-X
www.goldmann-verlag.de

And ye shall know the Truth
and the Truth shall set you free

(Inschrift in der Lobby des CIA-Hauptquartiers
in Langley/Virginia)

Inhalt

Prolog

Im November 2001, an den genauen Tag konnte er sich später nicht mehr erinnern, erhielt der CIA-Veteran Ira (»Ike«) Feldman einen überraschenden Anruf. Ein Mann kündigte seinen Besuch an. Tags darauf stand dieser vor der Tür, wies sich als Regierungsbeamter aus. Es gehe um Milzbrand, sagte er lakonisch, ob er kurz mit Feldman sprechen könne? Der lutschte gerade an einer kalten Zigarre, denn nach einem Herzinfarkt ein Jahr zuvor hatte ihm sein Arzt das Rauchen verboten. Er durfte seine geliebten Havannas nur noch zwischen den Fingern kreisen lassen oder an ihnen lecken. Ike bat den Besucher herein, höflichkeitshalber. Aber was um Himmels willen sollte er über Milzbrand wissen?[1]

Ike Feldman, in Brooklyn geboren, inzwischen weit über achtzig Jahre alt, wurde 1941 zur Army eingezogen und nach Deutschland geschickt, wo er sein Sprachtalent entdeckte und sehr schnell Russisch lernte. Zurück in den USA kam Chinesisch hinzu, was ihm 1950 ein Engagement als Geheimagent der US Army im Koreakrieg eintrug. Dort hatte er entschlüsselte chinesische Funksprüche zu übersetzen. Danach ging Feldman zur Drogenpolizei, schließlich zur CIA – er war zwar klein von Gestalt, besaß aber ein großes Herz, wenn es galt, Gangster und Kommunisten aufzuspüren und zu jagen.[2] Später erwarb sich Ike den schmückenden Beinamen »the pimp«, »der Zuhälter«, weil er für die Beschaffung von Prostituierten für bestimmte Tests der CIA verantwortlich war. Aber das ist eine andere Geschichte. Was er danach noch so für die Agency trieb, darüber hüllte sich Feldman nach der Pensionierung weitgehend in Schweigen. Er wollte noch ein paar Jahre leben und Rente beziehen und hatte deshalb beschlossen, so manches Geheimnis, über das er eigentlich ganz gern geplaudert hätte, lieber mit ins Grab zu nehmen.

Zur gleichen Zeit bekamen zahlreiche Ex-Wissenschaftler der Army und der CIA sowie deren Vertragsfirmen Besuch von der Bundespolizei FBI. Die hatte unter größtem Erfolgsdruck ein Heer von Detectives ausschwärmen lassen, um nach dem Verantwortlichen der mysteriösen Anthrax-Attacken nach den New Yorker Terroranschlägen vom 11. September 2001 zu suchen. In Trenton/New Jersey und in St. Petersburg/Florida waren anonyme Briefe aufgegeben worden, die eine tödliche Fracht enthielten, adressiert an Medienvertreter und Politiker im amerikanischen Kongress: Milzbrandsporen. Fünf Menschen starben an den Folgen der Anthrax-Infektion, dreizehn weitere erkrankten ernsthaft.[3]

Den »bugs and gas experts« der US-Nachrichtendienste, den Fachleuten für chemische und biologische Kampfstoffe also, muss schon Tage nach den ersten Briefsendungen klar geworden sein, dass die Anthrax-Post nicht auf das Konto von Osama Bin Laden oder seiner islamistischen Terrororganisation gehen konnte. Ein Anschlag von Al Qaida mit tödlichen Bakterien wäre, um größtmögliche Wirkung zu erzielen – und auf die kam es den Terroristen offensichtlich an –, in der New Yorker U-Bahn erfolgt, während der Rushhour, und nicht über die Post.

Die getrockneten und fein gemahlenen Sporen ließen zudem auf eine sehr professionelle Herstellung schließen, wie sie beispielsweise in den ehemaligen B-Waffen-Laboratorien von Frederick im US-Staat Maryland betrieben worden war. Stammte das weiße Pulver demnach aus Restbeständen der amerikanischen Armee? Hatte jemand mit Zugang zu dieser Quelle eine gewisse Menge abgezweigt und ein kleines privates Depot angelegt? Aber mit welcher Absicht?

Die Ermittlungen des FBI konzentrierten sich auf das Umfeld eben dieser ehemaligen Fabrik für biologische Kampfstoffe in Frederick: Fort Detrick. Die militärische Einrichtung war 1943 unter dem Namen »Camp Detrick« gegründet worden, als die Amerikaner, aus Angst vor bakteriologischen Angriffen der deutschen Wehrmacht, ein aggressives Programm zur Erforschung und Entwicklung biologischer Kriegswaffen in Angriff nahmen. Erst 1969 wurde das Vorhaben auf Geheiß des damaligen Präsidenten Richard M. Nixon beendet, stattdessen zog die militärische Abwehrforschung gegen B-Waffen in Camp Detrick ein: das *US Army Medical Research Institute for Infectious Diseases (USAMRIID)*.

Die Bundespolizei nahm Hunderte von ehemaligen USAMRIID-Mitarbeitern, aber auch Camp-Detrick-Veteranen unter die Lupe, überprüfte deren Zugang zu den gefährlichen Keimen, durchleuchtete mögliche Motive. Immer in der Hoffnung auf eine heiße Spur.[4] Das alles machte Sinn. Aber warum Ike Feldman? Der war noch nie in Fort Detrick gewesen, hatte noch nie ein Biowaffenlabor von innen gesehen. Und was sollten seine früheren Aktivitäten für die Regierung mit gestohlenen Milzbrandsporen zu tun haben? Eine seiner Prostituierten von damals war wohl kaum für die Anschläge verantwortlich.

Zu Ikes Überraschung galten die Fragen des Beamten hingegen einem Mann namens Dr. Frank Olson. Dieser war Ende der Vierzigerjahre einer der führenden Army-Biochemiker in Camp Detrick gewesen. Feldman hatte Olson nie persönlich kennen gelernt, erinnerte sich aber an dessen Namen. Aber Frank Olson war seit fast fünfzig Jahren tot. Ob Feldman irgendeinen Zusammenhang des Falles mit den aktuellen Terroranschlägen sehe, wollte der Besucher wissen. Ike blies imaginäre Rauchkringel in die Luft, schüttelte dann den Kopf. Aber Olson habe doch, nach den geheimen Anthrax-Forschungen, auch mit der Operation »Artischocke«, diesen Experimenten der CIA, zu tun gehabt, für die er, Feldman, später die weiblichen Hilfskräfte engagieren musste, insistierte der Bundesbeamte. Daher also wehte der Wind. Konnte sich Ike an irgendeine Winzigkeit erinnern, die er damals erfahren hatte, über irgendwelche Ecken vielleicht, was man eben so redete unter Agenten? Doch Ike Feldman, der müde CIA-Kämpe in seinem Ohrensessel, nuckelte nur an seiner Zigarre und zuckte mit den Schultern.[5]

Etwas stimmte hier nicht, sagte sich Ike Feldman, als der Beamte wieder gegangen war. Aber was? Gut, sie drehten wegen der Anthrax-Fälle jeden Stein um. Aber war die Ermittlungslage des FBI tatsächlich in einem so tristen Zustand, dass sie auch Zusammenhängen nachgingen, die ziemlich konstruiert wirkten? Oder steckte etwas anderes dahinter? Eine alte Geschichte vielleicht? Eine offene Rechnung? Befürchtete das FBI am Ende, die Milzbrandanschläge könnten irgendwie mit Frank Olsons mysteriösem Tod im November 1953 zusammenhängen? Ike Feldman kramte in seinen Erinnerungen. Dann kam ihm plötzlich ein Verdacht.

In seinem Holzhaus, das einst sein Vater gebaut hatte, oben auf dem Braddock Mountain, einer Anhöhe westlich von Frederick mit Blick über das gesamte Areal von Fort Detrick, konnte sich auch Eric Olson zunächst keinen Reim auf die terroristischen Anschläge vom Herbst 2001 machen. Seit Jahren suchte Olson nach Beweisen, dass sein Vater, damals einer der führenden B-Waffen-Forscher des Landes, 1953 ermordet worden war. Im Auftrag der amerikanischen Regierung – weil er aussteigen wollte.[6]

Als um die Weihnachtszeit 2001 immer deutlicher wurde, dass die Milzbrandsporen nicht, wie zunächst behauptet, aus einer von Saddam Husseins »Waschküchen«, sondern aus einem amerikanischen Hightech-Laboratorium stammten, fing Eric Olson an zu grübeln, ob es zwischen den Anthrax-Briefen und dem Tod seines Vaters eine Verbindung geben könnte. Aber welche? Die mikrobiologischen Tatwerkzeuge des Terroristen stammten offensichtlich von einem Bakterienstrang ab, der aus einer in Texas infizierten Kuh gewonnen und 1980 von USAMRIID übernommen worden war, ein Jahrzehnt nach dem offiziellen Ende des amerikanischen B-Waffen-Programms und drei Jahrzehnte, nachdem sein Vater in Camp Detrick gearbeitet hatte.[7] Wenn ein Zusammenhang bestand, dachte Olson, dann war er nicht auf den ersten Blick ersichtlich.

Dann kam Eric Olson plötzlich eine Möglichkeit in den Sinn, die gar nicht so abwegig erschien, je mehr er darüber nachdachte. Es war der gleiche Gedanke, auf den auch Ike Feldman gestoßen war. Aber das sollte sich erst später herausstellen.

Tod in Manhattan

Mitten in der Nacht zog Frank sich an, nahm Mantel und Hut und schlich aus dem Zimmer. Der Mann im Nachbarbett schlief fest. Frank huschte über den Flur zum Fahrstuhl, fuhr nach unten in die Lobby. Ihn verlangte nach frischer Luft, er musste einen klaren Gedanken fassen. Vielleicht würde ein Spaziergang durch die kalte Novembernacht helfen. Ohne ständige Begleitung von Colonel Ruwet, seinem Vorgesetzten bei der Army, der mit ihm das Zimmer teilte, und diesem Lashbrook von der CIA, der im Zimmer nebenan nächtigte und der sein eigentlicher Bewacher war.[1]

Frank durchquerte die verwaiste Eingangshalle des *Hotel Pennsylvania*, auf dem polierten Marmorboden hallten seine Schritte wie in einer leeren Kirche. Sein Blick fiel auf die Weltuhr am Ausgang zur 7th Avenue: Es war 10.00 Uhr in Berlin und Paris, 18.00 Uhr in Tokio und 4.00 Uhr morgens in Downtown Manhattan.

Draußen wandte er sich nach rechts, Richtung Times Square. Aus den Gullis kroch Dampf. Alles kam ihm unwirklich vor. Er ging einige Blocks, vorbei an Nachtgestalten, die in Häusernischen kauerten.

Frank ahnte, dass sie hinter ihm her waren. Er hatte einen schrecklichen Fehler gemacht. Den würde ihm die CIA nie verzeihen. Eine Woche zuvor, nach einer Besprechung, war er unter Drogen gesetzt worden. Mit LSD. Das war kein harmloser Selbstversuch, wie sie hinterher behauptet hatten, sie wollten seine Zunge lösen, wollten von ihm erfahren, was er an wen verraten hatte. So wie sie es regelmäßig mit mutmaßlichen Spionen und Überläufern machten. Das war schließlich ihre Methode. In den letzten Tagen hatten sie ihm weitere Medikamente verabreicht. Sollte er vergiftet oder in den Irrsinn getrieben werden? Oder bildete er sich das alles nur ein? Waren Lashbrook und Ruwet tatsächlich die Freunde, als die sie sich ausgaben? In Franks Kopf vereinten sich nackte Angst und heller Wahn.

Gegen 5.30 Uhr klingelte in seinem Hotelzimmer das Telefon. Der Weckdienst. Ruwet schaltete die Nachttischlampe an – und schoss in seinem Bett hoch. Wo steckte Olson? Im Badezimmer? Aber warum fehlten dann sein Anzug und sein Mantel? Aufgeregt klopfte er an Lashbrooks Tür. Hatte sich ihr Mann aus dem Staub gemacht? War er durchgedreht? Sorge befiel die beiden Geheimdienstleute, große Sorge.

Für die CIA hätte Frank Olsons Verschwinden ein »worst case scenario« bedeutet, den schlimmsten vorstellbaren Fall. Denn er war ein Geheimnisträger ersten Ranges: CIA-Officer und Wissenschaftler im Dienst des Forschungszentrums der Army für biologische Waffen. Aber Olson wollte aussteigen, mehrfach hatte er dies Ruwet in den Tagen zuvor mitgeteilt. Er sei nicht mehr der richtige Mann für diesen Job. Etwas musste ihn schwer mitgenommen haben.[2]

Für den Geheimdienst bedeutete das: Frank Olson lief aus dem Ruder, und das war gefährlich. Denn er kannte alle hässlichen Details ihrer Experimente, sämtliche Einzelheiten der schmutzigen Tricks, auf die sich die Abteilung *Technical Services Staff (TSS)* der CIA spezialisiert hatte. In seinem derzeitigen Zustand musste er als eine wandelnde Zeitbombe für die nationale Sicherheit angesehen werden. Und jetzt war er irgendwo im Straßendschungel von New York unterwegs. Womöglich weinte er sich gerade an der Schulter irgendeines Strichmädchens aus, vielleicht war er mit einem Penner ins Plaudern geraten, oder er hatte nach ein, zwei Whiskys dem Barkeeper eines Nachtclubs über die Theke hinweg amerikanische Staatsgeheimnisse anvertraut.

Zwei Tage zuvor waren Lashbrook und Colonel Ruwet mit Olson nach New York gekommen, um den Arzt Dr. Harold A. Abramson zu konsultieren, einen Allergie-Spezialisten mit einem Faible für LSD. Abramson besaß zwar keine psychiatrische Qualifikation, dafür aber das Vertrauen der CIA, weil er die Agency bei deren Drogenversuchen beriet. Er durfte deshalb, Fachwissen hin oder her, Agenten und Geheimdienstmitarbeiter, die aus der Bahn geworfen worden waren oder private Probleme besaßen, behandeln.

Beim ersten Gespräch in seiner Praxis auf der Upper East Side hatte Abramson erhebliche Verwirrung und Erregtheit in den Äußerungen seines Patienten erkennen können. Und in dessen Augen. Olson schüttete sein Herz aus, er sei seinen beruflichen Pflichten nur ungenügend nachgekommen und habe sich seiner Familie und seinen Kollegen gegenüber schuldig gemacht. Kon-

Dr. Frank R. Olson arbeitete als Wissenschaftler der Army und als Officer der CIA an biologischen Waffen.

kreter wurde er nicht. Noch nicht. Erwartungsgemäß für Lashbrook und Ruwet deutete ihr Berater die seelische Notlage als schwerwiegende Nachwirkung des LSD.[3]

Noch spät am selben Abend war Abramson ins *Hotel Pennsylvania* gekommen, um seine Diagnose zu überprüfen. Unter dem Arm trug er eine Flasche Bourbon, in der Jackentasche ein Fläschchen Nembutol, ein starkes Schlafmittel. Eine eher ungewöhnliche Kombinationstherapie für einen Patienten wie Frank Olson. Offenbar verließ sich der CIA-Vertrauensarzt auf seine eigenen Behandlungsmethoden.[4]

Als Abramson eine Stunde und etliche geleerte Gläser später wieder ging, gewann er den Eindruck, sein Patient sei inzwischen deutlich ruhiger geworden. Zum Abschied habe Olson gesagt, es gehe ihm inzwischen viel besser. Diese Aussage sollte der Mediziner jedenfalls später vor der Polizei machen.[5]

Am nächsten Morgen hatte Lashbrook seine beiden Kollegen zu einem konspirativen Treffen mit dem weltberühmten Magier John Mulholland mitgenommen, der seit etwa einem halben Jahr auf der Gehaltsliste der CIA stand. Mulholland arbeitete für die Abteilung TSS an einem Handbuch für Agenten. Die sollten damit lernen, unbemerkt Giftmixturen oder Drogen in Cocktailgläser und Kaffeetassen potenzieller Opfer zu schleusen. Mulhollands tödlicher Zauber. Vielleicht sollte der Künstler Frank Olson unter Hypnose setzen, eine seiner Spezialitäten, um ihm seine Verfehlungen zu entlocken.[6] Aber Frank gefiel der Besuch bei Mulholland ganz und gar nicht, er schöpfte Verdacht, wurde renitent. Vorzeitig verließen sie das Apartment des Meister-Magiers.[7]

Abends waren Lashbrook und Ruwet mit ihrem angeschlagenen Kollegen zum Broadway geschlendert, wo das Musical »Me and Juliet« lief. Ruwet hatte Karten besorgen lassen, doch schon während des ersten Akts kehrte Olsons panische Angst zurück. Er flüsterte seinem neben ihm sitzenden Vorgesetzten ins Ohr, dass seine Häscher bereits vor dem Theater warteten, um ihn zu verhaften. »Was machen sie mit mir? Ist das eine Sicherheitsüberprüfung oder was?«, würde Ruwet später seinen Kollegen zitieren. In der Pause verließen die beiden die Vorstellung und kehrten zum Hotel zurück.[8]

Doch Frank Olson hatte keinen Schlaf gefunden in dieser Nacht. Und im Morgengrauen war er dann aus dem Zimmer geschlichen.

Hektisch zogen sich Lashbrook und Ruwet an. An seinem Verschwinden konnte es keinen Zweifel geben. Die Sache würde man ihnen in die Schuhe schieben, wenn sie ihn nicht schleunigst wieder fanden. Doch schon als die beiden in der Hotel-Lobby aus dem Fahrstuhl traten, verzogen sich ihre Sorgenfalten. Sie entdeckten ihren Schützling, in Mantel und Hut, in einer Ecke der Empfangshalle sitzen.

Olson wirkte verstört, faselte wirres Zeug. Das jedenfalls gaben Lashbrook und Ruwet später zu Protokoll.[9] Er habe die Stimme des Colonels im Schlaf gehört, sei von ihr angewiesen worden, auf die Straße zu gehen, seine Geldscheine, Blankoschecks und Zettel aus seiner Brieftasche in einen Abfallkorb zu werfen. »Frank, du brauchst das alles nicht mehr!«, habe ihm die Stimme befohlen. Er sei deshalb aus dem Bett gesprungen und habe sich auf den Weg gemacht.[10]

Doch entsprachen die späteren Zeugenaussagen der CIA-Leute der Wahrheit? Oder sollten sie den Eindruck erwecken, Olson habe seit dem LSD-Experiment eine Woche zuvor an Halluzinationen gelitten und sei auf einem nicht enden wollenden Trip gewesen? Als Opfer eines Selbstversuchs, der bedauerlicherweise außer Kontrolle geraten war?

Frank Olson, seit jeher ein Familienmensch, wollte unbedingt nach Hause zu Alice, seiner Frau, und den Kindern. Das Thanksgiving-Wochenende stand kurz bevor. Aber er zweifelte, ob seine Kollegen ihn wirklich gehen lassen würden. Lashbrook und Ruwet betrachteten es indes, wie sie später behaupten sollten, »als Frage der Ehre«, seinem Wunsch nachzukommen.[11] Sie flogen nach Washington zurück. Am Flughafen wurden sie von einem von Colonel Ruwets Mitarbeitern erwartet, der ihn und Olson nach Frederick bringen sollte, wo die beiden in Camp Detrick, dem Forschungszentrum für biologische Waffen der Army, beschäftigt waren. Lashbrook fuhr ins CIA-Hauptquartier.

Doch bereits am Stadtrand von Washington, in der Wisconsin Avenue, hatte Frank es sich anders überlegt. Er wurde aggressiv, nötigte den Fahrer, anzuhalten und beschimpfte seinen Vorgesetzten, er wolle auf keinen Fall zu seiner Familie gebracht werden. Ruwet rief von einem Restaurant aus Lashbrook an, der anordnete, sofort zu seinem Privatapartment in der Nähe des Dupont Circle zu fahren; er und sein Boss Dr. Sidney Gottlieb, der Chef der chemischen Abteilung von TSS, würden sich ebenfalls umgehend auf den Weg machen.[12] Den beiden war klar, dass Olson dringend stationärer psychiatrischer Behandlung bedurfte, und zwar in einer geschlossenen Abteilung, die von der CIA überwacht wurde. Bevor der Fall völlig außer Kontrolle geriet.

Kurz nach Ruwets Wagen trafen Gottlieb und Lashbrook vor dem Apartment ein. Olson wirkte depressiv und fahrig, sollten alle drei CIA-Leute später in ihren Zeugenberichten festhalten. Immer wieder klagte er über seine Inkompetenz und seine Fehler, sprach von einer auswegslosen Lage. Am besten wäre, sie würden ihn der Polizei ausliefern, die sei ja ohnehin hinter ihm her.[13]

Gottlieb beschloss, Lashbrook solle mit Olson umgehend nach New York zurückkehren, um erneut Harold Abramson, den Vertrauensarzt, zu Rate zu ziehen. Er werde sofort mit ihm telefonieren und entsprechende Vorbereitungen treffen. Dies hier war ein Notfall. Dann trennten sie sich: Colonel Ruwet fuhr weiter nach Frederick, um Olsons Frau Alice über die jüngsten Ereignisse zu informieren, Gottlieb brachte die beiden anderen zurück zum Flughafen. Etwa drei Stunden nach ihrer Ankunft in Washington saßen Olson und Lashbrook wieder in einer Maschine Richtung New York.[14]

In La Guardia gelandet, nahmen sie ein Taxi, das sie nach Huntington auf Long Island brachte. Dort, in der Nähe seines Hauses, besaß Abramson eine zweite Praxis. Eine Stunde lang sprach der Arzt mit seinem Patienten unter vier Augen. Erneut schien Frank von Selbstzweifeln gequält. Das LSD-Experiment sei nicht die Ursache seines Problems, redete er auf Abramson ein, als sie allein waren, allenfalls habe die Drogengeschichte dieses verstärkt. Der Arzt empfahl die unverzügliche Einweisung in eine geschlossene Anstalt, er befürchtete einen Selbstmord.[15]

Am selben Abend, nach einem freudlosen Thanksgiving-Dinner in einem der örtlichen Restaurants, bezogen Lashbrook und Olson ein Doppelzimmer im *Anchorage Guest House* in Cold Spring Harbour, unweit von Huntington.[16] Olson hatte sich wieder beruhigt, machte abgesehen von kurzzeitigen depressiven Phasen einen sehr vernünftigen und ruhigen Eindruck, sollte Lashbrook wenige Tage später zu Protokoll geben. Dabei würde sich der CIA-Officer sogar an wörtliche Zitate seines Schutzbefohlenen erinnern: »Er sagte, jeder, er meinte auch mich, sei an einer Operation beteiligt, um ihn zu kriegen, und alle würden den Masterplan dieser Operation kennen.«[17] Er habe »sich eines Bruchs der Sicherheitsbestimmungen schuldig gemacht, weil das *Need-to-know*-Prinzip von ihm mehrfach zu weit ausgelegt« worden sei.[18]

In den höchsten Geheimhaltungsbereichen der CIA, jenen die »top secret«, »eyes only« oder höher klassifiziert sind, werden Tätigkeiten seit jeher gegeneinander abgeschottet: Die meisten wissen alles aus ihrem Arbeitsbereich, einige ein bisschen aus ihrer Abteilung, aber nur wenige kennen das gesamte Bild. Bei Kontakten untereinander gilt die eiserne Regel, nur über das zu reden, was der andere unbedingt für seine eigene Arbeit wissen muss – das *Need-to-know*-Prinzip. Wer gegen dieses Gesetz verstößt und mit Kollegen oder gar Außenstehenden über Dinge redet, die diese nichts angehen, gilt als erhebliches Sicherheitsrisiko.

Frank Olson war in der Hierarchie hoch genug angesiedelt, um einen Überblick über die verschiedenen Geheimprojekte zu haben, die im Army-Forschungszentrum in Frederick vorgenommen wurden – im Auftrag der CIA. Zum Beispiel unter dem Decknamen »Artischocke« grauenvolle Versuche an ahnungslosen Menschen, die nicht selten mit deren Tod endeten. Einige hatte er als Augenzeuge selbst miterleben müssen. Und Frank Olson wusste auch, dass ehemalige deutsche Nazi-Mediziner, die schon in den Konzentrationslagern mit Juden, Sinti und Roma sowie Behinderten experimentiert hatten, von der Army und der CIA als wissenschaftliche Berater verpflichtet worden waren. Sollte davon etwas an die Öffentlichkeit dringen, könnte das dem internationalen Ansehen der Vereinigten Staaten schwersten Schaden zufügen.

Am nächsten Morgen holte Abramson die beiden mit seinem Wagen im *Anchorage Guest House* ab, um in seine Praxis in Manhattan zu fahren. Noch einmal führte der CIA-Vertrauensarzt ein längeres Gespräch mit Olson, er legte ihm die Behandlung seiner psychischen Probleme in einer Klinik ans Herz. Man wolle ihn nicht zwangseinweisen, sondern hoffe auf sein Einverständnis für eine Therapie.[19] Olson nickte, bat dann darum, dass das Krankenhaus in der Nähe seiner Familie und Freunde sein solle. Nach telefonischer Rücksprache mit Lashbrooks Chef Gottlieb fiel die Wahl auf Chestnut Lodge in Rockeville/Maryland.[20]

Lashbrook rief in der Klinik an, damit sie entsprechende Vorbereitungen treffen konnte. Am anderen Ende der Leitung meldete sich ein Dr. Gibson, der für die männlichen Patienten zuständig war. Sie verabredeten die Einlieferung des Patienten für den nächsten Vormittag. Warum Chestnut Lodge? Das Personal der Anstalt war, im Gegensatz zu dem in anderen Privatsanatorien, nicht von der CIA sicherheitsüberprüft. Diente die Anmeldung nur als Finte?[21]

Da sie keinen Flug mehr zurück nach Washington bekamen, reservierten Lashbrook und Olson erneut für eine Nacht im *Hotel Pennsylvania*.[22] Sie bekamen Zimmer 1018A im dreizehnten Stock des riesigen Komplexes, mit Fenster zur 7th Avenue und Blick auf den Madison Square Garden.[23]

Während Olson seinen verschmutzten Anzug im Badezimmer reinigte, sprach Lashbrook am Telefon mit Colonel Ruwet in Frederick, um ihn über die geplante Einweisung in Chestnut Lodge zu informieren. Dann bat Olson darum, seine Frau anrufen zu dürfen. Es war das erste Mal, dass er diesen Wunsch äußerte. Er erzählte ihr über die Ereignisse der letzten Tage und beruhigte sie, es gehe ihm inzwischen schon viel besser.[24]

Gegen 18.30 Uhr gingen Lashbrook und Olson an die Bar des Hotels, tranken jeder zwei Martinis, danach zogen sie durch die Lobby, in der sie Olson einen Tag zuvor nach dessen nächtlichem Ausflug unerwartet wiedergefunden hatten, ins *Café Rouge*, dem legendären Restaurant des *Hotel Pennsylvania*. Dort spielte fast jeden Abend eine Band, in den Dreißiger- und Vierzigerjahren waren regelmäßig die Jazz-Giganten zu Gast: Count Basie, Duke Ellington und Glenn Miller mit seinem Orchester. Miller hatte sogar zu Ehren des Hotels seinen berühmten Song »Pennsylvania Six Five Oh-Oh-Oh« nach dessen Rufnummer PEN-65000 komponiert.[25]

Olson genoss die musikalische Untermalung während des Dinners. Er sprach erleichtert über die geplante Klinikeinweisung am nächsten Tag, hoffte, Ruhe zu finden und endlich ein paar Bücher zu lesen.[26]

Um etwa 22 Uhr zogen sich Olson und sein Begleiter von der CIA, der eigentlich sein Bewacher war, in ihr Zimmer zurück. Für eine Weile sahen sie fern, dann teilten sie der Vermittlung die Weckzeit für den nächsten Morgen mit, um ohne Zeitnot zum Flughafen zu gelangen. Gegen 23 Uhr gingen sie zu Bett.[27]

Etwa zur gleichen Zeit trat dreizehn Stockwerke tiefer Armand Pastore, der Manager des *Hotel Pennsylvania*, seinen Nachtdienst an. Der Sohn italienischer Einwanderer hatte kurzfristig mit einem Kollegen getauscht. Es war eine relativ ruhige Nacht für Pastore auf seinem Platz hinter der Rezeption. Bis etwa gegen 2.30 Uhr. Da kam der Portier, der sich kurz zuvor auf den Heimweg gemacht hatte, in die Lobby gestürzt und berichtete, völlig entsetzt und außer Atem, es sei gerade jemand aus einem der Hotelfenster gefallen.[28]

Pastore wies einen Mitarbeiter an, sofort Krankenwagen, Polizei und einen Priester anzurufen, dann eilte er nach draußen und sah, nahe der Hauswand, einen Körper auf dem Gehsteig liegen, einen Mann, bekleidet nur mit Unterwäsche. Pastore kniete sich nieder, stellte fest, dass der Mann noch lebte. Dieser schaute ihn mit weit aufgerissenen Augen an, versuchte zu sprechen. Es bereitete ihm offensichtlich große Qualen, aber er wollte etwas sagen. Überall war Blut, es rann aus Mund und Ohren, aus seinem linken Arm ragte spitz ein Knochen heraus. Inzwischen hatten sich mehrere Schaulustige eingefunden. Pastore sprach den Mann auf dem Pflaster an, legte das Ohr an dessen Mund, um ihn verstehen zu können. Aber er röchelte nur.[29]

Dann starb Frank Olson.

Nur Sekunden später trafen die Ambulanz und ein Priester ein, der die Sterbesakramente erteilte. Pastore trat ein paar Schritte von der Leiche zurück, blickte die Fassade nach oben, konnte aber nichts erkennen. Er überquerte die 7th Avenue, um von der gegenüberliegenden Seite eine bessere Sicht zu haben. Schließlich entdeckte er im dreizehnten Stock ein zerbrochenes Fenster und ein Rollo, das zwischen dem Glas herausragte. Schnell zählte Pastore die Stockwerke ab, dann die Fenster – es musste sich um Zimmer 1018A handeln.[30]

An der Rezeption ließ sich der Manager die Anmeldungskarte für das Zimmer geben. Zwei Männer waren darauf registriert. Pastore wusste, was er jetzt zu tun hatte. Er musste nach oben fahren, einen Blick in das Zimmer werfen, zurückkommen und seinen Bericht schreiben. Er kam nicht auf den Gedanken, das sich noch jemand in 1018A aufhalten könnte, denn derjenige hätte sonst natürlich sofort telefonisch Alarm geschlagen und wäre nach unten geeilt.[31]

Etwa zwanzig Minuten mochten seit dem Sturz vergangen sein, als Armand Pastore vor Zimmer 1018A stand und seinen Passepartout ins Schlüsselloch stecken wollte. Doch irgendetwas ließ ihn zögern. Wenn zwei Personen in 1018A eingecheckt hatten, war vielleicht doch noch jemand im Zimmer. Wäre es nicht besser, auf die Polizei zu warten?

Die Polizei kam wenig später. Pastore warnte die Beamten, womöglich sei noch jemand drin. Sie reagierten nervös, nestelten an ihren Pistolenhalftern. Als sie die Waffen gezogen hatten, öffnete Pastore vorsichtig die Tür.

Lashbrook saß im Badezimmer auf dem Toilettenbecken, in

Aus dem 13. Stock des *Hotel Pennsylvania*, das seinerzeit *Statler* hieß, stürzte Frank Olson in den Tod.

In den Armen des Hotelmanagers Armand Pastore, der in jener Nacht Dienst hatte, starb der CIA-Wissenschaftler Dr. Frank Olson.

Unterhose und -hemd, den Kopf auf die Hände gestützt. Es war, als habe er auf die Polizei gewartet. Er könne nicht sagen, was passiert sei, kam es leise, aber ohne Stocken über Lashbrooks Lippen, er habe fest geschlafen und sei durch den Krach splitternden Glases aufgewacht.[32] Bei dem Opfer handele es sich um einen Army-Wissenschaftler aus Frederick, entgegnete der CIA-Officer auf die Fragen der Polizisten, er selbst sei Mitarbeiter der US-Regierung. Das müsse genügen. Nein, er könne sich nicht erklären, weshalb der Mann in den Tod gesprungen sei, er wisse lediglich, dass sein Kollege unter Magengeschwüren gelitten habe.[33]

Die Polizeibeamten fanden keine Anzeichen eines Kampfes im Zimmer. Sie durchsuchten Lashbrooks Aktenkoffer, entdeckten aber bis auf einen Brief, in dem es um eine Versicherung der *Veterans Administration* ging, keine Papiere, die dem Toten gehörten. Das Schreiben sei von ihm aus einem Abfallkorb gefischt worden, in den es sein Kollege zwei Nächte zuvor geworfen habe, gab der CIA-Mann zur Begründung. Dann gingen die Uniformierten und ließen Lashbrook allein.[34]

Bereits unmittelbar nach dem Fenstersturz hatte der Geheimdienstler seinen Vorgesetzten, Dr. Sidney Gottlieb, zu Hause angerufen und informiert. Das sahen die CIA-Vorschriften so vor. Sofort danach war er von der Vermittlung mit Dr. Abramson auf Long Island verbunden worden, der ihn bat, völlig aus dieser Sache rausgehalten zu werden, der diese Bitte aber in einem Rückruf, kurze Zeit später, zurücknahm.[35]

Als Armand Pastore wenige Minuten später, immer noch mit zitternden Knien, an seinen Arbeitsplatz in der Lobby zurückkehrte, warf er einen kurzen Blick in die Telefonzentrale. Ob in der letzten halben Stunde Anrufe von Zimmer 1018A durchgestellt worden seien, wollte er wissen. Eines der Mädchen konnte sich erinnern. Sie war in der Leitung geblieben, um sicherzugehen, dass die Verbindung zustande kam. Es sei ein sehr kurzes Gespräch gewesen, wusste die Telefonistin noch, und deshalb konnte sie sogar den Wortlaut wiedergeben. Der Anrufer von 1018A sagte nur: »Er ist weg«, und der Mann am anderen Ende der Leitung antwortete: »Das ist zu dumm.« Dann hätten beide aufgelegt.[36]

Es muss sich um Lashbrooks Vollzugsmeldung bei seinem Boss Sidney Gottlieb gehandelt haben, dem Chef der Abteilung für »dirty tricks« in der *Central Intelligence Agency* und dem Leiter der Operation »Artischocke«.[37]

Kriegszeiten

Experimente

Sigmund Rascher ging akribisch zur Sache. Bei seinen ehrgeizigen Forschungsprojekten neigte der 33-jährige Arzt zu einer systematischen und pedantischen Vorbereitung. Das war schon bei den Höhenexperimenten vor einem Jahr so gewesen, und bei »terminalen Versuchen« empfahl es sich ohnehin, besonders gewissenhaft vorzugehen, damit die Probanden nicht leiden, nicht über Gebühr zumindest, selbst wenn ihm genügend »Material« für seine Untersuchungen zur Verfügung stand.[1]

Die Männer waren sorgsam nach Alter und Gewicht ausgewählt worden, sie hatten für den Versuch eine deutsche Fliegeruniform übergezogen, für die Bestimmung der Körpertemperatur war ein elektrisches Thermometer platziert worden, rektal. Dann konnte das Experiment beginnen. Rascher hatte diesmal auf »Schwachsinnige«, Juden und Schwerverbrecher verzichtet und sich stattdessen für russische und polnische Kriegsgefangene entschieden, deren körperliche Konstitution besser in seinen wissenschaftlichen Rahmen passte.[2]

Die Gefangenen wurden gezwungen, in große Wannen mit kaltem Wasser zwischen 2,5 bis 12 Grad Celsius zu steigen. Schwimmwesten sollten verhindern, dass sie untergingen. Dann warteten Rascher und seine Assistenten, bis die Versuchspersonen erstarrten, was allerdings nicht geräuschlos über die Bühne ging. Leider »brüllen« die Probanden, »wenn sie sehr frieren«, ließ Rascher später den Reichsführer-SS Heinrich Himmler an seinen Erfahrungen teilhaben.[3]

Als die Kriegsgefangenen im deutschen Fliegerdrillich nach etwa einer Stunde das Bewusstsein verloren hatten, ließ Rascher sie herausholen und wartete dann, das Thermometer im Auge behaltend, wie lange es dauern würde, bis sich die normale Körpertemperatur wieder einstellte – wenn sie sich denn wieder einstellte. Einige wurden beschleunigt erwärmt, durch heißes Wasser. Schmerzmit-

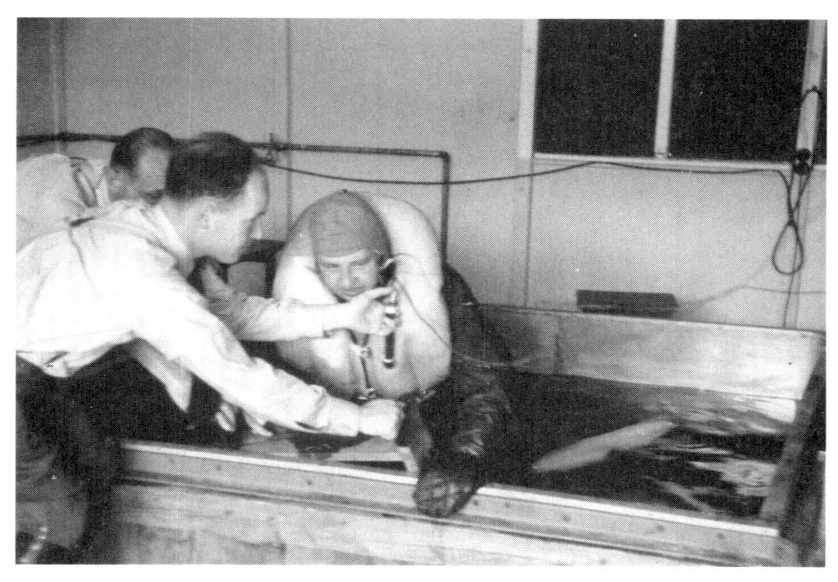

Der SS-Arzt Dr. Sigmund Rascher (links) nahm im Konzentrationslager Dachau grausame Kälteversuche mit Gefangenen vor.

tel für die »Auftauphase« waren nicht vorgesehen, »Humanitätsduselei«, schnauzte Rascher einen seiner Gehilfen an, als dieser protestierte, komme für ihn nicht in Frage.[4]

Die Unterkühlungstemperaturen »im After« wurden säuberlich in das Versuchsbuch eingetragen: Unter 28 Grad »starb die VP mit Sicherheit trotz aller Versuche zur Rettung«, fasste Rascher später seine Erkenntnisse zusammen. Todesfälle traten aber auch ein, »wenn der Hirnstamm sowie das Hinterhirn mit unterkühlt wurden«. In diesen Fällen habe »die Sektion (...) stets innerhalb der Schädelkapsel größere Mengen freien Blutes« gezeigt, die rechte Herzkammer sei stark erweitert gewesen. Sein Fazit: Die schnelle Erwärmung sei der langsamen Erwärmung des ausgekühlten Körpers vorzuziehen.[5]

Etwa fünfzig bis sechzig Personen durchliefen innerhalb weniger Wochen Raschers erste »Kälteserie«, rund ein Drittel schaffte es nicht, wieder auf normale Körpertemperatur zu gelangen und ins Leben zurückzukehren.[6]

Dann folgte die zweite Staffel: Etwa 150 Häftlinge wurden nackt in die Winterkälte getrieben. Sie mussten die ganze Nacht bei deutlichen Minustemperaturen ausharren, zwischen neun und vierzehn Stunden lang.[7] Einmal pro Stunde ließ Rascher sie zusätzlich mit kaltem Wasser überschütten. Die Häftlinge schrien erbärmlich, aber Rascher ließ das unbeeindruckt. Allerdings beschwerten sich zunehmend Nachbarn über die nächtlichen Ruhestörungen.[8] Rascher wandte sich deshalb später mit dem Vorschlag an seinen Gönner, den »hochverehrten Reichsführer«, die Experimente in Auschwitz fortsetzen zu dürfen, das dortige KZ sei »für einen derartigen Reihenversuch in jeder Beziehung besser (...), da es dort kälter ist und durch die Größe des Geländes (...) weniger Aufsehen erregt« werde.[9]

Im Winter 1942/43, während deutsche Truppen in der eisigen Kälte vor Stalingrad auf dem Rückzug waren und schließlich kapitulieren mussten, saß Dr. med. Sigmund Rascher im Konzentrationslager Dachau, wo die Versuche zunächst weitergingen, in seiner gut geheizten Baracke und experimentierte mit dem Frost. Auftraggeber der grausamen Erfrierungsversuche, die etwa einhundert KZ-Insassen das Leben kosteten, war Heinrich Himmler gewesen. Die Untersuchungen, so hatte der befunden, seien von großer Bedeutung für die Reichsluftwaffe, um Überlebenschancen zu erforschen, falls Piloten bei kalten Temperaturen notwassern müssten und längere Zeit im Meer trieben. Und Rascher, SS-Untersturmführer und Stabsarzt der Luftwaffe, war Himmlers willfähriger Erfüllungsgehilfe für das Projekt, über dessen Fortgang der Reichsführer-SS sich nicht nur regelmäßig unterrichten ließ, sondern das er auch von Zeit zu Zeit mit einem Inspektionsbesuch beehrte.[10]

Himmler schlug seinem Adlatus, dem KZ-Arzt von Dachau, überdies vor, einigen der Opfer unbekleidete Frauen zuzuführen, um festzustellen, ob sie zu einer beschleunigten Erwärmung der Russen und Polen beitragen können.[11] Dazu wurden vier »Bordelldirnen« aus dem KZ Ravensbrück nach Dachau verlegt.[12] Himmler ließ sich diese Variante später auch persönlich vorführen.[13]

Sigmund Rascher fabrizierte aus den Menschenversuchen ein halbes Jahr später seine Habilitationsschrift, die aber zunächst von etlichen Universitäten abgelehnt wurde, bis der Mediziner, auf Empfehlung seines Förderers Himmler, den stellvertretenden Reichsärtzeführer Professor Kurt Blome einschaltete. Der vermittelte Rascher schließlich an die »Reichsuniversität« Strassburg zu deren Prodekan, SS-Sturmbannführer Professor August Hirt. Blome kannte Hirt von Giftgas-Versuchen im elsässischen Lager Natzweiler-Struthof, bei denen nach unterschiedlichen Angaben zwischen fünfzig und 220 Personen umgekommen waren. Und Hirt nahm Raschers Arbeit mit dem Titel »Experimentelle Untersuchungen über die Erscheinungen während der Auskühlung des menschlichen Körpers« schließlich an.[14]

Zwischen den KZ-Experimentatoren in Nazi-Deutschland gab es ein dichtes Beziehungsgeflecht, und Professor Kurt Blome saß gleich an mehreren Schaltstellen: als Mitglied im Reichsforschungsrat, als stellvertretender Reichsärzteführer.[15] Auch die Menschenversuche im KZ Dachau waren von ihm abgesegnet worden. So wurde es in den Akten festgehalten. Blome bestritt diese Vorwürfe später jedoch und führte sie auf »einen Registrierfehler im Reichsforschungsrat« zurück.[16]

Kurt Blome, geboren 1894 in Bielefeld, wollte eigentlich die Offizierslaufbahn einschlagen, studierte dann aber auf Wunsch seiner Eltern Medizin in Rostock und versuchte den Verzicht auf eine Militärkarriere zunächst durch tägliche Fechtübungen in einer schlagenden Verbindung zu kompensieren.[17] Bei Ausbruch des Ersten Weltkriegs meldete er sich freiwillig, kam als Infanterist an die Front, wurde nach einer Fußverletzung zu seinem großen Bedauern als »Karbolfähnrich« in ein Feldlazarett versetzt. Nach dem Krieg setzte Blome sein Medizinstudium fort, promovierte auf dem Gebiet der Bakteriologie und ließ sich später als Facharzt für Haut- und Blasenleiden in Rostock nieder.[18]

Blome war ein Antisemit und Rassist der ersten Stunde, verdingte sich völkischen Organisationen wie dem Freikorps »Brigade Ehrhardt«, ereiferte sich lautstark über die Gefahren, die den Deutschen »durch das Judentum drohten«.[19] Nach der Ermordung des jüdischen Reichsaußenministers Walther Rathenau im Juni 1922 deckte er die beiden Attentäter, verhalf ihnen zur Flucht, wurde deshalb vorübergehend in Haft genommen.[20]

Im Juli 1931, lange vor Hitlers Machtergreifung, trat Dr. med. Kurt Blome in die NSDAP ein (Mitglieds-Nummer 590 233), Ortsgruppe Braunes Haus, darüber hinaus in die SA, stieg dort noch im gleichen Jahr zum Sturmbannführer auf.[21] Nach dem Januar 1933 startete der Mediziner eine Bilderbuchkarriere als Ärztefunktionär in Nazi-Deutschland: Aufstieg in der SA zum Sanitätsgruppenführer, später zum stellvertretenden Reichsärzteführer und, dank der Fürsprache Himmlers, zum Mitglied im Reichsforschungsrat, zuständig zunächst für »Rassenpflege«, danach für »Krebsforschung«; außerdem zum Honorarprofessor an der medizinischen Fakultät in Berlin.[22]

In seinem Buch »Arzt im Kampf«, das 1942 erschien und zu einem Bestseller wurde, legte Blome Wert auf die Feststellung, dass er, wie die meisten Ärzte des Dritten Reiches, den Eid des Hippokrates niemals geschworen habe, als gäbe ihm das einen Freibrief für jedwede Experimente an Menschen, die unter seiner Regie in den darauf folgenden Jahren stattfinden sollten.[23]

Als im Mai 1942 aus dem Reichsgau Wartheland die nahezu abgeschlossene »Sonderbehandlung« (also Ermordung) von 100 000 Juden im Vernichtungslager Chelmno vermeldet wurde – und der zuständige Gauleiter den Reichsführer-SS darum ersuchte, das Problem der 35 000 Polen, die an offener Tuberkulose erkrankt waren, gleich anschließend in Angriff nehmen zu dürfen –, wusste er sich mit dem stellvertretenden Reichsärzteführer einig. Der Vorschlag, schrieb Blome an Himmler, stelle »sicherlich die einfachste und radikalste Lösung« dar, er bat allerdings zu bedenken, dass »eine Geheimhaltung unmöglich« sei.[24]

Im Reichsforschungsrat kam Professor Blome ab 1943 mit anderen Nazi-Wissenschaftlern zusammen, dem Chef des SS-eigenen »Ahnenerbe«-Instituts, Professor Wolfram Sievers, dem Direktor des Hygiene-Instituts der Waffen-SS, Professor Joachim Mrugowsky. Und eben auch dem KZ-Arzt Dr. Sigmund Rascher. Alle drei zählten zu den eifrigsten Verfechtern von Menschenversuchen in den Konzentrationslagern.[25] Und schließlich gab es da noch Professor Schreiber.

Walter Paul Schreiber, geboren 1893, also ein Jahr älter als Blome, hatte Medizin in Greifswald und Tübingen studiert und sich später in medizinischer Hygiene in Berlin habilitiert; er diente dort 1936 als oberster medizinischer Betreuer der Olympischen Spiele, stieg nach 1943 zum Generalarzt und Professor an der Militärärztlichen Akademie auf. Er trat, anders als Blome, nie der Partei bei, sollte sich aber, ähnlich wie Blome und ebenfalls mit Schmiss auf der rechten Wange, dem Hitler-Regime treu ergeben fühlen. Und noch ein bisschen mehr als das.[26]

Auch Schreiber war an zahllosen KZ-Experimenten beteiligt. Er veranlasste, dass Inhaftierte in Natzweiler und Sachsenhausen mit

Krankheitserregern wie Fleckfieber und Malaria infiziert wurden, oft mit tödlichem Ausgang für die Häftlinge.[27] Im KZ Buchenwald ließ er jüdischen Insassen Phenol in die Venen spritzen, nur um zu sehen, wie schnell das Gift wirkt. Es ging sehr schnell. Sie starben elend »in einem fürchterlichen Krampfanfall«, manche von ihnen nicht mehr als »eine halbe Sekunde« nach der Injektion, wie einer von Schreibers Mitarbeitern später einräumte.[28]

Blome und Schreiber sanktionierten im Reichsforschungsrat auch Drogenversuche in den Konzentrationslagern in Dachau und Mauthausen, bei denen Insassen, in der Regel Juden oder Sinti und Roma, zum Beispiel Meskalin verabreicht wurde, ein Wirkstoff aus mexikanischen Peyote-Kakteen, der Halluzinationen hervorruft. Bei den Versuchen sollte herausgefunden werden, ob die Substanz helfen kann, die Zunge zu lösen, ob Menschen gegen ihren Willen gezwungen werden können, Geheimnisse zu verraten.[29]

Das Ergebnis mehrerer Testreihen: Im Gegensatz zur Hypnose sei es »selbst bei höchster Dosierung von Meskalin unmöglich«, der Versuchsperson einen fremden Willen aufzuzwingen. Andererseits biete die Droge für Vernehmungen durch die SS hervorragende Voraussetzungen, weil der unter Drogen gesetzte Proband »selbst intimste Details« preisgebe, hieß es in einer Studie aus dem KZ Dachau. Für Verhöre von alliierten Kriegsgefangenen, kommunistischen Rädelsführern und Widersachern in den eigenen Reihen wäre das ein ausgezeichnetes Mittel. Auch Sigmund Rascher war an den Meskalin-Experimenten beteiligt.[30]

Ende 1942, also etwa zur gleichen Zeit, als die Nazi-Mediziner die Menschenversuche mit Drogen durchführten, unternahm man im fernen Washington ähnliche Anstrengungen: General William J. Donovan, Direktor des *Office of Strategic Services (OSS)*, hatte im Frühjahr des Jahres ein Gruppe renommierter Psychiater und den Chef des *Federal Bureau of Narcotics*, der amerikanischen Drogenpolizei, beauftragt, menschliches Verhalten beeinflussende Wirkstoffe wie Alkohol, Koffein, Peyote, Haschisch und Marihuana darauf zu überprüfen, ob sie als Wahrheitsdroge (»truth drug«) in Betracht kämen.[31] Donovan suchte nach einer sicheren Methode, deutschen Kriegsgefangenen und feindlichen Spionen ihre Geheimnisse abzupressen.[32] Es ist bis heute rätselhaft, ob es sich um eine zufällige zeitliche Übereinstimmung der Ereignisse handelte oder ob der OSS-Direktor durch seine Agenten von KZ-Versuchen erfahren hatte und sich in Zugzwang sah.[33]

Das OSS, ein Vorläufer der später gegründeten CIA, war seit Kriegseintritt der Amerikaner im Dezember 1941 mit mehr als 12 000 Leuten zum größten Nachrichtendienst der Welt ausgebaut worden, und Donovan, den sie halb ehrfürchtig, halb ironisch »Wild Bill« nannten, weil er nicht nur als militärischer Haudegen, sondern als Freund unkonventioneller Methoden galt, stand an dessen Spitze.[34]

»Wild Bill« jedenfalls sah dringenden Handlungsbedarf in Sachen Drogenversuche und rief nach seinem Forschungsdirektor Stanley P. Lovell, einem ehemaligen Chemiker und Geschäftsmann aus Boston, der eine Vorliebe für schmutzige und absurde Tricks besaß, die selbst in der klandestinen Welt der Geheimdienste bisweilen für verrückt gehalten wurden.[35] Lovell fand die Idee, mit Hilfe von Drogen den menschlichen Willen zu manipulieren, faszinierend. Und in seinen Reihen befand sich ein Captain, dem er den Job auch zutrauen würde. Dessen Name: George Hunter White. Eine bizarre Figur. Der 37-Jährige rühmte sich, für den Geheimdienst während einer Mission im indischen Kalkutta einen japanischen Agenten mit bloßen Händen umgebracht zu haben, trug sogar als Beweis ein Foto seines blutüberströmten Opfers in der Jackentasche; inzwischen leitete er eine Trainingsschule für OSS-Spione. In den Jahren darauf sollte White zu einem der skrupellosesten Handlanger der CIA bei deren Menschenversuchen werden.[36]

Die Anfänge allerdings waren alles andere als ermutigend. White testete ein halbes Dutzend Drogen, unter anderem Marihuana und dessen chemischen Extrakt Tetrahydrocannabinol (TCB). Er ließ seine Probanden das Cannabis schlucken und als Rauch inhalieren, hernach waren sie berauscht, einige fielen, bei höheren Dosierungen, auch schon einmal in Ohnmacht. Oft plapperten sie nur Unsinn, völlig ohne Zusammenhang. Whites Fazit: Eine Art Wahrheitsserum mit Erfolgsgarantie sei eine Verabreichung auf diesem Weg nicht.[37]

Dann kam White die Idee, das TCB in Zigaretten zu injizieren. Tatsächlich erwiesen sich die Ergebnisse als deutlich besser, wobei es »wichtig ist, dass das Subjekt nicht förmlich verhört, sondern in dem Glauben gelassen wird, ein freundschaftliches Gespräch zu führen«, hielt White in seinem Zwischenbericht fest. Das Opfer dürfe natürlich nichts von den präparierten Glimmstängeln erfahren, aber das verstand sich eigentlich von selbst. Die Versuche fanden zunächst an Freiwilligen aus den Reihen des OSS statt, später an einigen Kriegsgefangenen, die wegen Verletzungen im Krankenhaus lagen und denen die Rauchwaren von Personal zugesteckt wurden.

Schließlich bot Captain White »eine der behandelten Zigaretten« August Del Gracio an, einem New Yorker Gangster. Del Gracio, einer der Leute von Charles (»Lucky«) Luciano, »wurde redselig und plauderte viele geheime Informationen« aus, über die Szene im Allgemeinen und über seine Aktivitäten im Drogenhandel im Speziellen, sogar über seine Hintermänner in Sizilien, hieß es in einem Dossier nach einer Unterrichtung des OSS-Direktors.[38] Whites Vorgesetzter Lovell zeigte sich begeistert, das waren Tests nach seinem Geschmack. Auch »Wild Bill« fand Gefallen an der Möglichkeit, deutsche und japanische Kriegsgefangene oder Spione mit »geimpften« Zigaretten zur Preisgabe ihres Wissens zu veranlassen, sogar gegen deren erklärten Willen. Über Whites Experiment an dem New Yorker Mafioso allerdings wollte »der General verständlicherweise nichts Genaueres wissen«.[39]

George Hunter White hatte eine neue Spielwiese gefunden. Er setzte im Auftrag des OSS präparierte Zigaretten in den folgenden Jahren vielfach und erfolgreich ein, zum Beispiel gegen einen deutschen U-Boot-Kapitän in einem Lager in Virginia, der über die Moral der deutschen Truppen und die größte Tauchtiefe deutscher Unterseeboote zum Reden gebracht werden sollte, oder auch gegen dreißig Armee-Offiziere aus den eigenen Reihen, die der kommunistischen Umtriebe verdächtigt wurden.[40]

Dazu reiste er mit seinem damaligen Adlatus, dessen Name in den Akten geschwärzt wurde, nach New Orleans, im Gepäck die FBI-Akten der suspekten Soldaten, die in einigen Südstaaten-Kasernen Dienst taten. Vor den Verhören besorgte sich White einige Packungen Zigaretten, die er im Hotelzimmer mit dem Marihuanaextrakt impfte. Es funktionierte: Alle bekannten sich zu ihren politischen Anschauungen, gaben bereitwillig Informationen preis, nur einer schwieg – weil er nicht rauchte.[41]

Es war »eine irre Zeit«, sollte Whites Mitarbeiter später einmal bekennen, »wir zogen wie *Outlaws* durch die Südstaaten und mischten die Roten auf«. Einmal, abends im *Hotel Roosevelt* in New Orleans, nach erfolgreichen Vernehmungen und mehreren präparierten Zigaretten zum Eigengenuss, lagen sie auf ihren Betten, als George seine Automatik Kaliber 0.22 mit Schalldämpfer

In the course of these experiments, the men were fed a certain amount of the cannabis tincture by mouth. The results of these tests were also unsatisfactory, in that the men suffered considerable physical discomfort without disclosing confidential information which had been furnished them.

It was then decided that a further set of tests should be made at the , wherein we would give cannabis by mouth, increasing the dose gradually in the hope that there would be a certain point at which the subjects would talk freely and yet not suffer physical discomfort. Treated cigarettes were used as an adjunct in the experiments.

Through we were able to secure eight enlisted men who volunteered for the purpose. However, the results of these tests were again negative in that the men suffered physical discomfort and would not discuss confidential matters. It developed that one of the men, , suffered some after effects and so was sent to the . However, stated that this man was of unstable temperament and that he had been given unusually good treatment in the Hospital. felt that the return from such treatment to the camp might have been a more important factor in causing the man's condition than the drug itself. (As of this date, approximately six weeks after the experiments, the man appears to have almost entirely recovered and will likely be ordered back to camp.)

At a further meeting of the committee, it was decided that oral administration was an unsatisfactory method and that experiments should be made

impartation of information (some of which it was felt he would certainly not divulge except under influence of the drug), yet without causing unpleasant symptoms during, or after, the tests. Another test was carried out by in which he gave treated cigarettes to a New York gangster, but without the subject knowing of the treatment. The gangster became voluble and imparted much secret information as attested by the attached copy of 's report. However, the gangster attributed his volubility to the fact that he had drunk some brandy.

The cigarette experiments indicated that we had a mechanism which offered promise in the relaxing of prisoners to be interrogated. As the committee agreed with this conclusion, we then went to General Donovan and at his suggestion talked with who then channeled us to of MIS. At the time of our visit to 's office, of CE talked with the General for some time, but we did not talk with informed us that the General apparently did not want to know more about the subject. Thereupon, General Donovan channeled us to with whom we discussed the subject in some detail and who proved to be quite interested. Shortly after this meeting with , he and visited our offices and we then gave them the story again fully. then sent to us of ONI, to whom we gave the whole story, together with a package of the treated cigarettes. The Commander was very much interested but doubtful as to how far he could go with the method.

Geheimes Dossier für General Donovan über die Drogen-Experimente von George H. White.

zog und begann, seine Initialien in die Decke zu schießen. Als er sein Werk vollendet hatte, waren mehrere Magazine leer.[42]

White und seine Vorgesetzten waren sich über die Risiken dieser Drogenversuche sehr wohl im Klaren. Sobald die Wirkung der Substanz nachlasse, werde sich das Opfer bewusst, dass es geplaudert habe, schrieb White in einem Erfahrungsbericht. »Das kann extreme Reaktionen zur Folge haben, bishin zum Selbstmord.«[43]

Auf dem Schreibtisch von General William J. Donovan vom OSS landeten derweil Besorgnis erregende Meldungen von seinen Spitzeln aus Deutschland. Die Wehrmacht plane Angriffe mit biologischen Waffen, entsprechende Vorbereitungen liefen auf Hochtouren.[44] »Wild Bill« war alarmiert, denn auf dem Gebiet biologischer Kriegsführung besaß die US Army erschreckende Defizite, sowohl im defensiven wie im offensiven Bereich.

Die Erkenntnisse seiner Spione besagten etwa dies: In Berlin sei Professor Kurt Blome zum *Spiritus rector* der biologischen Kriegsführung in der Wehrmacht ernannt worden. Der Deckname des streng geheimen Gremiums laute: »Arbeitsgruppe Blitzableiter«.[45] Die Berufung habe auf Himmlers Empfehlung stattgefunden, dieser müsse als starker Befürworter einer Aufrüstung mit B-Waffen angesehen werden. Ihn fasziniere die Idee, mit Pestbakterien ganze Landstriche zu entvölkern oder wenigstens mit Milliarden von Kartoffelkäfern die feindliche Nahrungsmittelproduktion zu zerschlagen.[46]

Tatsächlich hatte Himmler bei einem ersten Gespräch mit Professor Blome im August 1943 »die Sprache auf einen biologischen Angriffskrieg Deutschlands« gebracht. Blome behauptete später, dabei auf das vom Führer wiederholt ausgesprochene Verbot solcher Planungen hingewiesen zu haben; Hitler hielt einen Einsatz von Viren und Bakterien wegen der geostrategischen Lage Deutschlands für selbstmörderisch, denn bei drehenden Winden könne jede Seuche ins Reich zurückgetrieben werden.[47]

Himmler jedoch wollte sich die Option eines biologischen Angriffskrieges offenhalten. Er gab Blome den Befehl, nicht nur einen wirksamen Impfstoff gegen die Pest zu entwickeln, um die Bevölkerung wirksam vor dem biologischen Bumerang schützen zu können, sondern auch Methoden zur Verbreitung von Pestbazillen im Feindesland zu erforschen. Experimente an Menschen seien kein Problem, machte Himmler klar, »Arbeitsmöglichkeiten« in einem der Konzentrationslager stünden ihm dafür jederzeit zur Verfügung.[48]

Blome begann sofort nach seiner Nominierung mit großem Elan, unter dem Deckmantel der Krebsforschung sein B-Waffenzentrum aufzubauen. Er ließ ein in Nesselstedt in der Nähe von Posen gelegenes ehemaliges Kloster des Ursulinen-Ordens nach seinen Bedürfnissen mit Mitteln des Reichsforschungsrates erweitern. Neben dem Hauptgebäude entstanden vier Häuser aus »bakterienfestem Zement« inklusive einer Tierversuchsstation mit gasdichten Türen und Fenstern sowie angeschlossenem Krematorium. In einigen nur über Schleusen erreichbaren Versuchskammern wurden Waschbecken und Klosetts installiert, die erkennen ließen, dass nicht nur mit Ratten und Kaninchen experimentiert werden sollte.[49]

Tatsächlich hatte Blome Menschenversuche mit Bakterien und Viren stets als »unbedingt notwendig« bezeichnet. Begründung: Es »herrschen ganz falsche Ansichten über die Wirkung und Maximaldosen von manchen Giften, die (...) nur durch Menschenversuche beseitigt werden können«.[50] Und Himmler ermutigte ihn immer wieder, deligierte im November 1943 den jungen österreichischen Landarzt Karl Josef Gross, der sofort nach dem Anschluss Österreichs im März 1938 in die SS eingetreten war, zur Unterstützung Blomes nach Nesselstedt. Gross hatte sich bereits durch Impfversuche im KZ Mauthausen hervorgetan.[51]

Mit Nachdruck trafen Blome und Gross die Vorbereitungen, um mit Pesterregern an Menschen zu experimentieren. Das Projekt, mit dem Himmler sie beauftragt hatte, trug die Tarnbezeichnung »Siebenschläfer«, offenbar weil sie ebenso zur Spezies der Nagetiere gehörten wie die schwarze Ratte, dem Überträger der Pest.[52]

Die Aktivitäten in Nesselstedt blieben den amerikanischen Spionen in Deutschland nicht verborgen. Sie kabelten ihre Erkenntnisse umgehend nach Washington durch.

Wenn sie Menschenversuche planten, so befürchtete OSS-Direktor Donovan, dann würden die deutschen Truppen demnächst wohl auch Pesterreger mit Granaten verschießen oder die tödliche Fracht in so genannten Streubomben abfüllen, die seit Anfang 1943 auf England niederprasselten.[53]

Camp Detrick

Seit 1942 waren immer wieder Spekulationen über das deutsche und japanische B-Waffenprogramm durch die Dossiers des Geheimdienstes OSS gegeistert.[54] Im Mai desselben Jahres dann, nach Konsultation eines Expertengremiums der *National Academy of Sciences*, hatte Präsident Franklin D. Roosevelt seinen Verteidigungsminister beauftragt, ein Institut aufzubauen, das sich mit defensiver und offensiver B-Waffen-Forschung beschäftigen sollte.[55] Die neue Einrichtung wurde dem *Army Chemical Corps* in Edgewood nördlich von Baltimore angegliedert, der amerikanischen C-Waffen-Schmiede, und der Pharma-Industrielle George W. Merck, einer der wichtigsten Berater Roosevelts, übernahm die Rolle der Grauen Eminenz.[56]

Aus dem zivilen Führungspersonal des *Chemical Corps* wählte Merck den Bakteriologen Dr. Ira L. Baldwin als ersten wissenschaftlichen Direktor des neuen Instituts. Baldwin war Professor an der University of Wisconsin gewesen und hatte sich mit der Anwendung von Mikroorganismen in der Landwirtschaft beschäftigt.[57] Die Wahl des Standorts fiel im Februar 1943 auf Frederick/Maryland, weil es einerseits in guter Nähe zu Washington und Edgewood lag, andererseits das Detrick Air Field am Rande der Stadt, mit Hangar und einer Hand voll Baracken, ideale Möglichkeiten bot. Noch ein Jahr zuvor hatten Piloten aus »Wild Bill« Donovans Nachrichtendienst OSS dort für Aufklärungsflüge trainiert, doch inzwischen lag das Areal verwaist da, weil die Maschinen längst nach Europa verlegt worden waren.[58]

Gleichsam über Nacht erwachte Frederick, eine 1732 von deutschen Einwanderern gegründete, zwischen den sanften Hügeln Marylands gelegene, verschlafene Gemeinde mit knapp 30 000 Einwohnern, zum Leben. Innerhalb weniger Monate sollte auf dem Gelände in einem streng geheimen Forschungszentrum für die biologische Kriegsführung mit der Arbeit begonnen werden.[59] Im April 1943 übernahmen die Fremden, die sowohl Uniform wie Zivilkleidung trugen, das Regiment in Camp Detrick; durch die spezielle Kennzeichnung der Nummernschilder waren viele Privatwagen als die von Ärzten zu identifizieren. Die Einheimischen rätselten, was hinter den hohen Stacheldrahtzäunen vor sich ging. Kurzzeitig kamen sogar Gerüchte auf, das Camp sei womöglich ein Vernichtungslager für deutsche, italienische oder japanische Kriegsgefangene. Doch diese Vermutungen verflüchtigten sich schnell wieder.[60]

Unter den ersten Mitarbeitern, die Professor Ira Baldwin rekrutierte, befand sich der Biochemiker Dr. Frank Rudolph Olson, gewissermaßen einer seiner Lieblingsschüler, dessen Doktorarbeit er an der University of Wisconsin betreut hatte.[61] Von Olson waren danach einige Publikationen in Baldwins Fachgebiet, der Stickstoffdüngung durch Mikroben in der Landwirtschaft, erschienen, die auf höchstem wissenschaftlichen Niveau standen.[6] Olson hatte kurz zuvor seinen Einberufungsbefehl als Soldat erhalten, nach Edgewood Arsenal. Die Vereinigten Staaten befanden sich im Krieg mit Nazi-Deutschland.[63]

Die Männer der ersten Stunde zeichnete Pioniergeist und Patriotismus aus. Das galt ganz besonders für Frank Olson. Als Sohn schwedischer Immigranten lag ihm daran, seine absolute Loyalität zu den Vereinigten Staaten unter Beweis zu stellen. Mit Begeisterung nahm er sich der neuen Aufgabe an, ging regelrecht in ihr auf. Weil sie wichtig war für sein Vaterland.[64]

Einen Monat nach Frank Olson wurde Norman G. Cournoyer, First Lieutenant der US Army, zu seiner eigenen Überraschung nach Camp Detrick statt nach Afrika versetzt, wie er erwartet hatte; im selben Monat kam auch Dr. Donald Falconer, ein Physiker aus Worcester/Ohio. Er kannte Olson aus Edgewood Arsenal, war dort wie jener als Soldat stationiert gewesen.[65] Frank, Don und Norm – die drei sollten nicht nur enge Kollegen, sondern gute Freunde werden.

Ihre erste Aufgabe bestand darin, Gasmasken und Schutzkleidung auf ihre Wirkung gegen Milzbrandsporen zu testen. Cournoyer traf Frank Olson zum ersten Mal in der Offiziersmesse beim Lunch, er setzte sich an seinen Tisch, sie kamen ins Gespräch. Und zum Schluss sagte Captain Olson: »Du arbeitest jetzt für mich.«[66] Die beiden hatten ein gutes Los gezogen, es war *»easy going, very easy going«*, sollten beide noch Jahre danach von dieser Anfangszeit schwärmen. Während andere in Europa in den Schützengräben lagen und ihnen die Granaten um die Ohren flogen, konnten sie in ihrer Freizeit manche Runde auf dem militäreigenen Golfplatz drehen oder sich am Swimmingpool von Camp Detrick sonnen.[67]

Und dennoch: Das Projekt trug höchste Geheimhaltungsstufe, keinem der Army-Wissenschaftler durfte außerhalb des herme-

MICROBIOLOGICAL MONOGRAPHS
Official Publication of
The Society of American Bacteriologists

EXPERIMENTAL AIR-BORNE INFECTION

EQUIPMENT AND METHODS FOR THE QUANTITATIVE STUDY OF HIGHLY INFECTIVE AGENTS; BASIC DATA ON THEIR USE OBTAINED WITH PHENOL RED, *SERRATIA MARCESCENS* AND *BACILLUS GLOBIGII*; AND PRELIMINARY EXPERIMENTS ON THE STABILITY AND INFECTIVITY FOR LABORATORY ANIMALS OF AIR-BORNE CLOUDS OF *BRUCELLA SUIS, MALLEOMYCES MALLEI, MALLEOMYCES PSEUDOMALLEI, PASTEURELLA TULARENSIS,* AND OF VIRUSES OF THE PSITTACOSIS GROUP.

By

THEODOR ROSEBURY

With the co-authorship and assistance
of the staff of the Laboratories
of Camp Detrick, Maryland

This is the report of an investigation carried forward at Camp Detrick, Maryland, between December 1943 and October 1945. Joined with Dr. Rosebury as co-authors are:

MARTIN H. BOLDT, Capt., M.C., A.U.S.
FRANK R. OLSON
JEROME AARON, 1st Lt., CWS, A.U.S.
NORMAN G. COURNOYER, 1st Lt., CWS, A.U.S.
DONALD R. CAMERON, 1st Lt., Sn.C., A.U.S.
ARNOLD ROSENWALD, Capt., CWS (V.C.), A.U.S.
CARL FRANZEN, MMS 2/c
CHARLES E. O'BRYON, T/5
EVERETT P. NEFF, Pfc.
HELMUT KRESS, Pfc.
and DONALD M. KEHN, Pvt.

WITH THE ASSISTANCE OF

WILLIAM PALMER, PhM 3/c,
WILLIAM VIRGIL, PhM 2/c,
ROBERT CARR, S 1/c,
ALEXANDER VETO, S 2/c,
MAXINE VADER, PhM 2/c,
GIDEON DRIMER, Pvt.,
ALBERT GLUCKSNIS, Pfc.,
RUSSEL GUPTON, Pvt.,
SAUL MOSES, Pvt.,
WILBUR F. OGDEN, PhM 3/c,
SEYMOUR POMPER, Pvt.,
ALLAN BIOLETTO, S 1/c,
HELEN CARR, S 1/c,
ISABELLE DIXON, Pvt.,
ALICE HEATH, S 1/c, and
CHESTER G. WAHL, Cpl.

An einer wissenschaftlichen Abhandlung über B-Waffen-Experimente in Camp Detrick, die 1947 erschien, wirkten als Co-Autoren auch die Freunde Frank R. Olson und Norman G. Cournoyer mit.

tisch abgeschlossenen Areals etwas über die Lippen kommen, nicht einmal ihre Ehefrauen wussten, womit sie sich beschäftigten. »Frank sagte mir, ich kann dir nichts darüber erzählen, das ist ein neues Programm«, sollte sich seine Frau Alice, die Frank 1940 geheiratet hatte, Jahre später an die erste Zeit in Frederick erinnern. »Wir Frauen dachten zunächst, es gehe um die Atombombe«, und erst sehr viel später sei ihnen gedämmert, »dass es sich um biologische Waffen handeln musste«. Es war schwierig, als junges Ehepaar mit einem gemeinsamen Leben zu beginnen, in dem ein so großes Tabu zwischen den Partnern stand.[68]

Die Zahl der Beschäftigten stieg schnell, sowohl der militärischen als auch der zivilen. Im Juni 1943 waren auf der Basis vielleicht fünfzig Leute beschäftigt, im September bereits einhundert.[69] Und der Job, den die meisten zu erledigen hatten, musste als extrem gefährlich gelten: die Arbeit mit hochinfektiösen Mikroben und extrem toxischen Stoffen im Labor und in Pilotanlagen.[70] Im September 1943 nahm die Sicherheitsabteilung von Camp Detrick ihren Dienst auf, legte zu allererst umfassende Richtlinien für den Umgang mit den tödlichen Keimen fest.[71]

Die erste Produktionsanlage war ein zweigeschossiger, mit schwarzer Teerpappe verblendeter und deswegen »Black Maria« genannter Holzbau mit einer höchstens zehn mal zehn Meter betragenden Grundfläche, umgeben von einem Zaun sowie einem Wachturm an einer der Ecken.[72] Einziger Zweck des Gebäudes: die Herstellung von drei Kilogramm getrocknetem »X-Stoff« für die britischen Kollegen in Porton Down, dem B-Waffen-Zentrum Seiner Majestät König Georges VI. Die Zusammenarbeit mit den Briten war von Beginn an sehr eng. Im Zeichen der verstärkten Geheimhaltung trugen inzwischen alle Bakterien, Viren und Toxine Decknamen: X-Stoff stand für Botulinustoxin, das Gift verdorbenen Fleisches, das selbst in winzigsten Konzentrationen zu den tödlichsten bekannten Verbindungen zählt.[73]

Und dann begann im großen Stil die Waffenforschung mit Milzbrandbakterien (*Bacillus anthracis*), Deckname: N-Stoff. Anthrax ist eine extrem ansteckende Tierseuche von Rindern, Schafen und Schweinen, die leicht auf den Menschen übertragen wird. Schon ein paar Tage nach Infektion der Haut bilden sich eiternde Bläschen, die Lymphknoten schwellen an, das Opfer bekommt massive Fieberschübe. Gelangen die gefährlichen Keime in den Magen, ist die Wirkung weit verheerender, die Organe werden angegriffen,

Dr. Frank Olson und seine Ehefrau Alice zogen 1943 nach Frederick/Maryland, wo der Captain der US Army als einer der ersten Wissenschaftler des neu gegründeten B-Waffen-Zentrums rekrutiert wurde.

die Milz färbt sich schwarz (daher der Name »Milzbrand«); noch schneller führt Lungenanthrax zum Tod, wenn die Krankheitserreger eingeatmet werden. Betragen die Überlebenschancen bei Magenmilzbrand rund fünfzig Prozent, so liegen sie bei Lungenmilzbrand nur noch bei etwa fünf Prozent.[74]

Anthraxerreger sind als biologische Waffe geradezu prädestiniert. Aus den Bakterien lassen sich nämlich Sporen gewinnen, trocknen und in kleinste Partikel zermahlen. Das pulverisierte Biomaterial ist bis zu siebzig Jahre lang haltbar und nahezu unverwüstlich, es übersteht sogar eine Bombenexplosion.[75] Britische Experimente hatten dies schon ein Jahr zuvor bewiesen.

Bereits im Juli 1942 war ein Forschungstrupp der biologischen Waffenschmiede Seiner Majestät im südenglischen Porton Down auf die schottische Gruinard Island gereist, um dort einen Freilandversuch an Schafen durchzuführen. Sie brachten mehrere, mit feinem Milzbrandpulver gefüllte Bomben zur Detonation und beobachteten, wie nach drei Tagen die ersten Schafe verendeten und schließlich die ganze Herde jämmerlich zugrunde ging.[76]

Im August 1943 kehrten die Briten in der Begleitung von vier amerikanischen Kollegen und neuen Schafen nach Gruinard zurück. Diesmal durften die Kriegsforscher aus Camp Detrick ihre Milzbrand-Bomben testen. Gut möglich, dass Frank Olson damals an der Expedition auf das schottische Eiland teilnahm, denn er war kurz zuvor von der Abteilung für Defensivmaßnahmen, die Gasmasken und Schutzkleidung testete, in jene für »hot stuff« (gefährliche Kampfstoffe) versetzt worden, zusammen mit seinem Freund Norm Cournoyer. Ihr neues Arbeitsgebiet: die Verbreitung von Mikroben über die Luft.[77] Don Falconer, der Physiker und Techniker, erhielt zur gleichen Zeit einen Job in der neuen Abteilung M (»Munition«) und übernahm dort den Bau der benötigten Bomben.[78]

Einige Wochen nach den anglo-amerikanischen Großversuchen in Schottland trafen im OSS-Hauptquartier wieder einmal Informationen ein, die zur Beunruhigung Anlass gaben und umgehende Maßnahmen erforderlich zu machen schienen: Die Deutschen hätten eine Rakete mit der Bezeichnung V-1 entwickelt und deren Köpfe mit Botulinustoxin abgefüllt. In wenigen Wochen könnten englische Städte, allen voran London, mit dem Gift unter Beschuss genommen werden.[79]

Die *Defensive Division* von Camp Detrick begann umgehend mit der Produktion von vielen Hunderttausend Einheiten eines Gegenmittels gegen Botulinustoxin, das erst kurz zuvor entwickelt worden war.

Als dann auch noch der britische Premierminister Winston Churchill anfragen ließ, ob die Amerikaner in »brüderlicher Hilfe« 500 000 Anthrax-Bomben herstellen könnten, für einen biologischen Gegenschlag, falls tatsächlich die ersten Raketen mit Botulinustoxin am Picadilly Circus niedergehen würden, drohte in Frederick das Chaos auszubrechen. Leere Bombenhüllen waren nicht das Problem, aber es gab weder eine Anlage, um das tödliche Milzbrandpulver abzufüllen, noch existierten überhaupt ausreichende Mengen des bakteriologischen Kampfstoffes. Zwar stand in Camp Detrick inzwischen ein Fermentiertank mit einem Volumen von fast 40 000 Litern, die Herstellung so großer Mengen würde jedoch Monate, wenn nicht Jahre dauern.[80] In Sorge, an der ihm gestellten Aufgabe zu scheitern, begann Detrick-Chef Dr. Ira Baldwin geradezu panisch, die notwendigen Maßnahmen in Angriff zu nehmen.

Im April 1944, als sich die militärische Lage in Europa weiter zugespitzt hatte und die Befürchtung wuchs, Hitler könnte in einer für ihn auswegslosen Situation den Befehl zu einem biologischen Luftangriff auf London geben, schied Milzbrandforscher Dr. Frank R. Olson aus der Army aus. Er litt unter einem Magengeschwür, war deshalb als dienstuntauglich eingestuft worden. An seiner Tätigkeit in Camp Detrick änderte sich nichts. Statt wie bis dahin in Uniform ging er fortan in Zivilkleidung seinen Aufgaben nach.[81] Und die lagen vornehmlich auf dem Gebiet von geplanten Freisetzungsversuchen mit den weniger gefährlichen *Bacillus-globigii*-Sporen, die als Ersatz für die hochpathogenen Anthraxbazillen dienten.[82]

Zur gleichen Zeit beschloss Ira Baldwin den Bau einer riesigen Produktionsanlage für Milzbrandsporen in Vigo/Indiana mit einer geplanten Kapazität von rund 900 000 Litern. Die neue Tarnbezeichnung für Milzbrand lautete: B-Farbstoff. Vigo sollte die größte Brutstätte für Bakterienkulturen weltweit werden. Die Briten schickten einen Prototyp ihrer Bomben-Abfüllanlage für Sporen nach Camp Detrick, drängten auf eine Beschleunigung des amerikanischen Waffenprogramms. Don Falconer und dessen Kollegen aus der Munitionsabteilung begannen umgehend damit, die britischen Maschinen nachzubauen und nach Vigo schaffen zu lassen.[83] Nur zwei Wochen nach der erfolgreichen Invasion der alliierten Truppen in der Normandie, am 20. Juni 1944, forderte auch die amerikanische Militärführung Milzbrandbomben für den Einsatz an, insgesamt eine Million Stück.[84] Doch Ira Baldwin bestand auf umfangreichen Tests der Produktionslinie in Vigo mit dem Anthrax-Ersatz *Bacillus globigii*, bevor mit der Bombenfertigung begonnen werden konnte. Hohe Sicherheit bei der Herstellung schien ihm oberstes Gebot, von der Bakterienfabrik in Indiana dürfe kein tödliches Risiko für die eigene Bevölkerung ausgehen.[85]

Zwischen dem Leiter von Camp Detrick und seinem britischen Pendant David Henderson kam es daraufhin zu einem lautstarken Streit über die Verzögerungen durch, wie Henderson fand, übertriebene Vorsichtsmaßnahmen. Er habe mit diesen Mikroorganismen seit langem hantiert und sei bereit, jedes Risiko einzugehen, brüllte er. Dabei stand ihm die Sorge vor Hitlers Pest-Bomben und Botulinus-Raketen regelrecht ins Gesicht geschrieben.

»Also, Dave, mir ist ziemlich egal, ob du dabei umkommst oder nicht«, entgegnete Baldwin kühl, »wenn ja, dann trauern wir ein bisschen, nehmen ein paar Stunden frei, kommen zu deiner Beerdigung und machen danach mit unserer Arbeit weiter. Aber wenn diese Mikroben dort in Vigo in die Luft gelangen, sich die Kühe irgendeines Farmers in der Nachbarschaft Milzbrand einfangen und sterben, dann haben wir eine Untersuchung des Kongresses am Hals, und unser Zentrum wird wahrscheinlich dichtgemacht.«

Henderson sagte daraufhin nichts mehr.[86] Erst später stellte sich heraus, dass die Briten längst eigene Vorbereitungen für einen biologischen Gegenschlag getroffen hatten. Ende 1942 waren von ihnen fünf Millionen »Rinderkekse« (»cattle cakes«) produziert worden, gepresstes Tierfutter, das mit Milzbrandsporen infiziert worden war und das im Notfall aus Bombern über Deutschland abgeworfen werden sollte (»Operation Vegetarian«).[87]

Im Frühjahr 1945, als sich das Ende des Krieges in Europa abzeichnete, und es zwischenzeitlich immer deutlicher geworden war, dass Nazi-Deutschland gar nicht über fertige B-Waffen in seinen Arsenalen verfügte, war die Produktion in Vigo noch immer nicht angelaufen; nicht einmal Vorversuche mit den *globigii*-Bazillen hatten stattgefunden.[88]

Auch wenn der Sieg über Hitlers Armeen kurz bevor zu stehen schien, ließ dies in Camp Detrick die Stimmung kaum steigen. Ira Baldwin und seine Kollegen hatten in Vigo das Rennen gegen die Uhr verloren – und wohl auch Ansehen bei ihren britischen Verbündeten. Vielen Zivilisten in Diensten der US Army wie Frank Olson ging zudem die Frage durch den Kopf, ob das militärische Forschungszentrum gar nicht mehr benötigt würde, wäre der Krieg zu Ende. Hatten biologische Waffen überhaupt eine Zukunft? Oder stand der Job nach zwei Jahren schon wieder auf dem Spiel?

Auf der Tauffeier seines Sohnes Eric im Jahr 1945 ließ sich Frank allerdings nichts von seinen Sorgen anmerken. Eric war im Oktober 1944 als erstes Kind von Frank und Alice Olson geboren worden, eine Woche vor Chris Cournoyer, Normans Sohn. Außerdem war Bob Wetter dabei, auch er besaß Nachwuchs im gleichen Alter. Die drei von der Waffenfabrik feierten ein fröhliches Fest, drei stolze Väter, drei Freunde.[89]

Als die amerikanischen Truppen im April 1945 Thüringen besetzten, fiel ihnen in Geraberg ein Gelände mit unvollendeten Forschungsgebäuden in die Hände. Drei Monate zuvor hatte Professor

Frank Olson, inzwischen Zivilist, Anfang 1945 mit seinem besten Freund Norman Cournoyer (rechts) und Bob Wetter (links) bei der Taufe ihrer Kinder, darunter Eric Olson und Chris Cournoyer.

Kurt Blome mit seinem Team das Klosterareal in Nesselstedt bei Posen eilig verlassen müssen, weil die Rote Armee bis auf wenige Kilometer herangerückt war. Blome erhielt daraufhin von Himmler die Anweisung, in Geraberg unter dem Deckmantel eines »Instituts für die Grenzgebiete der Medizin« in aller Eile Laboratorien für die Pestforschung aufzubauen.[90] Auf seiner Flucht im Januar 1945 nahm der stellvertretende Reichsärzteführer neben seiner Familie auch die wichtigsten Dokumente, einige wissenschaftliche Apparaturen, vor allem aber, in Spezialbehältern, seine Pestkulturen mit. Den überwiegenden Teil der Unterlagen hatte Blome vernichtet, darunter wahrscheinlich auch Aufzeichnungen über Pestversuche an Menschen. Aber nicht alle, denn auf einen Teil der Papiere des Blome-Adlatus Dr. med. Karl Josef Gross stießen die in Geraberg eingerückten US-Soldaten bei der Durchsuchung des örtlichen Schulgebäudes. Sie waren dort offenbar versteckt worden.[91]

Im Rahmen ihrer biologischen Kriegsforschung hatte Blome seit

Mitte 1944 auch Schwimmversuche mit schwarzen Ratten durchführen lassen. Dabei galt es herauszufinden, ob es den Nagern als Überträger der Seuche möglich ist, von U-Booten vor einer feindlichen Hafenstadt aus zum Ufer zu schwimmen und so die Pest zu verbreiten; immerhin zwanzig Prozent der Tiere hatten es geschafft.[92] Zur Jahreswende 1944/45 wollte der US-Geheimdienst OSS in Erfahrung gebracht haben, von deutschen Agenten würden im Ausland Millionen von Nagern beschafft, tagtäglich rollten unter strengster Geheimhaltung zwei Eisenbahnzüge ins Reich.[93] Stand da ein deutscher Pestangriff mithilfe von schwarzen Ratten unmittelbar bevor? Aber »Wild Bill« Donovans Spione hatten sich ja schon mehrfach geirrt.

Aschenkasten

Anfang Mai 1945, unmittelbar nach dem Krieg in Europa, der ohne einen einzigen Schlagabtausch mit Pest, Milzbrand, Botulinustoxin oder anderen biologischen Waffen zu Ende gegangen war, begannen alle vier Siegermächte, lang vorbereitete Pläne über die Inhaftierung deutscher Intellektueller umzusetzen. Die Amerikaner und Engländer waren insbesondere an der Kriegswaffenelite aus Wissenschaft und Industrie interessiert, sie beabsichtigten, deutsche Rüstungsexperten, darunter die führenden Leute für die biologische Kriegsführung, zu inhaftieren, zu verhören und gegebenenfalls später unter Vertrag zu nehmen. Für die streng geheime Operation »Dustbin« (»Aschenkasten«), die als britisch-amerikanische Zusammenarbeit lief, wurde Schloss Kransberg ausgewählt, das 1939 als Hauptquartier des Reichsmarschalls Hermann Göring ausgebaut worden war, eine mittelalterliche Burg inmitten einer anmutigen Taunus-Landschaft nördlich von Frankfurt.[94]

Ende Juni trafen die ersten Wissenschaftler in Kransberg ein, darunter Professor Kurt Blome und einer seiner Kollegen, Professor Heinrich Kliewe, beide Mitglieder der ehemaligen »Arbeitsgruppe Blitzableiter«.[95] Blome war am 17. Mai 1945 von einem Agenten des amerikanischen Armeegeheimdienstes *Counter Intelligence Corps (CIC)* in München verhaftet worden, außer seinem Führerschein hatte er keine Papiere bei sich gehabt. Nach einigen Wochen Haft, bei der das CIC seine Identität überprüft hatte, war Blome von einer Eskorte nach Kransberg gebracht worden.[96]

Wenige Tage nach seiner Ankunft auf der Burg ging eine Meldung (»top secret«) an die ALSOS-Mission, eine anglo-amerikanische Expertengruppe, deren Auftrag es war, den Stand der deutschen und italienischen Waffentechnik bei Kriegsende zu erforschen.[97] »Blome hat sich 1943 mit bakteriologischer Kriegsführung befasst, obwohl er offiziell Krebsforschung betrieb, was aber nur Tarnung war. Blome diente außerdem als stellvertretender Reichsgesundheitsführer«, hieß es in der Nachricht für ALSOS im Hauptquartier der Alliierten in Paris, »möchten Sie Ermittler schicken?«.[98]

Wenig später kam eine weitere Gruppe von Forschern des untergegangenen Dritten Reiches an, sie wurde aus dem Lager Versailles bei Paris nach Schloss Kransberg verlegt und dort in Görings ehemaligem Dienstbotenflügel untergebracht. Sehr bald las sich die Gefangenenliste im »Lager Dustbin« wie ein *Who is who* der deutschen Waffentechnik: Hitlers Rüstungsminister Albert Speer, der Stahlmagnat Fritz Thyssen, der Raketenforscher Hermann Oberth, der Flugzeugbauer Ernst Heinkel, die Direktoren der *IG Farben* Fritz Ter Meer und Heinrich Bütefisch, »nahezu die gesamte Führung meines Ministeriums, (...) die Leiter der Munitions-, Panzer-, Auto-, Schiffbau-, Flugzeug- und Textilproduktion«, so schrieb Albert Speer später in seinen »Erinnerungen«. »Auch Wernher v. Braun stieß für einige Tage mit seinen Mitarbeitern zu uns.«[99]

Der ehemalige Präsident des Reichsforschungsrates, Professor Werner Osenberg, erhielt den Auftrag, zusammen mit einigen Kollegen einen »Almanach« der deutschen Wissenschaftler anzulegen. Acht Monate später hatte er auf unzähligen Karteikarten 15 000 Namen mit genauen Angaben über ihre Forschungsgebiete und Qualifikationen erfasst. Daraus wählten die Amerikaner mit Osenbergs Hilfe am Ende die tausend besten aus, denen daraufhin eine bevorzugte Behandlung, etwa durch zusätzliche Lebensmittelrationen, zuteil wurde, um einer möglichen Anwerbung durch die Sowjets entgegenzuwirken.[100] Die Alliierten hatten es auf die fähigsten Köpfe abgesehen.[101]

Das größte Kontingent in Kransberg stellten die C-Waffen-Spezialisten der *IG Farben* dar. Versammelt waren nahezu alle Forscher und Techniker der Fabrik *Anorgana* in Dyhernfurth bei Breslau, in der die Giftgase Tabun, Sarin und Soman produziert worden waren, darunter deren Erfinder Dr. Gerhard Schrader und Dr. Heinrich Hörlein.[102] Die chemischen Nervenkampfstoffe stießen bei den Engländern und Amerikanern auf größtes Interesse, Vergleichbares besaßen sie in ihren Arsenalen nicht. Schrader und Konsorten mussten deshalb in Kransberg bis in die kleinsten Details Aufzeichnungen über die Synthese der Ultragifte anfertigen.[103]

Alle Gefangenen auf Schloss Kransberg genossen erhebliche Privilegien: Sie konnten sich auf dem Burggelände frei bewegen, wurden vom britischen Wachpersonal mit Samthandschuhen angefasst; sie litten keinen Hunger, erhielten in ausreichendem Umfang amerikanische Truppenrationen, sie trieben Frühsport, organisierten wissenschaftliche Vorträge und sogar ein wöchentliches Kabarett, bei dem es immer wieder um das Ende des Hitler-Regimes ging. »Mitunter liefen uns vor Lachen über unseren Sturz die Tränen herunter«, erinnerte sich Albert Speer später.[104]

Aber es wurden natürlich auch ernste Gespräche geführt. Fast jeden Vormittag traf man sich im Obstgarten der Burg, den Speer für Göring hatte anlegen lassen und der einen imposanten Blick auf die umgebenden Wälder bot. Wie sollte es weitergehen? Was planten die Alliierten mit jedem von ihnen? Ging es ihnen nur darum, Informationen abzuschöpfen und sie dann vor Gericht zu opfern? Oder würde man einigen helfen und ihnen womöglich eine Zusammenarbeit anbieten? Beim Wiederaufbau Deutschlands oder in den Vereinigten Staaten?[105]

Das erste Verhör Kurt Blomes durch amerikanische CIC-Offiziere verlief äußerst unproduktiv. Zum einen verlangte der Deutsche, zunächst müsse seine Familie zu ihm gebracht werden; sie saß in Geraberg fest, weil dort nach einem Gebietstausch zwischen Amerikanern und Sowjets die Rote Armee das Kommando übernommen hatte. Zum anderen empfand es der Mediziner offenbar als ehrabschneidend und beleidigend, mit Menschenversuchen in den Konzentrationslagern und mit einer Beteiligung daran in Zusammenhang gebracht zu werden.[106] Um seinem Kooperationswillen auf die Sprünge zu helfen, ersetzten die Geheimdienstleute vor der nächsten Runde einige Begriffe in ihrem Vokabular: Statt nach »wissenschaftlichen Gräueltaten« fragten sie jetzt nach »Forschungsexperimenten« unter Blomes Verantwortung.[107]

Mitte Juli 1945 stand Blomes erste Befragung durch die aus Paris angereisten ALSOS-Mitarbeiter im neuen Hauptquartier der amerikanischen Streitkräfte in Heidelberg an. Vor seiner Abfahrt sprach er lange mit Heinrich Kliewe, der eine erste Befragung durch ALSOS-Vertreter bereits hinter sich hatte. Es galt, sich nicht in

Widersprüche zu verwickeln. Blome war klar, worauf es bei dem Verhör ankam. Er musste sich gut verkaufen und seinen Wert für die Amerikaner deutlich herausstreichen, musste mit profundem Wissen über die biologische Kriegsführung glänzen, um ihr Interesse für eine Verpflichtung zu wecken; aber er musste sich hüten, in Details zu gehen, die seine Beteiligung an Menschenversuchen entlarven würden. Denn das hätte seine Anklage vor dem geplanten Ärztetribunal in Nürnberg zur Folge gehabt. Und womöglich die Todesstrafe.[108]

Die Befragung in Heidelberg zog sich über viele Stunden hin. Ihm wurden Aufklärungsfotos von Nesselstedt vorgelegt und vom späteren Ausweichlabor im thüringischen Geraberg.[109] Nicht ganz unerwartet für Blome waren die ALSOS-Leute nur am Thema »biologische Kriegsführung« interessiert, nicht an seinen administrativen Funktionen und seiner Verantwortung für KZ-Experimente in Dachau und anderswo. Sie fragten ab, er antwortete, offerierte Namen, gab Insiderwissen preis. Im Zusammenhang mit der Erprobung von Pest-Impfstoffen kam das Thema Menschenversuche in Nesselstedt und Geraberg dann doch kurz zur Sprache. Blome verwies darauf, dass sein Mitarbeiter Dr. Karl Josef Gross von ihm zwar mit den entsprechenden Untersuchungen beauftragt worden sei. Doch der habe den Aufbau des neuen Labors in Geraberg immer wieder verzögert, um diese Experimente mit Menschen nicht durchführen zu müssen. Die Vernehmer wussten längst aus den in der Schule Geraberg aufgefundenen Aufzeichnungen, dass Gross zumindest mit Insassen des KZ Mauthausen experimentiert hatte.[110] Doch die ALSOS-Vernehmer hatten offenbar Anweisung, darüber hinwegzusehen, Blome durfte ins »Lager Dustbin« nach Kransberg zurück.[111]

Am 1. Oktober 1945 wurde Professor Kurt Blome zu weiteren Vernehmungen in das Verhörzentrum des CIC nach Oberursel verlegt, und dort wenig später wahrscheinlich auf freien Fuß gesetzt.[112]

Am gleichen Tag bestieg in San Francisco ein Bakteriologe namens Dr. Murray Saunders, einer von Frank Olsons Kollegen aus Camp Detrick in Frederick/Maryland, ein Schiff der US Navy nach Tokio. Nur wenige Wochen nach den amerikanischen Atombombenschlägen gegen Hiroshima am 6. August und gegen Nagasaki am 9. August, die das Ende des Krieges mit den Japanern bedeutet hatten, sollte Saunders Erkundigungen über das japanische B-Waffen-Programm einholen und einige der Fachleute verhören.[113] Ge-

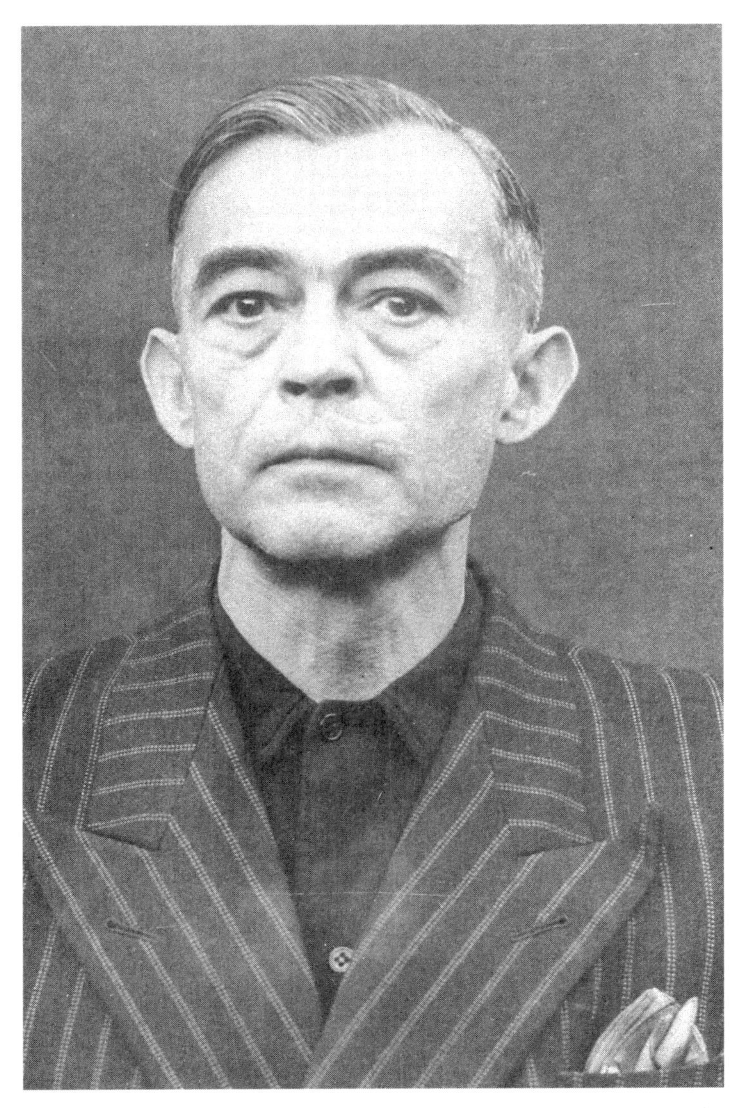

Professor Kurt Blome, stellvertretender Reichsärzteführer und Fachmann für die biologische Kriegsführung, wurde nach Kriegsende von den Amerikanern intensiven Verhören unterzogen.

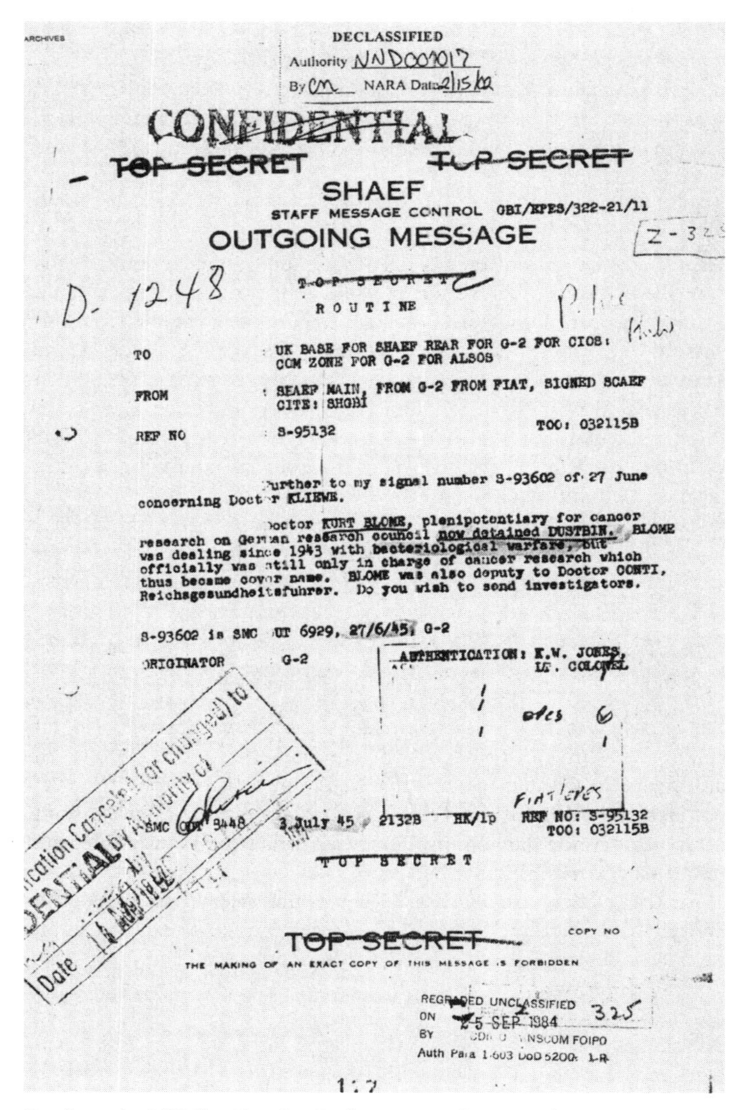

DECLASSIFIED
Authority NND007017
By CM NARA Date 2/15/02

CONFIDENTIAL

~~TOP SECRET~~ ~~TOP SECRET~~

SHAEF

STAFF MESSAGE CONTROL GBI/EPES/322-21/11

OUTGOING MESSAGE

Z-325

D-1248

~~TOP SECRET~~

ROUTINE

TO : UK BASE FOR SHAEF REAR FOR G-2 FOR CIOS: COM ZONE FOR G-2 FOR ALSOS

FROM : SHAEF MAIN, FROM G-2 FROM FIAT, SIGNED SCAEF CITE: SHGBI

REF NO : S-95132 TOO: 032115B

Further to my signal number S-93602 of 27 June concerning Doctor KLIEWE.

Doctor KURT BLOME, plenipotentiary for cancer research on German research council now detained DUSTBIN. BLOME was dealing since 1943 with bacteriological warfare, but officially was still only in charge of cancer research which thus became cover name. BLOME was also deputy to Doctor CONTI, Reichsgesundheitsfuhrer. Do you wish to send investigators.

S-93602 is SMC OUT 6929, 27/6/45, G-2

ORIGINATOR G-2 | AUTHENTICATION: K.W. JONES, LT. COLONEL

SMC OUT 3448 3 July 45 2132B HK/lp REF NO: S-95132 TOO: 032115B

~~TOP SECRET~~

Classification Cancelled (or changed) to CONFIDENTIAL by Authority of ... Date ...

~~TOP SECRET~~ COPY NO

THE MAKING OF AN EXACT COPY OF THIS MESSAGE IS FORBIDDEN

REGRADED UNCLASSIFIED ON 25 SEP 1984 BY CDR USAINSCOM FOIPO Auth Para 1-603 DoD 5200.1-R

325

Der deutsche B-Waffen-Forscher Professor Kurt Blome wurde im Juni 1945 verhaftet und für intensive Verhöre ins Lager »Dustbin« auf Schloss Kransberg in Hessen gebracht.

neral Donovans OSS wusste, dass die Japaner um Professor Shiro Ishii in der so genannten *Unit 731* bei Ping Fan, einem kleinen Dorf in der Mandschurei, intensive Versuche zur biologischen Kriegsführung unternommen hatten, über das tatsächliche Ausmaß machten sie sich aber keine Vorstellung. Das sollte Murray Saunders herausfinden.[114]

Ebenfalls im Oktober 1945 verfasste in Washington der Präsidentenberater für B-Waffen, der Pharma-Industrielle George W. Merck, einen geheimen Bericht über die biologischen Aufrüstungsbemühungen der Vereinigten Staaten für den Kriegsminister Henry Stimson. Das später »Merck-Report« benannte Dokument verschleierte mehr, als dass es erhellte. Es verfolgte jedoch eine klare politische Mission: Angesichts absehbarer militärischer Konflikte mit der Sowjetunion und dem bevorstehenden Kampf des Westens gegen den Weltherrschaftsanspruch des Kommunismus sei nicht nur eine Fortsetzung des Programms unabdingbar, sondern darüber hinaus dessen Intensivierung.[115]

Merck listete im Detail alle Forschungen mit Bio-Kampfstoffen auf, die in Camp Detrick und anderswo an amerikanischen Universitäten stattgefunden hatten. Bei sämtlichen Versuchen seien »extreme Vorsichtsmaßnahmen für den Schutz vor Infektionen« getroffen worden, »insgesamt 219 Menschen haben sich durch Krankheitskeime angesteckt, sind aber alle wieder genesen«, schrieb Merck.[116] Er ging allerdings nicht auf Menschenversuche ein, die von einer Forschungseinheit der US Navy an fünfzig Strafgefangenen im kalifornischen Staatsgefängnis von San Quentin durchgeführt worden waren – mit Beulenpest. Alle Probanden hatten sich freiwillig für die Tests zur Verfügung gestellt in der Hoffnung, dass ihnen danach ein Teil ihrer Strafe erlassen würde, niemand kam ernsthaft zu Schaden.[117]

Zu dieser Zeit, im Herbst 1945, befand sich Professor Walter Schreiber, die andere Führungsfigur der biologischen Kriegsführung Nazi-Deutschlands, im Kriegsgefangenenlager 7027/I in Krasnogorsk bei Moskau.[118] Er war in den letzten Kriegstagen zum »Festungsarzt« von Berlin ernannt und dort am 29. April 1945 in einem unterirdischen Bunker-Hospital in der Nähe des Reichstagsgebäudes von Soldaten der Roten Armee festgenommen worden. Die Sowjets hatten ihn zunächst in ein Lager nach Posen gebracht, dann im August nach Krasnogorsk überführt, wo die deutsche Generalität interniert war.[119]

An der Behandlung in Krasnogorsk gab es nichts zu kritisieren, die Sowjets ließen »wichtigere Gefangene am längeren Zügel traben«, wie sich einer von Schreibers Mitgefangenen später erinnerte. Doch im März 1946 begannen die Verhöre in Moskaus berüchtigtstem Gefängnis Lubljanka.[120] Tagelang musste Schreiber Auskunft geben, über die deutschen Vorbereitungen eines B-Waffen-Krieges und die Menschenversuche in Konzentrationslagern, insbesondere an gefangenen Soldaten der Roten Armee. Als die ersten Ausführungen des Generalarztes nicht den Erwartungen der sowjetischen Offiziere entsprachen, sei er geschlagen und gefoltert worden, behauptete Schreiber später.[121] Er habe dann am 10. April 1946 eine Erklärung verfasst, über die biologischen »Kriegsvorbereitungen« der Wehrmacht, bei denen »deutsche Wissenschaftler und vor allem deutsche Ärzte eine schwere Schuld auf sich geladen« hätten. Er persönlich sei Anfang 1943, »nach der Niederlage von Stalingrad«, angewiesen worden, einen Feldzug gegen die Sowjetunion zu planen – mit Hilfe von Pestbazillen.[122] Das war es, was seine Vernehmer in der Lubljanka hören wollten.

Die Sowjets planten, Professor Schreiber als Zeugen auf dem Kriegsverbrechertribunal zu präsentieren. Sie führten ihm deutlich vor Augen, dass er bei seiner Rückkehr nach Moskau gehenkt würde, sollte er in Nürnberg irgendeine Aussage gegen die Interessen der Sowjetunion machen. Schreiber willigte ein. Am 23. August 1946 wurde er neu eingekleidet und noch am gleichen Tag in ein Flugzeug nach Berlin gesetzt – einen ständigen Begleiter an der Seite und die Agenten des sowjetischen Geheimdienstes im Nacken. Von dort ging es mit dem Zug weiter nach Bayern.[123]

Nürnberg

Am 26. August 1946 brachte der sowjetische Chefankläger Schreiber als Kronzeugen vor das Kriegsverbrechertribunal. Der ehemalige Generalarzt erhob den Vorwurf, die deutsche Wehrmacht habe einen Pestkrieg geplant, eine zentrale Rolle sei dabei dem Institut im Kloster Nesselstedt bei Posen zugefallen. Dort hätten Professor Blome und seine Mitarbeiter entsprechende Feldversuche und Experimente an Menschen durchgeführt, auf Veranlassung des Angeklagten Wilhelm Keitel, Hitlers Generalfeldmarschall. Keitel widersprach heftig.[124]

Doch Schreiber blieb bei seiner Version: Blome habe sich Anfang 1945, als die Rote Armee vor Posen stand, mit der Sorge an ihn gewandt, den Russen könnten in Nesselstedt »die Einrichtungen für Menschenversuche, die sich in dem Institut befanden und als solche kenntlich waren« in die Hände fallen; er habe sein Institut »fluchtartig verlassen müssen, habe es nicht einmal mehr sprengen können«.[125]

Was waren Schreibers Aussagen wert? Dieser stand unter ungeheurem Druck der Sowjets. Andererseits ließen sich seine Behauptungen mit den Ermittlungserkenntnissen der ALSOS-Mission wenigstens teilweise zur Deckung bringen. Einige Zellen in der angeblichen Tierstation hatte Blome mit sanitären Einrichtungen ausstatten lassen, so viel stand fest.[126] Aber selbst wenn er Menschenversuche geplant hatte, war die Rote Armee dem womöglich zuvorgekommen?

Als die Verteidiger am Tag nach Schreibers Auftritt eine Gegenüberstellung mit einem Entlastungszeugen beantragten, war der Generalarzt schon wieder auf dem Rückweg ins sowjetische Kriegsgefangenenlager.[127] Befürchtete der sowjetische Geheimdienst eine Aktion von amerikanischer Seite aus gegen ihren Schützling, da Schreiber wegen seiner Beteiligung an KZ-Experimenten auf einer Liste der meist gesuchten Personen stand? Oder weil die Amerikaner verhindern wollten, dass Schreiber der Sowjetunion bei der Aufrüstung ihrer bakteriologischen Arsenale half?[128]

Der stellvertretende amerikanische Ankläger in Nürnberg, Alexander Hardy, zeigte sich durch Schreibers unerwarteten Zeugenauftritt geschockt und wie gelähmt, er wies aber die sowjetischen Kollegen darauf hin, dass gegen General Schreiber ein Haftbefehl vorläge. Der Russe sagte »Sorry«, aber dafür sei es leider schon zu spät.[129]

Der Haftbefehl gegen Professor Kurt Blome war bereits am 21. Mai 1946 ausgeführt worden, im Auftrag des *Military Intelligence Service* der US-Streitkräfte in Frankfurt. Als Grund wurde lediglich angegeben: »SA Gruppenführer«. Er wurde nach Nürnberg verlegt, wo im ersten Nachfolgeprozess gegen die Nazi-Ärzte verhandelt werden sollte.[130] Hatten die Amerikaner vor, ihren wichtigsten Informanten in Sachen biologischer Kriegsführung zu opfern? Oder gab es einen riskanten Plan, Blome mit heiler Haut durch das Verfahren zu schleusen und vor dem Strang zu bewahren, um ihn sich daraufhin für die eigene B-Waffen-Forschung in Camp Detrick zunutze zu machen?

Der Nürnberger Ärzteprozess begann am 25. Oktober 1946, gut drei Wochen nach Urteilsverkündung im Haupttribunal gegen die Kriegsverbrecher.[131] Das Verfahren gegen die Mediziner fand unter alleiniger Regie der amerikanischen Militärs statt. Dreiundzwanzig NS-Ärzte wurden der »Verbrechen gegen die Menschlichkeit« angeklagt, unter anderem wegen der Kälteexperimente, der Seuchen-Versuche (mit Malaria, Fleckfieber, Gelbfieber, Typhus) sowie der Giftgas-Experimente in verschiedenen Konzentrationslagern.[132]

Das Thema biologische Kriegsführung wurde während der Verhandlungen lediglich am Rande angesprochen, den neben Blome besten Sachkenner, Professor Heinrich Kliewe, hörte das Militärgericht lediglich als Zeuge außerhalb des Gerichtssaals. Auch Kliewes früherer Chef, der Toxikologe Professor Wolfgang Wirth, der nach dem Krieg ebenfalls auf Schloss Kransberg interniert und von den ALSOS-Leuten verhört worden war, bekam keine Gelegenheit, über Blomes Beteiligung an der biologischen Kriegsforschung auszusagen.[133] Was steckte hinter der Taktik? Befolgten die amerikanischen Militärankläger eine Weisung, es dürften keine sensiblen Informationen über Blomes Menschenversuche preisgegeben werden?[134]

Offenbar war es ein abgekartetes Spiel: Schlagkräftige Beweise für Blomes Beteiligung an Raschers Erfrierungsexperimenten im KZ Dachau wurden nicht vorgelegt, auch seine Mitwirkung bei Experimenten mit Malariaerregern und Giftgas konnte angeblich nicht ausreichend belegt werden. Zwar forderten die Ankläger in ihren Plädoyers eine Verurteilung, doch ihnen muss klar gewesen sein, dass es nicht dazu kommen würde. Das Gericht sprach Blome frei, stufte zudem den aus Moskau eingeflogenen sowjetischen Kronzeugen Professor Walter Schreiber als wenig glaubwürdig ein. Es könne wohl sein, »dass der Angeklagte Blome Vorbereitungen traf, im Zusammenhang mit bakteriologischer Kriegsführung, Versuche an Menschen zu machen, aber das Beweismaterial zeigt (...) nicht, dass er tatsächlich jemals Versuche durchführte«, hieß es in der Urteilsbegründung.[135] Kurt Blome war rehabilitiert und wurde Ende August 1947 aus der Haft entlassen.[136]

Die amerikanischen Richter formulierten in ihrer Urteilsbegründung auch eine Zehn-Punkte-Verpflichtung, der sich alle Mediziner bei Menschenversuchen zukünftig unterwerfen sollten:

den Nürnberger Ärztekodex. Als erste Regel wurde gefordert, dass eine freiwillige Zustimmung des Probanden »absolut zwingend« sein müsse, unverzichtbar sei auch, dass der Versuchsperson kein vorhersehbarer Schaden oder gar der Tod drohen dürfe und sie das Experiment jederzeit abbrechen könne.[137] Doch in den Geheimdiensten in Ost und West sollte sich später niemand an die Regeln gebunden fühlen. Es galten die Gesetze des Kalten Krieges, wer wollte sich da lange mit Fragen der Moral befassen?

Als die Urteile von Nürnberg gegen die führenden Nazi-Ärzte verlesen und sieben der dreiundzwanzig Mediziner, darunter Blomes Kollegen, die Professoren Wolfram Sievers und Joachim Mrugowsky, zum Tod verurteilt wurden, kehrte in Frederick/Maryland gerade der dritte amerikanische B-Waffen-Experte aus Japan zurück.

Die erste Reise des Bakteriologen Dr. Murray Saunders im September 1945 war ein Fehlschlag gewesen, er hatte den Kommandanten der *Unit 731*, Generalleutnant Professor Ishii, überhaupt nicht zu Gesicht bekommen.[138] Noch während Saunders mit dem Navy-Schiff zurückreiste, traf im amerikanischen Kriegsministerium die Nachricht des Armeegeheimdienstes CIC ein, Ishii sei erschossen und in aller Stille beerdigt worden. Einen Monat später, im Dezember 1945, korrigierte sich das CIC, die zuverlässige »Quelle 80-11« habe herausgefunden, dass Ishii in der Nähe von Kanazawa untergetaucht sei und die gesamte Beerdigungszeremonie nur der Tarnung gedient habe.[139]

Kurze Zeit später wurde Professor Ishii in den Bergen von Kanazawa aufgestöbert und nach Tokio gebracht. Der Chef des japanischen B-Waffen-Programms musste befürchten, als Kriegsverbrecher angeklagt zu werden, wenn seine Gräueltaten an Hunderten von Menschen bekannt würden. So viel stand für ihn fest: Er musste mit den Amerikanern einen Tauschhandel vereinbaren – sein Fachwissen gegen ihren Schutz.[140]

Anfang 1946 machte sich der zweite Emissär aus Camp Detrick auf den Weg nach Tokio, um Ishii zu verhören: Lieutenant Colonel Arvo T. Thompson. Doch Ishii spielte Katz-und-Maus mit dem amerikanischen Offizier, gab immer nur so viel Informationen preis, wie nötig waren, um seinen prinzipiellen Kooperationswillen unter Beweis zu stellen, bestritt jedoch kategorisch, dass in Ping Fan jemals mit Krankheitserregern an Menschen experimentiert worden sei. Thompson kehrte mit der Überzeugung nach Frederick zurück, von Ishii in allen wesentlichen Punkten belogen worden zu sein. Vor allem dessen Behauptung, sämtliche Unterlagen der *Unit 731* seien in den Wirren der letzten Kriegsmonate verschwunden oder zerstört worden, hielt der Amerikaner für völlig unglaubwürdig.[141]

Als ein Jahr später, im Februar 1947, neue Informationen im asiatischen CIC-Hauptquartier in Tokio eintrafen, die Shiro Ishiis grauenhafte Menschenversuche belegten, beschloss man in Camp Detrick, eine dritte Expedition nach Japan zu entsenden. Diesmal ging es darum, dem B-Waffen-Experten nachdrücklich vor Augen zu führen, dass die jüngsten Erkenntnisse über seine Experimente jedes Kriegsverbrechertribunal überzeugen würden. Und für diesen Job schien Dr. Norbert H. Fell der beste Mann: groß, robust und selbstsicher.[142]

Und tatsächlich gelang Fell der Durchbruch, was allerdings auch daran lag, dass Generalleutnant Ishii wusste, er durfte sein Versteckspiel nicht weiter treiben. Und so kam er mehr oder weniger ohne Umschweife zur Sache: »Ich möchte von den USA als B-Waffen-Experte engagiert werden, vertraglich …«

Fell reagierte geradezu fassungslos. Vertraglich verpflichtet?

»… in Vorbereitung des Krieges mit der Sowjetunion.«[143]

Die Bedingung für den Deal war klar: Ishii verlangte für seine Bereitschaft, über »zwanzig Jahre an Forschungen und Erfahrungen« auszupacken, die Zusicherung der Immunität wegen seiner Menschenversuche. Und die Amerikaner schlugen ein.[144] Schon bald danach begann Dr. Fell, Kisten mit den geheimsten Unterlagen des japanischen Biowaffen-Programms nach Hause zu verschiffen, Hunderte von Studien, darunter ein sechzigseitiger Bericht mit allen Details über Versuche mit Milzbrandbomben, bei denen dreizehn Kriegsgefangene ums Leben gekommen waren. Außerdem wurden 15 000 mikroverfilmte Seiten von Autopsien an insgesamt 850 Leichen nach Camp Detrick verschickt, allesamt umgekommen bei den Anthrax-, Pest-, Cholera-, Typhus- und Tuberkulose-Experimenten der *Unit 731.*[145]

Die Dokumente legten Zeugnis ab über die grauenhaften Menschenversuche der Japaner in Ping Fan, denen sogar die eigenen Landsleute, amerikanische Kriegsgefangene, zum Opfer gefallen waren, und die jenen von Dr. Sigmund Rascher und anderen KZ-Ärzten der Nazis um nicht viel nachstanden – dennoch wurden sie in Camp Detrick wie ein Goldschatz aus einer versunkenen Galeere in Empfang genommen.[146]

Frank Olson und sein Freund und Kollege Donald Falconer aus der Munitionsabteilung von Camp Detrick. Falconer gehörte zu den B-Waffen-Experten, die Kurt Blome in Heidelberg ausführlich befragten.

Etwa zur gleichen Zeit, als die letzten Unterlagen aus Tokio eingingen, kabelte das *European Command* (*EUCOM*) in Heidelberg nach Camp Detrick, dass »Dr. Blome nunmehr für Vernehmungen zum Thema biologische Kriegsführung« zur Verfügung stehe.[147] Wenn es nun noch gelänge, den Nazi-Experten, den deutschen Dr. Ishii gewissermaßen, unter ihre Fittiche zu nehmen, würden die Amerikaner einen entscheidenden Vorsprung vor ihren sowjetischen Gegenspielern haben.

Das erste Treffen fand am 10. November in Heidelberg statt. Aus Frederick/Maryland waren vier Wissenschaftler angereist, darunter Don Falconer von der Munitionsabteilung, einer der engsten Mitarbeiter und Freunde von Frank Olson.[148] Natürlich handelte es sich bei dem mehrstündigen Treffen nicht um ein Verhör, denn Blome war ein freier Mann. Vielmehr ging es um einen Gedankenaustausch unter Gleichgesinnten. Dem Deutschen wurde überdies strikte Geheimhaltung zugesichert.[149]

Dr Gorelick: They had serum but not vaccine?

Dr Blome: For the plague they had a serum on hand but the serum was not very powerful, it was very weak. They did not have any vaccine so I started to build an institute which has never been completed.

Dr Gorelick: For plague?

REGRADED UNCLASSIFIED
ON 25 SEP 1984
BY CDR USAINSCOM FOIPO
Auth Para 1-603 DoD 5200.1-R

Dr Blome: Yes, plague.

Dr Gorelick: Sulfadiazene is better than serum.

Dr Blome: But it is possible to vaccinate against plague. You know the experiments in Manila?

Dr Gorelick: And in China.

Dr Blome: In Manila extensive experiments against plague and with the living vaccine. Best on the cholera experiments in France.

Dr Batchelor: Attenuated bacteria were used in your experiments?

Dr Blome: With live plague vaccine it does not make the person sick but it is a good protective measure. Afterwards in 1912 the French have repeated these experiments in Madagascar which were good.

Dr Phillips: You do not use any live vaccines in your work?

Dr Blome: No. I consider the plague just a sickness but not something dangerous, but if it has a very strong propaganda background, then it would be dangerous. People all over the world believe that that is the worst sickness there is. I wanted to do research on the vaccine on the plague because I understood the Russians were going to use it. The Russians conducted experiments by infecting rats and releasing them by plane in crates. The moment the crate reaches the ground the rat is freed. The main experiment conducted by the Russians was done in a village of Mongola. A prisoner (criminal) escaped from this Mongol village into which the infected rats had been dropped by the Russians. The Russians isolated the village so people could not go in or out and the whole population practically died out. The whole village was then set afire by planes and anybody who tried to escape was shot down. The news was procured by Russian agents. It was checked upon.

Dr Phillips: To check on the authenticity of the story. The prisoner told this to whom?

Bei seiner Befragung durch vier Wissenschaftler aus Camp Detrick berichtete Dr. Kurt Blome über seine Kenntnisse des sowjetischen B-Waffen-Programms.

»Die Russen sind sehr aktiv auf dem Gebiet, und ich glaube, dass Professor Schreiber für sie tätig ist«, plauderte Blome. Schreiber sei ja russischer Kriegsgefangener und »jeder, der ihn kennt, ist überzeugt, dass er inzwischen für sie arbeitet«. Mit Pestbazillen, die würden von den Russen für einen Erstschlag favorisiert. Er habe während der Kriegsjahre von einem geheimen Versuch der Roten Armee in der Mongolei gehört.[150]

Die Amerikaner reagierten wie elektrisiert. Sie hatten bis dahin nur von japanischen Bio-Attacken gegen Ziele in der Mongolei erfahren.[151] Die Sowjetunion, bis zum Kriegsende der Verbündete der Alliierten, galt längst als größte Bedrohung. In den Vereinigten Staaten war das OSS aufgelöst, General »Wild Bill« Donovan in den Ruhestand geschickt und schließlich die *Central Intelligence Agency (CIA)* gegründet worden – ausgestattet mit weitgehenden Kompetenzen im verdeckten Kampf gegen den Kommunismus. Jedwede geheimdienstliche Information aus dem »Reich des Bösen« war deshalb höchst willkommen. Gerade auf dem Gebiet der biologischen Kriegsführung, und Blome wusste diese Karte geschickt zu spielen.

»Die Russen haben Kästen mit infizierten Ratten aus Flugzeugen über einem Dorf in der Mongolei abgeworfen«, setzte Blome fort, als er das Interesse der amerikanischen Kollegen erkannte. Ein Strafgefangener habe aus dem Dorf fliehen können, und so sei die Nachricht einem deutschen Agenten bekannt geworden. Soldaten hätten die Gegend großräumig von der Außenwelt abgeschnitten und jeden erschossen, der herauswollte. Schließlich seien die Häuser aus der Luft in Brand gesetzt und »nahezu die gesamte Bevölkerung ausgelöscht« worden, fügte Blome an. Die Meldung des deutschen Agenten sei später geprüft und bestätigt worden.[152]

Falconer und seine Kollegen tauschten begeisterte Blicke aus. Kein Zweifel, der Mann könnte ihnen noch von Nutzen sein.

Special Operations

Pandora

Frank Olson war fasziniert von neuer Technologie. Seit 1945 benutzte er vorwiegend Diafilme für seinen Fotoapparat, die von *Eastman Kodak* auf den Markt gebracht worden waren, doch inzwischen besaß er auch eine kleine, handliche 8-mm-Filmkamera, mit der er das Familienleben in Frederick, vor allem Geburtstagsfeiern und Weihnachtsfeste mit seinen drei Kindern Eric, Lisa und Nils, fürs Heimkino festhielt. Doch manchmal nicht nur das.[1]

Auf einem der Streifen, der später in seinem Nachlass gefunden wurde, erkennt man Frank Olson auf einem Fahrrad, vor ihm seinen etwa etwa dreijährigen Sohn Eric in einem Kindersitz; es folgen Aufnahmen vom Sommerurlaub bei den Großeltern, mit einer Bootsfahrt auf einem See. Völlig unvermittelt wechselt die Szene danach zu einem Doppeldecker, der dreimal hintereinander im Tiefflug über ein Feld hinweg an der Filmkamera vorbeizieht und dabei einen dichten weißen Nebel hinter sich verteilt, der sich wie ein Schleier auf die Pflanzen, offenbar Kartoffeln, legt.[2]

Die US Army in Camp Detrick übte seinerzeit den Einsatz biologischer Kampfstoffe gegen die Nahrungsreserven des kommunistischen Blockes. Myriaden aus der Luft verteilter Kartoffelkäferlarven oder Pflanzengifte, die einen unmittelbaren Blattausfall nach sich ziehen, könnten zu einer verheerenden Schädigung jeder Ernte führen. Im Kalten Krieg mit dem Erzfeind im Osten wurde jede Variante durchgespielt, auch diese aus den Versuchen der Nazis.[3] Und Frank Olson war als Fachmann für die Freisetzung von »bugs and gas« an den meisten Versuchen unmittelbar beteiligt.

Das Intermezzo mit dem Sprühflugzeug nimmt auf dem 8-mm-Film kaum zwanzig Sekunden ein, danach schließen sich wieder Bilder an von seiner Tochter Lisa und seinem Sohn Eric im Swimmingpool von Camp Detrick, wie dieser einen Salto rückwärts übt.

In Franks privatem Film- und Diaarchiv sollte man später immer wieder auf Motive stoßen, die er heimlich aufgenommen haben muss, was ihm erhebliche Probleme beschert hätte, wäre es bekannt geworden. Warum setzte sich Dr. Frank R. Olson, einer der federführenden Biochemiker im ultrageheimen B-Waffen-Programm der Vereinigten Staaten, so nonchalant über alle Sicherheitsvorschriften hinweg? Sollten seine Filmausschnitte und Bilder versteckte Botschaften für die Nachwelt erhalten? Oder war Olson einfach nur eigenwillig, ein Nonkonformist, der sich nicht um die strikten Spielregeln seiner Branche scherte und sich deshalb für die ihm übertragenen Aufgaben in der Army eigentlich überhaupt nicht eignete?

Norm und Don, Norman Cournoyer und Donald Falconer, die beiden Freunde, die ein halbes Jahrhundert später noch befragt werden können, würden sich an Frank Olson als einen sympathischen Dickschädel erinnern, der die naturwissenschaftlichen Fragestellungen seiner Arbeit liebte, aber deren militärische Anwendung hasste. Er ließ sich nicht gern vorschreiben, was er zu tun oder zu lassen hatte, und das führte regelmäßig zu Konflikten mit seinen Vorgesetzten. Aber weil Olson sich immer wieder als begnadeter Biochemiker erwies, der für die biologische Kriegsforschung in Camp Detrick von ungeheurem Wert war, sahen seine Chefs oft über dessen freisinnigen und unbequemen Charakter hinweg.[4]

Die Zahl der Wissenschaftler in Camp Detrick war nach Ende des Krieges dramatisch zurückgegangen, obwohl der Merck-Report angesichts der Bedrohung durch die Sowjetunion eine Fortsetzung der biologischen Kriegsführung empfohlen hatte.[5] Die Vereinigten Staaten befürchteten eine militärische Attacke mit Bakterien und Viren gegen Gottes eigenes Land und den Rest der freien Welt. Und die Fähigkeit zum Angriff, so George W. Merck, der Pharmaindustrielle und Kopf der amerikanischen B-Waffen-Forschung, sei noch immer die beste Verteidigung.[6] Auch der externe Detrick-Berater, Professor Theodor Rosebury, der mit Olson und Cournoyer gerade eine Monografie über hochinfektiöse Erreger für die *Society of American Bacteriologists* veröffentlicht hatte (siehe Seite 38), sah die Gefahr eines biologischen Erstschlags durch das Stalin-Regime in Moskau, durch Sabotageakte mit Botulinustoxin oder eine weltweite Epidemie mit Lungenpest. In einem Dritten Weltkrieg zwischen der Sowjetunion und den Vereinigten Staaten, so Rosebury, wäre der Einsatz von tödlichen Keimen und Giften »sehr wahrscheinlich«, schon weil »die beiden großen Landmassen durch

Ozeane voneinander getrennt sind«, jeder der beiden Angreifer also nicht befürchten müsste, dass die von ihm ausgelöste Seuche auf die eigene Bevölkerung überspringen könnte.[7]

Das Argument überzeugte Harry S. Truman, den amerikanischen Präsidenten, und ab Ende 1946 durfte das *Chemical Corps*, dem Camp Detrick unterstand, wieder verstärkt an die Arbeit gehen. Als erste Maßnahme ließen die Generäle ihre Wissenschaftler und Agenten ausschwärmen, um die Kenntnisse der B-Waffen-Experten in Japan und in Deutschland abzuschöpfen, wie Generalleutnant Professor Shiro Ishii, dem als Gegenleistung Immunität zugesichert wurde, oder sie sogar unter Vertrag zu nehmen, wie Professor Kurt Blome. In den Lauf seines Schicksals musste allerdings zunächst eingegriffen werden, um ihn vor einem Todesurteil des Nürnberger Ärztetribunals zu bewahren. Erst danach konnte an eine Verpflichtung und Einreise in die Vereinigten Staaten gedacht werden.[8]

Doch nicht nur Blome galt das Interesse der Amerikaner. Mindestens ein Dutzend seiner Kollegen standen auf der Wunschliste des *Chemical Corps* und der militärischen Führung von Camp Detrick. »Paperclip« (»Büroklammer«) lautete der Deckname einer der streng geheimen Operationen, Nazi-Wissenschaftler, darunter Biologen, Chemiker und Mediziner, zu rekrutieren und mit einer Fortsetzung ihrer zum Teil menschenverachtenden Forschungen in den Vereinigten Staaten zu beauftragen. Viele folgten nur zu gern dem Ruf, weil sie sich in den USA bessere Karrierechancen versprachen als im daniederliegenden Deutschen Reich oder weil sie bei ihrer Arbeit für das Hitlerregime schwere Schuld auf sich geladen hatten.[9]

In einem als »top secret« klassifizierten Bericht hielt das *Chemical Corps* im April 1947 den Ausbau des B-Waffen-Zentrums im Detail fest: Für die Abteilung zur Entwicklung von Kampfmitteln gegen Ernten, für die B-Waffen-Abwehr, die Grundlagenforschung, die Abteilung für Pilotanlagen, die Veterinär- sowie die Sicherheitsabteilung standen in jenem Jahr rund 1,5 Millionen US-Dollar zur Verfügung.[10] Eines der herausragenden Ziele: die Herstellung von Milzbrandsporen und deren Abfüllung in Bomben. Die in den letzten Kriegsjahren begonnene, aber wegen der Sicherheitsbedenken von Ira Baldwin ins Stocken geratene B-Waffen-Aufrüstung sollte endlich auf Touren kommen. Auch einige deutsche »Paperclip«-Wissenschaftler standen fortan auf den Gehaltslisten in Camp Detrick.[11]

Dr. Frank Olson erläutert seinen zivilen und militärischen Mitarbeitern die geplanten Freisetzungsversuche mit biologischen Krankheitserregern.

Der Chef war allerdings von Bord gegangen: Baldwin hatte seinen Rücktritt als Wissenschaftlicher Direktor von Camp Detrick und seine Rückkehr an die University of Wisconsin verkündet.[12] Allerdings lernte Baldwin sehr bald, dass man der Kriegsforschung ebenso wenig den Rücken kehren konnte wie der Mafia. Die Army ließ ihn zwar ziehen, mochte aber auf seine Kenntnisse und Ratschläge nicht verzichten. Und so setzte Baldwin seine Arbeit fort, von einem neuen Schreibtisch und ohne Verantwortung für das Alltagsgeschäft von Camp Detrick.

Baldwins Befürchtung war, B-Waffen erlauben einen Einsatz völlig im Verborgenen, denn die heimtückischen Keime müssen nicht notwendigerweise mit Bomben abgeworfen werden, sie benötigen keine Explosion, um ihre tödliche Wirkung zu entfalten; vielmehr lassen sich die Mikroben von Flugzeugen aus heimlich und unsichtbar versprühen. Und wenn die ersten Menschen nach Stunden oder gar Tagen erkranken, ist das Tatwerkzeug längst wieder auf der heimischen Basis gelandet. Außerdem würde jeder zunächst an eine natürliche Epidemie denken und einen militärischen Hintergrund ausschließen. Seuchen seien die höchste Form eines nicht erklärten Krieges, warnte Baldwin im Oktober 1948, und die USA in höchstem Maße durch geheime und verdeckte Operationen mit Bakterien und Viren verletzlich. Er regte deshalb umfassende Untersuchungen an, um herauszufinden, welche Folgen ein subversiver Bio-Angriff auf amerikanische Städte hätte.[13]

Baldwins Bericht stand unter dem Eindruck der Berlin-Blockade. Stalin hatte am 24. Juni 1948 die Straßen und Wasserwege in die ehemalige deutsche Hauptstadt sperren lassen, und die amerikanische Militärführung fürchtete, das Muskelspiel des Kreml-Chefs könnte zu einem bewaffneten Konflikt eskalieren. Die Sorge vor einem neuen Krieg rechtfertigte nach Meinung der US-Experten wie George W. Merck und Ira L. Baldwin das Risiko, das mit Freisetzungsexperimenten im eigenen Land unweigerlich verbunden war, denn es sollte sich nicht nur um Versuche mit harmlosen Bakterien handeln, sondern auch mit »hot stuff«, pathogenen Keimen wie Anthrax. Ein gigantisches Vabanquespiel begann, denn niemand in Camp Detrick besaß eine genaue Vorstellung davon, ob die Keime, mit denen die Anfälligkeit der Nation gegen verdeckte kommunistische Bio-Operationen geprüft werden sollte, nicht das Leben von Millionen amerikanischer Bürger gefährden konnte.[14] Den Anfang machten, wie schon in den Kriegsjahren, die britischen Kollegen vom B-Waffen-Zentrum Seiner Majestät in Porton Down. Kodename ihres ersten Versuchs im Herbst 1948 auf einer Karibikinsel: »Operation Pandora«.[15]

Dr. Paul Fildes und Dr. David W. Henderson, die leitenden Wissenschaftler in Porton Down, hielten umfassende Freisetzungsversuche für unverzichtbar. Die Schafversuche auf der unbewohnten schottischen Insel Gruinard, so sinnvoll sie in Befürchtung deutscher Pest-Angriffe 1942/43 gewesen sein mochten, ließen sich nicht wiederholen. Einerseits lag das Festland zu nah (bei klarem Wetter konnte man die Küste am Horizont erkennen), andererseits war Gruinard nunmehr mit Milzbrandsporen verseucht, wahrscheinlich auf Jahre oder sogar Jahrzehnte hinaus.[16]

Die ruhige karibische See mit ihren leichten, richtungsstabilen Winden stellte aus Sicht der britischen Wissenschaftler eine hervorragende Alternative für Freisetzungsversuche dar, weit entfernt vom Mutterland zwar, aber auf britischem Territorium. Und warum nicht die Amerikaner und Kanadier für diese Experimente mit ins Boot holen? Als Operationsgebiet der Geheimmission »Harness« (»Harnisch«) wählten Fildes und Henderson die Kleinen Antillen aus, die Gewässer östlich der britischen Inseln Antigua, Nevis und St. Kitts. Und zum Projektleiter benannten sie Dr. John D. Morton; Morton aus Porton.[17]

Am 5. November 1948 stach die britische Forschungsflotte in See, die *HMS Ben Lomond*, ein Landungsschiff mit 4000 BRT, ein schwimmendes B-Waffen-Laboratorium mit allen notwendigen Einrichtungen wie Kälteräumen, Dekontaminationsschleusen und einer Verbrennungsanlage für Tierkadaver; die gleichgroße *HMS Narvik*, die Tausende von Versuchstieren beherbergte, darunter Meerschweinchen und 263 Rhesusaffen, frisch gefangen in den Urwäldern Indiens; als Eskorte war die *White Sands Bay* mit von der Partie, eine Fregatte der Royal Navy. Nach einem Zwischenstopp auf Gibraltar und drei Wochen auf hoher See erreichten die drei Schiffe am 30. November Antigua, wo sie bereits von den Kollegen aus Camp Detrick erwartet wurden.[18] Chef der amerikanischen Crew war Dr. Arthur Gorelick, der Leiter der Veterinärabteilung; er hatte auch einige kanadische Wissenschaftler unter sich.[19] Gorelick war einer jener vier amerikanischen Experten gewesen, die ziemlich genau ein Jahr zuvor in Heidelberg den Koordinator des deutschen B-Waffen-Programms, Professor Kurt Blome, ausgiebig über seine Erfahrungen befragt hatten (siehe Seite 58).[20]

Die Amerikaner waren mit viermotorigen DC4-Militärmaschinen nach Antigua eingeflogen, sie hatten ihr Hauptquartier in Coolidge Field aufgeschlagen, einer kleinen US-Basis im Nordosten der Insel, die nach dem Ersten Weltkrieg von den Briten für hundert Jahre gepachtet worden war.[21] Das anglo-amerikanische Netzwerk begann umgehend mit der Arbeit. In den folgenden drei Monaten sollten Versuche mit harmlosen Keimen wie *Bacillus-globigii*-Sporen durchgeführt werden, aber auch Tests mit »heißen« Mikroben wie *Brucella abortus*, dem Erreger der auch für den Menschen gefährlichen Tierseuche Bruzellose, *Pasteurella tularensis*, dem Auslöser der so genannten Hasenpest, sowie *Bacillus anthracis*, Milzbrandsporen.[22]

Natürlich wussten alle Beteiligten, dass die Experimente mit erheblichen Risiken für die einheimische Bevölkerung verbunden waren. Sollte sich der Wind trotz aller Prognosen doch einmal drehen, würden die freigesetzten Bakterienwolken vom offenen Meer aufs Festland treiben und nahezu mit Gewissheit eine Epidemie auslösen; die Wissenschaftler konnten dann in ihre Schutzanzüge steigen, ihnen stand auf der US-Basis und auf der *HMS Ben Lomond* die bestmögliche medizinische Versorgung zur Verfügung, aber die Einwohner von Antigua wären der Seuche hilflos ausgesetzt. Mit Hilfe dürften sie schon deshalb nicht rechnen, weil dies die strikte Geheimhaltung des Projekts gefährdet hätte.[23] Andererseits, auch wenn es zynisch klang: Wer würde schon registrieren, wenn in Antigua ein paar Ansteckungsfälle auftreten würden?

Die britischen Schiffe ankerten vor Parham im North Sound von Antigua. Auf einer vorgelagerten Halbinsel, die nur über eine einzige Straße zu erreichen war, bauten Amerikaner und Engländer ihre provisorischen Laboratorien auf. In weiß getünchten Holzbaracken mit Moskitogittern vor den Fenstern wurden Inkubatoren, Zentrifugen und Tierkäfige installiert. Das alles entsprach natürlich nicht dem Standard von Camp Detrick oder Porton Down, erfüllte aber seinen Zweck, wenn man keine allzu großen Anforderungen an die Sicherheit stellte. Der hinter hohen, grasbewachsenen Sanddünen versteckte Komplex erhielt auch gleich einen konspirativen Namen: »Archie's Place«, benannt nach dem amerikanischen Projektleiter, Dr. Arthur Gorelick.[24]

Mitte Dezember 1948 begannen die ersten Freisetzungsversuche mit *Brucella abortus.* Einige Kilometer vor der Küste trieb ein merkwürdiges Gebilde in der ruhigen See: Die Briten hatten zwanzig bis dreißig Gummiboote mit Leinen zu einer langen Kette verbunden. Auf jedem der Boote waren ein oder mehrere Käfige befestigt worden, in denen Affen hockten, daneben gab es eine batteriebetriebene Vakuumpumpe und ein daran angeschlossenes Messgerät zur quantitativen Bestimmung der durch die Luft schwirrenden Keime. Morton aus Porton und sein Team hatten, allesamt mit Schutzanzügen, Gummistiefeln und Gasmasken gegen Infektionen gewappnet, eine Art Floß zu Wasser gelassen, das entweder eine Nebelmaschine oder eine biologische Bombe trug. Nach entsprechender Vorwarnung durch die links und rechts längsseits liegenden *HMS Ben Lomond* und *HMS Narvik* explodierte der Sprengsatz oder öffnete sich ein Ventil der Nebelmaschine, eine Wolke von Bruzelloseerreger entwich in die Luft und trieb langsam auf die schwimmende Tierkolonie zu, über sie hinweg und dann aufs offene Meer hinaus. Über dem Testgebiet kreisten unterdessen Hubschrauber, um eine Gefährdung der Besatzungen zufällig vorbeikommender Boote zu verhindern.[25]

Die Bergung der »Gummiboot-Seilschaft« über die offene Luke des Landungsschiffes *Narvik* stellte sich gleich beim ersten Versuch als eine größere Operation dar. Die Wellen schwappten an Deck, die Rhesusaffen in ihren Käfigen reagierten hysterisch, spuckten und bissen um sich, und dann mussten auch noch, Nacht für Nacht, sämtliche Gummiboote, Schutzanzüge und technischen Apparate aufwändig desinfiziert und für einen neuen Versuch vorbereitet werden. Dennoch ging erstaunlich wenig schief bei den ersten Experimenten. Zwar hatte sich eines der Gummiboote aus dem Verbund gelöst und war samt Affen und Gerätschaft in den Weiten der karibischen See verschwunden, alle anderen Tiere konnten jedoch sicher zu »Archie's Place« geschafft werden. Dort werteten die Mikrobiologen dann die Messgeräte aus, um festzustellen, welcher individuellen Dosierung jedes Versuchstier durch die vorbeiziehende Bazillenwolke ausgesetzt gewesen war.[26]

Anfang Januar 1949 stieß Frank Olson, der Detrick-Spezialist für Freisetzungsversuche, für ein paar Wochen zum Team. In seiner Begleitung befanden sich der Dekontaminationsexperte Everett R. Hanel sowie zwei Wissenschaftler von den *Naval Research Laboratories* in Washington.[27] Olson schoss, wie so häufig, eifrig Dias, die später Einblicke in seine Beteiligung an den B-Waffen-Versuchen dieser Zeit erlauben sollten. Eine der Aufnahmen zeigt Hanel bei einer Zwischenstation in Miami vor einer meteorologischen Anzeigetafel mit Angaben über Tidenhub, Windrichtung sowie Datum und Uhrzeit: 3. Januar 1949, 9.05 Uhr. Danach folgen Bilder mit der Air-Force-Crew, die Olson und seine Kollegen in einer B52 nach Coolidge Field brachte, dann diverse Motive vom Markttreiben in der Inselhauptstadt St. John's, schließlich eine Serie Fotos vom privaten Badevergnügen in der Half Moon Bay im Südwesten von Antigua – Urlaubsdias von vier vergnügten Männern am weißen Sandstrand.[28]

Kurze Zeit später kam Henry T. Eigelsbach mit einer weiteren B52 von Edgewood Arsenal, der riesigen Basis der US Army bei Baltimore, die auch Heimat des *Chemical Corps* war. Eigelsbach, Detricks Hasenpest-Experte, hatte frische Vorräte *Pasteurella tularensis* im Gepäck, für die nächsten Versuche.

»Operation Harness« lief bis Ende Februar 1949. Doch bevor die Wissenschaftler um Archie Gorelick aus Camp Detrick und Morton aus Porton ihre Zelte auf Antigua abbrachen, stand noch ein abschließender Test auf dem Programm. Die britische Forschungs-

Badevergnügen während der B-Waffen-Versuche: Frank Olson (links) mit Kollegen Anfang 1949 in der Half Moon Bay auf Antigua.

armada lag weit außerhalb von Basseterre vor Anker, der Hauptstadt von St. Kitts, einer kleinen Insel westlich von Antigua. Zum letzten Mal zog ein kleines Beiboot die wie Perlen aufgeschnürten Gummiboote über die Ladeluke der *HMS Narvik* in die karibische See, eines nach dem anderen. Auf dem Floß in Windrichtung vor den Tieren lag eine 4-Pound-Bombe, gefüllt mit Hasenpest-Bakterien, Eigelsbachs letzten Beständen. Als der Sprengsatz explodiert war und die Rhesusaffen die bazillenverseuchte Luft eingeatmet hatten, wurden sie zurück an Bord der *HMS Ben Lomond* gebracht, getötet und für weitere Untersuchungen, zu Hause im britischen B-Waffen-Zentrum Porton Down, eingefroren. Dann stachen die Engländer in See.[29]

Frank Olson flog aus der tropischen Hitze der Karibik direkt in die arktische Kälte Alaskas, zu einer neuen Mission. Im Februar 1949 landete eine viermotorige C54, genannt »Big Delta«, auf der schneebedeckten Airbase von Fairbanks. An Bord befanden sich etwa ein Dutzend Experten. Mit schwer bepackten Schlitten, vor die Polarhunde gespannt waren, zog die Expedition durch die tief verschneite Winterlandschaft. Frank fotografierte, wie gewöhnlich, für seine private Dia-Sammlung.[30]

Die klimatischen Verhältnisse auf den Kleinen Antillen hatten so gar nicht jenen in der Sowjetunion entsprochen. Dort aber kämen die amerikanischen B-Waffen aller Wahrscheinlichkeit nach zum Einsatz. Wie würden sich die Keime unter trockenen, arktischen Bedingungen der russischen Landmasse verhalten? Alaska bot solche Umwelt- und Temperaturverhältnisse. Deshalb sollte ein Teil der Antigua-Experimente in den unwirtlichen Regionen nahe des nördlichen Polarkreises wiederholt werden – mit *Pasteurella tularensis*.[31] Die Operation trug den Decknamen »Watch Dog« (»Wachhund«).[32]

Westlich von Fairbanks, in einem Tal des Tanana Rivers, dem Nebenfluss des Yukon, waren die vermummten Gestalten endlich am Ziel. Die Rhesusaffen in ihren Käfigen froren erbärmlich, obwohl man ihnen winzige Parkas mit Kapuzen angezogen hatte, die nur ihr Gesichter der Kälte aussetzten. Aber den Tieren drohten noch andere Gefahren: Bären. Die Männer trugen deshalb Gewehre im Anschlag, um sich die Grizzlys vom Hals zu halten. Erst ließ die Kälte die Ventile der Nebelmaschinen zufrieren, sie mussten künstlich erwärmt werden. Als das schließlich gelang, gefror das versprühte Aerosol mit den Hasenpest-Bazillen sofort zu einem dichten Eisnebel, der sich über dem Tanana niederlegte und dort verharrte. Biologische Kriegsführung bei Temperaturen weit unter dem Gefrierpunkt, diese Erfahrung brachten Frank Olson und seine Kollegen aus Alaska mit nach Hause, war kein leichtes Spiel.[33]

Schmutzige Tricks

Im Mai 1949 wurde in Camp Detrick eine neue Abteilung ins Leben gerufen. Ihr Name: *Special Operations*, kurz *SO*. Die Gründung war das Ergebnis sowohl der Forderung des ehemaligen wissenschaftlichen Direktors und jetzigen Beraters, Ira L. Baldwin, als auch der Berlin-Krise, die den Amerikanern drastisch vor Augen geführt hatte, dass ein Krieg mit der Sowjetunion unvermeidlich werden könnte. SO sollte verschiedene Aufgaben übernehmen, defensive wie offensive. Dazu zählten Tests mit Bakterien und Viren über amerikanischen Großstädten und in deren U-Bahn-Schächten. Die Strategen im Pentagon fürchteten nichts so sehr wie einen heimtückischen biologischen Sabotageakt durch sowjetische Agenten, denn auf den wäre die Nation nicht vorbereitet. Eines der Szenarien: Von einem feindlichen U-Boot vor der amerikanischen Küste könnten Hafenstädte wie San Francisco oder New York mit tödlichen Seuchen infiziert werden, ohne dass die Attacke rechtzeitig bemerkt würde.[34]

Doch die Abteilung *Special Operations* verfolgte darüber hinaus ein anderes Ziel: den Einsatz von biologischen Kampfmitteln gegen Individuen, zum Beispiel Gift- und bakterielle Anschläge gegen vermeintliche oder tatsächliche Spione. Natürlich besaß niemand in Camp Detrick eine Vollmacht, diese Waffen auch einzusetzen, dafür waren die Geheimdienste, war vor allem die CIA zuständig. Doch SO bekam die vorrangige Aufgabe, »schmutzige Tricks« zu entwickeln und ein biologisches und chemisches Arsenal für »covert operations« anzulegen, für verdeckte Operationen im Kampf gegen kommunistische Agenten. Das Motto der neuen Abteilung, die in Gebäude 439 des Detrick-Areals Quartier bezog: *anything goes* – alles ist erlaubt.[35]

Zum Chef der Abteilung wurde John Schwab ernannt, der in Camp Detrick einen legendären Ruf genoss, seit er während der Kriegsjahre in der primitiven Pilotanlage »Black Maria« unter Lebensgefahr drei Kilogramm Botulinustoxin für die Briten produziert hatte. Und Schwab berief als einen der ersten Forscher für SO den Biochemiker Dr. Frank R. Olson, auf den er große Stücke hielt. Dessen vorrangige Aufgabe sollte es sein, einen bakteriologischen Scheinangriff auf die kalifornische Millionenstadt San Francisco vorzubereiten. Bevor Olson in die zweimotorige Air-Force-Maschine stieg, die ihn und ein paar Kollegen nach Reno/Nevada an der kalifornischen Grenze brachte, legte er in seinen Fotoapparat einen neuen Diafilm ein, der auch mehr als fünfzig Jahre später nichts von seiner farblichen Brillanz verloren hat.[36]

In Reno mietete die Truppe von *Special Operations* einen knallgelben offenen Jeepster für die Fahrt durch den Sonnenstaat Kalifornien, über Sacramento nach San Francisco. Die Bilder des Cabriolets mit fünf albernen Männern, von denen immer einer für Olsons Kamera die Hand zum Victory-Zeichen erhob, standen in krassem Gegensatz zu dem konspirativen Auftrag der Truppe.[37] Sie sollte entlang der San Francisco Bay geeignete Plätze für mobile Laboratorien ausfindig machen, wenn im nächsten Jahr, bei einem

Frank Olson mit seinem Team unterwegs in einem gelben Cabriolet durch Kalifornien, um einen Freisetzungsversuch mit Bazillen vorzubereiten.

streng geheimen Experiment, Mikrobenwolken freigesetzt würden, zum Teil direkt unter der Golden Gate Bridge. Und Frank war vielleicht der wildeste von allen, einem Whiskey ebenso wenig abgeneigt wie einem Flirt, ausgelassen und stets für jeden Blödsinn zu haben. Er hatte offensichtlich Spaß gefunden an seinem neuen Aufgabengebiet, als wissenschaftlicher Special Agent im Dienst der Army, der mit Militärmaschinen zu attraktiven Reisezielen geflogen wurde. Es war eine Zeit, von der seine Freunde Norm und Don später immer wieder als der des »easy going« sprechen sollten, des angenehmen Lebens.[38]

Derweil schlug sich die *SO-Division* daheim in Camp Detrick mit einem anderen Problem herum: In Berlin hatten die Russen versucht, einige Überläufer, die sich in einem »Safehouse«, einem von Sicherheitskräften bewachten Haus im amerikanischen Sektor der Stadt, aufhielten, mit präparierten Cornflakes zu vergiften. Das waren genau jene schmutzigen Tricks, die auch von der neuen Abteilung *Special Operations* entwickelt werden sollten. Die sowjetische Gegenseite besaß offenbar einen Vorsprung, den es möglichst schnell aufzuholen galt.

Zielobjekte des sowjetischen Plans waren acht Deserteure der Roten Armee, die sich der CIA offenbart und bereitwillig geheimste Informationen preisgegeben hatten. Die Sowjets schleusten einen weiblichen Spion aus ihrem Hauptquartier in Karlshorst in das Haus, die heimlich einen Teil der Nahrungsvorräte gegen vergiftete Produkte austauschen sollte. Was ihr dank ihres weiblichen Charmes auch gelang. Zwei der Russen schöpften jedoch Verdacht, ließen die bitter schmeckenden Cornflakes stehen, die übrigen aßen wenigstens einen Teil. Ein kräftiger Feldwebel aus dem Kaukasus, der über den größten Appetit verfügte, kümmerte sich nicht um den merkwürdigen Geschmack, erwischte unglücklicherweise auch noch eine überdosierte Portion – und erkrankte innerhalb einer Stunde. Allen russischen Überläufern wurde daraufhin in einem US-Militärhospital mit Verdacht auf Lebensmittelvergiftung der Magen ausgepumpt.[39]

Die amerikanischen Offiziere nahmen die Angelegenheit nicht weiter ernst, bis einer von ihnen das Ereignis zufällig mit einem Bericht des Geheimdienstes CIA in Zusammenhang brachte, demzufolge die Sowjets Drogen und halluzinogene Substanzen einsetzten, die es den Opfern unmöglich machten, klare Gedanken zu fassen und sinnvolle Sätze zu formulieren. Und vor allem: Die Gifte seien in der Lage, den menschlichen Willen zu brechen. Wenn es einem russischen Agenten gelänge, sich den Deserteuren zu nähern und ihnen einen Befehl zu erteilen, würden diese wie Marionetten im Gänsemarsch in den sowjetischen Sektor zurückkehren. Es würde also jemand kommen, um den Russen die entsprechende Order zu erteilen.

Zwei Tage lang legte sich einer der Bewacher des »Safehouse« auf die Lauer, dann tauchte der erwartete Besucher aus dem sowjetischen Sektor auf, versuchte auf der Rückseite des Hauses an der Regenrinne hinaufzuklettern – und wurde mit Schüssen in die Flucht getrieben. Die Sowjets setzten also tatsächlich Psychodrogen ein.[40]

Umgehend wurden die Vergiftungsopfer zurück ins Militärkrankenhaus geschickt, um Spuren der ominösen Substanz in ihrem Blut zu sichern. Zu spät. Bei einem der Wachhunde des »Safehouse«, der von den Cornflakes genascht hatte und daran jämmerlich verendet war, ließen die CIA-Officers ein Stück des Magens entfernen und zur weiteren Analyse ins Hauptquartier der US

Army nach Heidelberg verfrachten. Doch dort kam die Autopsieprobe niemals an. Der Fall ging als »Berlin Poison Case« in die Geschichte der Geheimdienste im Kalten Krieg ein. Noch Jahre später sollten die Verantwortlichen der *SO-Division* in Camp Detrick über die miserable Behandlung der Affäre durch die eigenen Geheimdienste klagen.[41]

Schon gleich nach ihrer Gründung im Jahre 1947 waren von der CIA jene Versuchsergebnisse ausgegraben worden, die aus der Forschungsabteilung des Vorgänger-Geheimdienstes OSS stammten: »Wild Bill« Donovans Experimente mit »Wahrheitsdrogen«.[42] Die CIA fand sehr schnell heraus, dass beim *Naval Medical Research Institute* in Bethesda, einem Vorort von Washington, bereits Experimente dieser Art liefen (»Operation Chatter«).[43] Die Navy hatte gleich nach Kriegsende die Nazi-Experimente mit Meskalin in den Konzentrationslagern Dachau und Mauthausen systematisch ausgewertet und danach begonnen, sie zu imitieren.[44] Über das Kriegsministerium waren die Nazi-Studien auch zu Dr. Henry K. Beecher gelangt, einem leitenden Mediziner am Massachusetts General Hospital in Boston, der sich für das Thema der Verhaltenssteuerung durch Drogen interessierte (»ego-depressant drugs«) und der als Berater der Army fungierte.[45] Beecher war, das wurde den Experten der CIA sehr schnell klar, genau ihr Mann. Er kannte offenbar keinerlei moralische Skrupel, seine hippokratischen Verpflichtungen als Arzt zu ignorieren, wenn es darum ging, den Kommunismus, das »Reich des Bösen«, zu bekämpfen. Das sollte sich später noch erweisen.[46]

Doch zunächst kam es der CIA darauf an, eigene Untersuchungen in die Wege zu leiten. Und da pflanzliche Extrakte wie zum Beispiel Meskalin, Marihuana und halluzinogen wirkende Pilze (»magic mushrooms«) bei den Drogenversuchen eine dominierende Rolle spielen würden, gab der Geheimdienst einen Teil der Aufgaben an die *SO-Division* des Bio-Waffenzentrums Camp Detrick ab. Deckname der Operation, mit deren Vorbereitungen Ende 1949 begonnen wurde: »Bluebird«.[47]

Den Hardlinern der CIA schwebten Verhöre mit verschiedenen Hilfsmaßnahmen vor, um sowjetischen Spionen oder eigenen Landsleuten, die für feindliche Agenten gehalten wurden, Geständnisse und jede Menge Informationen zu entlocken: Lügendetektor, Drogen, Elektrofolter und Hypnose – oder eine Kombina-

WAR DEPARTMENT
OFFICE OF THE SURGEON GENERAL
WASHINGTON 25, D. C.

REFER TO MEDCE

..l. Beecher, Henry K (O)

7 February 1947

Dr. Henry K. Beecher
Massachusetts General Hospital
Boston, Mass.

Dear Doctor Beecher:

Inclosed for your retention is a brochure, dealing with the Dachau Concentration Camp, which has just arrived. I am not sure that it cantains information which you can use, but thought it might be of interest to you.

Sincerely,

Arthur R. Turner
ARTHUR R. TURNER, M. D.
Chief
Medical Intelligence
Branch

FIRST ENDORSEMENT on
ONR ltr EXOS:ONR:N482
Ser 15207 of 30 July 47.

From: Chief of Naval Operations
To: Chief of the Bureau of Medicine and Surgery

Subject: Rascher report on Experiments in Dachau which deals with results of Explosive Decompression on Humans at High Altitude; request for.

1. Forwarded.

2. It is requested that Bureau of Medicine and Surgery furnish Chief of Naval Operations (Op-32-F2) a copy of the Rascher report, if available, requested in basic letter.

3. It is further requested that the correspondence on this subject be returned to this office for permanent filing after it has served its purpose in the Bureau of Medicine and Surgery.

R. M. MacKinnon
R. M. MacKINNON
By direction

Im Februar 1947 erhielt Dr. Henry K. Beecher eine Auswertung der Experimente im KZ Dachau; die Navy interessierte sich insbesondere für die verschiedenen Menschenversuche des SS-Arztes Dr. Sigmund Rascher.

tion der Methoden. Unter strengster Geheimhaltung galt es, Dreimann-Teams für Spezialverhöre aufzustellen, bestehend aus einem Arzt, möglichst Psychiater, einem Hypnotiseur und einem Techniker. Von ihrer Basis in Washington, so der Plan, sollten die *Special teams* der CIA zu ihren Einsatzorten in der ganzen Welt geflogen werden.[48]

Die klandestine Welt der Geheimdienste, in der man sich so leichtfertig über moralische Spielregeln und demokratische Gesetze hinwegsetzte, zog mit ihren verdeckten Operationen viele Ostküsten-Intellektuelle in den Bann. Die CIA suchte »the very best men«, junge, tatkräftige, intelligente, aber eben auch skrupellose Absolventen renommierter Elite-Universitäten, die sich bedenkenlos in den Dienst der vermeintlich richtigen und gerechten Sache stellten.[49] Und es ging bei diesen »covert operations« nicht nur um Menschenversuche mit Drogen, es ging auch um die Lizenz zum Töten.

Mit Pülverchen und Tinkturen, mit Viren und Bakterien aus den geheimen Labors der *SO-Division*, so die Aufgabe, sollten sowjetische Spione und kommunistische Rädelsführer außer Gefecht gesetzt oder sogar liquidiert werden, ohne irgendwelche Spuren zu hinterlassen. Im Kreuzzug gegen Moskaus Weltherrschaftsansprüche hatte US-Präsident Harry Truman in einer Geheim-Direktive alle »dirty tricks« sanktioniert.[50]

Im November 1949 legte ein bis heute unbekannter CIA-Berater wissenschaftliche Empfehlungen für Mordanschläge vor. Um »Leichen zurückzulassen, bei denen auch durch umfangreiche Obduktionen und chemische Untersuchungen die tatsächliche Todesursache nicht festzustellen« sei, sondern bei denen »der Eindruck eines Unfalltods, eines Selbstmords oder eines natürlichen Ablebens erweckt« wird, schlug der Experte zum Beispiel die Verabreichung von Natriumfluoracetat über die Nahrung oder einen winzigen Tropfen Tetraethylblei auf die Haut vor. Beides garantiere »einen schnellen Tod«.[51]

Das Papier enthielt indes auch Anregungen, die sich schon bei erster Durchsicht für den Agentenalltag als gänzlich unpraktikabel erwiesen: »Sperrt man das Individuum in einen kleinen Raum mit einem Block aus Trockeneis«, führe das langsam zu seinem Tod, ohne irgendwelche Spuren am Leichnam zu hinterlassen. Allerdings habe diese Methode möglicherweise unangenehme Begleiterscheinungen: Das Opfer neige »im Todeskampf zur Hyperaktivität«. Schließlich könne man das Opfer auch »mit einem Kissen ersticken« oder »mit einem Badetuch strangulieren«, in beiden Fällen blieben keine erkennbaren Anzeichen eines Mordes zurück. Natürlich gebe es für die Anforderungen des Geheimdienstes eine ganze Palette »exotischer chemischer Substanzen«, beendete der Berater sein Schreiben.[52]

Mit großem Elan begannen in Camp Detrick die Spezialisten in John Schwabs *SO-Division* mit der Suche nach jenen exotischen Giften, mit denen die CIA-Agenten »im Feld« todsicher operieren konnten. Als eines der beliebtesten Toxine sollte sich sehr bald das »Paralytic Shellfish Poison« erweisen, vom dem ein einziges Gramm, gleichmäßig im Trinkwasser einer Stadt verteilt, theoretisch bis zu 5000 Menschen töten konnte.[53] Das extrem gefährliche Gift musste in aufwändigen Laborapparaturen aus Schellfisch und seltenen Muscheln isoliert, gereinigt und aufbereitet werden. Eine Gruppe von Biologen wurde für eine Spezialmission nach Alaska geschickt, um Tausende von Muscheln zu sammeln, die nur in den dortigen Gewässern lebten. Aus dem extrahierten Toxin ließ die CIA später auch so genannte Selbstmordpillen (»L-pills«) für die eigenen Agenten in Feindesland herstellen. So trug der 1960 über der Sowjetunion abgeschossene Pilot des Spionageflugzeuges U-2, Francis Gary Powers, eine »L-pill« bei sich, benutzte sie aber nicht, als er in die Hände der Sowjets fiel.[54]

Unter Verdacht

Frank R. Olson diente weiterhin an der anderen Front von *Special Operations* in Camp Detrick, der Vorbereitung so genannter Scheinangriffe mit biologischen Kampfstoffen (»mock attacks«). Dazu reiste der Biochemiker in den Sommermonaten des Jahres 1949 mehrfach zum Testgelände der amerikanischen B-Waffen-Forscher, Dugway Proving Ground im US-Staat Utah.[55] Sein Freund Donald Falconer aus der Munitonsabteilung bereite dort einen »heißen« Bombentest mit echten Krankheitserregern vor, so wie ein halbes Jahr zuvor auf der Karibikinsel Antigua und in der Nähe von Fairbanks/Alaska.[56]

Dann, im August 1949, stand der erste Einsatz auf dem Programm, fast mitten in Washington, auf der anderen Seite des Potomac River. SO-Chef John Schwab hatte mit dem Kriegsministerium einen Scheinangriff auf das Pentagon verabredet, der so realistisch wie möglich sein sollte. Keiner wusste, wann und wie die SO-Agenten, jeweils Zwei- oder Dreimannteams, in das riesige Gebäude eindringen, wie und wo sie es verseuchen würden. Lediglich das FBI war von John Schwab instruiert worden, damit seine Leute nicht Gefahr liefen, von pflichtbewussten Agenten der Bundespolizei erschossen zu werden.[57]

Frank Olson, der wahrscheinlich mit den SO-Offizieren McNulty und Wagner ein Gespann bildete – jedenfalls sollten die drei in den folgenden Jahren häufig gemeinsam auf Fotos auftauchen –, war mit einem Koffer bewaffnet, in dem eine kleine Nebelmaschine zur Freisetzung der Keime und eine Messapparatur mit Vakuumpumpe inklusive Batterien steckten. Da die Pumpe starke Geräusche von sich gab, erklärte man den Sicherheitskräften des Pentagon, es handele sich um eine offizielle Überprüfung der Luftqualität.[58]

Ungehindert konnten sich die Teams aus Camp Detrick im Gebäudekomplex des Pentagon bewegen und das Umluftsystem mit Bazillen vom Typ *Serratia marcescens* verseuchen. Die Mikroben, die einen roten Farbstoff absondern, galten als harmlos. Da die Luftfilter des Kriegsministeriums die Keime nicht zurückhielten, blies die Anlage überall feinen Bazillenstaub in die Büros. Der Test bewies, wenig überraschend: Wären sowjetische Agenten statt der SO-Leute in das Pentagon eingedrungen und hätten sie Anthrax- statt *Serratia*-Bakterien dabeigehabt, hätte ein paar Tage später ein Großteil der höchsten amerikanischen Militärs im Sterben gelegen.

Noch während die Wissenschaftler in Camp Detrick die beängstigenden Ergebnisse ihres biologischen Scheinangriffs auf das Pentagon auswerteten, erschien im Londoner *Daily Express* ein Artikel, der die Spitzen des *Chemical Corps*, das für die biologische Kriegsforschung die Verantwortung trug, in höchste Unruhe versetzte. Dem Bericht, der von Henry C. Pincher, einem ehemaligen Offizier der britischen Armee, verfasst worden war, lagen ganz offensichtlich höchst geheime Informationen vom US-Testgelände Dugway sowie von der »Operation Harness« zugrunde, jenen anglo-amerikanischen Freisetzungsversuchen, die zur Jahreswende 1948/49 auf der britischen Karibikinsel Antigua stattgefunden hatten.[59] Und Pincher plante eine ganze Artikelserie für seine Zeitung. Zum Glück hatten die Leute vom britischen Geheimdienst MI6 Wind von der Sache bekommen und weitere Veröffentlichungen mit dem schlichten Trick verhindert, indem sie Pincher sofort zum aktiven Dienst einberiefen und unter Überwachung stellten.[60] Doch es musste, dessen waren sich die Militärs in Porton Down und Camp Detrick sicher, irgendwo eine undichte Stelle geben. Eine Art Maulwurf.

Unverzüglich lief hüben wie drüben eine Sicherheitsüberprüfung an, zwei Special Agents des Armeegeheimdienstes *Counter Intelligence Corps* (*CIC*), wurden zu Ermittlungen nach Frederick geschickt.[61] Frank Olson geriet nahezu unmittelbar in ihr Visier. Er war nicht nur, mit einem Dutzend anderer Biologen, an den Experimenten in der Karibik beteiligt gewesen, sondern hatte auch kurz zuvor das Testgelände in Dugway besucht, um sich Don Falconers Tests mit B-Bomben anzusehen. Mehr noch: Olson galt unter seinen Vorgesetzten als »suspect«, als Verdachtsperson. Einer der Detrick-Forscher äußerte gegenüber den CIC-Agenten, »Olson neigt zu Intrigen, nimmt schädlichen Einfluss auf die Moral, gibt Informationen an Mitarbeiter weiter, die diese nicht erhalten dürfen«; ein anderer meinte, »Olson lehnt jede Kontrolle seiner Forschungen strikt ab, er missachtet Befehle und gerät immer wieder mit der Militärpolizei in Streitigkeiten, weil er sich weigert, seinen Ausweis zu zeigen oder weil er zu schnell fährt«.[62]

Eine heiße Spur? War Olson der Informant? Am 10. Oktober 1949 nahmen sich die beiden Ermittler den Verdächtigen vor. Der bestritt energisch, jemals den Namen Pincher gehört oder irgendeinem Außenstehenden geheime Informationen weitergegeben zu haben. Doch bei den CIC-Agenten blieben erhebliche Zweifel, auch wenn sie nichts gegen ihn in der Hand hatten. »Olson erschien ziemlich unwillig während der Befragung«, hielt der Special Agent in seinem Report fest, »das wird von Leuten, die ihn kennen, als ein für ihn typisches Verhalten angesehen.«[63]

Keine Frage, Frank Olson war eigensinnig, manchmal bis zur Halsstarrigkeit. Er war ein fähiger Kopf, der sich nur ungern in seine Arbeit hineinreden ließ. Er war kritisch gegenüber seinen militärischen Vorgesetzten, mitunter respektlos. Aber war Olson deshalb auch verdächtig, Geheimnisverrat begangen oder zumindest Sicherheitsbestimmungen gebrochen zu haben?

Die Ermittlungen des *Counter Intelligence Corps* in Camp Detrick brachten keinerlei Erkenntnisse, die Frank Olsons weiterer Karriere im Weg gestanden hätten. Im Gegenteil: Mit dem Umzug der *SO-Division* in das größere, fensterlose Gebäude Nr. 1412 auf dem Camp-Gelände wuchs auch sein Verantwortungsbereich.[64]

...DENTIAL — TOP SECRET

AGENT REPORT

1. NAME OF SUBJECT OR TITLE OF INCIDENT
SECURITY COMPROMISE

2. DATE SUBMITTED
18 October 1949 flb

3. CONTROL SYMBOL OR FILE NO.
AIABB-Z 226066

4. REPORT OF FINDINGS

Synopsis of pertinent information on persons who visited Dugway or Operation Harness during the periods concerned, as extracted from the Intelligence files of Camp Detrick.

ECKARD, Cecil Orain, Scientific Aide, Nothing Significant
EVANS, George, Photographer, Nothing Significant
FALCONER, Donald W., Mechanical Engineer, Nothing Significant
FELL, Norbert H., Assistant Technical Director, Nothing Significant
GEIGER, Paul B., Ordnance Engineer, Nothing Significant
GLICK, Dudley Peters, Consultant, Nothing Significant
HILL, Edwin V., Bacteriologist, Nothing Significant
HUFFERD, Ralph W., Chemist, Nothing Significant
* VITIKACS, John A., Animal Caretaker, Nothing Significant
* - WEBB, Alfred M., Bacteriologist, Nothing Significant
HOFFMAN, Austin C., Electrician, Nothing Significant
KAISER, Robert H., Meteorological Aid, Nothing Significant
KAYSER, Wendell H., "M" Division Chief, Nothing Significant
LARSON, Edgar W., Bacteriologist, Nothing Significant
LENTZ, Rodney E., Engineering Aid, Nothing Significant
MAIN, John A., Laborer, Nothing Significant
MC GILL, Thomas F., Analytical Chemist, Nothing Significant
MC CUIN, William D., Administrative Assistant, Nothing Significant
MILLER, William A., Electrician, Nothing Significant
MUMMA, Victor R., Laboratory Mechanic, Nothing Significant
* NEWELL, Raymond F., Chemical Engineer, Nothing Significant
NIERMAN, Albert J., Chemical Engineer, Nothing Significant
O'BRIEN, Charles E., Chemical Engineer, Nothing Significant
* OLSON, Frank R., Biochemist - In background investigation, Dr. Chambers, associate, stated that OLSON plays internal politics, is a detrimental influence on morale, divulged information to associates who should not have received it.

Dr. J. L. Roberts stated that OLSON is violently opposed to control of scientific research, either military or otherwise, and opposes supervision of his work. He does not follow orders, and has had numerous altercations

5. TYPED NAME AND ORGANIZATION OF SPECIAL AGENT
FRED P. BERRY
503d CIC DETACHMENT

6. SIGNATURE OF SPECIAL AGENT
/s/ Fred P. Berry

WD AGO FORM 1 JUN 47 341 — TOP SECRET — CONFIDENTIAL

Bei einer internen Ermittlung durch die militärische Spionageabwehr äußerten mehrere Kollegen, Frank Olson gebe unerlaubt Informationen an Mitarbeiter weiter und missachte Befehle.

Im April 1950 erhielt Dr. Frank R. Olson einen Diplomatenpass, ausgestellt vom US-Außenministerium; einen Monat später stand seine erste Europareise auf dem Programm, zum Erfahrungsaustausch mit den Kollegen auf der britischen Insel, für ein Wochenende nach Paris und danach noch zu einem Kurztrip nach Deutschland.[65] Nach einem Zwischenstopp auf den Azoren landete die amerikanische Militärmaschine am 3. Mai auf dem Flughafen von Liverpool. Ein paar Tage später ging es weiter zur amerikanischen Airbase Bovingdon, nordwestlich von London. Mit von der Partie waren Olsons enge Kollegen John McNulty und Henry Eigelsbach aus Camp Detrick, sowie ein paar Mitarbeiter der *Naval Research Laboratories* und des *Chemical Corps* aus Edgewood Arsenal.[66]

In London bezogen die B-Waffen-Forscher ihr Quartier im *Regent Palace Hotel*, bevor sie sich auf den Weg zur amerikanischen Botschaft machten, zu einem Empfang beim Militärattaché. Abends, zurück im Hotel, orderte Olson eine Flasche Scotch beim Portier, zog mit dem Whisky und den Kollegen in den Speisesaal, wo eine Hand voll Geschäftsleute saß, die dort gerade speiste. Olson lud die Briten spontan zu einem Umtrunk ein, der kurze Zeit später in eine ausgelassene Party überging.[67] Irgendwann kreuzte eine junge Frau auf, die Olson als Sekretärin des *Chemical Corps* in Edgewood vorstellte, sie sei zufällig mit ihrer Mutter auf Besuch in London.[68] *Easy going.*

Am nächsten Tag zog Olson als Tourist durch London, seinen Fotoapparat stets griffbereit in der Tasche: Die *Speakers' corner* im Hydepark erregte sein besonderes Interesse. Während in den Vereinigten Staaten gerade der Feldzug des Senators Joseph R. McCarthy gegen die angebliche Unterwanderung amerikanischer Behörden durch kommunistische Agenten begonnen und der Politiker seine scharfen Hunde aus dem Geheimdienst CIA losgelassen hatte, zeichnete die Briten eine eher befremdliche Toleranz gegenüber den ideologischen Feinden aus. Selbst ein Mitglied der »Communist Party for Peace and Socialism« durfte an der *Speakers' corner* lautstark seine Meinung kundtun.[69]

Dann zog die amerikanische Delegation nach Porton Down weiter, dem in der Grafschaft Wiltshire, südwestlich von London, gelegenen britischen Pendant von Camp Detrick. Hier trennten sich die Wege der Wissenschaftler, jeder aus der Gruppe besaß seine eigenen Kontaktleute in Porton. Während sich Eigelsbach mehr in den Labors aufhielt, in der sich die Kollegen mit der Hasenpest be-

Frank Olson liebte das Leben und schlug gern einmal über die Stränge, wie hier in London 1950.

fassten, saßen Frank Olson und John McNulty meist in Besprechungen, in denen es vermutlich um neue Freisetzungsversuche ging.[70]

Zwischen den Sitzungen fanden die beiden allerdings noch Zeit, in Begleitung ihres britischen Gastgebers einen Abstecher nach Stonehenge zu machen, der sakralen Steinkreisanlage nördlich von Salisbury.[71] Und das Wochenende am 14. und 15. Mai 1950 nutzten Olson, Eigelsbach und McNulty für eine Fahrt mit dem Pullmann-Zug nach Paris, huckepack auf der Fähre über den Kanal.[72] In der französischen Metropole war reines Touristenprogramm angesagt, mit Besichtigungen, Café au lait in der Frühjahrssonne und guten Weinen am Abend; außerdem kannte Olson auch dort eine junge Dame.[73]

Nach ein paar Tagen in Deutschland, bei EUCOM, dem europäischen Army-Hauptquartier in Heidelberg, ging es schließlich am 20. Mai von der amerikanischen Rhein-Main-Airbase in Frankfurt zurück in die Heimat.[74]

Etwa vier Wochen nach Frank Olsons Rückkehr von seiner ersten Europareise nahm die politische Weltlage eine bedrohliche Entwicklung: Nach langjährigem Streit um die Wiedervereinigung Koreas drangen am 25. Juni 1950 nordkoreanische Streikräfte in den Süden des geteilten Landes vor. Es schien wie ein Feuer, das nach und nach die ganze Welt in Brand setzen konnte. In Abwesenheit des sowjetischen Vertreters beschloss der Sicherheitsrat der Vereinten Nationen, den Südkoreanern mit UN-Streitkräften zu Hilfe zu kommen. Die nordkoreanische Aggression, die später durch chinesische »Freiwilligenverbände« unterstützt werden sollte, leitete Wasser auf die Mühlen der Anhänger McCarthys, die immer vor den kommunistischen Feinden draußen wie drinnen gewarnt hatten. Aus dem Kalten Krieg war ein heißer geworden. Jetzt durfte es keine diplomatische Zurückhaltung mehr geben, jetzt mussten die Ideale der amerikanischen Nation und der freien Welt verteidigt werden. Mit allen Mitteln.[75]

Große Sorge um eine Eskalation des Konflikts kennzeichnete die Stimmung in der amerikanischen Generalität. In allen Bereichen wurden Waffenprogramme angekurbelt, um die Arsenale zu füllen. Auch bei den biologischen Kriegsforschern in Camp Detrick führten die militärischen Auseinandersetzungen in Ostasien zu verstärkten Anstrengungen. Die neue Situation schlug unmittelbar auf die Arbeit der *SO-Division* durch. Eine bakteriologische Sabotageaktion durch eingeschleuste nordkoreanische, chinesische oder sowjetische Agenten, so die Befürchtung, träfe das Land völlig wehrlos. Ein Pentagon-Szenario mit in der Klimaanlage freigesetzten pathogenen Keimen bestimmte die Albträume von SO-Chef John Schwab.[76]

Auf dem Gelände von Camp Detrick war in den letzten Monaten eine riesige, kugelförmige Testkammer errichtet worden, der so genannte »8-Ball«. Das Fassungsvermögen lag bei einer Million Liter, die Stahlwände wiesen eine Stärke von mehr als drei Zentimetern auf, dick genug, um der Druckwelle detonierender Bio-Bomben zu widerstehen. In die Außenwänden hatten die Techniker kleine Fenster eingelassen, über die Käfige mit Mäusen und Meerschweinchen ins Innere geschwenkt oder in die Sitze für Affen eingeklinkt werden konnten, so dass nur deren Nasen den tödlichen Keimwolken nach der Explosion ausgesetzt waren.[77]

Der erste Bombentest fand im Sommer 1950 statt, forciert durch die Entwicklung in Korea. Henry T. Eigelsbach kultivierte in seinem Labor die Hasenpest-Erreger *Pasteurella tularensis*, eine milchig-weiße Suspension in Dutzenden von Erlenmeyerkolben. Am Morgen des Versuchstages kam Edgar W. Larson, der Chef der Aerobiologie, mit einer M114-Bombe ohne biologischen Inhalt ins Labor. Eigelsbach füllte die Flüssigkeit ab. Dann verschloss Larson die Bombe und hüllte sie in ein mit Desinfektionsmittel durchtränktes Handtuch, um auf dem Transport zur Testkammer keine Keime zu verschleppen.[78]

Wenige Minuten später wurde die Bombe am Fuße des »8-Ball« gezündet. Der erste Versuch fand ohne Tiere statt, doch schon Tage später begannen erste Testreihen mit Meerschweinchen, Kaninchen und Schimpansen. Einigen der Affen hatten die Detrick-Veterinäre Namen gegeben, doch das verschonte die Tiere nicht vor ihrem grausamen Schicksal im Dienst der biologischen Kriegsführung. Die Primaten wurden in ihren Sitzen festgeschnallt, so dass sie sich nicht mehr bewegen konnten, ihr Kopf steckte in einer Gasmaske ohne Filter mit luftdichtem Anschluss an die Stahlwand der Testkammer. Die Vorbereitungen gingen natürlich nicht ohne heftigen Widerstand der Tiere über die Bühne. Sie sabberten in die Maske, schrien erbärmlich, zappelten und zerrten in ihren Gurten. Es half nichts. Nach der Detonation zog eine Mischung aus Explosionsgasen und Keimen, meist Anthraxsporen, an ihren Nasen vorbei. Innerhalb von wenigen Minuten war alles vorbei. Die Schimpansen wurden in hermetisch abgeriegelte, klimatisierte Käfige gesperrt und nach der Inkubationszeit der Keime getötet, seziert und schließlich verbrannt.[79]

Wenn Frank mittags zum Lunch aus dem Camp nach Hause kam, versuchte seine Frau Alice gewöhnlich, in seinen Augen zu lesen. Wirkte er fröhlich oder deprimiert? War er zu Scherzen aufgelegt? Gab er sich wortkarg, wusste sie, dass wieder eine Versuchsreihe mit Affen erfolgreich abgeschlossen worden war. Frank Olson hasste die Tierversuche, und der Tod der liebenswerten Schimpansen und Rhesusaffen ging ihm besonders an die Nieren. Doch seine Stimmung hob sich auch schnell wieder. Auf Sentimentalitäten konnte in Kriegszeiten ohnehin keine Rücksicht genommen werden. Das wusste auch Olson. Die Experimente in der Testkammer verfolgten das klare Ziel, eine optimale Bombe für die Freisetzung der tödlichen Bazillenfracht zu entwickeln. Anthraxsporen standen wegen ihrer Widerstandsfähigkeit seit langem im Mittelpunkt der Bemühungen. Allein die Milzbrandversuche im

In Gebäude 470 auf dem streng gesicherten Gelände von Camp Detrick wurden in den Fünfzigerjahren große Mengen Anthraxsporen gezüchtet.

»8-Ball« sollten in den folgenden Jahren mehr als 2000 Affen das Leben kosten.[80]

Am 17. Juli 1950 feierte Frank Olson in seinem schlichten Holzhaus oben auf dem Braddock Mountain, einer Anhöhe westlich von Frederick, mit Blick über das gesamte Areal von Camp Detrick, seinen vierzigsten Geburstag. Norm Cournoyer, Don Falconer und ein paar Freunde schenkten ihm ein Maultier. Es wurde ein lustiger Abend. Als wenige Wochen später ein anderer aus der Clique ebenfalls seinen Vierzigsten beging, revanchierte sich Frank – mit einem Stinktier. Noch hatte er seinen Humor nicht verloren.[81]

San Francisco

Am 7. September 1950 wurde Edward J. Nevin mit einer Prostatainfektion in das Stanford University Hospital in San Francisco eingeliefert und noch am selben Tag operiert. Der Eingriff verlief zufrieden stellend, doch das Fieber des 75-jährigen, in Irland geborenen Rentners, der früher für *Pacific Gas and Electric* gearbeitet hatte, wollte nicht sinken, obwohl ihm die Ärzte immer wieder hohe Dosen an Antibiotika verabreichten.[82] Anfang Oktober verschlechterte sich sein Zustand rapide, es schien, als sei zum ursprünglichen Bakterienbefall noch eine weitere Infektion hinzugekommen. Hatte sich Nevin im Krankenhaus angesteckt?

Am 1. November 1950 starb Edward Nevin, der tödliche Infekt hatte mittlerweile das Herz befallen. »Bakterielle Endocarditis« hielt der Stationsarzt auf den Totenschein fest, ausgelöst durch *Serratia marcescens*, jene eigentlich harmlose, einen roten Farbstoff bildende Mikrobe, mit denen John Schwabs SO-Teams im August des Vorjahres den Scheinangriff auf das Pentagon unternommen hatten.[83] Genau in dieser Zeit wurden die Bazillen bei weiteren zehn Patienten der Universitätsklinik festgestellt. Die Mediziner konnten sich keinen Reim auf den verblüffenden Befund machen: Die auch als »Hostienpilz« bekannte Infektion tritt eigentlich nur äußerst selten auf.[84]

Etwa zur gleichen Zeit als Ed Nevin ins Krankenhaus kam, flog rund ein Dutzend Detrick-Forscher nach Oakland ein, darunter auch Frank Olson und sein ständiger Kompagnon der letzten Monate, John McNulty.[85] Sie kamen von einem privaten Jahrgangstreffen an der Purdue University in Bedford/Indiana, an dessen *Agricultural Experiment Station* Frank sieben Jahre zuvor gearbeitet hatte; auch die Detrick-Kollegen Henry Eigelsbach und Frank Wagner waren als ehemalige Purdue-Absolventen in Bedford dabei gewesen.[86]

Nach dem Scheinangriff auf das Pentagon im Washingtoner Stadtteil Arlington im August 1949 hatten die Militärbiologen der *SO-Division* unzählige Selbstversuche mit den Hostienpilz-Bakterien unternommen, um sicher zu sein, dass von der Infektion keine Gesundheitsgefährdung ausgehen würde.[87] Im April 1950 waren mehrere Tests mit *Serratia marcescens* und dem, wie Milzbrand, Sporen bildenden *Bacillus globigii* gefolgt, von zwei Kriegsschiffen aus, die vor der Küste von Norfolk und Hampton im US-Staat Virginia ankerten.[88] Hinter diesen Freisetzungsversuchen stand immer wieder die Angst vor einem sowjetischen U-Boot, das vor der endlos langen amerikanischen Küste tödliche Keime aussetzen könnte.

Zum Abschluss der monatelangen Testreihe, die unter der Bezeichnung »Operation Large Area Coverage« lief, war ein Großversuch in San Francisco geplant, direkt in der Bay Area. Schon im Juni 1949 hatte Frank Olson mit einigen Kollegen in ihrem gelben Cabriolet die Gegend inspiziert, um geeignete Plätze für mobile Mini-Laboratorien zu finden, die in Zusammenarbeit mit der Navy im kalifornischen Point McGoo entwickelt wurden.[89] Beteiligt an der Vorbereitung der Tests waren auch Wissenschaftler der Stanford University.[90]

Wenige Tage nach der Ankunft ging die Detrick-Crew mit ihren Bazillenvorräten an Bord eines Minensuchers der US-Navy, der vor Treasure Island, nördlich der Oakland-Bridge, festgemacht hatte. Am 20. September 1950 legte die *US ACM-13* ab, passierte die Golden Gate Bridge und fuhr einige Seemeilen auf den Pazifik hinaus. Wenn Frank Olson nicht unmittelbar mit den Vorbereitungen beschäftigt war, stand er an der Reling – und fotografierte.[91]

Sieben Tage dauerten die Versuche mit *Bacillus globigii* und Zink-Cadmiumsulfid, einer chemischen Verbindung, deren Kristalle im ultravioletten Sonnenlicht fluoreszieren, und die deshalb benutzt wurde, um die Ausbreitung großer Partikelwolken studieren zu können. Einige der Bakterienkulturen wurden direkt unter der Golden Gate Bridge freigesetzt.

Am letzten Tag, dem 27. September, kreuzte der Minensucher zwei Seemeilen vor der kalifornischen Küste. Es war angenehm warm, der Wind blies leicht vom offenen Meer, ideale Bedingungen für den wichtigsten Versuch. Kurz vor Sonnenuntergang stieg eine Wolke mit *Serratia marcescens* über dem Schiff auf, dehnte sich langsam zu einem dünnen Schleier aus, der über das Wasser in Richtung San Francisco, Berkeley, Alameda, Richmond und Oakland kroch. Als er später die Zielgebiete erreichte, drückte die Inversionswetterlage die bakterienversetzte Luft auf den Boden.

Zwischen dem Minensucher und den Großstädten pendelte die ganze Zeit ein Detrick-Mikrobiologe in einem Hubschrauber hin und her und hielt in kurzen Intervallen immer neue Petrischalen aus dem Fenster. Die höchste Keimdichte, so wurde später festgestellt, lag über dem Meer in etwa 100 bis 150 Metern, erst an Land schien die Wolke gen Boden zu sinken. Die Wissenschaftler in ihren mobilen Labors entlang der Küste allerdings fanden keine der typisch roten Bakterienkolonien auf ihren Nährböden. Die Mikrobe, so ihr Fazit, sei offenbar zu sensibel für eine Umgebung aus Salzwasser und Sonneneinstrahlung.[92]

Die Experimente der vorangegangenen Tage, insbesondere jene mit Zink-Cadmiumsulfid, waren indes eindeutig gewesen: Schätzungsweise 300 Quadratkilometer der Bay Area wurden kontaminiert. Mit anderen Worten: »Fast jeder der 800 000 Einwohner San Franciscos mit normaler Atmungsfrequenz (...) inhalierte 5000 oder mehr Partikel«, hieß es im Abschlussbericht der Detrick-Forscher, einem biologischen Angriff auf die Stadt wäre folglich ein verheerender Erfolg beschert gewesen. Hätte ein Saboteur Lungenpestbazillen oder Anthraxsporen vor der Küste freigesetzt, hätten sich etwa 75 Prozent der Einwohner mit der tödlichen Seuche angesteckt.[93]

Wie Ed Nevin? Stand dessen Tod fünf Wochen später mit dem Freisetzungsversuch in einem Zusammenhang? Hatte der Rentner, wie die anderen zehn Patienten des Stanford University Hospital, eine Infektion mit *Serratia marcescens* aus der verseuchten Luft eingefangen? Als Nevins Enkel drei Jahrzehnte später einen Prozess gegen das Verteidigungsministerium anstrengte und Schadensersatz für den Tod des Großvaters geltend machte, argumentierten die Anwälte der Army, der alte Mann müsse sich im Krankenhaus infiziert haben, viele Tage vor dem fraglichen Experiment der Detrick-Forscher. Es handele sich folglich nicht um Ursache und Wirkung. Die Gutachter des Nevin-Enkels hielten dagegen, bei einer dermaßen seltenen Infektionserkrankung sei pure Koinzidenz mehr als unwahrscheinlich.[94] Doch alle Richter bis hin zu jenen am amerikanischen Supreme Court, dem Obersten Gericht, die 1984 zu entscheiden hatten, folgten dem Argument.[95] Sie alle übersahen womöglich die Verbindung zu den Versuchen der Militärbiologen: An der Vorbereitung der »Operation Large Area Coverage« waren Wissenschaftler eben jener Stanford University beteiligt gewesen, in deren Klinik die Infektion auftrat; gut möglich, dass sich einer der Biologen im Vorfeld infiziert und die Krankheit dann in das Universitäts-Krankenhaus verschleppt hatte.[96]

Wenige Wochen nach Rückkehr der SO-Spezialisten aus der Bay Area bestieg in San Francisco ein anderer Experte eine Maschine nach Washington. Er bekleidete im dortigen *Federal Bureau of Narcotics* eine leitende Stellung, hatte sich über die Jahre als alter Fahrensmann der Rauschgiftbekämpfung erwiesen. Soweit das Bild, das seine Mitarbeiter und Kollegen von ihm besaßen. Doch der korpulente Mittvierziger mit dem fast kahl geschorenen Schädel, der den heruntergekommenen Haight-Ashbury-District wie seine Westentasche und dort fast jeden Dealer mit Namen kannte, langweilte sich in San Francisco, sehnte sich nach jenen Zeiten zurück, als er 1943/44 in New York einen sizilianischen Gangster unter Drogen setzen durfte, im Auftrag des damaligen Geheimdienstes OSS.[97]

George Hunter White hatte kurz zuvor eine Anfrage der CIA erhalten. Der Geheimdienst erbat seinen Rat und seine Erfahrung im Umgang mit »Sugar«, einem Marihuanaextrakt, mit dem seinerzeit Cocktails oder, in kristalliner Form, Zigaretten präpariert worden waren, um deren Konsumenten militärische Geheimnisse zu entlocken.[98] »Operation Bluebird« lautete, romantisch verklärt, der Kodename des streng geheimen Projekts, für das die CIA White zu rekrutieren beabsichtigte. Seine Funktion als Drogenfahnder sollte als Deckmantel dienen.[99]

Das war, Ende 1950, fünf Monate nach Ausbruch des Koreakrieges, der Beginn einer langen und fruchtbaren Zusammenarbeit Whites mit der CIA, die erst fünfzehn Jahre später enden sollte, nach Hunderten von Drogenversuchen an ahnungslosen Opfern.[100] Eine Zusammenarbeit, die George Hunter White im Rückblick einmal mit markigen Worten beschreiben würde:

»Es war Spaß, Spaß und nochmals Spaß. Wo sonst konnte ein heißblütiger Amerikaner lügen, betrügen, töten und vergewaltigen, und das mit dem Segen von allerhöchster Stelle?«[101]

Camp King

Doc Fischer

Die Zehen schwollen schnell an. Dem amerikanischen Soldat war beim Rangieren auf dem Gelände des Camps ein Kamerad mit einem Militärlastwagen über den Fuß gefahren. Der Vorgesetzte gab klare Order: Das sei ein Fall für Doc Fischer in der Kasernen-Ambulanz. Er ließ umgehend nach dem Arzt rufen.

Frühjahr 1950. In Oberursel am Fuß des Taunus, fünfzehn Kilometer nordwestlich von Frankfurt, waren mit Kriegsende amerikanische Truppen eingezogen, hatten ein Gefangenenlager der deutschen Luftwaffe übernommen, in dem noch Monate zuvor abgeschossene Kampfflieger der Alliierten interniert und verhört worden waren (»Dulag Luft«).[1] Das Zentrum des Camps erinnerte eher an ein historisches Museumsdorf als an eine Militäreinrichtung. Auf einer leichten Anhöhe, zwischen hohen Bäumen, standen versprengt kleine Fachwerkhäuser, Überbleibsel eines Reichssiedlungshofes aus der Nazi-Zeit, der dort vor dem Einzug der Luftwaffe existierte.

Doch die hessische »Schwarzwaldromantik« hatte sich inzwischen überlebt: Das Camp hinter hohen Stacheldrahtzäunen, 1946 nach dem in der Normandie gefallenen Geheimdienst-Offizier der US Army Charles B. King benannt, wurde hermetisch von der Außenwelt abgeschottet und strengstens bewacht. Es beherbergte das europäische Hauptquartier des amerikanischen Armee-Geheimdienstes: *7707 European Command Intelligence Center (ECIC)*.[2]

Den Amerikanern hatte das Areal Ende 1945 zunächst als Verhörzentrum für prominente deutsche Kriegsgefangene gedient. Einige waren aus dem »Lager Dustbin«, Schloss Kransberg, nach Oberursel verlegt und in einem »Safehouse« nahe dem Camp, einem ehemaligen Lehrerinnenheim, interniert worden.[3] Unter den Inhaftierten: Hermann Göring, Karl Dönitz, Alfred Jodl und Albert Speer. Im Speisesaal saßen zeitweilig mehr als fünfzig Repräsentanten des untergegangenen Dritten Reiches um mehrere lange Tische, ehemalige Reichsminister, Feldmarschälle, Generäle, Admirale und Botschafter.[4] Sie sollten in Nürnberg wegen schwerer Kriegsverbrechen vor Gericht gestellt werden; in einem der Fachwerkhäuser auf dem Gelände des Camps hatte sich der amerikanische Jurist Robert W. Kempner einquartiert, um die Anklageschrift vorzubereiten.[5]

Doch das war inzwischen Historie. Spätestens mit der Berlin-Blockade im Sommer 1948 hatte der Kalte Krieg begonnen. Die amerikanische Geheimdienstpolitik war seitdem strikt antikommunistisch ausgerichtet. Das neue Feindbild der Amerikaner ließ sich mit dem alten Feindbild des Nationalsozialismus nahtlos zur Deckung bringen. Berührungsängste, Ressentiments gegenüber SS-Offizieren und Alt-Nazis, mochten sie noch so große Schuld auf sich geladen haben, gehörten der Vergangenheit an.[6]

Doc Fischer war dafür ein gutes Beispiel. Der 57-jährige, in Berlin geborene Arzt, hatte Medizin in Greifswald und Tübingen studiert und sich später in medizinischer Hygiene habilitiert; er diente 1936 als oberster medizinischer Betreuer der Olympischen Spiele in Berlin, wurde dafür von der NSDAP mit dem Olympiaorden 2. Klasse ausgezeichnet. Im April 1949 engagierten die Amerikaner Fischer als Camp-Arzt, »für die medizinische Versorgung der Soldaten und der Gäste dieser Einrichtung«, wie es in einem Dossier des ECIC aus diesen Tagen hieß, eine Formulierung, der später noch Bedeutung zukommen sollte. Sein Jahresgehalt betrug 8520 D-Mark.[7]

Tatsächlich verbarg sich hinter dem »Doc«, der sowohl bei den Soldaten als auch bei seinen Vorgesetzten bis hin zum Kommandanten erhebliche Sympathien genoss, einer der noch immer steckbrieflich gesuchten Mediziner des Nationalsozialismus, der für unzählige Menschenversuche in den Konzentrationslagern Verantwortung trug und einmal eine der Führungsfiguren des deutschen B-Waffen-Programms gewesen war. Unter den meisten Offizieren in Camp King galt es als offenes Geheimnis, dass ihr Arzt gar nicht Fischer hieß, sondern Walter Schreiber.[8]

Es handelte sich um jenen General Professor Walter Schreiber, der in den letzten Kriegstagen als »Festungsarzt« von Berlin in einem Bunker nahe des Reichstags von einem Stoßtrupp der Roten Armee festgenommen, in die Sowjetunion überführt, dort unter Druck gesetzt und dann am 26. August 1946 als Zeuge der sowjetischen Anklagevertreter vor dem Nürnberger Kriegsverbrechertribunal präsentiert worden war. Er beschuldigte seine ehemaligen Kollegen und die deutsche Militärführung, biologische Kampfstoffe an ahnungs- und wehrlosen KZ-Insassen getestet zu haben. Nach seinem Auftritt vor dem Militärgericht hatte der sowjetische Geheimdienst seinen Schützling umgehend nach Moskau zurückgebracht, da der schon damals wegen seiner Beteiligung an KZ-Experimenten gesucht wurde.[9]

Bei seiner Rückkehr wurde Schreiber, zusammen mit anderen deutschen Armeegenerälen, in einem zweistöckigen »Sicherheitshaus« in Moskau interniert, das unter ständiger Bewachung stand. Es folgten mehrere Antifa-Kurse, kommunistische Indoktrinierungsprogramme, die sich die kommenden zwei Jahre bis Mitte 1948 hinzogen. In dieser Zeit durfte sich Schreiber in Moskau relativ frei bewegen, Oper und Museen besuchen. Allerdings wich ein Sicherheitsbeamter nie von seiner Seite.[10]

Im September 1948 schickten die Sowjets Walter Schreiber, der inzwischen als ideologisch gefestigt galt, in die sowjetische Besatzungszone, wo ihm die Regierung den Posten des Chefarztes der neu gegründeten Volkspolizei anbot. Doch Schreiber lehnte ab, sprach stattdessen bei SED-Generalsekretär Walter Ulbricht vor und ersuchte ihn um eine Professur an einer Berliner Universität. Ulbricht stimmte zu. Doch es sollte anders kommen.

Am 17. Oktober setzte sich Schreiber, mit seinen Entlassungspapieren als Kriegsgefangener in der Tasche, aus der Ostzone ab, floh in den amerikanischen Sektor von Berlin, wo seine Familie in Lichterfelde lebte. Am nächsten Tag meldete er sich beim Geheimdienst CIC, der ihn zusammen mit seiner Frau und seinen drei Kindern wenig später aus Berlin ausflog und nach Oberursel brachte.[11]

Mehrere Wochen lang wurde der ehemalige Generalarzt der deutschen Wehrmacht und für viele KZ-Experimente verantwortliche Ärztefunktionär vernommen, aber nicht als Beschuldigter wegen seiner Verbrechen gegen die Menschlichkeit, sondern als Wissenschaftler und Kollege, wegen seiner Kenntnisse und Erfahrungen. Wie die Katze um den heißen Brei schlichen die Vernehmer um die Frage nach Schreibers Beteiligung an Menschenversuchen herum.

Am 19. November 1948 gingen die Amerikaner mit dem hochrangigen Überläufer aus dem gegnerischen Lager vor die Presse, seine Flucht und »seine anti-sowjetische Gesinnung« seien von »erheblichem Propagandawert in allen Besatzungszonen Deutschlands«, hielt das ECIC in einer internen Begründung fest.[12] Der Dolmetscher, ein amerikanischer Geheimdienst-Offizier deutscher Abstammung, erwies sich als Meister seines Fachs. Auf die Frage eines Journalisten, ob Schreiber in Moskau über die biologische Kriegsforschung der Nazis Auskunft gegeben habe, antwortete er, ohne die Antwort seines Schützlings abzuwarten: »Da der Doktor nicht selbst auf diesem speziellen Gebiet gearbeitet hat, ist er nicht in der Lage, zu diesem Thema Stellungnahmen abzugeben.«[13]

Es folgten weitere Vernehmungen mit Schreiber in Camp King, zum Beispiel durch Colonel Charles E. Loucks vom Hauptquartier der US Army in Europa (EUCOM) in Heidelberg. Dieser fragte zunächst, zum wiederholten Male, ein paar Informationen über die bakteriologische Kriegsführung ab und kam dann endlich zur Sache: Stünde der Deutsche gegebenenfalls für eine Tätigkeit in den Vereinigten Staaten zur Verfügung? Seiner Einreise im Rahmen der »Operation Paperclip«, mit Familie natürlich, stehe die amerikanische Seite durchaus wohlwollend gegenüber.[14] Loucks hatte sich bereits nach Ende des Krieges mit Japan Ende 1945 dadurch hervorgetan, dass er die C-Waffen-Operationen des ehemaligen Kriegsgegners verharmloste, um die zuständigen Fachleute gegebenenfalls später unter Vertrag nehmen zu können.[15]

Für das ECIC erwies sich Schreiber als hochkarätige Quelle, denn er verfügte nicht nur über intime Kenntnisse des deutschen B-Waffen-Programms, sondern auch über den sowjetischen Medizinbetrieb und über die Verhörtechniken des sowjetischen Geheimdienstes, mit und ohne Anwendung von Drogen. Überdies sprach er leidlich Russisch. Das alles bot interessante Perspektiven, in Oberursel womöglich noch mehr als in den Vereinigten Staaten, denn in Camp King sollten zunehmend sowjetische Spione, Übersiedler, die man für verkappte Agenten hielt, und andere »suspects« aus dem Ostblock Verhören unterzogen werden. Intensiven Verhören.[16]

Und so kam es schließlich zu einer Art Kompromiss zwischen den Interessen der Militärbiologen in den Vereinigten Staaten und den Interessen des Militärgeheimdienstes in Camp King: Dr. med. Walter Schreiber erhielt im April 1949 unter dem Alias »Doc Fischer« einen Anstellungsvertrag beim ECIC in Oberursel. In ein, zwei Jahren konnte er dann in die USA emigrieren.[17]

Die Verpflichtung des hochrangigen Nazi-Mediziners war kein Einzelfall. Schon bald nach Kriegsende hatten das *Office of Strategic Services* (*OSS*), das 1947 von der CIA abgelöst wurde, und das *Counter Intelligence Corps* (*CIC*), der Geheimdienst der US Army, damit begonnen, hochrangige SS-Offiziere und nationalsozialistische Funktionäre als Agenten zu rekrutieren, statt sie vor Gericht zu bringen, weil sie sich im Kampf gegen den Kommunismus als nützlich erweisen konnten.[18]

Einer der spektakulärsten Fälle: Klaus Barbie. Der frühere Offizier der Waffen-SS und Chef der Gestapo im besetzten Lyon war mit brutalsten Methoden gegen die Résistance vorgegangen und hatte zahlreiche Juden deportieren oder ermorden lassen. Barbie diente sich im April 1947 dem CIC an, er verfüge in der Ostzone über Dutzende von Zuträgern aus den Reihen der ehemaligen SS.[19] Zur Überprüfung kam er nach Camp King. Dort wurde er in eine Zelle gesteckt, die so genannten »rough boys«, die wenig zimperlichen Jungs, eines CIC-Verhörteams nahmen sich seiner an, fanden aber keine belastenden Hinweise – weil sie keine finden wollten. Barbie wurde als Agent verpflichtet, fürstlich entlohnt und später, als Strafverfolger ihm dicht auf den Fersen waren, nach Südamerika in Sicherheit gebracht.[20]

Ähnlich wie im Fall Barbie wurden auch bei Walter Schreiber sämtliche Informationen über seine Beteiligung an Gräueltaten in den Konzentrationslagern systematisch unterdrückt. Stattdessen stellten ihm seine amerikanischen Vorgesetzten immer wieder beste charakterliche und, was noch wichtiger war, ideologische Zeugnisse aus: Doc Fischer sei »integer und loyal«, er bekenne sich nicht nur eindeutig »zu unseren demokratischen Prinzipien«, sondern »hasse den Kommunismus«, schrieb Lt. Colonel Gordon D. Ingraham, der Kommandant von Camp King, in einem Bericht für sein Hauptquartier in Washington. Er glaube zudem, dass Schreiber niemals »Sympathien für den Nationalsozialismus« gehegt habe. An den fachlichen Qualitäten gebe es ohnehin nichts auszusetzen, fuhr Ingraham fort. Dessen ärztliches Engagement für »sowohl das Personal als auch die Informanten« im Camp sei »deutlich größer, als man es gemeinhin von einem Stabsarzt erwarten würde«. Schreibers Mitarbeiter hätten ihm sogar bekundet, es sei »eine Ehre unter einem Mann seines Kalibers zu arbeiten«.[21]

SCHREIBER, Dr. Walter P. 15 December 1949

III-12201, D-249361

1. REASON FOR INVESTIGATION:

Reference is made to "Secret" communication Headquarters 66th CIC Detachment, dated 9 December 1949, file D-249361; to TWX, Region II, reference number A-115, dated 14 December 1949. Investigation was initiated to meet requirements of pertinent regulations governing the emigration to the United States of German nationals.

2. SYNOPSIS OF PREVIOUS INVESTIGATION:

A security investigation of SUBJECT was conducted in November, 1949, by Region III, 66th CIC Detachment. Agent Report III-12201, dated 18 November 1949, revealed that SCHREIBER assisted 7707 ECIC, the Chemical Division, EUCOM, and the Historical Division, EUCOM, in compiling data concerning the Nazi Chemical Corps. The source of this Agent Report, 1st Lt. John CALLMAN, operations officer, 7707 ECIC, stated that a complete dossier on SUBJECT is retained by the Historical Division, EUCOM.

3. PRESENT INVESTIGATION: Background data:

Name: Professor Walter Paul SCHREIBER (Doctor of Medicine)
Birthplace: BERLIN (N53/Z75 Birthdate: 21 March 1893
Occupation: Former generalartz (major general) German Army, now employed as physician, 7707 ECIC, OBERURSEL (L51/M57)
Religion: Protestant
Former Address: BERLIN/Lichterfelde West, Spindelmuehlerweg 35
Present Address: 7707 ECIC, OBERURSEL
Martial Status: Married, name of wife: Olga CONRAD
Three children: Elizabeth (SCHREIBER) age 25, architect; residing in BUENOS AIRES, Argentina
Dorothy SCHREIBER, age 23, philology student, residence, OBERURSEL, Paul Gerhardt SCHREIBER, age 15, residence, OBERURSEL

6. On 14 December 1949, Lt. Colonel G. D. INGRAHAM, Commanding Officer, 7707 ECIC, Camp King, OBERURSEL, was interviewed regarding the activities of SUBJECT while under the control of 7707 ECIC. Lt. Colonel INGRAHAM stated that SCHREIBER is presently employed as a physician at Camp King pending completion of arrangements for emigration to the United States under the sponsorship of the Intelligence Division, EUCOM. SCHREIBER uses the cover name of FISCHER, at present as protection against possible retaliation by Soviet agents for his escape and assistance to US Intelligence Division. INGRAHAM further stated that SUBJECT has expressed him as being an extremely conscienicus person; that he has turned his full energy to the job of handling all the medical problems at Camp King, caring for internees, officers and enlisted men of the organization with high efficiency. From conversations with SUBJECT and from close observation over a period of four months, INGRAHAM has concluded that SUBJECT is worthy of emigration to the United States, that SCHREIBER doesnot advocate or sanction communism, and that SCHREIBER has demonstrated his political loyalites through his cooperation with the Intelligence Division, EUCOM, in reporting information of high intelligence value soncerning the Soviet Medical and Schhol programs. INGRAHAM has prepared a statement setting forth the activities of SUBJECT while under his jurisdiction at Camp King, and his recommendations as to the character, integrith and loyalty of Walter SCHREIBER (Exhibit "A" herewith).

Bei einer internen Ermittlung sprach sich der Geheimdienst der US Army im Dezember 1949 vehement für eine Übersiedlung des Nazi-Arztes Dr. Walter Schreiber in die USA aus.

Geplauder

In der zweiten Hälfte des Jahres 1950 gab es heftige Diskussionen in der CIA, wie die geplanten Experimente zur Manipulation des menschlichen Verstands am besten zu organisieren seien. Klar war, es würde um Versuche mit Hypnose, Drogen und Elektroschocks gehen, klar war weiterhin, die Menschenversuche müssten außerhalb des amerikanischen Territoriums stattfinden, klar war aber vor allem, es dürfe keine weiteren Verzögerungen geben. Es lagen inzwischen eine Vielzahl untrüglicher Informationen vor, dass die Kommunisten längst mit diesen Methoden arbeiteten, um Agenten umzudrehen, Geständnisse zu erpressen oder Spione auszuhorchen. Eine gewisse Paranoia machte sich breit im Hauptquartier des US-Geheimdienstes.[22]

Zunächst waren da die Erfahrungen des »Berlin Poison Case« im Jahr 1949, als sowjetische Agenten versucht hatten, Überläufer, die sich in einem »Safehouse« im amerikanischen Sektor aufhielten, mithilfe unbekannter Psychogifte zur Rückkehr zu zwingen; dann, im gleichen Jahr, war es zu einem Schauprozess gegen Josef Kardinal Mindszenty in Ungarn gekommen, bei dem sich der Geistliche, offensichtlich unter Drogen stehend, eines Verrats bezichtigte, den er gar nicht begangen hatte.[23] Schließlich waren Informationen durchgesickert, Moskaus Agenten trügen neuerdings als Dosen getarnte Injektionsgeräte mit einer unbekannten Substanz bei sich, mit denen sie ihre Opfer zu willenlosen Sklaven machen könnten – ein Verdacht, der sich ein Jahr später bestätigen sollte, als der CIA ein Exemplar der Dosen in die Hände fiel.[24]

Ein neuer Begriff machte in der CIA die Runde: Gehirnwäsche. Mit psychologischen und physischen Methoden sei es den Kommunisten möglich, das menschliche Verhalten zu beeinflussen und zu kontrollieren. Und die Vereinigten Staaten lägen bei ihren Erkenntnissen über die defensiven und offensiven Waffen im Krieg gegen die menschliche Psyche um Jahre hinter dem Erzfeind zurück. Und das sei vor allem angesichts des Koreakrieges eine mehr als erschreckende Erkenntnis.

Bereits vor Kriegsbeginn hatte der CIA-Direktor nach monatelangen Vorbereitungen im April 1950 endlich seinen Segen zu einer ersten Operation gegeben. Die Federführung lag bei dem Chef der Sicherheitsabteilung, Sheffield Edwards, einem früheren Colonel der US Army, der ein Jahrzehnt später zweifelhaften Ruhm erlangen sollte, weil er für gemeinsame Projekte der Agency mit der Mafia zuständig wurde.[25] Edwards nannte die Operation »Bluebird«, wählte einen Begriff, der, wie bei fast allen Decknamen der CIA, keinerlei Hintersinn besaß, es sei denn, Edwards hätte einen Zusammenhang zur Operation »Chatter« (»Geplauder«) herstellen wollen: Vögel hört man gern »singen« – ebenso wie Spione. »Chatter« war das Projekt des *Naval Medical Research Institute* in Bethesda, mit dem schon 1947 nach Auswertung der Meskalin-Experimente der Nazis in den Konzentrationslagern Dachau und Mauthausen begonnen worden war.[26]

Gleich nach der ersten Sitzung des »Bluebird«-Komitees, Ende April 1950, begannen die CIA-Mediziner ihrerseits mit einer systematischen Auswertung der Akten des Nürnberger Ärzteprozesses. Hatten die KZ-Mediziner bei ihren Vernehmungen irgendeinen Hinweis gegeben, der sich zu verfolgen lohnte? Sie stießen zwar auf viele Horrorstorys, zum Beispiel Schmerz-Experimente, die sich als purer Sadismus herausstellten, doch außer den Meskalin-Versuchen in Dachau, mit denen sich die Navy-Leute schon ausführlich beschäftigt hatten, gab es nichts, was als Anleitung für »Bluebird« hätte dienen konnen.[27]

Im Juli 1950 reiste ein »Bluebird«-Team, bestehend aus einem Psychiater, einem Lügendetektor-Spezialisten, der sich auch mit Hypnose auskannte, sowie einem Techniker, zum ersten Einsatz nach Japan. Auf ihrem Programm standen vier Verdachtspersonen, die man für Doppelagenten hielt. In einem überhitzten, feuchten Vernehmungszimmer versuchte die CIA-Crew verschiedene Kombinationen von Drogen, das Depressionen auslösende Natriumamytal und die stimulierenden Wirkstoffe Benzedrin und Picrotoxin.[28]

Auch erste Experimente zur Auslösung von Gedächtnisverlust wurden von den Amerikanern in Japan durchgeführt. Künstliche Amnesie wäre ein exzellentes Instrument für jeden Geheimdienst, mindestens so wichtig wie »Wahrheitsdrogen«, um eigene Agenten, die aufgeflogen oder aus dem Ruder gelaufen waren, wegen ihres Wissens um »covert operations« oder Staatsgeheimnisse nicht aus dem Weg räumen zu müssen. Mitarbeiter, bei denen es, im Sprachgebrauch der CIA, ein »disposal problem« (»Entsorgungsproblem«) gab, sollten isoliert, deren Erinnerungen mit Hilfe von chemischen Wirkstoffen ausgelöscht werden; wenigstens für eine gewisse Zeit.[29] Als Werkzeuge für eine künstliche Amnesie würde der Geheimdienst später auch Brachialmethoden wie Elektroschock und Gehirnchirurgie erproben.[30]

Im Oktober 1950 reiste das »Bluebird«-Team aus Japan nach Südkorea weiter, um seine speziellen Verhörtechniken an weiteren fünfundzwanzig Männern zu erproben, nordkoreanischen Kriegsgefangenen.[31] Nach Rückkehr des Teams und Auswertung der durchaus ermutigenden Ergebnisse wurde das Programm auf eine breitere Basis gestellt, der Etat für das Jahr 1951 deutlich erhöht. Zum Chef ernannte Sheffield Edwards einen ausgewiesenen »Kommunistenfresser«: Morse Allen. Der hatte während des Krieges für die *Naval Intelligence* gearbeitet, später für das State Department, das er dann mit der Begründung verließ, es gehe nicht konsequent gegen kommunistische Umtriebe vor. Allen war einer jener ultrarechten CIA-Leute, die zunehmend die Politik des Geheimdienstes bestimmten, denen jedes Mittel recht war, um gegen die Sowjets, Chinesen und Koreaner vorzugehen. Und er machte auch keinen Hehl aus seinen Ansichten.[32]

Mit Morse Allen im Sattel bekam »Bluebird« neue Dynamik. Er verbesserte vor allem die bislang eher informellen Kontakte zu den Navy-Medizinern, die um die Jahreswende 1950/51 für ihr Projekt »Chatter« eine wichtige Testreihe beginnen wollten – in Deutschland.[33]

Der Vorschlag kam von einem externen Berater der Navy, Professor G. Richard Wendt, einem Psychologen der University of Rochester im Bundesstaat New York. Wendt hatte bereits eine Reihe von Experimenten im Auftrag des *Naval Medical Research Institute* durchgeführt, über den Einfluss von Drogen auf Piloten und die Unterdrückung von Müdigkeit durch chemische Aufputschmittel.[34] Im November 1950 regte er an, seine Menschenversuche um die Fragestellung zu erweitern, ob verschiedene Substanzen wie Barbiturate, Amphetamine, aber auch Alkohol und sogar Heroin, in der Lage sind, die Zunge zu lösen, sich also für die Anwendung bei Verhören eignen. Die Navy gab ihm für das Projekt den Zuschlag.[35]

Um die Drogen zu beschaffen, wandten sich die Navy-Forscher an das *Federal Bureau of Narcotics,* das daraufhin seine Special Agents zu den Dealern in Washingtons einschlägigen Vierteln schickte, um den Stoff zu besorgen. Wendt bestätigte später den Empfang von dreißig Gramm reinen Heroins und etwa fünf Kilogramm mexikanischen Marihuanas.[36]

Der Professor benötigte das Heroin zu allererst für sich selbst. In mehreren Versuchsreihen injizierte er sich die Droge und schrieb dann seine Beobachtungen nieder. »Diese Arbeit ist äußerst wertvoll, um die Vielschichtigkeit des Drogenproblems besser zu durchschauen«, hielt Wendt in einem Zwischenbericht für seine Navy-Auftraggeber fest. Wie er an sich feststellen konnte, sei eine Dosierung von »25 bis 35 Milligramm« eher ungeeignet, um ein Verhör zu unterstützen. Dagegen hielt er Seconal, Benzedrin und Tetrahydrocannabinol, den Wirkstoff des Marihuanas, für weitaus besser geeignet. Aber das bedurfte noch eingehender Experimente.[37] Gut denkbar, dass der Wissenschaftler den Großteil des Heroins lieber für sich selbst abzweigen wollte, denn Wendt galt als abhängig, was einige seiner Mitarbeiter wussten und viele ahnten. Die dreißig Gramm, die er quittiert hatte, reichten immerhin für rund tausend Injektionen. Mehr als ein Vierteljahrhundert später, nach seinem Tod 1977, lange nach dem Ende seiner Drogenversuche, fand man in Wendts Safe noch einen Vorrat des weißen Pulvers, zusammen mit Nadeln und Spritzen.[38]

Im Frühjahr 1951 unternahm Professor G. Richard Wendt eine Reise, um die Möglichkeit abzuklären, »verdächtige Personen in Deutschland zu verhören«, wie er später in einem Bericht festhielt.[39] Mit von der Partie war der Chef der Operation »Chatter«, Navy-Commander Dr. Samuel V. Thompson, ein Psychiater und Pharmakologe. Der Trip war von der *Navy Intelligence Unit* in Deutschland vorbereitet worden. Alle Projekte von Army, Navy und Air Force wurden zudem inzwischen von der CIA koordiniert, um zu verhindern, dass Operationen nebeneinander herliefen.[40]

Der Flug der Militärmaschine mit Zwischenstopp auf den Azoren endete auf der Rhein-Main-Airbase in Frankfurt. Von dort fuhren die Amerikaner nach Oberursel, denn die Experimente, die für das darauf folgende Jahr geplant waren, konnten nur in Camp King stattfinden beziehungsweise in einem der »Safehouses« in der Umgebung. Die für die Verhöre verantwortlichen ECIC-Offiziere, darunter Malcolm Hilty, der Chef der militärischen Vernehmungssektion, und den Verantwortlichen für die »rough boys«, Major Hart, konnten die Gäste aus Washington beruhigen. Sie verfügten über ausreichend »Forschungsmaterial« für die geplanten Drogenversuche: sowjetische Spione, Doppelagenten und jede Menge »suspects«.[41]

Wendt und Thompson inspizierten auch einige »Safehouses«. In

Major Hart (ganz links) war der Chef der »rough boys«, der brutalen Vernehmungsteams von Camp King, Captain Hilty (ganz rechts) leitete die militärische Vernehmungssektion.

den meist sehr illustren, abgelegenen und von weitläufigen, dicht bewachsenen Gärten umgebenen Taunusvillen hatten oft lokale Nazi- oder SS-Größen residiert. Bei Kriegsende wurden sie von den Amerikanern besetzt. Neben dem sicherheitsüberprüften Personal hielten sich rund um die Uhr Geheimdienstleute in Zivil in den Häusern auf, in denen wichtige Informanten des ECIC in Camp King untergebracht waren, die aber auch für sehr sensible Vernehmungen benutzt wurden, nicht zuletzt wegen deren großen Abgeschiedenheit. Die Nachbarhäuser lagen in der Regel außer Hörweite.[42]

Es spricht vieles dafür, dass sich der Professor und der Navy-Commander für ein »Sicherheitshaus« am Rande von Kronberg/Taunus entschieden, die ehemalige »Villa Schuster«, die jetzt »Haus Waldhof« hieß. Jedenfalls deckt sich der Charakter des »Safehouses« und seiner Umgebung mit Angaben, die sich später in Unterlagen über Wendts Experimente im Jahre 1952 finden soll-

Im Haus Waldhof am Rande von Kronberg/Taunus fanden wahrscheinlich besonders sensible Verhöre sowjetischer Spione mit Artischocke-Techniken statt.

ten.[43] Das mehrstöckige Gebäude mit Erkern und Eichenholzverzierungen war kurz nach der Jahrhundertwende als Sommerresidenz einer jüdischen Bankiersfamilie aus Frankfurt erbaut worden, ehe es die Nationalsozialisten 1934 beschlagnahmten.[44] Dort sollten im nächsten Jahr die Experimente durchgeführt werden.

Bevor sich G. Richard Wendt auf die Rückreise machte, traf er in Camp King noch mit Doc Fischer zusammen. Der Nazi-Mediziner Dr. Walter Schreiber und der Psychologe Dr. G. Richard Wendt unterhielten sich über die Verhörtechniken der Sowjets und die im nächsten Jahr geplanten Experimente. Schreiber konnte nicht nur sein Wissen über die Meskalin-Studien im KZ Dachau, sondern auch seine Erfahrungen aus dem berüchtigten Gefängnis Lubljanka beisteuern: Drogen und Folter hatte er in deutschen Konzentrationslagern als Beobachter, in Moskau am eigenen Leib erlebt.[45]

Es muss ein äußerst reger Gedankenaustausch gewesen sein. Denn Wendt lud Schreiber zu einem Besuch in die Vereinigten Staaten ein. Und der fragte auch gleich bei seinem Arbeitgeber

ECIC nach, ob ein solcher Aufenthalt Zustimmung fände. Er würde gern »Forschungsinstitute besuchen, die sowjetische Psychologie untersuchen«, schrieb der Camp-Arzt Anfang Juli 1951 in seinen Antrag, stünde darüber hinaus aber auch zur Auswertung aller medizinischen Dokumente aus Nazi-Deutschland zur Verfügung. Die enthielten nämlich »viele wichtige Fakten« über die medizinischen Forschungen in der Sowjetunion während der deutschen Besatzungszeit, die heute noch von erheblichem Interesse seien. Da wurden die Amerikaner hellhörig.

Er könne die Reise zu Professor Wendt nach Rochester schon sehr bald antreten, schrieb der Camp-Arzt, es gebe keine zeitlichen Beschränkungen; sein einziges Ziel sei, »den Interessen meines Berufsstandes oder denen der Vereinigten Staaten« zu dienen.[46]

Am 17. September 1951 trafen Schreiber, seine Ehefrau Olga, sein Sohn Paul und seine Schwiegermutter mit der *MSTS General Rose* in New York ein.[47] Geplant war nicht mehr eine Besuchsreise durch die Vereinigten Staaten, zu Professor Wendt und zu anderen Kollegen, sondern ein längerer Aufenthalt im Land – für immer.

LSD

Etwa zwei Wochen nach Schreibers Abreise aus Camp King traf dort ein weiterer medizinischer Berater der US-Geheimdienste ein, um die geplanten Menschenversuche vorzubereiten. Er hatte zuvor das Europäische Hauptquartier EUCOM in Heidelberg besucht, wo ihm allerdings vom Leiter der medizinischen Abteilung bedeutet worden war, »er dürfe als Arzt unter der Genfer Konvention offiziell nichts mit der Verwendung von Drogen« zu tun haben, der Gast solle sich deshalb bitte an den Armeegeheimdienst G-2 wenden. Von dort wurde der Berater schließlich an das ECIC in Camp King und an das *Military Intelligence Detachment* in Berlin verwiesen. Dort stünden jederzeit ausreichend Probanden für solche Experimente zur Verfügung.[48]

Bei diesem Besucher handelte es sich um Professor Henry K. Beecher, eine Kapazität auf dem Gebiet der Neuropharmakologie, Inhaber des einzigen amerikanischen Lehrstuhls für Anästhesie an der renommierten Harvard Medical School und Chefarzt am Massachusetts General Hospital.[49] Beecher forschte seit längerer Zeit mit Drogen, die in der Lage sind, den Willen zu brechen.[50] Ihn interessierte insbesondere das Problem, das auch den Geheimdiensten unter den Nägeln brannte: Welche Präparate hatten die Russen in ihren Arsenalen? Konnte sich ein amerikanischer Agent mit eigentlich höchster Vertrauenswürdigkeit und Verschwiegenheit unter dem Einfluss bestimmter Medikamente in ein Plappermaul verwandeln?[51]

Auch Professor Beecher hatte zunächst die Meskalin-Studien der Nationalsozialisten ausgewertet, um die Erkenntnisse für seine eigenen Forschungen nutzbar zu machen.[52] Für die Untersuchungen an seiner Hochschule verpflichtete er natürlich nur freiwillige Probanden, meist Medizin-Studenten, insofern orientierte er sich an den Forderungen des Nürnberger Kodex, den das Militärgericht im Verfahren gegen die KZ-Ärzte formuliert hatte.[53] Bei seinen Untersuchungen für die US Army und später die CIA, von denen natürlich in seinem Umfeld in Harvard niemand etwas wissen durfte, erwies sich Beecher allerdings weit weniger zimperlich: Es sei Absicht der geplanten Versuche in Deutschland, »die Wirkungsweise dieser Drogen genau kennen zu lernen, als praktisches Instrument für den möglichen Gebrauch bei (zivilen und militärischen) Strafgefangenen«, schrieb Beecher nach Rückkehr in seinen Reisebericht, dem die Army eine der höchsten Geheimhaltungsstufen verpasste: »top secret control«.[54] Realistische Tests, das wusste der Mediziner genau, setzten ohnehin voraus, dass die Versuchsperson nichts von den verabreichten Psycho-Präparaten ahnen durfte.

Bei seinem Besuch in Camp King Ende September 1951 traf sich Beecher mit dem Verantwortlichen für die militärischen Verhöre, Malcolm Hilty, und dem Chef der Vernehmungsspezialisten, Major Hart.[55] »Wir sollten uns auch mit Drogen befassen, die Gedächtnisverlust erzeugen«, schlug Beecher vor. Er plane »vielleicht in einem Jahr« nach Camp King zurückzukehren, wenn »wir die Wirkungen der neueren Meskalin-Varianten und der Lysergsäure (LSD) genauer kennen, um speziell hochrangige russische Überläufer zu vernehmen«. Hilty und Hart hatten keine Einwände. Meskalin kannten sie, aber was, in Gottes Namen, war LSD?

Der Wunderstoff stamme aus den Labors eines Schweizer Chemiekonzerns und sei wesentlich potenter als alles, was man bisher kenne, erklärte Beecher. Womöglich setzten die Russen das Zeug längst ein. »Top-Flüchtlinge oder wichtige politische Figuren aus der Ostzone«, dozierte der Professor, seien für ihn deshalb »die besten Quellen«, um herauszufinden, welche Präparate die Kommunisten bevorzugen. Nur wichtige Leute könnten etwas wissen und erzählen, »denn bei unbedeutenden Figuren gibt es für die Sowjets keinen Grund, mit Drogen zu arbeiten«, bei denen reiche es, »mit fünfundzwanzigjähriger Verbannung nach Sibirien zu drohen, um alles aus ihnen herauszuholen«. Das konnten Hilty und Hart nur bestätigen.[56] Anschließend reiste Professor Beecher nach Berlin weiter, um auch bei der dortigen Geheimdienst-Einheit der US Army die Möglichkeiten »spezieller Vernehmungen« zu erkunden.[57]

Henry Knowles Beecher wurde 1904 in Peck/Kansas geboren, unter einem Namen, der deutsche Wurzeln erahnen ließ: Harry Unangst. Aus Gründen, die auch seinen besten Freunden später verschlossen bleiben sollten, nahm Harry Mitte der Zwanzigerjahre den Namen Henry Beecher an, vermutlich weil ihm »Unangst« zu wenig amerikanisch erschien, sich überdies schwer aussprechen ließ. Da seine Großmutter mütterlicherseits zudem um ein paar Ecken mit dem legendären Prediger Lyman Beecher verwandt war, der im 19. Jahrhundert vehement gegen die Sklaverei in den amerikanischen Südstaaten gekämpft hatte, fiel ihm die Namenswahl vermutlich nicht schwer.[58]

Nach dem Studium der Physikalischen Chemie an der University of Kansas begann Henry Beecher 1928 das Studium der Medizin an der Harvard Medical School in Boston/Massachusetts. Nach Abschluss der Ausbildung als Chirurg und einem Forschungsaufenthalt in Kopenhagen wurde er 1936 zum Chefarzt für Anästhesie am Massachusetts General Hospital und 1941 zum Inhaber des ersten amerikanischen Lehrstuhls für Anästhesie berufen. 1943 zog der noch junge Professor als Sanitätsarzt und Chirurg in den Krieg gegen Rommels Truppen in Nordafrika. Aus dieser Zeit rührten seine exzellenten Kontakte zur US Army, die auch nach dem Krieg fortbestanden. Beecher avancierte zu deren Berater, ursprünglich wegen seiner Untersuchungen über das »Phänomen Schmerz verwundeter Soldaten auf dem Schlachtfeld«, später wegen seines Interesses an verhaltensmanipulierenden Medikamenten.[59]

An der Harvard Medical School begann Henry K. Beecher als einer der ersten amerikanischen Mediziner 1950 die Wirkung von LSD zu erforschen. Mit finanzieller Unterstützung der CIA.[60] Bis zu jenem Zeitpunkt gab es nur sehr dürftige Informationen über die

~~TOP SECRET~~

HARVARD MEDICAL SCHOOL — MASSACHUSETTS GENERAL HOSPITAL

DECLASSIFIED
FOIA NN77-10
By [illegible] NARS, Date 6/18/79

SANITIZED COPY

October 21, 1951

The Surgeon General
Department of the Army
Washington 25, D. C.

Attention of Colonel John R. Wood

Sir:

I am sending you herewith an account of my activities on a recent trip to Europe. While the specific work for the Army occurred during the eight days, 22 September 1951 to 30 September 1951, a good deal of work took place while I was in England on other personal business from 2 September 1951 to 15 September 1951. Since the activities in England were in large part due to courtesies arranged in the Surgeon General's Office, by Colonel John R. Wood, Lieutenant Colonel H. E. Ratcliff, and by Dr. Arthur R. Turner, it has seemed to me proper to report on these activities as well as the ones in Germany, hence I am sending you all of my detailed observations.

I believe that the enclosed data should be classified but I of course leave it to your office to decide as to what the precise level of classification should be.

I realize that many of the details included in the following report will not be of interest to you and yet it seemed better to me to send a full report for your files. I should like to summarize at once several of the points which may be of interest to you.

I was interested on this part of the trip in discovering what work, if any, is going on in the British Isles and in France on the subject of the "ego-depressant" drugs, usually called truth serum in the newspapers. As you know, we have for some time been engaged in an orderly examination of the merits of various drugs in this category. I sought the above-mentioned information in order to round out our own knowledge. Since I have had an acquaintance for many years with a number of key individuals in England, [ ] and others who for a long time have served the British government as scientific consultants, it was easy for me to obtain in short order a fairly complete picture of what is or is not going on there. That there has been considerable interest in this field is indicated in the attached report. It is also quite apparent that hardly anything of significance is now going on in Great Britain despite this interest. I know quite well who in this country might be competent to work in this field and was interested in getting the same background for England. The Englishmen mentioned are well informed as to their country's manpower situation for technical work of this kind; therefore I have included in the attached report notes as to who might be competent to join forces with us if that later seems

DOWNGRADED AT 12 YEAR INTERVALS
NOT AUTOMATICALLY DECLASSIFIED

DOWNGRADED AT 3 YEAR INTERVALS
DECLASSIFIED AFTER 12 YEARS

Nach seiner Europareise, die auch nach Oberursel im Taunus führte, berichtete Henry K. Beecher der US Army über seine Recherchen in Sachen »Wahrheitsserum«.

Droge, selbst in wissenschaftlichen Kreisen.[61] Zwar hatte eine 1947 erschienene wissenschaftliche Veröffentlichung in einer Schweizer Fachzeitschrift ersten Aufschluss über die Potenz von LSD gegeben.[62] Systematische Untersuchungen waren jedoch Mangelware. Beecher bekam deshalb den Zuschlag der CIA und, dank seines internationalen Renomees, beträchtliche Mengen des neuen Wundermittels von der Herstellerfirma *Sandoz* in Basel zur Erprobung. Ende 1950 begann er mit ersten Versuchen an Studenten.[63]

Der *Sandoz*-Chemiker Dr. Albert Hoffmann hatte 1938 auf der Suche nach kreislauffördernden Arzneimitteln die Verbindung Lysergsäurediäthylamid synthetisiert und war fünf Jahre später, als er erst versehentlich, dann im Selbstversuch, ein paar Krümel der kristallinen Substanz schluckte, auf die halluzinogene Wirkung der Substanz gestoßen.[64] Ausgangsbasis seiner Untersuchungen waren die Wirkstoffe des so genannten Mutterkorns, eine Pilzes, der vor allem Roggen befällt und die Getreidekörner braunviolett verfärbt. Mutterkorn-Epidemien verwandelten im frühen Mittelalter ganze Landstriche in Irrenhäuser, weil die Pilzgifte (Alkaloide) halluzinogene Wirkung auslösen.[65] Noch 1951, kurz vor Henry Beechers Reise nach Deutschland, war es in dem kleinen französischen Dorf Pont Saint-Esprit unter Hunderten von Einwohnern zu einem Ausbruch der »verrückten« Seuche gekommen – durch kontaminiertes Mehl. Leute sprangen aus den Fenstern in die Rhône, andere stürmten in panischer Angst durch die Straßen, fühlten sich von Löwen und Tigern verfolgt. Die Massenhysterie kostete zahlreiche Menschen das Leben.[66]

Das verseuchte Mehl, so recherchierte Beecher nach seiner Rückkehr in die USA, war versehentlich aus einer Gegend Frankreichs geliefert worden, in der Freilandversuche zur gezielten Mutterkornproduktion stattfanden. Offenbar forschten auch die französischen Geheimdienste an Psychodrogen.[67]

Die wirksamen Dosierungen seien so gering, dass LSD auch als offensive biologische oder chemische Waffe tauge, hielt Beecher in einem Bericht für Army und CIA fest. In seiner wissenschaftlichen Begeisterung verlor er vollends die moralischen Verpflichtungen aus den Augen, denen sich die Ärzte seit Hippokrates unterwerfen, regte sogar die Möglichkeit von LSD-Sabotage an. Man könnte »die Wasserversorgung einer Großstadt mit den jetzt schon zur Verfügung stehenden LSD-Mengen vergiften«, schrieb der Chefanästhesist des Massachusetts General Hospitals. Dabei »dürfte es nicht besonders schwierig sein, in der Nähe eines Wasserwerks ein kleines Gefäß zu versenken, das den Wirkstoff kontinuierlich für mehrere Stunden oder Tage freisetzt«. Ohne Frage könnten auch die Trinkwasservorräte einer Bomber-Basis oder eines Kriegsschiffs gezielt kontaminiert werden. Die Folgen könne man sich leicht ausmalen. Es handele sich hierbei um eine »ungewöhnlich barmherzige Kriegsführung«, fasste Beecher seine Überlegungen zusammen, man könnte den Feind vorübergehend außer Gefecht setzen, ohne ihn zu schädigen oder gar zu töten.[68]

Der Nachfolger

Am 21. August 1951, also etwa in jener Zeit, als Dr. Walter Schreiber alias Doc Fischer, der vormalige Generalarzt der Wehrmacht und Verantwortliche für unzählige Menschenversuche in den Konzentrationslagern, in Camp King/Oberursel die Koffer für die Schiffsreise nach New York packte und sich von seinen amerikanischen Freunden verabschiedete, unterschrieb in Wiesbaden einer seiner alten Kollegen einen Vertrag mit den Vereinigten Staaten: Professor Kurt Blome, den Schreiber vor dem Nürnberger Kriegsverbrechertribunal schwer beschuldigt hatte, der von den Amerikanern aber sicher durch das Verfahren geleitet worden war, sollte endlich seinen Dienst antreten.[69] Zu seinen Bürgen in den USA benannte er neben seinem ehemaligen Mitarbeiter Professor Erich Traub, der mittlerweile für das *Naval Medical Research Laboratory* in Bethesda bei Washington arbeitete, das sich intensiv sowohl für biologische Kriegsführung als auch für Verhaltensdrogen interessierte, auch Professor Walter P. Schreiber. Der war inzwischen für die *School of Aviation Medicine* in Randolph Field/Texas tätig.[70] Blome hatte seinem ehemaligen Mitstreiter in der deutschen B-Waffen-Forschung, von dem er vor dem Nürnberger Kriegsverbrechertribunal so sehr belastet worden war, offenbar verziehen, schließlich müsse man zukünftig an einem Strang ziehen.

Nach den Gesprächen Blomes mit vier angereisten B-Waffen-Experten aus Camp Detrick im November 1947, kurz nach seinem Freispruch in Nürnberg, hatten die Amerikaner ihn zunächst den britischen Kollegen überlassen, obwohl er ursprünglich sofort für eine Verpflichtung in den Vereinigten Staaten vorgesehen war. Vielleicht kam den US-Militärs die Flucht Schreibers aus der Ostzone dazwischen, vielleicht schien ihnen der eigene Bedarf an Nazi-Experten auf diesem Gebiet mit Professor Traub und einigen anderen, die vom *Chemical Corps* in Edgewood Arsenal oder in Frederick unter Vertrag genommen waren, zunächst gedeckt.[71] Die Briten jedenfalls hatten sich dann im Rahmen ihrer »Operation Matchbox« der Erfahrungen Blomes bedient und ihm als Gegenleistung ein Haus in Hagen/Westfalen besorgt.[72]

Erst mehr als drei Jahre später, im März 1951, saß eines Tages Charles McPherson, ein US-Geheimdienstoffizier aus Wiesbaden, im Wartezimmer von Professor Kurt Blome, der sich zwischenzeitlich als Facharzt für Haut- und Harnleiden in Dortmund niedergelassen hatte und in der Kielstraße 34 eine Praxis betrieb.[73] Man wolle das frühere Angebot erneuern, kam der Amerikaner gleich zur Sache, und ihm einen Job in den Vereinigten Staaten anbieten. Blome war nicht abgeneigt, erbat aber zunächst Auskunft über Art und Ort der Beschäftigung sowie über das Gehalt. Er fühle sich zu alt, etwas Neues anzufangen, könne sich aber eine Rückkehr in die »biologische Forschung« vorstellen. Das deckte sich durchaus mit den amerikanischen Intentionen, man dachte aber eher an die »biologische Kriegsforschung«. Nach ein paar Stunden brach McPherson wieder auf, wobei ihm Blome noch ein Bekenntnis mit auf den Weg gab: Er sei Mitglied der NSDAP gewesen, aber das habe mit seiner strikt anti-kommunistischen Haltung zusammengehangen.[74]

Im August fuhr Blome zu McPherson nach Wiesbaden, zur Unterzeichnung des Vertrages, in dem er sich verpflichtete, »keiner unberechtigten Person Informationen zu geben, die im Zusammenhang stehen mit geheimsten, geheimen, vertraulichen und in der Verbreitung beschränkten Dingen gemäß militärischer Verordnungen«; das Jahresgehalt sollte 6800 US-Dollar betragen.[75] Gleichzeitig ließ EUCOM ihn noch einmal durch das Berliner *US Army Document Center* durchleuchten, das die Nazi-, SS- und SA-Personalakten auswertete, aber das geschah wohl eher pro forma. Blomes Vita, das war hinlänglich bekannt, ließ wenig Fragen offen: Mitglied der NSDAP und der SA seit 1931, zuletzt Gruppenführer, Reichs- und Gauamtsleiter, stellvertretender Reichsärzteführer, Träger des goldenen Parteiabzeichens.[76] Aber das alles schien keine Rolle zu spielen. Am 10. Oktober 1951 traf die Bestätigung seines Vertrages durch die US Army ein: Kurt Blome wurde für das »Projekt 63« eingeteilt, das »Paperclip« mittlerweile abgelöst hatte.[77]

In den folgenden Wochen begann der NS-Arzt, seine Zelte in Westfalen abzubrechen: Er verkaufte seine Praxis in Dortmund, suchte neue Bewohner für sein Haus in Hagen, meldete die Kinder in der Schule ab, ließ sie stattdessen Englisch pauken. Die Schiffspassage war für Mitte November vorgesehen.[78]

Etwa zur gleichen Zeit erschien ein Artikel in der *New York Times*, der Professor Walter Schreiber und dessen Tätigkeit an der *School of Aviation Medicine* in Randolph Field/Texas betraf. Bei seiner Vorstellung im Offiziersclub sei er wie ein Held gefeiert und mit Beifall überschüttet worden, als er seine Zeit in der sowjetischen Gefangenschaft, die brutalen Verhöre in der Lubljanka und seine glorreiche Flucht aus der Ostzone minutiös geschildert habe, hieß es in dem Bericht.[79]

Schreiber arbeitete auf der Randolph Air Force Base mit einem anderen KZ-Arzt vergangener Tage zusammen, mit Professor Hubertus Strughold, der seinerzeit in Dachau mit den Menschenversuchen der Luftwaffe befasst gewesen war und später einer der Väter der amerikanischen Raumfahrtmedizin werden sollte.[80] Schreibers Betätigungsfeld waren Experimente zum Überlebenstraining von Soldaten in abgeschiedenen Regionen der Welt.[81]

Dr. Leo Alexander, ein Psychiater aus Boston, der die Kläger in Nürnberg beraten und entscheidend an der Formulierung des Ärztekodex mitgewirkt hatte, stolperte über den Namen »Schreiber« in der *New York Times*, weil der ihm aus dem Kriegstribunal erinnerlich war. Alexander wandte sich an Alex Hardy, den vormaligen amerikanischen Anklagevertreter in Nürnberg, der umgehend mit Recherchen begann, ob es sich bei jenem Walter Schreiber in Diensten der US Air Force um den deutschen Nazi-Mediziner handeln könnte.[82]

Es dauerte nicht lange, bis sich ihr Verdacht bestätigte und Leo Alexander Mitglieder des Senats und Repräsentantenhauses, schließlich das Weiße Haus alarmierte. Seine Vorwürfe nahmen, wie üblich, ihren Dienstweg: zum Pentagon, von dort zur Army, weiter zu EUCOM in Heidelberg und schließlich zum ECIC in Oberursel, das Schreiber mehr als zwei Jahre lang als Camp-Arzt Doc Fischer beschäftigt hatte.[83]

Die Antwort aus Camp King ließ nicht lange auf sich warten: Alle Entscheidungen über Schreiber, von seiner Ankunft aus der Ostzone, bis zu seiner Abreise nach New York, seien mit den Verantwortlichen in Washington haarklein abgestimmt worden, hieß es in der, gemessen an militärischen Gepflogenheiten, ungewöhnlich schroffen Stellungnahme. Der Deutsche sei nicht nur »extrem kooperativ« gewesen und habe »detaillierte Informationen über alle Themen geheimdienstlich relevanter Natur geliefert«, er sei auch den »hohen Werten« seiner anti-kommunistischen Haltung »in den dreieinhalb Jahren intensiver sowjetischer Indoktrination« treu geblieben. Es erscheine überdies »zweifelhaft«, dass, wie verlangt, eine nochmalige Überprüfung der Akten »Informationen zu Tage fördern würde, die nicht längst bekannt sind«. Kurzum: »No further action«, kein weiteres Vorgehen in Camp King.[84]

Für Schreibers ehemaligen, inzwischen ebenfalls unter Vertrag stehenden Kollegen Blome hatte die Angelegenheit indes erhebliche Auswirkungen. Den amerikanischen Militärs war bewusst geworden, dass sie es sich angesichts der zu erwartenden öffentlichen Diskussion über den NS-Arzt Walter Schreiber in ihren Reihen nicht leisten konnten, nun auch noch den NS-Arzt Kurt Blome zu verpflichten. Und so wurde schon Mitte November 1951 Charles McPherson, jener Geheimdienst-Offizier aus Wiesbaden, der alles eingefädelt hatte, erneut nach Dortmund geschickt, um alles wieder auszufädeln.[85]

Sie trafen sich im *Hotel Burgtor*, später stieß auch Blomes Ehefrau Bettina dazu. Wegen verschärfter Sicherheitsbestimmungen sei die Einreise nicht möglich, »zur Zeit«, schob der Amerikaner nach, um die schlechte Nachricht ein wenig in Watte zu packen, obwohl er wusste, dass die Chancen für die Blomes, jemals in die USA überzusiedeln, »offensichtlich null« waren. Das Ehepaar zeigte sich enttäuscht und auch empört. Ein solches Verhalten hätten sie von den Russen erwartet, nicht aber von den Amerikanern. Und der Vertrag? Er könne doch jetzt nicht in Dortmund wieder eine Praxis aufmachen, ohne völlig das Gesicht zu verlieren, schließlich habe er seinen Patienten und Bekannten von der bevorstehenden Seereise nach New York vorgeschwärmt, klagte Blome.[86] Doch da hatte McPherson zum Glück einen Vorschlag in der Tasche.

Unterdessen gerieten die Generäle im Pentagon Anfang des neuen Jahres immer mehr unter Druck, wie sie mit ihrem ehemaligen deutschen Kollegen Schreiber umgehen sollten.[87] Durften sie ihn einfach fallen lassen? Noch war die Affäre nicht öffentlich geworden, doch das konnte jeden Tag passieren. Glücklicherweise lief der Vertrag zunächst nur sechs Monate, er brauchte nicht verlängert zu werden. Gründe dafür ließen sich schon finden. Aber welchen Eindruck würde das bei den Hunderten deutscher Wissenschaftler hinterlassen, die über »Paperclip« oder »Projekt 63« in die USA gekommen waren und von denen viele ein schweres Stück Nazi-Vergangenheit mit sich herumschleppten?

Am 17. Januar 1952 entschied die US Air Force auf Druck des Präsidenten, Dr. Schreiber nach Deutschland zurückzuschicken. Es habe sich herausgestellt, dass er »gar kein Forscher, sein Nutzen für die *School of Aviation Medicine* daher sehr begrenzt« sei. Doch diese Sprachregelung ließ sich nicht lange aufrechterhalten.[88] Wenige Tage bevor am 10. März ein Artikel im *Time Magazine* die ganze Geschichte publik machte, erklärte das Pentagon, wegen der schwerwiegenden Vorwürfe gegen seine Person stehe Professor Schreiber »unter militärischer Obhut« und werde »in wenigen Wochen die Vereinigten Staaten verlassen«.[89] Allerdings versuchte General Otis Benson, der Kommandeur der Randolph Airbase, bis zuletzt, Schreiber eine Lehrtätigkeit zu vermitteln: Er habe »hohen Respekt vor dem Mann«, warb Benson bei unzähligen Universitäten, denn der sei Opfer »einer jüdischen Kampagne« geworden.[90]

Schreiber dagegen zeigte sich durchaus einsichtig, wenngleich verbittert über die Tatsache, dass die Air Force ihn nicht beizeiten gewarnt hatte und er die Beschuldigungen aus der Presse erfahren musste.[91] Er wollte jedoch auf keinen Fall nach Deutschland zurück, dort könnte er leicht in die Hände der Sowjets fallen, und das sei ein Albtraum für ihn. Die CIA schloss sich dieser Befürchtung an.[92] Stattdessen bat Schreiber darum, nach Buenos Aires ausreisen zu dürfen, dort lebte seine älteste Tochter Elisabeth, eine Architektin, mit ihrer Familie. Vielleicht konnte die amerikanische Regierung ihm noch einen letzten Dienst erweisen, ihre Kontakte nach Argentinien nutzen und ihm dort einen gut bezahlten Job beschaffen.[93]

Das Pentagon legte in den folgenden Wochen geradezu Übereifer an den Tag, um dem Wunsch Schreibers zu entsprechen. Dabei fiel gegenüber den argentinischen Militärs, mit denen man Kontakt aufnahm, erneut das böse Wort, die Affäre sei von jüdischen Kreisen angezettelt worden, als erleichtere eine solche Beschuldigung das Entree bei den Südamerikanern.[94] Die rechtsgerichteten Regierungen in Buenos Aires hatten in den Jahren zuvor bereits einer Vielzahl von flüchtigen SS-Offizieren und Alt-Nazis eine neue Heimat geboten – auf Vermittlung des amerikanischen Armeegeheimdienstes CIC, der CIA oder sogar des Vatikans.[95]

Am 22. Mai 1952 bestiegen Dr. Walter Schreiber und seine Familie in New Orleans ein Schiff nach Buenos Aires.[96]

Sein Kollege Kurt Blome, dem die Einreise in die Vereinigten Staaten in letzter Minute verwehrt worden war, ging um diese Zeit bereits einer neuen Beschäftigung nach, die ihm von den Amerikanern ersatzweise offeriert worden war. Er diente seit Jahresanfang als Schreibers Nachfolger, Doc Blome, in Oberursel, im *European Command Intelligence Center* (*ECIC*) Camp King, wo in den nächsten Monaten Menschenversuche geplant waren, die stark an jene in Blomes nationalsozialistischer Karriere erinnern sollten.[97]

Ebenfalls im Mai 1952 schloss die CIA einen Vertrag mit der *Special Operations Division* in Camp Detrick. Ziel der Zusammenarbeit sollte die Nutzung von Keimen, Medikamenten und Drogen für alle Möglichkeiten der Verhaltenskontrolle sein.[98] Deckname des Projekts: »Artischocke«. Es sollte das größte Forschungsprogramm der *Agency* über Methoden der Gehirnwäsche werden. Dr. Frank R. Olson, der seit seinem Ausscheiden aus der Army 1944 als Zivilist für das B-Waffen-Zentrum gearbeitet hatte, wurde zum CIA-Officer ernannt.[99]

Ein tödliches Spiel begann. Und Frank Olson steckte mittendrin.

Haus Waldhof

Am 4. Juni 1952 landete ein dreiköpfiges Verhörteam mit Morse Allen, dem Chef der vormaligen Operation »Bluebird« und jetzigen Operation »Artischocke«, auf der amerikanischen Airbase in Frankfurt. In ihrer Begleitung war ein CIA-Berater, möglicherweise Professor Henry K. Beecher.[100] Die Truppe wurde von Offizieren des ECIC in Camp King abgeholt und nach Oberursel gebracht.

Es handelte sich um genau dieselbe Crew, die zwei Jahre zuvor in Korea fünfundzwanzig Kriegsgefangene vernommen hatte. Eigentlich war dieser erste Versuch in Deutschland schon für Dezember 1951 geplant gewesen, kurz nach der Inspektionsreise von Professor Beecher in Camp King und Berlin, aber die Verhöre mussten verschoben werden, weil kein geeignetes »Versuchsmaterial« zur Verfügung gestanden hatte.[101]

»Unser größtes Problem ist«, so hatte es noch im Januar des Jahres in einem Bericht des »Artischocke«-Komitees für das Pentagon geheißen, »passende Objekte« zu finden.[102] Jetzt gab es sie endlich, leider nur zwei, obwohl das ECIC noch kurz zuvor weit mehr Probanden zugesagt hatte. »Die beiden fraglichen Individuen können als erfahrene, professionelle Agenten eingestuft werden, die der Zusammenarbeit mit dem sowjetischen Geheimdienst verdächtigt werden«, hieß es in dem Bericht, der später über die Experimente verfasst wurde.[103]

Geplant war, die beiden mutmaßlichen russischen Spione, die in den nasskalten Zellen des »Cooler« im ECIC einsaßen, zu hypnotisieren sowie mit einer Kombination anästhesierender und aufputschender Medikamente zu manipulieren. Dabei sollte ihnen vorgegaukelt werden, es gehe lediglich um eine medizinische Untersuchung.[104]

Die ersten beiden Tage waren die »Artischocke«-Experten der CIA mit technischen Vorbereitungen beschäftigt, einiges fehlte und musste erst beschafft werden. Für die Experimente war im Jahr zuvor wahrscheinlich das »Haus Waldhof« in Kronberg/Taunus ausgewählt worden.[105] Zusätzliche Sicherheitskräfte wurden zur Bewachung des Hauses benötigt, die interne Kommunikation zwischen mehreren Räumen musste installiert werden, weil neben den Wissenschaftlern auch die Dolmetscher aus Camp King ihren Platz benötigten, außerdem waren mehrere Tonbandgeräte für die Aufzeichnung des Verhörs notwendig; das »Patientenzimmer« selbst bedurfte eines medizinischen »Anstrichs«, mit Krankenbett und einer Reihe von Messgeräten, darunter EKG und EEG. Die Apparaturen sollten lediglich dazu dienen, die beiden Russen in ihrem Glauben zu bestärken, sie würden einer umfassenden medizinischen und psychiatrischen Diagnose unterzogen.[106]

Am 6. Juni wurde das erste »Objekt« unter schwerer Bewachung aus Camp King in das »Haus Waldhof« gebracht, ein »eher einfacher, bäuerlicher Typ von ungefähr 35 Jahren«, so hielt Teamleiter Allen im Protokoll fest.[107] Zunächst legte einer der Mediziner eine Manschette um den Arm des »Patienten«, um Blutdruck und Puls zu bestimmen, dann fragte er ihn nach Kinderkrankheiten und anderen Ereignissen in der medizinischen Vorgeschichte. Dabei war auch ein Arzt aus Camp King anwesend. Doc Blome?[108]

Schließlich wurde dem mutmaßlichen Agenten mit der Begründung, sein Blutdruck sei zu hoch, ein Beruhigungsmittel injiziert: sieben Kubikzentimeter einer 2,5-prozentigen Pentothal-Natrium-Lösung, eines nicht ungefährlichen Mittels zur Vollnarkose, weil die narkotische Dosierung 50 bis 70 Prozent der tödlichen Dosie-

Y 42

12February 1951

MEMORANDUM FOR: DEPUTY DIRECTOR (PLANS)

SUBJECT: Special Interrogations

1. In our conversation of 9 February 1951, I outlined to you the possibilities of augmenting the usual interrogation methods by the use of drugs, hypnosis, shock, etc., and emphasized the defensive aspects as well as the offensive opportunities in this field of applied medical science. The enclosed folder, "Interrogation Techniques", was prepared in my Medical Division to provide you with suitable background.

MEMORANDUM FOR: Director of Central Intelligence

SUBJECT: ARTICHOKE Cases, June 1952, [illegible]

1. Between 4 June 1952 and 18 June 1952, an IOSO team, composed of Messrs. [illegible] and [illegible] IOSO Staff Officers, and Mr. [illegible] IOSO consultant, applied ARTICHOKE techniques to two operational cases in a safe house near [illegible]. Dr. [illegible] psychiatrist and consultant to the Agency Medical Staff, and Dr. [illegible] surgeon attached to the Medical Staff, represented the Medical Staff in connection with this work and handled the medical and psychiatric problems connected with this work.

2. Although requests were made in the field for additional subjects, only two subjects were handled at this time. Both of these individuals could be classed as experienced, professional type agents and suspected of working for Soviet Intelligence.

3. In each case, a psychiatric-medical cover was used to bring the ARTICHOKE techniques into action. In the first case, light dosages of drugs coupled with hypnosis were used to induce a complete hypnotic trance. This trance was held for approximately one hour and forty minutes of interrogation with a subsequent total amnesia produced by post-hypnotic suggestion. In the second case (an individual of much higher intelligence than the first), a deep hypnotic trance was reached after light medication. This was followed by an interrogation lasting for

Im Februar 1951 wurden von der CIA neue Verhörmethoden mit Drogen, Hypnose und elektrischen Stromschlägen diskutiert und im Juni 1952 im Rahmen des »Artischocke«-Projekts realisiert.

rung beträgt.[109] Als der Patient wegdämmerte, begann die Hypnose, wobei es erstaunlicherweise sehr schnell gelang, den Russen in Trance zu versetzen, obwohl der kein Wort Englisch verstand. »Der Hokuspokus des Hypnotiseurs«, so schrieb Morse Allen salopp in sein Protokoll, musste deshalb von einem der anwesenden Dolmetscher übersetzt werden.[110] Dann legten die Vernehmer mit ihren Fragen los. Mehr als eineinhalb Stunden zog sich das Verhör hin. Vor dem Abbruch der Hypnose wurde dem Agenten noch »befohlen«, sich nach dem Aufwachen an nichts zu erinnern.[111]

Hinterher gab es unterschiedliche Meinungen im Team, ob der Patient unter der Narko-Hypnose tatsächlich die Wahrheit gesagt hatte. Bei dem zweiten Experiment sollte deshalb eine härtere Gangart eingeschlagen werden, schließlich handelte es sich um einen weitaus »intelligenteren und hochkarätigeren Spion«, einen Doppelagenten womöglich, der als »explosive case«, explosiver Fall, bezeichnet wurde.[112] Dessen Vernehmung war für den 13. Juni angesetzt, weil sich ein Gast angesagt hatte: Dr. Frank Olson, CIA-Officer und Mitarbeiter der *SO-Division* in Camp Detrick.[113]

Frank kam von einer Reise, die ihn erst nach Marokko, dann nach Paris und London geführt hatte.[114] In Frankfurt stattete er zunächst dem deutschen CIA-Hauptquartier einen Besuch ab, das sich im ehemaligen Verwaltungsgebäude der *IG Farben* an der Fürstenberger Straße befand.[115] In dem gigantischen, 1931 fertiggestellten Prachtbau des expressionistischen Architekten Hans Poelzig saß seit Kriegsende die amerikanische Militärregierung für Deutschland, Wochen später sollte das 5. Corps der US Army einziehen.[116]

Am ersten Tag des Experiments standen wiederum medizinische Routine-Untersuchungen auf dem Programm. Das »Artischocke«-Team gab vor, der »Patient« leide an Epilepsie, er dürfe aber nur dann eine Behandlung erwarten, wenn er sich kooperativ zeige und nicht weiterhin Lügen auftische.[117] Es wurde ein EEG gemacht. Wahrscheinlich dürfte dabei erneut Dr. Kurt Blome assistiert haben, weil er einerseits als Camp-Arzt auch für »Gäste« und »Informanten« zuständig war, also für gefangene Spione, andererseits deren Vertrauen genoss.[118] Ein bekanntes Gesicht unter all den fremden Menschen konnte in jedem Fall zur Beruhigung des Russen beitragen.

Das eigentliche Verhör begann am nächsten Tag mit einem Medikamentencocktail: Zunächst erhielt der mutmaßliche Doppel-

Oben: Der CIA-Officer im Overall: Frank Olson reiste mit der Air Force durch die ganze Welt, auf geheimen »Artischocke«-Missionen. Unten: Das Dia aus Frank Olsons Nachlass zeigt das Hauptquartier der CIA in Deutschland, im IG Farben Haus in der Frankfurter Innenstadt im Jahr 1952.

agent eine Spritze Pentothal-Natrium zum Ruhigstellen, weil er sich etwas widerspenstig gab. Danach begann die Hypnose. Schließlich jagte ihm der Mediziner aus dem CIA-Team noch einen Kubikzentimeter Benzedrin (»Desoxyn«) in den Körper, jeweils zur Hälfte in die Vene und in den Muskel. Das Präparat bewirkt genau das Gegenteil des Narkotikums: Es putscht auf, steigert Munterkeit und Erregtheit, unterdrückt die Müdigkeit, kann leicht zu Depressionen führen und gilt daher pharmakologisch als sehr gefährlich.[119] Die Kombination der beiden Medikamente, zusammen mit der Trance, trieb den Mann in einen Zustand geistiger Umnachtung. Der Wahn war gewollt. Nunmehr trat einer der Dolmetscher in der Rolle eines alten russischen Freundes auf, dem sich der Agent anvertrauen solle. Der Trick funktionierte: Eineinhalb Stunden redete der »Patient« ohne Unterlass auf seinen vermeintlichen Kumpel ein, gab Geheimnis um Geheimnis preis, »versuchte sogar mehrfach, ihn abzuküssen«, ein Zeichen engster Zuneigung, wie Teamleiter Allen im Versuchsprotokoll notierte.[120]

Frank Olson gefiel ganz und gar nicht, was er sah. Er hätte nicht gedacht, dass seine amerikanischen Landsleute so weit gehen würden. Doch eine Auseinandersetzung mit Teamleiter Allen wollte er nicht riskieren.[121] Aus Sicht der »Artischocke«-Mannschaft konnte das Experiment als voller Erfolg verbucht werden: Als der Russe aus der Hypnose erwachte, war er völlig verwirrt, erinnerte sich lediglich an einen Traum, in dem er mit einem alten Freund gesprochen habe, aber nicht an das Verhör, nicht einmal an die Spritze mit dem zweiten Präparat. Indes hielt die Wirkung des Benzedrins noch weitere drei Stunden an, in denen der Redefluss des »Patienten« nicht versiegte und er, als ihm niemand mehr zuhörte, alles niederzuschreiben begann.[122]

Morse Allen kehrte in der Gewissheit nach Washington zurück, ein sehr wirksames Werkzeug zur Informationsgewinnung entdeckt zu haben, moralisch bedenklich, aber eben doch sehr effektiv. In Kriegszeiten wie diesen – der Waffengang mit den Nordkoreanern und deren chinesischen Hilfstruppen ging inzwischen ins dritte Jahr – mussten Skrupel jedweder Art zurückstehen. Allein das Ergebnis zählte.

Frank Olson dagegen hatte den Menschenversuch, dessen Zeuge er in Kronberg geworden war, auch nach seiner Rückkehr aus Deutschland noch nicht verdaut. Er vertraute sich seinem Freund Cournoyer an. »Norm, du wärst überrascht, was ich gesehen habe«, sagte er, »das war hart, sehr hart.« Cournoyer gewann den Eindruck, dass sich Olson für diese Experimente schämte, weil sie nichts anderes als eine Fortsetzung der nationalsozialistischen KZ-Versuche waren.[123]

Am 20. August 1952, zwei Monate nach dem ersten Experiment im »Haus Waldhof«, traf das »Artischocke«-Team mit Morse Allen an der Spitze erneut in Frankfurt ein; wenige Tage später stießen Dr. Samuel Thompson, der Navy Commander und Psychiater, sowie der Berater Professor G. Richard Wendt von der Rochester University hinzu. Beide hatten im Vorjahr die Möglichkeiten solcher Tests in Camp King sondiert.[124] Geplant waren »Narko-Verhöre« mit drei Medikamenten, allerdings weigerte sich Wendt, seinen Navy-Auftraggebern oder der CIA zu verraten, welche Präparate sich hinter den geheimnisvollen Buchstaben »L«, »G« und »Q« verbargen.[125] Die Versuche sollten als Fiasko enden.

Es fing schon damit an, dass der 46-jährige Wendt von seiner jungen, sehr attraktiven Assistentin begleitet wurde, die zwar nach eigenem Bekentnis »nur einen allgemeinen Kurs in Psychologie« absolviert hatte, gleichwohl immer wieder in Entscheidungsprozesse einbezogen wurde. Die »Artischocke«-Experten rollten mit den Augen, als sie »die zuverlässige Information erhielten, dass den Professor und seine Sekretärin wahrscheinlich eine Art Liebesbeziehung verbindet«.[126] Dies war keine Vergnügungsreise, hier ging es um streng geheime Menschenversuche, um eines der wichtigsten Forschungsprojekte des Kalten Krieges womöglich. Und da brachte ein Wissenschaftler seine Gespielin mit, weil die heimliche Welt der CIA ihrem amourösen Verhältnis vielleicht einen besonderen Kick verlieh.

Es waren Experimente an einem Doppelagenten, einem hochkarätigen russischen Spion und drei Überläufern geplant. Bei einem Vorgespräch mit CIA-Officers im Frankfurter *IG Farben*-Hochhaus fragte Dr. Thompson, was passieren würde, wenn einer der Personen bei dem Verhör zu Tode käme. Die Antwort des lokalen CIA-Verantwortlichen sollte er sein Leben lang im Ohr behalten: »Die Beseitigung der Leiche ist kein Problem.«[127]

Ein paar Tage später begann die Versuchsreihe mit dem Doppelagenten, einem etwa vierzigjährigen, etwas sonderlich wirkenden Russen, der in Handschellen aus Camp King herübergebracht wurde.[128] Noch einmal verlangte der Navy Commander Auskunft von dem Psychologen, welche Medikamente er einzusetzen gedenke, und diesmal konnte sich Wendt nicht vor einer Antwort drücken: Er plane, dem »Patienten« eine Mischung aus Seconal, einem starken Schlafmittel, und Benzedrin, einem Aufputschmittel, zu spritzen und das Ganze, je nach Lage der Dinge, durch den Marihuana-Wirkstoff Tetrahydrocannabinol zu ergänzen.[129]

Thomspon fiel aus allen Wolken, wollte Wendt auf der Stelle erschießen, wie er sich später erinnern würde.[130] Alle drei Medikamente waren alles andere als neu, sogar die Kombination aus Seconal und Benzedrin konnte keine sonderliche Originalität beanspruchen, sollte später als Partydroge (»Goofball«) Karriere machen; und den Marihuana-Extrakt hatte schon George Hunter White während des Krieges für den damaligen Geheimdienst OSS erfolgreich an New Yorker Gangstern und deutschen Kriegsgefangenen erprobt. Morse Allen, Samuel Thompson und die anderen Mitglieder des »Artischocke«-Teams im Patientenzimmer von »Haus Waldhof« sahen sich entgeistert an, wagten aber nicht, die Experimente abzubrechen.[131]

Der erste Versuch begann gegen 9.00 Uhr mit dem Frühstück des Russen, unter das 20 Milligramm Benzedrin gemischt worden waren. Kurz nach 10.00 Uhr stellte der mit dem Fall vertraute Geheimdienstoffizier aus Camp King seine ersten Fragen. Bei zwei Pausen gegen 10.30 Uhr und 11.30 Uhr wurden dem Patienten mit dem Kaffee jeweils 50 Milligramm Seconal eingeflößt. Beim Lunch um 13.40 Uhr kamen wiederum 20 Milligramm Benzedrin hinzu, mit einem Bier gegen 15.30 Uhr nochmals 15 Milligramm sowie, erstmals, 25 Milligramm des Marihuana-Wirkstoffs. Um 17.41 Uhr, so hielt der Psychiater der Crew in seinem Bericht fest, endete der Versuch. Wendt hatte sich zu jenem Zeitpunkt bereits mit der Bemerkung, er wisse nicht, wie er mit diesen Leuten umgehen solle, und seiner Assistentin in sein Zimmer zurückgezogen. Der Falloffizier aus Camp King, der die Befragung statt seiner übernahm, konnte dem russischen Agenten keinerlei Geheimnisse entlocken, die ihm nicht schon bekannt gewesen wären.[132]

Am nächsten Tag wurde der »Patient« erneut mit Drogen voll gepumpt: Benzedrin zum Frühstück, Marihuana und Seconal in der Kaffeepause, Seconal und Marihuana in »roten Kapseln« zum Mittagessen; zwischendurch wurde eine Weile Poker gespielt. Um kurz nach 14.00 Uhr brach Professor Wendt das Experiment mit der Begründung ab, der Russe sei kein geeigneter Kandidat. Wenn jemand trainiert sei zu lügen, machten ihn die Medikamente nur zu

Photograph of bearer

DEPARTMENT OF STATE
WASHINGTON

4

This Special passport is valid only for travel in the countries designated and in connection with, and for the duration of, the official business indicated herein. If the travel on official business for which this passport is issued extends beyond 2 years the passport is subject to renewal.

This passport to be valid must be submitted to the Department of State for endorsement after each return of the bearer to the United States.

SEE PAGES 6, 7, AND 8 FOR RENEWAL, EXTENSIONS, AMENDMENTS, LIMITATIONS, AND RESTRICTIONS.

5

Frank Olsons Diplomatenpass lieferte später wichtige Informationen, welche »Artischocke«-Experimente er gesehen haben musste.

einem noch besseren Lügner. Lediglich dem Tetrahydrocannabinol sprach er eine gewisse Wirkung zu, die Zunge zu lösen.[133]

Das »Artischocke«-Team empfand es als »Verschwendung«, das gute »Objekt« jetzt schon in den »Cooler« von Camp King zu entlassen. Morse Allen entschied, es »mit der klassischen A-Behandlung« (»A« für »Artischocke«) zu versuchen, was unter seinen Leuten auf Zustimmung stieß. Gegen 15.00 Uhr bekam der Agent eine erste Spritze mit Pentothal-Natrium, um ihn ruhigzustellen, zwanzig Minuten später, als er eingedämmert und hypnotisiert war, eine zweite mit Benzedrin, um ihn wieder etwas munterer werden zu lassen, dann noch eine gegen 15.30 Uhr. Diesmal übernahm der mit dem Fall befasste Nachrichtenoffizier die Rolle von Eva, der Frau des Russen. Das erwies sich als schwieriger Trick, immerhin musste der Mann eine weibliche Stimme imitieren, was aber nach anfänglichen Problemen gelang. Morse Allen war entzückt. Der Spion redete sich um Kopf und Kragen, vertraute »Eva« seine Kontaktleute beim sowjetischen Geheimdienst an. Kurzzeitig, um

1340: Lunch 20 mg. G in beer (binding)

p.m. session:

1435: Session started

1540: Beer 25 mg. Q and 15 mg. G

1620: Beer finished

1625: Beer, no dose

1741: Session ended

1745: Conference, all hands

1807: Conference ended.

Case I, Wednesday

0815: Breakfast 20 mg. G

0852: Coffee finished

0915: Conference

0942: Conference ended

0949: Session started

0957: Water 25 mg. Q and 0.2 gm. L

1010: Poker game

1050: Red capsule .10 gm. L (He was given the drug as a prescription for his nerves)

1106: Red capsule .10 gm. L and 25 mg. Q

1314: Session ended

1320: Conference, all hands

1345: Conference ended

1420: Conference started

1440: Conference ended

Das Protokoll der »Artischocke«-Vernehmung eines sowjetischen Doppelagenten zeigt, wie er mit Drogen voll gepumpt wurde: »L« steht für Seconal, »G« für Benzedrin, »Q« für den Wirkstoff von Marihuana.

16.31 Uhr, wie das Protokoll vermerkt, drohte der »Patient« in den Schlaf abzugleiten, was aber mit einer doppelt dosierten Benzedrin-Injektion verhindert werden konnte.[134]

Beim zweiten »Patienten«, einem professionellen russischen Spion, jenem »explosive case«, den Allen und sein Team schon im Juni »bearbeitet« hatten, durfte Wendt am nächsten Tag noch einmal seine Rezeptur ausprobieren: Bier mit Seconal, Bier mit Marihuanaextrakt und Benzedrin, Bier pur.[135] Am Ende des Versuchs bemerkte G. Richard Wendt lakonisch, der Russe sei in der Tat ziemlich hartgesotten. Er lerne daraus, »dass es sich bei diesen Leuten um ein anderes Kaliber handelt als bei dem amerikanischer College-Studenten«.[136]

In diesem Stil gingen die Untersuchungen weiter. Tagelang. Einmal wurden die Präparate von der Assistentin mit Augenmaß und Taschenmesser »abgewogen«; dann wieder glaubte der Professor, die mit Drogen versetzten Bierflaschen seien vertauscht worden, weil er sich selbst so schlecht fühle; häufig schäkerte er mit seiner Assistentin, äußerte, er sei mit seinen Gedanken nicht bei der Sache, was sie stets mit einem lauten Kichern quittierte; oder er klimperte während des Lunches auf einem Klavier, das im Salon des »Hauses Waldhof« stand, immer wieder die gleiche Melodie, eine halbe Stunde lang. Als schließlich auch noch Wendts Ehefrau in Frankfurt aufkreuzte und drohte, sich wegen der Affäre ihres Mannes vom nächstbesten Turm zu stürzen, platzte Teamleiter Allen der Kragen. Spät genug.[137]

Wendts Menschenversuche nach dem Konzept »*trial and error*«, Versuch und Irrtum, erinnerten erschreckend an die fatalen Experimente in Dachau und in anderen Konzentrationslagern. Zwar hatten, entgegen erster Befürchtungen, alle »Patienten« die Drogen-Verhöre überlebt, aber das war auch schon die einzige Erkenntnis, die sich gewinnen ließ. Wie konnte ein wahrscheinlich heroinabhängiger, in jedem Fall aber unzuverlässiger und inkompetenter Wissenschaftler die Sicherheitsüberprüfung durch Navy und CIA bestehen? Wer trug die Verantwortung dafür, dass der Professor bei dem ultrageheimen Projekt urplötzlich mit seiner Geliebten auftauchen konnte? Warum hatte sich das »Artischocke«-Team überhaupt darauf eingelassen, Experimente zu planen, ohne die Präparate zu kennen, die getestet werden sollten? Etwas war fürchterlich schief gelaufen.

Zurück in Washington beschwerten sich Morse Allen und Samuel V. Thompson fast gleichlautend bei ihren jeweiligen Vorgesetzten. G. Richard Wendt wurde ins *Naval Medical Research Institute* nach Bethesda zitiert, um ihm das sofortige Ende der Zusammenarbeit mitzuteilen. Sein Budget wurde ersatzlos gestrichen, die Navy verpflichtete ihn sogar, die ausgezahlten, aber noch nicht verwendeten Gelder umgehend zurückfließen zu lassen.[138]

Im Oktober 1952 nahm die CIA »Artischocke« allein in die Hand. Zur gleichen Zeit wurde in Frederick/Maryland Dr. Frank R. Olson zum kommissarischen Leiter der Abteilung *Special Operations* ernannt, jener Abteilung des B-Waffen-Zentrums, die mit der CIA eng kooperierte.[139]

Sid Gottlieb

Ziegenmilch und Dope

Wenn sich George, ein Mann von einschüchternder Figur, mit einer Körpergröße von fast 1,90 Metern und einem Gewicht von etwa 120 Kilogramm, ausgerüstet mit geschorenem Schädel, stahlblauen Augen, einer guten Portion Humor und seiner »Kanone« im Schulterhalfter, mit einem der New Yorker Sizilianer traf, um die unterschiedlich gelagerten Interessen aufeinander abzustimmen, endete das meist feucht-fröhlich. George liebte Gin, unabhängig von der Tageszeit – und er konnte viel vertragen.

Doch bei dem Treffen in den frühen Morgenstunden des 9. Juni 1952 gab es nur schwarzen Kaffee. Bei dem Mann, der ihm gegenübersaß und der kurz zuvor in das Restaurant gekommen war, wobei er, wie George aus den Augenwinkeln beobachtet hatte, ein Bein nachzog, handelte es sich allerdings auch nicht um einen Mobster, keinen New Yorker »Straßenpinscher« wie ihn, sondern um einen »Zweireiher« aus Washington. Und dennoch begehrte er George zu treffen, sehr dringend sogar.

Die beiden kamen gut miteinander aus, der »Streetworker« und der Akademiker, sie mochten sich auf Anhieb. Georges Akte, die der Gast aus der Bundeshauptstadt am Abend zuvor studiert hatte, bereitete Vergnügen. Da war von seiner Ruhmestat die Rede, als er 1943 im Auftrag des Geheimdienstes OSS einen japanischen Spitzel mit bloßer Hand eleminiert hatte; da stand die Geschichte mit dem Mafioso August Del Gracio, der von ihm während des Krieges für »Wild Bill« Donovan, den Direktor des OSS, mit Zigaretten gedopt und zum Plaudern gebracht worden war, und bei Del Gracio handelte es sich immerhin um einen der Adjutanten von Lucky Luciano, dem Boss der Bosse. Außerdem enthielt das Dossier eine plastische Schilderung jenes Ereignisses in New Orleans, bei dem George, als es ihm gelungen war, Army-Offiziere dank präparierter Glimmstängel kommunistischer Umtriebe zu überführen, aus Spaß mit seiner Waffe ein bleiernes Monogramm in die Hoteldecke

»genagelt« hatte. George Hunter White diente zwar als Officer des *Federal Bureau of Narcotics* in New York, war aber fraglos ein *Outlaw*, jemand, der sich nicht an Gesetze hielt. Und genau so einen suchte Dr. Sidney Gottlieb, Chemiker der CIA, für spezielle Untersuchungen, die er plante.[1]

Nach dem Gespräch vertraute White seinem schweißgegerbten, ledernen Tagebuch an: »Gottlieb schlug mir Job als CIA-Berater vor. Ich stimmte zu.«[2] Noch bevor er offiziell verpflichtet worden war, setzte er sich damit über eine der wichtigsten Bestimmungen des Geheimdienstes hinweg, nämlich jener, keine Klarnamen zu verwenden. Um Regeln scherte sich George eben nicht.

George Hunter White war bereits Ende 1950 von der CIA angefordert worden, seinerzeit arbeitete er noch für die Drogenpolizei in San Francisco. Der Geheimdienst interessierte sich im Rahmen der Operation »Bluebird«, bei dem es um Verhörtechniken mit Hilfe von Hypnose und Medikamenten ging, für seine Erfahrungen mit Marihuanaextrakt – und seinen Zugang zu Drogen. Doch dann hatte FBI-Direktor J. Edgar Hoover aus irgendwelchen Gründen quergeschossen und seine Rekrutierung durch die CIA verhindert – für White sollte das eine der größten Enttäuschungen seines Lebens bleiben.[3]

Sid Gottlieb setzte sich über Hoovers Verdikt hinweg, aber es würde noch ein weiteres Jahr dauern, bis White alle Sicherheitsüberprüfungen überstanden haben und die Unbedenklichkeitsbescheinigung (»clearance«) der Agency besitzen sollte. Der 33-jährige Akademiker Gottlieb war erst ein Jahr zuvor zum amerikanischen Geheimdienst gestoßen und zum Chef der *Chemical Division* in der neuen Abteilung *Technical Services Staff (TSS)* berufen worden. TSS sollte an die Ära des legendären Chemikers Stanley P. Lovell anknüpfen, der als OSS-Forschungsdirektor eine Vorliebe für schmutzige und absurde Tricks entwickelt hatte, über die sogar unter dessen engsten Mitarbeitern bisweilen die Nase gerümpft wurde.[4]

TSS erhielt Ende 1951 den Auftrag, von unsichtbarer Tinte über gefälschte Papiere bis hin zu Kameras in Zigarettenschachteln und Wanzen in Füllfederhaltern eine komplette Ausstattung für »covert operations« zu entwickeln. Sid Gottlieb übernahm den Bereich »bugs and gas«, biologische und chemische Waffen. Ihm oblag es, ein möglichst komplettes Arsenal von Giften, Drogen und

Keimen anzulegen, mit denen die Agenten des Geheimdienstes feindliche Kräfte nach Belieben manipulieren und außer Gefecht setzen konnten – vorübergehend oder für immer.[5]

Sidney Gottlieb kam am 3. August 1918 in New York als Sohn streng gläubiger jüdischer Emigranten aus Ungarn zur Welt – mit Klumpfüßen. Jahrelang konnte er nicht gehen, musste sich mehreren chirurgischen Eingriffen unterziehen. 1939 begann er mit dem Studium der Agrarwissenschaften, 1943 promovierte er am berühmten California Institute of Technology in Chemie. Nach verschiedenen Jobs in amerikanischen Ministerien und an der University of Maryland schloss er sich der CIA an. Gottlieb fühlte eine Art Schuld gegenüber seinem Land, weil er aufgrund der Behinderung nicht in der Lage gewesen war, als Soldat im Zweiten Weltkrieg zu dienen.[6]

Sid war zeitlebens ein merkwürdiger Bursche. Nach dem Tod seiner ersten Frau und seines Kindes bei einem Autounfall zog er später mit seiner zweiten Frau Margaret, einer Tochter presbyterianischer Missionare, die lange in Indien gelebt hatten, in eine abgeschiedene Region nahe Vienna/Virginia. Margaret gebar ihm vier Kinder, die Großfamilie lebte in einer umgebauten Hütte, die einst von Sklaven bewohnt worden war, ohne fließend Wasser und Toilette. Als Dusche diente der Familie ein Tank auf dem Hof, gefüllt mit eiskaltem Quellwasser.[7] Jeden Morgen um 5.30 Uhr, bevor er nach Washington in sein Büro fuhr, das gut getarnt im Landwirtschaftsministerium untergebracht war, molk der zum Buddhismus konvertierte seine Ziegen, die auf einer Weide vor der Hütte grasten. Die Gottliebs tranken nur Ziegenmilch und produzierten eigenen Käse. Und sie züchteten und verkauften Weihnachtsbäume für die ganze Region.[8]

Trotz seiner Verwachsung begeisterte sich Gottlieb für Squaredance. Er kannte nicht nur die meisten, oft komplizierten Schritte, sondern konnte auch, obwohl überdies durch einen Sprachfehler gehandicapt, alle Kommandos flüssig zum Vortrag bringen, mit denen Leittänzer die Figuren vorgaben. Auch George White hielt später in seinem Tagebuch fest, ihm sei von Sid Gottlieb mehrfach die Ehre zuteil geworden, ihn zum Folkdance begleiten zu dürfen.[9] Gottliebs Privatleben und sein Charakter standen in scheinbar unauflöslichem Widerspruch zu seinem Job, der zu den hässlichsten zählte, den die CIA zu vergeben hatte.

Als eine seiner ersten Amtshandlungen hatte Sidney Gottlieb im

August 1951 alle Projekte der Army, Navy und CIA zusammengefasst, »Bluebird« und »Chatter« gingen über in eine einzige Operation. Deckname: »Artischocke«.[10] »›Artischocke‹« sei »ein spezielles Programm für die Entwicklung und Anwendung spezieller Techniken bei CIA-Verhören und in anderen verdeckten CIA-Aktivitäten, bei denen die Kontrolle eines Individuums erwünscht wird«, hieß es in einem Bericht der CIA aus jener Zeit. Und dann wurden auch die einzelnen Methoden detailliert aufgelistet, die dabei zur Anwendung gelangen sollten, darunter Foltermethoden schwersten Kalibers: Narko-Hypnose, Gehirnchirugie, Elektroschock und Drogen, sowie Alkohol, Heroin, Marihuana und LSD.[11]

LSD entwickelte sich schnell zu Sid Gottliebs Lieblingskind. Er hatte viel über den Wunderstoff aus den Laboratorien des Schweizer Pharmaunternehmens *Sandoz* gelesen. Die bereits in Dosierungen von Millionstel Gramm wirksame Substanz faszinierte ihn. LSD wäre womöglich eine ideale Spionage-Droge, könnte sich als unschlagbares Werkzeug im Koffer jedes amerikanischen Agenten und als ein äußert effektives »Wahrheitsserum« für Verhöre jeder Art erweisen. »Artischocke«, befand Gottlieb, musste sich unbedingt mit dem Präparat befassen.

Gottlieb fühlte sich den Kalten Kriegern in der CIA verpflichtet, zum Beispiel Richard Helms, dem stellvertretenden Direktor der Planungsabteilung, seinem Vorgesetzten weit oben in der Hierarchie des Geheimdienstes, zu dessen Lieblingsbeschäftigung »worst case scenarios« gehörten, paranoide Beschreibungen des schlimmsten aller denkbaren Fälle. Helms und dessen antikommunistischen Brigaden mit dem politischen Mentor Senator Joseph R. McCarthy im Hintergrund, waren überzeugt, dass die andere Seite längst mit allen Methoden der Verhaltenskontrolle arbeitete, einschließlich Elektroschock und Gehirnchirurgie, und dass sie womöglich sogar mit *Sandoz* einen Deal plante, um deren gesamte LSD-Vorräte aufzukaufen. Das empfanden Helms und Gottlieb geradezu als Albtraum.[12]

Und dann waren da auch noch die beängstigenden Berichte amerikanischer Agenten aus Korea, wo der Krieg gegen die Roten nun schon seit mehr als zwei Jahren tobte. Die Nordkoreaner und die Chinesen operierten offenbar mit sehr ausgefeilten Vernehmungstechniken. Es seien in der Sowjetunion ausgebildete Verhörspezialisten von Lager zu Lager unterwegs, die jeden amerikanischen Kriegsgefangenen zum Reden brächten, »ohne antiquierte Foltermethoden oder Drogen«, sondern lediglich mit psychologischen Tricks wie beispielsweise Schlafentzug und grellem Licht. Einem der Soldaten sei 26 Tage lang verboten worden, seine Augen zu schließen, was, verbunden mit verbalen Drohungen gegen dessen Familie, bei ihm zu einem völligen psychischen Zusammenbruch und dem Verlust aller moralischen Werte geführt habe. Derlei Verletzungen der Genfer Konvention durch Gehirnwäsche seien überdies »schwer nachweisbar«.[13]

Die Fähigkeiten der Kommunisten, aus den besten und zuverlässigsten amerikanischen Soldaten »menschliche Roboter« zu formen, entwickelte sich um die Jahreswende 1952/53 immer mehr zu einem Mysterium, dem die CIA hilflos gegenüberzustehen glaubte. Richard Helms gab seinem Adlatus Gottlieb nicht nur die Order, alle Techniken der Verhaltenskontrolle zu erproben, sondern darüber hinaus nach geeigneten neuen Verbindungen zu suchen, »magic mushrooms«, Kräuterextrakten und anderen pflanzlichen Wirkstoffen, um die ultimative Wahrheitsdroge ausfindig zu machen.[14] Der Auftrag war eindeutig: Führt einen Feldzug gegen das Gehirn unseres Feindes![15]

Im Rahmen seiner Zuständigkeit hatte Sidney Gottlieb schon Mitte 1952 Verträge mit dem *Chemical Corps* der Army in Edgewood Arsenal bei Baltimore und der *Special Operations Division* in Camp Detrick geschlossen. Dort waren einige Wissenschaftler unter Vertrag, von denen er sich Unterstützung versprach, unter anderem auf der Suche nach neuen Wirkstoffen: Experten aus Nazi-Deutschland. Wenn sie so viel wussten über die Kommunisten, wie behauptet wurde, wenn sie so viel Erfahrungen besaßen, Menschen mit wissenschaftlicher Systematik unter Druck zu setzen und in die Knie zu zwingen, dann, so wusste Gottlieb, war jetzt der Zeitpunkt gekommen, sich ihrer zu bedienen.[16]

In Edgewood nahm Sid Gottlieb Kontakt auf mit einigen Wissenschaftlern aus dem ehemaligen Nazi-Deutschland, die im Rahmen der Operation »Paperclip« in den späten Vierzigerjahren von der Army unter Vertrag genommen worden und in die Vereinigten Staaten übergesiedelt waren: Dr. Friedrich Hoffmann, Dr. Hans Trurnit, Dr. Theodor Wagner-Jauregg, Dr. Karl Tauböck und Dr. Walter Reppe.[17] Ursprünglich hatten sich alle mit der Erforschung chemischer Kampfstoffe beschäftigt, doch jetzt wollte der Chefchemiker der CIA die Suche nach neuartigen Waffen vorantreiben.

Krötengift

Dr. Hans-Joachim Trurnit, Jahrgang 1907, war im August 1947 als erster der Deutschen auf dem riesigen Edgewood-Areal an der Chesapeake Bay in Maryland angekommen. Der Biochemiker hatte zunächst an der Universität Kiel gearbeitet, war 1939 in die NSDAP eingetreten, hatte 1942 als Truppenarzt an der Ostfront gedient, war 1943 mit Tuberkulose aus Stalingrad zurückgekehrt und hatte einen Forschungsauftrag an der Universität Heidelberg erhalten.[18] Nach Einschätzung seines Institutsleiters hatte Trurnit in Heidelberg ein doppeltes Gesicht gezeigt: Einerseits sei er ein »sehr intelligenter und technisch begabter Mann« gewesen, andererseits habe er sich als menschliches Ekel entpuppt: »Die Zusammenarbeit war in keiner Weise erfreulich«, wegen »sehr unangenehmer Ehegeschichten«, so hieß es in der Beurteilung seines Chefs, habe man ihm geraten, »sich eine anderweitige Tätigkeit zu suchen«.[19]

Trurnit wusste gleich bei seiner Ankunft in den Vereinigten Staaten seinen neuen Dienstherren zu gefallen: durch hohe Sensibilität gegenüber kommunistischen Umtrieben – und Denunziantentum. Beides hatte er unter den Nationalsozialisten gelernt. Mit Trurnit kam nämlich ein Kollege an, Kurt Rahr, ein junger Hochfrequenz-Techniker, der vor deutschen Gerichten bereits wegen Bigamie und der Verwendung einer falschen Identität (als sein eigener Zwillingsbruder) verurteilt worden war, gleichwohl einen »Paperclip«-Vertrag erhalten hatte. Derlei Straftaten schienen die amerikanischen Militärs nicht abzuschrecken, wohl aber jene Dinge, die Trurnit ihnen anvertraute. Auf der gemeinsamen Fahrt vom Ankunftshafen New York nach Edgewood habe Rahr »voller Bewunderung über die Russen« gesprochen und versucht, ihn in eine Diskussion über den Kommunismus zu verstricken.[20] Kurt Rahr wurde erst einem umfassenden Lügendetektortest unterzogen und danach wieder nach Deutschland abgeschoben.[21]

Im Juli 1948 kam der 1903 in Österreich geborene Chemiker Professor Dr. Theodor Wagner-Jauregg in Edgewood an, ein ehemaliger Nazi auch er.[22] Da Wagner-Jauregg überdies 1937 die deutsche Staatsbürgerschaft beantragt und sich damit als besonders strammer NSDAP-Anhänger zu erkennen gegeben hatte, »dürfte er wahrscheinlich ein Sicherheitsrisiko für die Vereinigten Staaten darstellen«, hieß es wenig später in einer Beurteilung der US-Militärregierung in Deutschland.[23] Doch die Bedenken wurden vom Tisch gefegt. Der Chemiker sei als Giftgas- und Insektizidexperte für das *Chemical Corps* »extrem wünschenswert«, seine Verpflichtung geradezu »von nationalem Interesse«. Die amerikanischen Kollegen in Edgewood Arsenal interessierte die politische Vergangenheit der Deutschen ohnehin nicht.[24]

Der Chemiker Dr. Friedrich Hoffmann aus Berlin, Jahrgang 1910, arbeitete schon seit 1947 für das *Army Chemical Corps*. Hoffmann hatte zwar nicht der NSDAP, wohl aber einigen von der nationalsozialistischen Ideologie geprägten Organisationen angehört, er war überdies seit Juli 1943 einer der führenden Giftgasforscher Nazi-Deutschlands an der Technischen Versuchsanstalt der Luftwaffe in Berlin-Gatow gewesen.[25] Nach dem Krieg wurde Hoffmann kurzzeitig als Berater der amerikanischen Militärregierung (OMGUS) in Berlin verpflichtet und dann für »Paperclip« ausgewählt. Unmittelbar nach seiner Ankunft in Maryland erhielt der Deutsche einen brisanten Auftrag: Er musste die von den Amerikanern erbeuteten zehn Tonnen Tabun und Sarin analysieren, die von der Army aus Deutschland nach Edgewood verschifft worden waren; und er musste toxikologische Studien und beschlagnahmte deutsche Dokumente auswerten, um Menschenversuche mit den extrem giftigen Nervengasen vorzubereiten. Hoffmanns Untersuchungen unterlagen der höchsten Geheimhaltungsstufe in Edgewood Arsenal.[26]

Das *Chemical Corps* hatte nach Hoffmanns Ankunft Gaskammern installieren lassen, um die Wirkung von Tabun und Senfgas, einem anderen Kampfstoff, erproben zu können. Einer der Soldaten, die sich mehr oder weniger freiwillig für die Tests zur Verfügung stellten, erinnerte sich später, er sei zusammen mit einem Dutzend Hunden, Katzen, Kaninchen und Mäusen in die Versuchszelle geleitet worden. Dann habe einer der Techniker die Tür von außen verriegelt und den Gashahn geöffnet. Die Tiere begannen hysterisch in ihren Käfigen hin und her zu laufen, sie jaulten oder quiekten erbärmlich, urinierten auf den Boden. Der Soldat erhielt den Befehl, seine Gasmaske abzunehmen. Das Gas brannte in seiner Nase, im Rachen und in der Lunge.[27] Einige der menschlichen »Versuchskaninchen« zogen sich schwerwiegende Gesundheitsschäden zu.[28]

Bereits im Lauf des Jahres 1950 hatte sich die Forschungsausrichtung in Edgewood Arsenal vollständig geändert. Nicht mehr

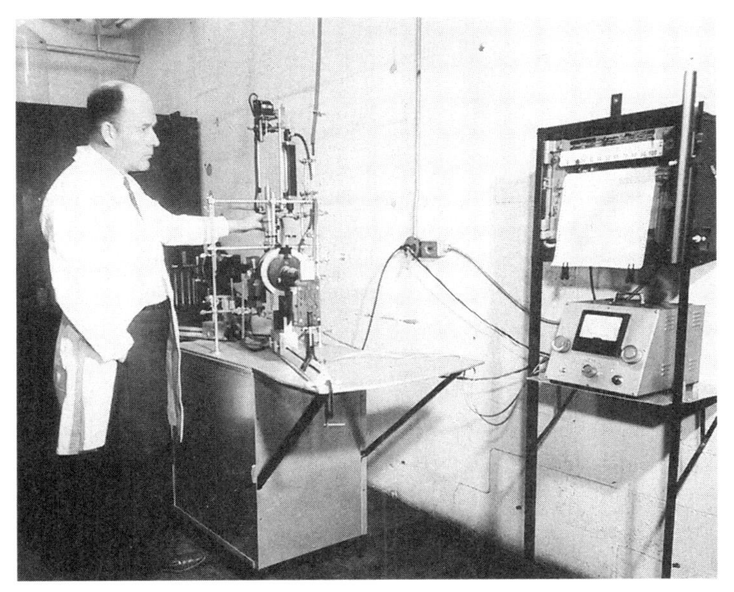

Die beiden ehemaligen Nazi-Chemiker Hans Trurnit (oben) und Friedrich Hoffmann suchten nach dem Krieg für das *Chemical Corps* der US Army nach halluzinogenen Verbindungen.

todbringende Nervengase standen im Mittelpunkt, sondern außer Gefecht setzende Psycho-Chemikalien. Die Idee von einer humanen Kriegsführung, bei der die feindlichen Truppen auf dem Schlachtfeld erst LSD verabreicht bekommen und dann überrannt werden, geisterte durch die Forschungsberichte.[29]

Später wurde eine Idee des CIA-Beraters Henry K. Beecher aufgegriffen, der nach einer Vielzahl von Untersuchungen mit der Droge, deren Einsatz als chemische Waffe gegen die Trinkwasservorräte von Militärbasen und Kriegsschiffe vorgeschlagen hatte.[30] Eine Arbeitsgruppe um die deutsche Kolonie im amerikanischen Chemiewaffenzentrum erhielt den Auftrag, sich um die Erforschung und Erprobung neuer Halluzinogene zu kümmern.[31] Dabei fiel dem Experten der ehemaligen *IG Farben*, Dr. Karl Tauböck, eine besondere Rolle zu.[32] Tauböck hatte bereits im Auftrag der Gestapo nach einer »Wahrheitsdroge« gesucht, mit deren sich bestimmte Verhöre unterstützen ließen. Sein besonderes Augenmerk galt halluzinogenen Extrakten der Heilpflanze *Anabasis aphylla*, die an Wehrmachts-Offizieren getestet werden sollte, weil diese eines Attentats gegen Hitler verdächtigt wurden. Der Plan sei gewesen, die Droge auf einem Fest in die betreffenden Cocktailgläser zu schleusen, bekannte Tauböck nach Kriegsende, er habe damals jedoch nicht genügend Pflanzen auftreiben können, um einen Extrakt zu gewinnen.[33]

Friedrich Hoffmann und Karl Tauböck waren die ersten Zielpersonen im *Chemical Corps* gewesen, als die CIA Anfang 1951 in Edgewood Arsenal eingerückt war. Zunächst spionierte der Geheimdienst in den Laboratorien, ohne dass die Army davon erfuhr. Erst als die heimliche Informationsbeschaffung durchsickerte und sich die Militärs in Washington über die Dreistigkeit der CIA-Agenten beschwerten, wurde der Zusammenarbeit ein offizieller Anstrich verpasst.[34]

Der deutsche Chemiker Hoffmann, ein galanter, welt- und sprachgewandter Gentleman, erwies sich als geradezu prädestiniert für die Aufgabe, die ihm Sidney Gottlieb antrug: auf dem ganzen Globus nach Pflanzen mit entweder hochtoxischen oder verhaltensbeeinflussenden Wirkstoffen zu fahnden. Wo immer es Gerüchte über ein seltenes »Teufelskraut« gab, das zum Beispiel südamerikanische Indios in Hochstimmung oder polynesische Fischer in Trance versetzte, Friedrich Hoffmann sollte dessen Spur aufnehmen;[35] wo immer Erkenntnisse über exotische Fische und

HQ EUROPEAN COMMAND
STAFF MESSAGE CONTROL
INCOMING MESSAGE

WARZ CONFIDENTIAL EUCOM 76/30C

TOO 301841Z ROUTINE TOR 010020B

FROM : HQ DEPT OF THE ARMY FROM DIR OF INTELLIGENCE

TO FOR ACTION : EUCOM

REF NO : W-87364 30 SEPT 47 CITE: CSGID

PAPERCLIP specialist Kurt Adolf RAHR, EDGEWOOD ARSENAL, MARYLAND, alleged to be a Communist by fellow specialist Hans TRURNIT. RAHR spoke admirably of Russians in conversation with escort officer while enroute EDGEWOOD from NEW YORK Port of Embarkation and attempted to engage him in discussion subject Communism as to which RAHR seems well informed. Personal history statement submitted on RAHR (Paragraph 34) states subject was arrested by Military Government, convicted 24 March 47 and sentenced to 6 months for being member Nazi party however, investigation report shows subject accepted employment under project PAPERCLIP and departed MUNICH, GERMANY, enroute to US 15 August 47. Routine OMGUS security report has not been received on case here. Chemical Corps reluctant to permit subject to engage on research project here involving access to some classified information until allegations are ivestigated and security clearance received.

CHLWO 3.4 1st Ind PRM 87-42
(25 Aug 49)
SUBJECT: Public Information Program for Project Paperclip

Department of the Army, OCCmlC, Washington 25, D. C. 27 September 1949

TO: Director of Intelligence, GSUSA, Washington 25, D. C. Attention:
Chief, Adminstrative and Liaison Group

1. Reference is made to basic letter regarding publicity of paperclip scientists. The following information is furnished:

a. Publicity regarding Dr. Friedrich W. Hoffman being employed by the Department of the Army is highly undesirable because he is engaged in highly classified work. He also has relatives in Germany (Berlin). If the Russians know of this information they may take retaliatory measures against them. Dr. Hoffman is the only paperclip scientist assigned to Technical Command.

b. Dr. Hans J. Trurnit and Dr. Theodor Wagner-Jauregg are the two paperclip scientists assigned to the Medical Division. Publicity in reference to them is not considered highly undesirable.

FOR THE ACTING CHIEF, CHEMICAL CORPS:

FRANK M. ARTHUR
Lt. Col., Cml C

Der Nazi-Chemiker Hans Trurnit denunzierte bei seiner Ankunft in New York den Landsmann Kurt Rahr als Kommunisten und erwarb sich so das Vertrauen der Amerikaner (oben). In einem internen Vermerk der Army hieß es, die Tätigkeiten des »Paperclip«-Chemikers Dr. Friedrich Hoffmann unterlägen strengster Geheimhaltung.

Muscheln auftauchten, die extrem schnell wirkende Gifte freisetzen, Hoffmann durfte in die entlegensten Winkel der Erde reisen, um einige Exemplare in seinen schwarzen Rucksack zu packen und in die Laboratorien von Edgewood zu bringen. Eine seiner Entdeckungen, ein Muscheltoxin aus Hawaii, das bei seinem Opfer zu einer sofortigen Lähmung führt, soll später für zahlreiche Mordanschläge verantwortlich gewesen sein.[36]

Wenn er in Gottliebs Auftrag auf Fachkongressen, wissenschaftlichen Konferenzen und Symposien irgendwo auf der Welt unterwegs war, in Europa, in Australien und in Japan zum Beispiel, benutzte Hoffmann oft die University of Delaware als Deckmantel. An der Universität gab es eine Reihe von Professoren, die auf Gottliebs Gehaltsliste standen.[37] Eine der eher kürzeren, aber häufigen Expeditionen führte Hoffmann nach Florida, wo er nach »nützlichen Stoffen« in Lilien, Oleander, in verschiedenen Pilzen sowie in einer speziellen Krötenart suchte. In Südamerika ließ Sid Gottlieb später sogar die Tarnfirma *Amazon Natural Drug Co. (Andco)* gründen, über die große Mengen halluzinogener Pflanzen nach Edgewood und Camp Detrick verschifft wurden.[38]

Ende 1952, wenige Wochen nach dem Desaster des Navy-Psychologen und CIA-Beraters G. Richard Wendt bei seinen Experimenten in Deutschland, begann das *Chemical Corps* der US Army im Auftrag der CIA mit umfassenden Drogenversuchen. Über die nächsten Jahre sollten mindestens eintausend Soldaten in Edgewood oder dem nahe gelegenen Fort Holabird LSD verabreicht bekommen – wissentlich und unwissentlich.[39] Die Militärs würden enthusiastisch ihrer Idee eines Krieges mit nicht tödlichen Waffen nachjagen und dabei sämtliche ethischen Maßstäbe aus den Augen verlieren. Die Nazi-Experimente in den Konzentrationslagern erfuhren eine unrühmliche Fortsetzung. Und wenn nötig, legte Sidney Gottlieb, der Mann an der Spitze der Operation »Artischocke«, auch selbst mit Hand an.[40]

Feldversuche

Ein Amerikaner in Paris: Stanley Milton Glickman, 24-jähriger Kunstmaler, den es auf den Montparnasse gezogen hatte, stand am Anfang einer viel versprechenden Karriere. Seit eines seiner Bilder im Jahr zuvor vom renommierten New Yorker Metropolitan Museum of Art erworben worden war, gab es eine Vielzahl von Aufträgen für den Nachwuchskünstler. An einem tristen Novembertag 1952 erhielt Glickman den Anruf einer Freundin, ob er nicht Lust habe, sich mit ihr und ein paar Landsleuten, die zu Besuch an der Seine weilten, im *Café Select* zu treffen. Die halbe Nacht saßen die Amerikaner zusammen, diskutierten sehr hitzig über Gott, die Welt und die kommunistische Bedrohung westlicher Demokratien.[41] Als Glickman, der linkem Gedankengut offenbar nicht gänzlich abgeneigt war, verärgert über die militant antikommunistische Haltung in der Runde, das Lokal verlassen wollte, bot ihm der Wortführer noch einen letzten Drink an, gewissermaßen als Versöhnung nach einer kontroversen politischen Debatte. Statt nach dem Kellner zu rufen, begab sich der Unbekannte, trotz einer offensichtlichen Gehbehinderung durch einen Klumpfuß, an die Bar und kehrte schließlich mit einem Likör zurück.[42]

Der Kunstmaler nippte ein-, zweimal an dem Drink – und bemerkte fast unmittelbar, dass sich seine Wahrnehmung zu verzerren begann. Die Gesichter der Amerikaner verformten sich zu roten Fratzen, die ihn gebannt anstarrten, während er, schon stark desorientiert, den Rest des Glases leerte. Einer der Gäste brachte das Gespräch auf das Thema »magische Kräfte« und prophezeite, Glickman werde binnen kürzester Zeit übersinnliche Fähigkeiten bei sich entdecken. Mit heftigen Halluzinationen verließ der Künstler das Café.[43]

Der Rauschzustand hielt die nächsten Tage an, die Nachwirkungen sollten den jungen Amerikaner bis an sein Lebensende, vierzig Jahre später, verfolgen. Nachdem er zwei Wochen in einem Zustand »des Wahnsinns, der Täuschung und des Terrors« verbracht hatte, wie Glickman später zu Protokoll geben würde, kehrte er ins *Café Select* zurück, setzte sich an denselben Tisch und schloss die Augen, als könne es nur dort eine Antwort auf die Frage geben, was mit ihm geschehen war.[44] Handelte es sich um einen dummen Scherz? Wer war der Mann mit dem Klumpfuß? Nach einer Weile erlitt Glicksman einen Kreislaufkollaps und wurde von Gästen des Cafés ins American Hospital in Paris eingeliefert.

Doch die dramatischen Persönlichkeitsveränderungen blieben, der Horrortrip, ausgelöst durch eine von dem Fremden ins Glas geschüttete Droge, wollte kein Ende nehmen. Dass es sich dabei um LSD gehandelt hatte, sollte sich später herausstellen. Glickmans

Visionen verstärkten sich sogar noch, er behauptete später, ihm seien im American Hospital weitere Drogen und sogar Stromstöße in den Penis verabreicht worden.[45] Ein Freund holte ihn schließlich aus dem Krankenhaus, brachte ihn in sein Atelier zurück, in der Hoffnung, Stanley Glickman werde über seine Malerei den Weg zu seinem wahren Ich zurückfinden und an der Seele gesunden. Doch dieser fasste keinen Pinsel mehr an. Nie mehr.

Seine Schwester, der sich Glickman anvertraute, arrangierte im Juli 1953 schließlich seine Rückkehr in die Vereinigten Staaten, wo er wegen der Halluzinationen und Essstörungen in psychiatrische Behandlung kam, sich aber nie wieder von den Folgen des Drogenversuchs erholen und bis zu seinem Tod das Leben eines »Sonderlings« führen würde.[46]

Stanley Glickman war ein eher zufälliges Opfer von Sidney Gottlieb und eines seiner »Artischocke«-Teams geworden, das offenbar in Paris Zwischenstation zu einem Einsatz in Korea oder in Deutschland machte. Der »Dr. Strangelove« der CIA hatte wahrscheinlich aus einer augenblicklichen Laune heraus, weil der junge Künstler mit seinen kommunistischen Ansichten eine gewisse Lektion verdient hatte, in die Jackentasche gegriffen und ein Tütchen mit LSD, von denen er für Selbstversuche immer einige bei sich führte, über dem Likörglas entleert. Gottlieb sollte Jahrzehnte später, als Glickman einen Prozess anstrengte, behaupten, er sei zu der fraglichen Zeit gar nicht in Paris gewesen und könne schon deswegen nicht für das Attentat auf Stanley Glickman verantwortlich sein. Aber was bedeutete das schon? Zu den Grundregeln jedes CIA-Officers zählte nicht nur, zu schweigen bis ins Grab, sondern auch, zu lügen und zu betrügen, wann immer es geboten erschien.[47]

Nur wenige Wochen später wurde auch Harold Blauer in New York zu einem Opfer Gottliebs, auch wenn die Federführung für dieses Experiment beim *Chemical Corps* der US Army in Edgewood lag. Der 42-jährige Tennislehrer des Hudson River Club in Manhattan, der als Spieler einige Zeit auf der Rangliste der Profis geführt worden war, lebte seit einigen Monaten in Trennung von seiner Frau und den gemeinsamen beiden Töchtern; er litt seitdem an Depressionen, ließ sich deshalb von Ärzten des berühmten New York State Psychiatric Institute (PI) behandeln.[48]

Was Blauer nicht ahnte, aber auch die meisten Mitarbeiter am PI nicht wussten: Der Chef der Einrichtung, Dr. Paul Hoch, ein nicht nur in den Vereinigten Staaten angesehener Psychiater, war vertraglich eng mit Sidney Gottlieb verbunden, erhielt Forschungsaufträge nicht nur von der CIA, sondern auch vom *Chemical Corps*. Es ging zum Beispiel um Meskalin, jene Droge aus mexikanischen Kakteen, mit denen schon die Nazi-Mediziner im KZ Dachau experimentiert hatten.[49] Die Versuche waren Teil von Gottliebs Bemühungen, »die mögliche Nutzung von Psycho-Chemikalien als offensiver Sabotagewaffe« abzuklären, wie es in einem Dossier der US Army hieß.[50]

Hoch interessierte sich sehr für Meskalin, LSD und verwandte persönlichkeitsverändernde Drogen, deren Wirkungen ähnlich wie die Krankheitssymptome bei Schizophrenie seien, es könne mit den Verbindungen deshalb womöglich eine Modell-Psychose im Labor erzeugt und studiert werden.[51] Dabei arbeitete der New Yorker Psychiater auch mit Dr. Harold A. Abramson zusammen, einem niedergelassenen Allergie-Spezialisten, der ein Faible für LSD besaß, und der später, ähnlich wie Hoch, als CIA-Vertrauensarzt zu zweifelhaftem Ruhm gelangen sollte.[52]

Hochs Forschungsansatz galt in Fachkreisen als unorthodox. Das hing nicht zuletzt mit der von ihm befürworteten Kombinationstherapie aus LSD und Psychochirurgie zusammen, einer Verstümmelung des Stirnhirns mittels Skalpell (»Lobotomie«), die der Chef des Psychiatric Institute, ungeachtet aller möglichen Nebenwirkungen, auch für Agenten empfahl, bei denen ein künstlicher Gedächtnisverlust zweckmäßig erschien.[53]

Am 5. Dezember 1952, nur zehn Tage nach Gottliebs spontaner LSD-Bestrafung des aufmüpfigen Kunstmalers Stanley Glickman in Paris, begann Harold Blauer eine psychotherapeutische Behandlung am Psychiatric Institute. Hochs Mitarbeiter Dr. James Cattell eröffnete dem vormaligen Tenniscrack, es sei geplant, ihm ein paar Injektionen zu verabreichen, die helfen könnten, seine Depressionen zu vertreiben. Natürlich wurde ihm weder die tatsächliche Absicht des Experiments noch der Name des Präparats mitgeteilt, es wurde auch nicht sein schriftliches Einverständnis eingeholt.[54] Cattell legte später das bemerkenswerte Zeugnis ab, er hätte das fragliche Präparat auf Geheiß von Hoch injiziert und selbst »keinen blassen Schimmer gehabt, was wir dem Patienten spritzten, ob es Hundepisse oder sonst etwas war«.[55]

Zwischen dem 11. Dezember 1952 und dem 8. Januar 1953 erhielt Harold Blauer fünf Injektionen Meskalin in unterschiedlichen Dosierungen. Schon vor der ersten Spritze gab er sich ängstlich, so dass Cattell mit Engelszungen auf ihn einreden musste, ehe er zustimmte. Blauer stellte danach ein Druckgefühl im Kopf und ein leichtes Zittern in den Beinen fest. Bei der zweiten Injektion, eine Woche später, blieb die Reaktion zum Glück aus.[56]

Vor der dritten Meskalin-Spritze, am Tag vor Heiligabend, bat Blauer eine der Schwestern, er wolle aus der Studie herausgenommen werden, weil er eine Erkältung habe. Außerdem erlebe er schreckliche Halluzinationen. Doch Cattell ignorierte seinen Wunsch. Diesmal erschütterte der Tremor den ganzen Körper. Blauer verbat sich daraufhin jede weitere Behandlung mit dem neuen Medikament, wurde aber mit der Drohung unter Druck gesetzt, wenn er aussteigen wolle, werde die ganze Behandlung abgebrochen und er an irgendeine heruntergekommene Klinik überwiesen. Am 30. Dezember ließ sich der Tennislehrer auf die vierte Injektion ein, die diesmal mit extremem Körperzittern verbunden war.[57]

Am 8. Januar 1953, morgens gegen 9.30 Uhr, erschien Harald Blauer erneut im Psychiatric Institute zur Behandlung. Diesmal ging Dr. James Cattell besonders sorgfältig zur Sache, so akribisch wie zehn Jahre zuvor der Kollege Dr. Sigmund Rascher in Dachau. Bei diesem ehrgeizigen Forschungsprojekt neigte der Amerikaner zu einer systematischen und pedantischen Vorbereitung. Als Cattell seine Spritze aufziehen wollte, protestierte sein Patient lautstark, aber vergeblich. Um 9.53 Uhr stach er die Nadel in Blauers Vene, drückte den Kolben herunter, in dem er eine sechzehnfach höhere Dosierung Meskalin aufgezogen hatte als beim ersten Versuch. Dann nahm er Laborkladde und Bleistift, setzte sich neben den Patienten auf das Krankenbett, um den Verlauf des Experiments festzuhalten:

> 9.53 Uhr: Injektion beginnt, ruhelose Bewegungen, Protest gegen Injektion.
> 9.55 Uhr: Injektion endet.
> 9.59 Uhr: (...) sehr ruhelos, muss von der Schwester festgehalten werden, nicht ansprechbar (...) wildes Rudern mit den Armen, heftiges Schwitzen (...)
> 10.01 Uhr: (...) Patient richtet sich im Bett auf, komplette Versteifung des Körpers (...) schnarchendes Atmen 32/min, Puls 120/min (...) Zähne zusammengebissen, Schaum vor dem Mund (...) rollende Augenbewegungen (...)

10.04 Uhr: (...) Verkrampfung der Rückenmuskulatur (...)
10.05 Uhr: (...) steife Extremitäten, Pupillen leicht erweitert, reagieren nicht auf Licht (...)
10.09 Uhr: (...) allgemeine Errötung des Gesichts und der Brust (...) weiterhin starkes Schwitzen (...) Tremor der unteren Extremitäten, Schaum vor dem Mund (...)
10.10 Uhr: (...) weiterhin schnarchende Atmung 28/min, unregelmäßig (...) versteifter Kiefer (...)
11.05 Uhr: (...) vereinzeltes Aufbäumen, heftige Arm- und Beinbewegungen (...) redet wirr von »Murphy«, meist zusammenhangslos, vorübergehend ansprechbar (...)
11.12 Uhr: (...) gesteigerte Unruhe, unterbrochene Versteifung (...)
11.17 Uhr: (...) redet nicht mehr (...) fällt ins Koma, immer noch unruhig (...)
11.30 Uhr: (...) starke, schnarchende Atmung (...)
11.45 Uhr: (...) ruhig, tiefes Koma.

Eine halbe Stunde später, um 12.15 Uhr, gab Harold Blauer keine Lebenszeichen mehr von sich.[58]

Am Tag nach Blauers Tod, inzwischen waren diverse Telefonate zwischen den Verantwortlichen des *Chemical Corps*, Gottliebs Büro und dem PI hin und her gegangen und die ersten Agenten der CIA in New York eingetroffen, begann die umfassende und professionelle Verschleierung des Falls. Cattells Bericht über den Vorfall enthielt keinerlei Hinweis auf das Meskalin-Experiment, dessen Chef Dr. Paul Hoch beseitigte diskriminierende Unterlagen in seinen Akten, die Pathologie wurde angewiesen, sämtliche Dokumente »geheim« zu stempeln, Blauers Ex-Frau erhielt die Auskunft, Todesursache sei eine ungewöhnliche, nicht vorhersehbare Reaktion auf ein Medikament gewesen.[59] Die Behörden des Staates New York, die an der Verschwörung mitwirkten, sprachen der Familie als Goodwill-Geste eine Entschädigung von 18 000 US-Dollar zu, machten aber unmissverständlich klar, dass dies kein Eingeständnis medizinischen Fehlverhaltens darstelle.[60]

Harold Blauer war an jenem Morgen des 8. Januar 1953 nicht das einzige Opfer, das eine hochdosierte Meskalin-Spritze erhalten hatte. Bei einer Frau traten jedoch, wenige Sekunden nach Beginn der Injektion, so heftige Reaktionen auf, dass Cattell den Versuch abbrach. »Sie wollten mich in die Hölle schicken«, empörte sich die Patientin später, »aber warum wollten sie mich in die Hölle schicken?«[61]

Sidney Gottlieb gefiel gar nicht, wie sich Operation »Artischocke« entwickelte: Zu viele Zufälle, zu hohe Risiken, zu wenige konkrete Ergebnisse. Das LSD-Experiment mit diesem amerikanischen Jungspund in Paris war eher einer Laune entsprungen und dann auch noch außer Kontrolle geraten. Ein Fehler, ohne Frage. Auch die Meskalin-Versuchsreihe am New York State Psychiatric Institute hatte wenig neue Erkenntnisse gebracht, aber Blauers Tod fast das ganze Projekt gefährdet. Gottlieb brauchte »Freilandversuche«, Tests unter alltäglichen Bedingungen, nicht in steriler Umgebung, in Kliniken und im Labor. Und unter alltäglichen Menschen, die hinterher keinen Zusammenhang zu dem Experiment herstellen konnten.

Da kam die Unbedenklichkeitsbescheinigung der CIA für seinen Spezialisten George Hunter White im Mai 1953 gerade recht. Gottlieb lud den New Yorker Drogenbeamten ein paar Mal nach Washington ein, schleppte ihn mit zu seinen Volkstanz-Treffen aufs Land nach Virginia, weil sie sich so besser kennen lernen konnten, und weil es am Rande der Veranstaltungen immer eine Möglichkeit gab, konspirative Pläne zu schmieden.[62]

Wenig später mietete White als Seemann und zeitweiliger Kunstmaler zwei zusammenhängende Apartments im New Yorker Künstlerviertel Greenwich Village – unter seinem neuen Decknamen Morgan Hall: 81, Bedford Street. Er sollte die Wohnungen mit erlesenem Interieur ausstatten lassen, so hatte Gottlieb ihm aufgetragen und die Mittel für eine Art Edel-Bordell bewilligt; er sollte sie außerdem mit allerlei technischem Gerät aus den Beständen der TSS ausrüsten, darunter Spionspiegeln, versteckten Kameras und Mikrofonen. Danach stand die pikante, allerdings auch äußerst angenehme Sache an, attraktive und zuverlässige Prostituierte anzuheuern, die in dem verschwiegenen Etablissement ihrem Beruf nachgehen sollten. Schließlich sah Gottliebs Plan vor, Zielpersonen von besonderem Interesse für die CIA in die Betten der Damen zu locken und dort mittels ein paar Cocktails zum Reden zu bringen. Die Drinks würden natürlich präpariert sein.[63] Sollte sich das Konzept bewähren, beabsichtigte Gottlieb, solche Schlafzimmer mit gewissermaßen standardisierten Inneneinrichtungen auch in verschiedenen europäischen Städten zu installieren, potenzielle

Freier mit interessantem Hintergrund gab es auch dort mehr als genug. Das war ein Job ganz nach dem Geschmack von George White.

Gleich nach Fertigstellung des CIA-Freudenhauses, das von Robert Lashbrook, Gottliebs Stellvertreter, abgenommen wurde, weil Gottlieb die ganze Sache für notwendig, aber irgendwie auch degoutant hielt, begann George White mit den Experimenten. Zunächst setzte er LSD, herkömmliche Knockout-Tropfen und seine alte »Tinktur« aus OSS-Zeiten ein: Marihuanaextrakt. LSD erwies sich schon bald als der Renner, es wurde, wohl dosiert, den Gästen mit Essen, Getränken oder Zigaretten serviert. George saß unterdessen hinter dem Spionspiegel und schlürfte seinen Martini on the rocks, während sich die Mädchen auf der anderen Seite abmühten und dabei Informationen aus ihren Kunden herauskitzelten.

Die erste Versuchsreihe galt Whites alter Klientel, Manhattans Dealern und Mafiosi. Unter seinem Alias Morgan Hall zog White in der Rolle des Seemanns durch die Clubs und Bars, den Kopf zugedröhnt mit LSD und Gin, verwickelte die eher kleinen und mittleren Fische im großen Teich des Drogengeschäfts in ein Gespräch, um sie irgendwann in seine Lasterhöhle zu lotsen. Dort begannen sie, nach einer von den Mädchen untergeschobenen Prise »stormy«, wie White LSD nannte, bereitwillig über ihre Hintermänner und Lieferanten zu plaudern. Mitunter erwies sich die gewählte Dosierung als zu groß, dann nahm der Trip eine unerwünschte Richtung. Das war durchaus nicht ohne Risiko, weil die Gefahr bestand, dass die Ganoven erkannten, welches Spiel mit ihnen getrieben wurde.[64]

Immer häufiger sagten sich Gottliebs Mitarbeiter aus dem Hauptquartier zu einer Inspektion in der Bedford Street an, offenbar um die ersten streng geheimen Erfahrungsberichte durch eigene Anschauungen zu ergänzen. Am 8. Juni 1953 wagte sich auch Gottlieb selbst, neugierig geworden, erstmals in das »Safehouse«, überbrachte 4123,27 US-Dollar »für Hall«, wie White seinem Tagebuch anvertraute, für Morgan Hall, sein Alias also.[65] Es wurde ein lustiger Abend. Den Mädchen war ohnehin gleichgültig, wen sie bedienten, wenn nur die Bezahlung stimmte, und »stormy« oder anderen Stoff gab es genug, zumal George, der ja offiziell noch immer für das *Federal Bureau of Narcotics* arbeitete, dort an der Quelle saß. Allerdings kam es mit der Drogenpolizei zwischenzeitlich zu einigen Streitigkeiten. Der Direktor in Wa-

George H. White, offiziell ein Beamter der Drogenpolizei, avancierte zu Sydney Gottliebs CIA-Experten für schmutzige Tricks.

shington hatte zwar Whites Nebenjob für die CIA abgesegnet, aber seine direkten Vorgesetzten in New York durften natürlich nichts wissen. Sie stießen sich deshalb an Whites tagelanger Abwesenheit. Er brauche dringend »eine plausible Erklärung« von Sidney Gottlieb und Bargeld für seine Ausgaben, er könne die Freudenmädchen ja schlecht aus der Handkasse der Drogenpolizei bezahlen. Das leuchtete Gottlieb ein; er billigte umgehend einen weiteren Vorschuss von 3500 US-Dollar für drei Monate.[66]

Natürlich wurden auch die Prostituierten mit LSD versorgt, einige von ihnen hingen sogar an der Nadel. Das entsprach sicherlich nicht den Aufgaben eines Drogenbeamten, aber bei der CIA galten eben andere Prioritäten. »Gloria hat Wahnvorstellungen« und »Janet völlig abgedreht«, notierte White in seinem Tagebuch.[67] Solche Erkenntnisse bekam Sidney Gottlieb freilich nicht auf den Tisch. Er las, was die Kunden Handfestes aus der New Yorker Unterwelt und, zunehmend, aus anderen Bereichen der Stadt zu erzählen hatten. In der Zentrale wurde alles ausgewertet und archiviert, für eine spätere Verwendung. Der CIA konnten solche Informationen noch einmal nützlich sein, um einen Gast der Apartments in der Bedford Street mit kompromittierenden Details und Fotos über sein Intimleben unter Druck zu setzen.

Der Magier

Die Radio City Music Hall tobte. Im Kegel des Scheinwerferlichts tauchte ein etwas schlaksiger, freundlich lächelnder Mittfünfziger im schwarzen Smoking auf: der Großmeister der amerikanischen Illusionskünstler, eine Legende zu Lebzeiten.[68]

Die Reihen waren meist bis auf den letzten Platz gefüllt, wenn John Mulholland auf der Bühne stand. Mit seinen schlanken Händen zog der Magier die Blicke der Zuschauer magnetisch an, lenkte die Aufmerksamkeit mit ein paar geschmeidigen Bewegungen auf seine linke, während sich, abseits jeder Beachtung, der Trick in seiner rechten Hand abspielte. Seine bewundernswerte Fingerfertigkeit, seine Ausstrahlung begeisterte an jenem Tag Anfang 1953 auch Sidney Gottlieb. Dessen Besuch in der Vorstellung des amerikanischen Zauberers John Mulholland, mochte sie noch so vergnüglich sein, hatte einen professionellen Hintergrund. Der Geheimdienstmann plante, den Hexenmeister mit den fixen Händen als Berater zu verpflichten. Der Magier sollte ein Handbuch verfassen, »top secret« verstand sich, um CIA-Agenten zu lehren, die Pülverchen, Tinkturen und Drogen aus den TSS-Labors oder den Beständen der *SO-Division* in Camp Detrick unbemerkt in Cocktailgläser oder Kaffeetassen sowjetischer Spione und kommunistischer Rädelsführer zu bugsieren.

Es ist nicht klar, ob es schon nach jener Vorstellung in der Radio City Music Hall Anfang 1953 zu einer ersten Begegnung zwischen Mulholland und Gottlieb kam; vielleicht war der Chefchemiker der CIA mit den »Aufräumarbeiten« im Psychiatric Institute beschäftigt gewesen, vielleicht hatte er seinen LSD-Berater Harold A. Abramson besucht oder auch seinen zukünftigen Mitarbeiter George Hunter White.

Am 13. April des Jahres fand jedenfalls das erste konspirative Treffen mit Mulholland, dem großen Zauberer, statt, auf dem der CIA-Mann seinen Vorschlag unterbreitete und offenbar bei dem Meister-Magier auf wenig Bedenken stieß. Eine Woche später gab John Mulholland sein schriftliches Einverständnis: »Wenn es gewünscht wird, kann ich sofort anfangen«, schrieb er. Es war der Beginn einer streng geheimen Zusammenarbeit zwischen Sid Gottlieb und dem zwanzig Jahre älteren Magier.[69]

John Mulholland, am 9. Juni 1898 in Chicago geboren, hatte schon mit fünfzehn Jahren sein öffentliches Debut gegeben, später sein Studium abgebrochen und sich als Buchhändler und Kunstlehrer durchgeschlagen, ehe er ab 1927 als Illusionskünstler, Lehrmeister für Nachwuchskräfte und Autor zahlreicher Bücher Karriere machte. Seit 1930 gab er die Zeitschrift *The Sphinx* heraus, eine angesehene Fachzeitschrift für Illusionskünstler; im Juni 1953 beendete er diese Tätigkeit, zum einen wegen seiner angeschlagenen Gesundheit, zum anderen wegen der interessanten neuen Aufgabe für den amerikanischen Geheimdienst.[70]

Mit großer Begeisterung stürzte sich Mulholland in das zunächst auf sechs Monate und 3000 US-Dollar Honorar begrenzte Abenteuer, ein Handbuch für Agenten zu verfassen. Da er seine Schüler nie kennen lernen würde, mussten seine Tricks gewissermaßen blind und todsicher funktionieren, anderenfalls stand das Leben der eigenen Leute auf dem Spiel. In diesem »Geschäft« gebe es keine zweite Chance, hatte ihm Gottlieb klar gemacht. Tagsüber probierte und modifizierte Mulholland seine Tricks, mit denen einmal Menschen willfährig gemacht oder sogar getötet werden sollten, feilte an den Texten, um sie möglichst klar und unmissverständlich zu gestalten; abends stand er häufig genug auf der Bühne, nahm den öffentlichen Zuspruch entgegen.[71]

Warum verpflichtete sich Mulholland? Er war sicherlich ein Patriot – wie Sidney Gottlieb. Schon 1944, als amerikanische Soldaten nach Europa geschickt worden waren, hatte es den Künstler mit Stolz erfüllt, dass in vielen Drillichtaschen eine Miniaturausgabe seines Bestsellers »The Art of Illusion« (»Die Kunst der Illusion«) gesteckt hatte, als Ablenkung während der Gefechtspausen. Offenbar empfand er es nun als Pflicht, seine Fähigkeiten, die Kunst der Verschleierung, in den Dienst des Landes zu stellen.[72]

Mulholland fühlte sich zudem von der CIA-Offerte geschmeichelt, er genoss die Anerkennung, die ihm zuteil wurde. Selbstverständlich könne, »wenn gewünscht, der Fortschritt seiner Arbeit, alle zwei Wochen überprüft werden«, schrieb er im April 1953 an Gottlieb, als fiebere er jedem Treffen entgegen. Der weit gereiste Künstler war fasziniert von der klandestinen Welt der Geheimdienste, in der man sich so leicht über moralische Spielregeln und demokratische Gesetze erhob.[73]

Um ein Haar wäre die Zusammenarbeit gleich nach deren Beginn aufgeflogen, wegen einer groben Nachlässigkeit von Sid Gottlieb. In dessen Akte stand offenbar eine alte New Yorker Adresse des Zauberers, die zu überprüfen er bei der ersten Begegnung vergessen hatte. Der Brief mit dem Scheck der CIA, einem Vorschuss für das Handbuch, konnte deshalb erst auf Umwegen zugestellt werden: »Die Tatsache, dass mich das Schreiben doch noch erreichte, zeigt, welches herzliche Verhältnis ich zu meinem örtlichen Postamt habe«, schrieb Mulholland an Gottlieb und fügte eine Quittung für die Anzahlung bei.[74]

Monate später lieferte Mulholland seine ersten fünf Kapitel bei der CIA ab. Doch er wies auch gleich auf die Lücken seiner Ausarbeitung hin: Beim Einsatz von Frauen beispielsweise müssten völlig andere Techniken angewendet werden. Dass bei weiblichen Agenten mitunter andere Waffen zum Einsatz kommen als bei deren männlichen Kollegen, brauchte er Sid Gottlieb nicht weiter zu erläutern. Dass aber auch geschlechtsspezifische Gepflogenheiten beachtet werden müssen, wenn der Zaubertrick unter Umständen der Ermordung kommunistischer Spione dienen sollte, erschloss sich seinem Auftraggeber erst, als Mulholland ihm spontan einen der Kniffe vorführte.[75]

Und der ging in etwa so: Der CIA-Agent sitzt mit seinem Opfer am Tisch, vor beiden steht eine Kaffeetasse. Der Russe möchte eine Zigarette rauchen. Der Agent holt mit der linken Hand ein Streichholzbriefchen aus der Tasche, fasst es mit Daumen und Zeigefinger, zündet mit der rechten Hand das Streichholz an und führt es an die Zigarette. Das Opfer empfindet das Angebot als zuvorkommende Geste, verschwendet keinen Gedanken an böse Absichten; und er konzentriert sich auf die Flamme, um sich nicht durch eine unachtsame Bewegung die Nase zu verbrennen. Dies nutzt der Agent, führt die Streichholzpackung in seiner linken Hand blitzschnell über die Kaffeetasse, kratzt mit dem freien Mittelfinger ein auf der Rückseite fixiertes, gut getarntes Pulver ab und lässt es unter der Hand in die Kaffeetasse rieseln.[76]

Dass eine Frau nicht ohne sich einem gewissen Verdacht auszusetzen, einem Mann eine Zigarette anzünden würde, leuchtete Sidney Gottlieb ein. Er war von der Professionalität seines Beraters äußerst angetan und verlängerte ohne zu zögern die Zusammenarbeit. Zwischen beiden gab es große Sympathien. Da trafen zwei Welten aufeinander, die extrovertierte, Beifall heischende des Künstlers und die verschwiegene, tief verborgene des Geheimdienstlers, dem niemals öffentliche Anerkennung zuteil werden durfte. Gut möglich, dass Sid Gottlieb vor allem der Perfektion Mulhollands erlag, der Leichtigkeit seines Handwerks, die er für sein eigenes, tödliches Geschäft zu kopieren versuchte, als strebe er danach, die Fähigkeit, Menschen zu manipulieren oder auszulöschen, zu einer eigenen, ganz speziellen Kunst zu entwickeln. »Hexerei und Schwarze Magie sind auch das Werk des Teufels«, sollte John Mulholland Jahre später im Vorwort seines Bestsellers »Book of Magic« schreiben, und erst Jahrzehnte danach würde klar werden, dass dies wohl ein Bekenntnis, das Eingeständnis eines großen Fehlers darstellen sollte.[77]

Irgendwann war Mulhollands Handbuch »Some Operational Applications of the Art of Deception« (»Einige operative Anwendungen zur Kunst der Täuschung«) fertig, mit eingängigen Illustrationen von des Meisters eigener Hand, aber natürlich ohne dessen Namen über dem Titel. Die Kooperation, vielleicht sogar Freundschaft zwischen einem der größten Illusionskünstler der Vereinigten Staaten und Dr. Sidney Gottlieb aus der CIA-Abteilung für »dirty tricks« sollte noch mehrere Jahre andauern.[78]

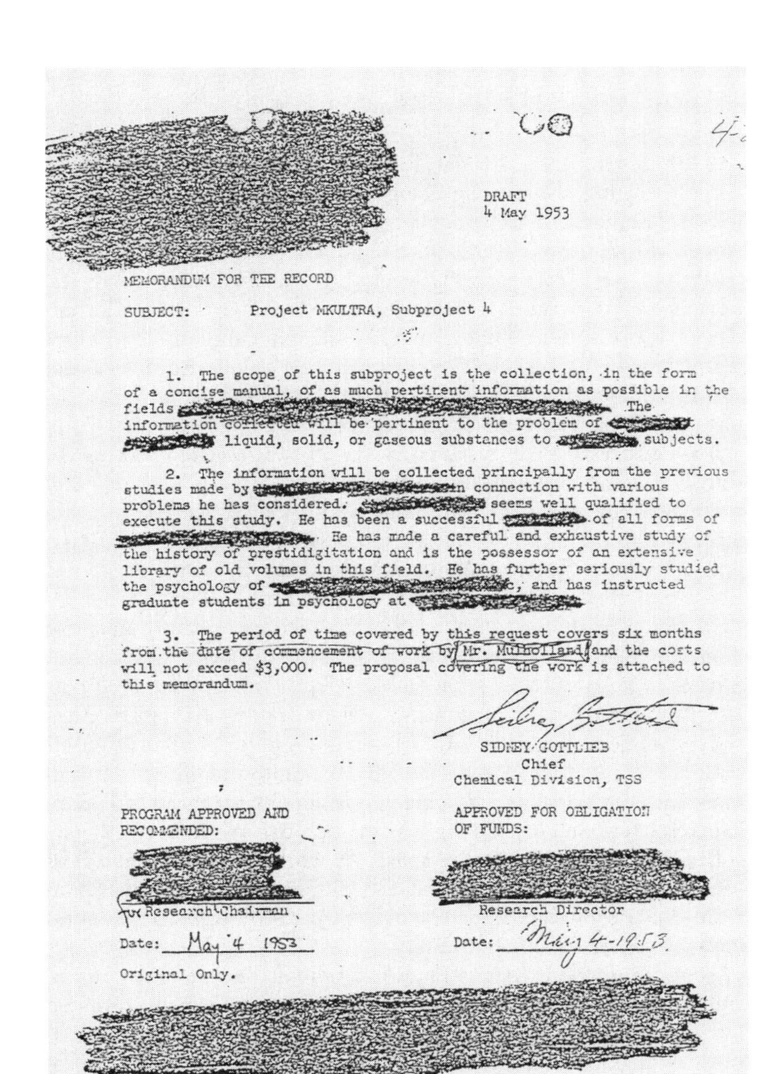

. . CO

4-

DRAFT
4 May 1953

MEMORANDUM FOR THE RECORD

SUBJECT: Project MKULTRA, Subproject 4

1. The scope of this subproject is the collection, in the form of a concise manual, of as much pertinent information as possible in the fields [redacted]. The information collected will be pertinent to the problem of [redacted] liquid, solid, or gaseous substances to [redacted] subjects.

2. The information will be collected principally from the previous studies made by [redacted] in connection with various problems he has considered. [redacted] seems well qualified to execute this study. He has been a successful [redacted] of all forms of [redacted]. He has made a careful and exhaustive study of the history of prestidigitation and is the possessor of an extensive library of old volumes in this field. He has further seriously studied the psychology of [redacted]c, and has instructed graduate students in psychology at [redacted].

3. The period of time covered by this request covers six months from the date of commencement of work by Mr. Mulholland and the costs will not exceed $3,000. The proposal covering the work is attached to this memorandum.

Sidney Gottlieb
SIDNEY GOTTLIEB
Chief
Chemical Division, TSS

PROGRAM APPROVED AND RECOMMENDED:

[redacted]
for Research Chairman

Date: May 4 1953

APPROVED FOR OBLIGATION OF FUNDS:

[redacted]
Research Director

Date: May 4-1953

Original Only.

[redacted]

Internes Memorandum von Sidney Gottlieb über die Zusammenarbeit mit dem Magier John Mulholland. Der Zensor übersah Jahrzehnte später bei der Freigabe des Dokuments den Namen »Mulholland«.

Am 10. April 1953, drei Tage bevor Gottlieb und Mulholland in New York ihre Zusammenarbeit verabredeten, hielt der CIA-Direktor Allen W. Dulles auf einer Konferenz der Princeton University in Hot Springs/Virginia eine Rede, die er mit »Brain Warfare« betitelte.[79] Der Ort war mit Bedacht gewählt worden, Princeton konnte als heimisches Pflaster gelten, dort hatte er Jura studiert, ehe er in eine renommierte Anwaltskanzlei an der Wall Street eingetreten war. Dulles, ein Ostküsten-Intellektueller mit randloser Brille und Pfeife, stammte aus einer der angesehensten Polit-Dynastien des Landes: Sein Großvater John W. Foster war amerikanischer Außenminister gewesen, seit einigen Wochen bekleidete sein Bruder John Foster Dulles dieses Amt.[80]

Richard Helms, den Allen Dulles zu seinem Stellvertreter erkoren hatte, war ein Mann ganz anderen Schlags, ein professioneller Spion, ein bewährtes Schlachtross im verdeckten Kampf gegen den Kommunismus, kein Schöngeist. Helms, den Dulles seit der gemeinsamen Tätigkeit für das OSS in Deutschland kannte, war nach dem Krieg beim Geheimdienst geblieben, in der CIA Stück für Stück die Karriereleiter hinaufgeklettert und zwischenzeitlich bis zur Stufe des Chefs der Abteilung »Operationen« (»chief of operations«) aufgestiegen, bevor Dulles ihn zu seinem Stellvertreter ernannte.[81] So unterschiedlich sie von Herkunft und Charakter sein mochten – mit Dulles und Helms hatten sich zwei der kältesten Krieger gefunden.

In der Sowjetunion und deren Satellitenstaaten, so bereitete Dulles in seiner glühenden Rede den Boden für neue Initiativen vor, laufe ein ungeheures Experiment ab: »die Massenindoktrination Hunderter von Millionen Menschen«; in China und bei dessen Verbündeten finde »Gehirnwäsche« in einem schlechterdings unvorstellbaren Ausmaß statt. Wahrscheinlich hätten die Kommunisten inzwischen mit einer Umprogrammierung von Individuen begonnen, unter Anwendungen von Drogen; die Opfer würden »wie Papageien« alles nachplappern, was die roten Funktionäre ihnen eingeflüstert hätten. »Wir im Westen«, hob Dulles voller Inbrunst an, »sind ziemlich schlecht dran«, denn die Sowjets nehmen ihre Menschenversuche an »politischen Häftlingen, Insassen von Arbeitslagern und, am schlimmsten, unseren Landsleuten vor, die als

Kriegsgefangene gehalten werden«, die Amerikaner dagegen besäßen »keine menschlichen Meerschweinchen, um diese außergewöhnlichen Techniken auszuprobieren«.[82] Da hatte ihn Richard Helms offenbar nicht ausreichend gebrieft.

Dann kam Dulles zur eigentlichen Sache: In Nordkorea seien inzwischen »eine beträchtliche Anzahl unserer eigenen Jungs« mit Methoden der »Gehirnwäsche« umgepolt worden. Sie hätten das völlig absurde Geständnis abgelegt, an einem biologischen Krieg Amerikas beteiligt gewesen zu sein, diese Aussagen seien »Fälschungen von Anfang bis Ende«. Dulles geriet an dieser Stelle deutlich in Rage. »Da stehen unsere amerikanischen Jungs vor einer internationalen kommunistischen Expertengruppe auf, (...) nennen alle Details ihrer Missionen und Flüge (...) und gestehen, Bomben mit bakteriologischen Waffen auf nordkoreanische Ziele abgeworfen zu haben.« Offenbar sei es den Chinesen mit Hilfe satanischer Kräfte gelungen, amerikanische Offiziere, an deren Loyalität eigentlich kein Zweifel bestehen könne, in monatelangen Verhören »komplett erfundene Beschuldigungen« einzutrichtern.[83]

Am 25. Juni 1950 hatte der Korea-Krieg mit dem Einmarsch von 38 000 nordkoreanischen Soldaten begonnen. Unter dem Beistand von fünzig sowjetischen Panzern überquerten die Truppen den 38. Breitengrad und zogen in Richtung Seoul, der Hauptstadt Südkoreas, um das Land unter kommunistischer Herrschaft wiederzuvereinigen.[84] Einen Tag nach der Invasion verurteilte der Sicherheitsrat der Vereinten Nationen die nordkoreanische Aggression, sechzehn Mitgliedsstaaten erklärten sich bereit, Truppen für eine UN-Mission zur Unterstützung Südkoreas zu entsenden.[85]

Etwa ein Jahr nach Kriegsbeginn, im Mai 1951, beschuldigte die Regierung in Pjöngjang erstmals die Amerikaner, sie hätten bakteriologische Waffen in der Umgebung der nordkoreanischen Hauptstadt eingesetzt, es seien dort die Pocken ausgebrochen und 350 Menschen an der Seuche gestorben.[86] Die Vorwürfe wurden vom Kommandeur der UN-Einheiten als »vorsätzliche Lügen« zurückgewiesen.[87]

Erst ein Jahr später erneuerten die Nordkoreaner, diesmal unterstützt von der chinesischen Regierung, ihre Behauptung: Amerikanische Piloten hätten aus F-86- und F-82-Maschinen Bomben und Kanister mit verseuchten Insekten über der chinesischen Provinz Liaotung und entlang des Flusses Yalu abgeworfen, mit einem gan-

Richard Helms, der stellvertretende Direktor der CIA, gab im Kampf gegen den Kommunismus die Parole aus: *anything goes* – alles ist erlaubt!

zen Sortiment tödlicher Keime: Pocken, Milzbrand, Pest, Meningitis und Cholera. Die Beschuldigungen wurden durch Augenzeugenberichte, Fotos, Laboranalysen und Trümmer der Bio-Bomben untermauert. Zwischen März und Mai 1952 schoben Pjöngjang und Peking laufend neue Erkenntnisse nach, sprachen von infizierten Spinnen, Muscheln und Wühlmäusen, die als Überträger verschiedener Seuchen vom Himmel gefallen sein sollten, und zwar aus amerikanischen Bombern.[88] Die Welt horchte auf: Waren die Vorwürfe der Kommunisten doch nicht aus der Luft gegriffen?

In Camp Detrick, dem amerikanischen B-Waffen-Zentrum, hatte man zu jener Zeit tatsächlich mit Fliegen als Vektoren (Überträgern) für Anthraxsporen experimentiert. Kleinbomben mit Milzbrand, so genannte »4-Pound-Bomben«, lagen in Pine Bluff im US-Staat Arkansas einsatzbereit auf Lager, außerdem stand *Pasteurella tularensis* zur Verfügung. Der Auslöser der Hasenpest besaß allerdings, im Gegensatz zu Anthrax, den Nachteil, innerhalb von dreißig Tagen seine Infektiosität einzubüßen, konnte also nur auf Bedarf in Bomben abgefüllt werden.[89] Daneben verfügten die Militärs über Vorräte an Pestbazillen und Q-Fieber-Erregern, letztere galten allerdings als ein B-Kampfstoff, der den Feind lediglich durch schwere Fieberschübe außer Gefecht setzen konnte.[90] Pocken, Cholera und Meningitis dagegen zählten nicht zum biologischen Arsenal der Amerikaner, ebenso wenig wie Spinnen, Muscheln und Wühlmäuse als Vektoren. Also handelte es sich doch um kommunistische Propaganda, um psychologische Kriegsführung? Allerdings sollten später Hinweise auftauchen, dass die Krankheitserreger nicht in Camp Detrick, sondern in einer Fabrik nahe Tokio produziert worden seien, als Fortsetzung der Zusammenarbeit mit den japanischen Militärbiologen nach Kriegsende, und die verfügten über all jene Keime.[91]

Zwei internationale Kommissionen, die im März und April 1952 mit russischer beziehungsweise chinesischer Unterstützung das Kriegsgebiet besuchen durften, kamen zu dem Ergebnis, dass von amerikanischer Seite tatsächlich bakteriologische Kampfstoffe eingesetzt worden waren.[92] Natürlich wurden Reputation und Objektivität der Juristen und Wissenschaftler sogleich von amerikanischer Seite bestritten, angebliche Beweisfotos der Nordkoreaner als Schwindel entlarvt.[93]

Aber da waren vor allem die Geständnisse der amerikanischen Bomberpiloten, besonders aus der Fifth Air Force. Im Lauf des Jahres 1952 räumten insgesamt 36 US-Offiziere, die in nordkoreanische Kriegsgefangenschaft geraten waren, in schriftlichen Erklärungen ein, Angriffe mit biologischen Waffen geflogen zu haben.[94] Einige wurden von den Nordkoreanern als Kronzeugen der internationalen Presse vorgeführt, in der sie sich und ihr Land der Kriegsverbrechen bezichtigten.

Mit bebender, tränenerstickter Stimme fragte einer der amerikanischen Piloten, wie er seinem Sohn jemals wieder in die Augen blicken solle: »Wenn er mich fragt, was ich in Korea gemacht habe, kann ich ihm doch nicht antworten, ich hätte Bio-Bomben abgeworfen, die für Tod und Siechtum verantwortlich wären. Wie soll ich meiner Familie erklären, dass ich ein Verbrecher gegen die Menschlichkeit bin?«[95]

Doch wie glaubwürdig waren diese Bekenntnisse? In den kommunistischen Lagern galten die Amerikaner als »Weichlinge«. Siebzig Prozent der amerikanischen *Prisoners of War* unterschrieben irgendwelche Papiere, fünfzehn Prozent erklärten sich sogar zur uneingeschränkten Kollaboration mit den Nordkoreanern und Chinesen bereit.[96] Unter den Kriegsgefangenen der anderen UN-Nationen kam es dagegen so gut wie überhaupt nicht zu einer Verbrüderung mit dem Feind. Die englischen Offiziere zum Beispiel waren »harte Burschen«, sollte sich Zhu Chun, einer der chinesischen Vernehmungsoffiziere, später erinnern, bei den Amerikanern dagegen »brauchte es nicht viel Druck, um ihnen Geständnisse zu entlocken«; so etwas wie »Gehirnwäsche« sei überhaupt nicht nötig gewesen.[97] Eine Expertenkommission der US Army würde das Jahre danach bestätigen.[98]

In jedem Fall drohten den Fliegern nach ihrer Rückkehr in die Vereinigten Staaten nicht nur Verhöre mit »Artischocke«-Techniken, die tatsächlich das Prädikat »Gehirnwäsche« verdienten, sondern auch Hochverratsprozesse vor amerikanischen Kriegsgerichten. Und die konnten das Todesurteil bedeuten.[99]

Die Empörung der amerikanischen Regierung ging zunächst kaum über die Feststellung des Pentagons hinaus, die Piloten müssten von den Kommunisten zu solchen Aussagen gezwungen worden sein. Irgendwie, vielleicht mit Drogen. Die amerikanische Öffentlichkeit zeigte sich irritiert. Amerikanische Soldaten, die zum Feind überlaufen und haltlose Beschuldigungen gegen das eigene Land aufstellen, das passte ganz und gar nicht in das von Stolz und Überlegenheit geprägte Bild der Nation. Oder war die moralische Empörung »unserer Jungs« am Ende gerechtfertigt? Gab es vielleicht eine Wahrheit zwischen dem Für und Wider? Hatten amerikanische Truppen tatsächlich ein paar B-Waffen-Experimente durchgeführt, als Fortsetzung der Freilandversuche auf Antigua und in Alaska, diesmal unter realistischen Schlachtfeld-Bedingungen? Und waren diese von den Nordkoreanern und Chinesen zum Anlass genommen worden, ihre gigantische Propagandamaschine für eine Kampagne in Gang zu setzen und mit zusätzlichen Fälschungen anzutreiben? Und wenn dem so war, musste die amerikanische Regierung diese Maschine nicht schleunigst wieder zum Stoppen bringen, bevor sie in der westlichen Welt das gesamte diplomatische und politische Ansehen der Nation niedergewalzt hatte?

Am 16. April 1953, nur eine Woche nach Dulles' »Brain Warfare«-Rede in Hot Springs, trafen sich Sidney Gottlieb, sein Stellvertreter Robert Lashbrook und die führenden Mitarbeiter der *Special Operations Division* von Camp Detrick zur monatlichen »Artischocke«-Sitzung im SO-Konferenzraum. Dabei waren auch Colonel Vincent Ruwet, der neue Chef von *Special Operations*, sowie Frank R. Olson, der seit einigen Monaten die SO-Abteilung »Planungen« leitete.[100] Es wurde ausführlich über »Artischocke-Studien besonders an Kriminellen« diskutiert, offenbar liefen bereits Untersuchungen in amerikanischen Gefängnissen.[101] Es gelte zudem, um die neuen Maßgaben des CIA-Direktors erfüllen zu können, »in erheblichem Umfang Objekte für weitere Forschungen« zu finden, *»large number of bodies would be used«*, schrieb jemand ins Protokoll. Die Kriegsgefangenen aus Korea standen nicht auf der Tagesordnung, obwohl sich ein kleiner Kreis um Gottlieb längst intensiv mit dem Thema befasste. Skrupel kannte offenbar keiner von ihnen.[102]

Die Vorbereitungen für die perfide Operation gegen den harten Kern amerikanischer Kriegsgefangenen aus Nordkorea fanden zwei Wochen nach der »Artischocke«-Konferenz in einem Memorandum für die Führungsspitze der *Central Intelligence Agency* ihren Niederschlag. Das »Artischocke«-Team sei sehr daran interessiert, die *Prisoners of War* »als einzigartiges Forschungsmaterial zu nutzen« und »speziell die *hardcore*-Typen«, die vermeintlichen und wirklichen Verräter, sowie jene, »die der kommunistischen Indoktrination Folge geleistet haben«, mit der ganzen Palette der »Artischocke«-Techniken in die Mangel zu nehmen.[103] Den Leuten um Sid Gottlieb ging es um »bodies«, menschliche Versuchskaninchen, und wenn es die eigenen Landsleute waren.

»Folgende Methoden werden allein oder in Kombination zur Anwendung kommen«, hieß es in der sehr salopp formulierten Arbeitsanweisung aus Gottliebs »dirty tricks«-Abteilung weiter: »Die übliche Pentothal-Geschichte«, also die Anwendung jenes Narkosemittels, das von Morse Allen und Professor G. Richard

Wendt bei den Experimenten in Deutschland an russischen Spionen erprobt worden war, dazu Hypnose, außerdem »eine neue spezielle Substanz (Serunim)«.[104]

Serunim war Gottliebs Deckname für LSD. Die Agency habe die extrem potente Droge bereits »an vierzig normalen Menschen« und an einer »großen Zahl von Schizophrenie-Patienten« testen lassen – »ohne Todesfälle, ohne Schwierigkeiten«, vermerkte der Bericht lakonisch. Ein großer Vorteil: Der Stoff könne heimlich in »Cola, Likör, Bier, heißen Getränken usw.« aufgelöst, müsse also nicht injiziert werden.[105]

Auch für eine entsprechende Tarnung der entsprechenden Versuche sei bereits Sorge getragen worden: Weil die heimkehrenden Kriegsgefangenen ohnehin einer psychologischen Betreuung und medizinischen Behandlung bedürften, falle das »Artischocke«-Team in Ärztekitteln überhaupt nicht auf. Kurzum: »Die Tarnung (...) ist perfekt.«[106]

Was aber trieb die CIA dazu, die geschundenen und gequälten Soldaten, die im fernen Asien für die amerikanischen Ideale, für Demokratie und westliche Werte, gekämpft und ihr Leben aufs Spiel gesetzt hatten, nach Rückkehr in die Freiheit, erneut unmenschlichen Torturen und seelischer Folter auszusetzen? Mit der Gefahr, endgültig seelische Wracks zu produzieren? Gottliebs Gehirnwäsche verfolgte ein ganzes Bündel von Zielen. Einerseits fürchteten die amerikanischen Militärs, mit den erfolgreich kommunistisch indoktrinierten Fällen könnten sie sich Läuse in den eigenen Pelz setzen. Vielleicht kamen die amerikanischen Soldaten, Robotern gleich, als verkappte chinesische Spione zurück, mit irgendwelchen geheimen Aufträgen womöglich, zum Beispiel, ein Attentat auf den amerikanischen Präsidenten durchzuführen?[107]

Weiterhin versprach sich die »Artischocke«-Abteilung Erkenntnisse über die chinesischen und sowjetischen Verhörmethoden. Wie funktionierte deren Gehirnwäsche? Wurden Drogen eingesetzt oder Hypnose oder Elektroschocks? Die Kriegsgefangenen »(speziell die *hardcore*-Typen) verfügen über extrem wertvolle Informationen aus Sicht eines Geheimdienstes, die diese Agency (...) nutzen kann«, ließ der Bericht erkennen.[108]

Doch zuallererst ging es wohl um die Geständnisse der Air-Force-Piloten. Sollte ihr Wille durch LSD gebrochen werden? Sollten sie durch künstliche Amnesie vergessen, was sie gesehen, was sie getan hatten? Biologische Kriegsführung? Experimente mit Anthrax

MEMORANDUM FOR MR. DULLES

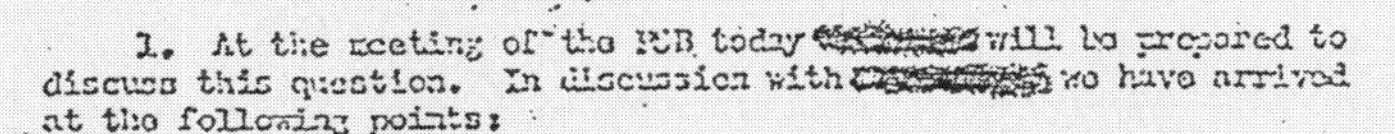

Subject: Exploitation of Prisoners of War Returnees

1. At the meeting of the PCB today will be prepared to discuss this question. In discussion with we have arrived at the following points:

a. This Agency is anxious to accomplish the most complete possible exploitation of the knowledge of these POW's for all purposes, including psychological warfare.

b. A very thorough interrogation is required, and for this purpose a number of qualified interrogators will be needed. At the present reading we are not certain that a sufficient number of interrogators has been made available by the Army.

c. A thorough interrogation can be accomplished only under conditions where the best interrogation techniques can be used.

d. This requires a leisurely pace of interrogation in congenial surroundings and without a desire on the part of the POW, whether he be a cooperative or reluctant subject, to get the interrogation over with quickly.

e. This requires that his family be nearby.

2. We feel that the responsibility for the interrogation and the responsibility for the funds required for it are properly those of the Army. This Agency is prepared to be, and is in fact working with the Army as, a backstop. Our people are in touch with Army G-2 and Army Psywar in working out the details of our support including the use of technical listening or recording equipment, which the Army had previously dropped as being infeasible. and are coordinating for this Agency.

3. With respect to the funds for the subsidy of the families, we feel it appropriate for the Department of Defense to provide them, but if they do not have such funds available recommend you offer some assistance from this Agency.

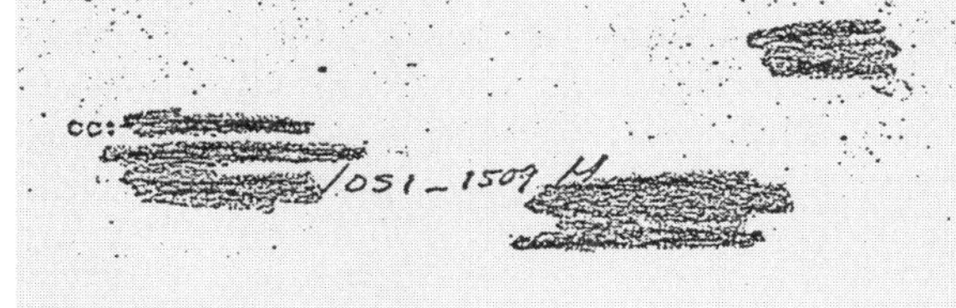

cc:

/051-1509 M

In dem Memorandum für CIA-Direktor Allen W. Dulles wurden umfassende Verhöre der aus Korea zurückkehrenden amerikanischen Kriegsgefangenen vorgeschlagen.

und anderen tödlichen Seuchen? Sollte ihr Gehirn in Trance, mit Drogen und womöglich sogar Folter deprogrammiert und dann mit neuen Inhalten gefüllt werden? Damit sie ihre Geständnisse widerriefen? Das »Artischocke«-Team plane, die *Prisoners of War* auch zu ihrer »Preisgabe geheimer Informationen über Kontakte, Missionen usw. für (...)« zu verhören, formulierte der Autor des Berichts. Das letzte Wort – möglicherweise könnte es »bio-warfare« heißen – wurde vor der Freigabe des Dokuments, die Jahrzehnte später erfolgen würde, durch die CIA geschwärzt.[109]

CIA-Direktor Allen W. Dulles und dessen Stellvertreter Richard Helms waren im Mai 1953 offenbar gewillt, bis zum Letzten zu gehen, um alle Geheimnisse aus diesen Amerikanern herauszuholen, die so viel Schmach über das Land gebracht hatten. Sidney Gottlieb wurde angewiesen, die Vorbereitungen für die Verhöre mit Nachdruck voranzutreiben, in Abstimmung mit G-2, dem Nachrichtendienst der US Army, und unter strengster Geheimhaltung. Mit der Ankunft der ersten Kriegsgefangenen sei in den nächsten Wochen zu rechnen.[110]

»Terminal experiments«

Es war eine aufregende Zeit, das erste Halbjahr 1953: Erst starb, im März, Stalin, der als gefährliche, aber einigermaßen kalkulierbare Größe galt. Die neuen Kreml-Herren dagegen ließen sich schwer einschätzen. Was führten sie im Schilde? Welche Politik würden sie an den Brennpunkten des Kalten Krieges, in Korea und Berlin, verfolgen?[111]

In den Mittagsstunden des 17. Juni kam es zu einer ersten Nagelprobe in Ost-Berlin. Aus einer Demonstration gegen höhere Leistungsnormen entwickelte sich rasch ein allgemeiner Protestmarsch gegen das SED-Regime, der schnell auf alle Bezirke des sowjetischen Sektors übergriff. Mit schwarz-rot-goldenen Fahnen zogen die Arbeiter durch das Brandenburger Tor in den Westteil der Stadt. Die sowjetische Militärmacht ließ Panzer auffahren, Schüsse fielen, der Aufstand wurde gewaltsam niedergeschlagen. Walter Ulbricht übernahm das Amt des Ersten Sekretärs des SED-Zentralkomitees, versprach der Bevölkerung in der sowjetischen Besatzungszone eine bessere Versorgung mit Nahrungsmitteln. Der spontane Protest, so wussten die amerikanischen Geheim-

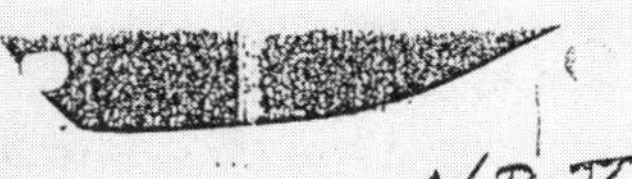

A/B, VI, 43, 1

TO: [redacted] A
VIA: Director of Security
VIA: Chief, Security Research Staff
FROM: Chief, Technical Branch

DATE: 29 April 1953

Reference is made to our recent conversation regarding possible use of the ARTICHOKE techniques in the cases of certain selected [redacted]. Set out below is a brief statement of proposed activities along these lines for your consideration:

F

A. GENERAL PROPOSITION

ARTICHOKE is interested in handling through its various techniques 1) the hardcore [redacted] and 2) those [redacted] who have been exposed to and accepted in varying degrees Communist indoctrination. The reasons for this are simple: 1) we wish to use these [redacted] as unique research material in the ARTICHOKE work and 2) these [redacted] (particularly the hardcore types) have extremely valuable information from an intelligence point of view which this Agency, [redacted] can use. This information in general, which ARTICHOKE would attempt to obtain, would be along the following lines: 1) Communist penetration of [redacted]; 2) Communist methods of Communication and establishment of identities; 3) Communist instructions and training for members of [redacted] 4) individual names and their work; 5) Communist indoctrination + brainwashing techniques, education centers, camps, etc.; 6) Exposé of secret instruction for contacts, missions, etc. for [redacted] 7) general pertinent information on [redacted] still in [redacted] and on other [redacted]

F

H

F

Ende April stand fest, dass die *Hardcore*-Kriegsgefangenen und die kommunistisch Indoktrinierten aus Korea mit »Artischocke«-Techniken »behandelt« werden sollten, also mit Drogen, Hypnose und Folter.

dienste im Westteil der Stadt, besaß kein Fundament, es gab keine oppositionellen Führungsfiguren im sowjetischen Sektor, auf die man setzen konnte.[112]

Am 27. Juli wurde der Waffenstillstand in Korea unterzeichnet, eine Woche später sollte der Austausch der mehr als 7000 amerikanischen und etwa 5500 Kriegsgefangenen der alliierten UN-Truppen im Rahmen der Operation »Big Switch« beginnen; kranke und verwundete Soldaten waren bereits zwischen April und Mai bei »Little Switch« freigekommen, einige aus der Sowjetunion, wohin sie die Russen aus Korea verschleppt hatten.[113]

Am selben Tag startete die US-Regierung in Berlin eine umfassende Hilfsaktion für die hungernde Bevölkerung im russischen Sektor und in der DDR – mit einer Million Lebensmittelpaketen, so genannten »Eisenhower-packages«, im Gesamtwert von fünfzehn Millionen US-Dollar.[114] Es handelte sich um eine Initiative von Eleonor Lansing Dulles, die das Berlin-Ressort im amerikanischen State Department leitete, und die später wegen ihres sozialen Engagements den Titel »Mother of Berlin« erhalten würde.[115] Allerdings galt sie durchaus als republikanischer Hardliner, wie ihre beiden Brüder, der US-Außenminister John Foster Dulles und Allen W. Dulles, der Direktor der CIA. Beide hatten ihre Zustimmung zu dem selbst in Washington höchst umstrittenen Hilfsprogramm gegeben.[116]

Die Pakete wurden an Verteilungsstellen, die in den Westsektoren Berlins eingerichtet worden waren, gegen Vorlage des Personalausweises ausgegeben und fanden großen Zuspruch unter den DDR-Bewohnern, die damals noch problemlos in den Westteil der geteilten Stadt fahren konnten.[117] Am Ende des dritten Tages, dem 29. Juli, hatten sie bereits rund eine halbe Million »Amipakete« abgeholt.[118]

Ebenfalls am 27. Juli, dem Tag des Waffenstillstands in Korea und dem Beginn der Lebensmittelaktion in Berlin, traf Dr. Frank R. Olson, Planungschef der *SO-Division* im amerikanischen Bio-Waffen-Zentrum Camp Detrick, CIA-Officer und Mitarbeiter von Sidney Gottlieb, in London ein, zusammen mit John McNulty und Frank Wagner, seinen alten Teamkollegen. Sie kamen aus Paris, wo sie vielleicht nur, wie so häufig zuvor, ein paar Tage Urlaub gemacht hatten.[119]

Zwölf Tage vor Franks Abreise aus Washington, am 15. Juli, als sich der Waffenstillstand und Gefangenenaustausch in Korea be-

CIA-Officer Frank Olson mit einem Kollegen auf seiner letzten Europareise im Sommer 1953.

reits abgezeichnet hatten und die Lebensmittelaktion für Ost-Berlin und die DDR beschlossene Sache war, trafen sich Gottliebs Leute zur routinemäßigen »Artischocke«-Konferenz, wie immer im Sitzungssaal der *SO-Division*. Es wurde die von Allen Dulles beschlossene Ausweitung der Operation erörtert.[120] Einer der Teilnehmer, dessen Name vor der Freigabe des Dokuments geschwärzt wurde, stellte die Frage, »ob die verschiedenen breiten Anwendungsgebiete der ›Artischocke‹-Mission auch mit der notwendigen Priorität behandelt« würden und »ob die Aufgabenstellung zu weit oder nicht weit genug« ginge. Danach wurde kurz über »bestimmte Aktivitäten wie zum Beispiel Experimente mit Anthrax« gesprochen, »die von der amerikanischen Regierung nicht erlaubt« würden, sowie über »einige interessante Aspekte« der amerikanischen Lebensmittelhilfe für die DDR und die Möglichkeit, dass die Sowjets behaupten könnten, »die Nahrungsmittel seien vergiftet«.[121] Was hatte »Artischocke« mit Milzbrandversuchen und dem Hilfsprogramm in Berlin zu tun?

Für Frank Olson standen in London, wie gewöhnlich, Konsultationen in Porton Down auf dem Programm, dem britischen B- und C-Waffen-Hauptquartier und Pendant zu Camp Detrick. Außerdem traf er sich mit Dr. William Sargant in dessen Privatpraxis in der Londoner Harley Street.[122] Der 45-jährige Psychiater leitete eine Abteilung am St. Thomas Hospital, verfocht Medikamente und Elektroschock als Therapie neurotischer Erkrankungen und diente dem britischen Geheimdienst als medizinischer Berater. In dieser Funktion traf er sich regelmäßig mit Richard Helms und Sidney Gottlieb in Washington, sie pflegten einen regen Meinungsaustausch über den Nutzen von Drogen, speziell LSD, zur menschlichen Verhaltenskontrolle.[123] Sargant wusste auch, dass seine Landsleute, ähnlich wie die Kollegen aus Gottliebs »Artischocke«-Abteilung, mit ehemaligen Nazis und SS-Leuten experimentierten, die in deutschen Gefängnissen einsaßen.[124]

Frank Olson wirkte bei seinem Gespräch mit William Sargant unruhig, nervös. Er werde sich in der nächsten Woche mit Sid Gottlieb und einem »Artischocke«-Team auf dem europäischen Festland treffen, es stünden interessante Versuche an, »terminal experiments«. Der Brite wunderte sich im Stillen, dass Olson offensichtlich noch nie zuvor an Verhören teilgenommen hatte, bei denen die Versuchspersonen geopfert werden sollten. Aber er sagte nichts.[125]

Am 2. August 1953 flog Dr. Frank Olson mit einer Linienmaschine von London nach Stockholm.[126] Dort fand gerade ein großer internationaler Chemiekongress statt.[127] Ob er an der Tagung teilnahm oder aber zum Erfahrungsaustausch mit Experten des schwedischen Militärforschungsinstituts (FOA) verabredet war, das seit einigen Jahren auf dem Gebiet chemischer und biologischer Kriegsführung eng mit der *Chemical Corps* der US Army zusammenarbeitete, ließ sich im Nachhinein nicht mehr rekonstruieren.[128] Um einen Privatbesuch handelte es sich mit großer Wahrscheinlichkeit nicht, denn seine Familie besaß keine schwedische Verwandtschaft mehr.[129]

Am 5. August reiste Olson nach London zurück, ein paar Tage später weiter nach Deutschland. Um den 10. August herum traf er in Berlin ein.[130] Dort herrschte, acht Wochen nach dem Arbeiteraufstand im sowjetischen Sektor, zwei Wochen nach Beginn der amerikanischen Lebensmittelhilfsaktion für die Bürger der DDR, die zu einer weiteren Destabilisierung des Ost-Berliner Regimes und unkontrollierten militärischen Gegenreaktionen zu führen drohte, eine äußerst angespannte Lage, die vielleicht heißeste Phase des Kalten Krieges seit dessen Ausbruch.[131] Doch was war sein Auftrag? Eine geheime »Artischocke«-Mission, von der er William Sargant in London angedeutet hatte? Zusammen mit Sidney Gottlieb, seinem Boss bei der CIA? Und sollten in Berlin tatsächlich »tödliche Experimente« stattfinden?

Ein 8-mm-Farbfilm der Marke *McGregor outdoor* für »F. R. Olson, R. 5, Frederick/Md«, der Wochen später aus dem Kopierwerk eintraf und das letzte filmische Dokument seines Lebens sein sollte, lieferte nachträglich wichtige Anhaltspunkte. »Paris, London, Stockholm«, schrieb Frank mit Bleistift auf die gelb-rote Papphülle, »Berlin« ließ er weg.[132] Der etwa dreiminütige Streifen, den er Alice und den Kindern bald danach vorführte, zeigte, unmittelbar nach einem Fest zu seinem 43. Geburtstag am 17. Juli, eine Reihe sehr kurzer, oft verwackelter Sequenzen von seiner Europareise.

Zunächst Paris: In einem Straßencafé sitzen John McNulty und Frank Wagner und schauen bei strahlendem Sonnenschein hübschen Französinnen nach, die in luftigen Kleidern vorbeiflanieren. *Easy going*. Aber hatte es sich bei dem Abstecher an die Seine wirklich nur um ein vergnügliches Wochenende gehandelt? Waren nicht Stanley Glickman, dem jungen amerikanischen Künstler, dem Sid Gottlieb ein halbes Jahr zuvor LSD in den letzten Drink geschüttet hatte, in den darauf folgenden Monaten im American Hospital nach dessen Darstellung weitere Drogen und sogar Stromstöße in den Penis verabreicht worden?[133]

Es folgen Impressionen aus London, wo offenbar, neben den offiziellen Terminen, ausreichend Zeit für Sehenswürdigkeiten blieb, die Frank auf Zelluloid bannte, vor allem, in aller Ausführlichkeit, die Bärenfellmützen der Guards am Buckingham Palace, für seine drei Kinder zu Hause. Danach zeigt der Film Stockholm, einen Fischer, der in der Nähe der Insel Helgeandsholmen seine Netze repariert.[134] Schließlich ist die Siegessäule in Berlin zu erkennen, der zerstörte Reichstag, das Brandenburger Tor, wo ein Polizist den Verkehr lenkt, das russische Kriegsdenkmal und eine U-Bahn-Station in der Uhlandstraße.

An der Ecke Joachimstalerstraße und Schaperstraße geriet Frank Olson in eine Menschentraube, der aus einem LKW heraus Pakete ausgehändigt wurde. Die Ausgabestelle der amerikanischen Hilfsaktion erregte offenbar sein Interesse, er stieß aber mit seiner Filmkamera auf keine große Zustimmung. Ein Mann, möglicherweise ein Berliner Polizist, versuchte, das Objektiv abzudecken, als habe er nicht gern Zeugen für diese Aktion.[135] War es Zufall, dass sich die »Artischocke«-Konferenz kurz zuvor mit jenen Lebensmittelpaketen befasst hatte, deren Verteilung Frank Olson jetzt auf Film festhielt?[136]

Wurden die insgesamt zwei Millionen »Amipakete« von Gottliebs CIA-Abteilung für schmutzige Tricks missbraucht, mit Keimen aus Camp Detrick? Tatsächlich gab es 1953 in der DDR eine relativ hohe Erkrankungsrate mit Tularämie (Hasenpest), jener nicht tödlichen Infektionskrankheit, mit der die Amerikaner umfangreiche Freisetzungsversuche unternommen hatten.[137] Auch wenn dies als Beweis nicht genügt, so handelt es sich doch immerhin um eine bemerkenswerte Koinzidenz.

Das letzte Mal auf seiner Europareise holte Frank Olson in Zehlendorf, am Rand des Grunewalds, seine Kamera aus der Tasche, riskierte einen hastigen Schwenk über den Eingangsbereich des amerikanischen Hauptquartiers, dem Sitz des US-Militärgouverneurs, General Lucius D. Clay. Es war die einzige militärische Einrichtung, die er jemals auf Schmalfilm festhielt. Als CIA-Officer setzte er sich dabei wahrscheinlich über eine Vielzahl von Vorschriften hinweg. Auf dem weitläufigen Militärgelände waren zahlreiche sowjetische Spione und vermeintliche Doppelagenten inhaftiert, die von G-2, dem Geheimdienst in der US Army, verhört werden sollten.

Schon zwei Jahre zuvor war der CIA-Berater Henry K. Beecher, Chefarzt am Massachusetts General Hospital, für Experimente mit Drogen an das *Military Intelligence Detachment* im Clay-Hauptquartier verwiesen worden, weil dort jederzeit ausreichend Probanden zur Verfügung stünden.[138] Ging es bei den »terminal experiments« also um »Artischocke«-Verhöre an russischen Agenten in Berlin-Zehlendorf?

Am 14. August landete Frank Olson mit einer Militärmaschine wieder auf der Westover Air Force Base in Chicopee/Massachusetts. Eine Woche später fand die routinemäßige, monatliche »Artischocke«-Besprechung im Konferenzraum der *SO-Division* statt. Das Protokoll vermerkte später unter »Punkt 2« der Tagesordnung, dass zwei Mitarbeiter gerade »auf einer Reise waren, die Verhöre zurückkehrender Kriegsgefangener aus Korea einschloss«.[139] War

Auf seiner letzten Reise wurde Frank Olson im August 1953 wahrscheinlich Zeuge von tödlichen Experimenten der CIA im Hauptquartier der US Army in Berlin-Zehlendorf.

das Olsons Reise? Sollte es in Berlin auch um Vernehmungen amerikanischer *Prisoners of War* gegangen sein?

Nach seiner Rückkehr traf sich Frank Olson erneut mit William Sargant, aber nicht in London, denn er war direkt aus Frankfurt nach Hause geflogen.[140] Möglicherweise hielt sich der britische Gehirnwäsche-Spezialist zu einem Besuch in Washington auf.[141] Sargant erlebte einen gegenüber seiner Begegnung zwei Wochen zuvor völlig veränderten Frank Olson: niedergeschlagen, verwirrt, von Selbstzweifeln zerfressen. Sehr wahrscheinlich war er Zeuge tödlicher »Artischocke«-Experimente geworden, vermutlich in Berlin, erinnerte sich Sargant später. Er hielt seinen amerikanischen Kollegen für »einen typischen Labor-Wissenschaftler« der CIA, der jetzt offenbar das erste Mal mit der eigenen Realität konfrontiert worden war.[142]

Sargant beschloss, das Gespräch unverzüglich seinem Führungsoffizier im britischen Geheimdienst zu melden, denn in dieser Stimmungslage stellte Frank Olson ein erhebliches Sicherheitsrisiko dar. Der besaß offensichtlich ein starkes Verlangen, mit Außenstehenden über seine Erfahrungen zu sprechen, sich moralischen Beistand zu suchen. Das konnte verheerende Folgen haben. Olson musste umgehend der Zugang zur britischen B- und C-Waffenschmiede in Porton Down und anderen geheimen Forschungszentren des Landes untersagt werden. Doch der Brite zweifelte keine Sekunde, dass sein Bericht darüber hinaus, mit höchster Dringlichkeit versehen, an Richard Helms und Sidney Gottlieb von der CIA weitergeleitet würde, das war bei der Natur der Beziehungen mit den Amerikanern nahezu eine Selbstverständlichkeit.[143]

Ein schrecklicher Fehler

Rückkehr

Alice spürte es sofort: Frank war nicht mehr der alte. Er lachte nicht mehr, reagierte gereizt, schlief schlecht. Als seine Ehefrau machte sie sich große Sorgen über die Last, die ihr Mann ganz offensichtlich seit seiner Rückkehr aus Europa mit sich herumschleppte. Aber sie hatte in all den Jahren an seiner Seite gelernt, welche Fragen sie stellen durfte, welche nicht. Frank übte einen streng geheimen Job in einer streng geheimen Einrichtung der US-Regierung aus, der es ihm verbot, auch nur ein Sterbenswörtchen über Projekte und Operationen nach außen dringen zu lassen, selbst nicht gegenüber den engsten Familienmitgliedern und Freunden. Auch wenn es sich hier um eine schwere berufliche Krise handeln mochte, Alice beschloss zu schweigen.

Dann, eines mittags beim Lunch, als der Kummer sichtbar auf seinen Schultern lastete, fragte Frank, was sie davon halten würde, sollte er Camp Detrick den Rücken kehren und sich zum Zahnarzt umschulen lassen. Alice ermutigte ihn, sie werde jede Entscheidung unterstützen, die er treffe. Wieder verkniff sie sich die Frage nach dem Warum, nach den Ursachen seiner Sorgen, dabei hätte sie ihm so gerne Trost gespendet und ihn bei einer Entscheidung unterstützt, die offenbar in seinem Kopf längst Gestalt angenommen hatte.[1]

Auch sein Kollegenkreis beobachtete in diesen Wochen, im Sommer 1953, wie Frank Olson, der sonst für jeden Scherz zu haben war, der albern wie ein Pennäler sein konnte, sich in ein Schneckenhaus zurückzog. »Er ging in dieser Zeit spürbar auf Distanz«, würde sich sein Freund Don Falconer noch Jahrzehnte später erinnern. »Einen Sonntag traf ich ihn vor der Kirche, und er sprach mich wie einen Fremden mit ›Dr. Falconer‹ an, das kam mir sehr merkwürdig vor.« Frank sei danach bei der förmlichen Anrede geblieben, als wolle er mit ihm nichts mehr zu tun haben sowie mit den geheimen Operationen in Camp Detrick und bei der CIA. Falconer erfuhr dann, Frank »wollte raus, suchte eine offene Tür«, aber die CIA, dachte er sich, »kann man nicht so einfach verlassen«.[2]

Den Sommerurlaub, Ende August 1953, verbrachten Frank, Alice und die Kinder zusammen mit der Familie seines Schwagers, Arthur (»Art«) Vidich, in einem Camp in den Adirondack Mountains im Staat New York, wo Vidich ein Ferienhaus besaß.[3] Alice freute sich sehr auf die Tage in der rauen Wildnis, hoffte, Franks offensichtliche Probleme, die sie sich nicht zu hinterfragen traute, könnten bestenfalls eine Folge von beruflichem Stress sein und sich durch die Zeit mit den Kindern in der Natur wieder verflüchtigen.

Die beiden Männer hatten beschlossen, die Dachziegel des Ferienhauses zu erneuern. Während sie damit beschäftigt waren, begann Frank, zu Arts großer Verwunderung, über christliche Werte zu philosophieren, stellte seinem Schwager Fragen nach den moralischen Verpflichtungen, die sich aus der Bibel ergaben. Vidich verband ein durchaus enges Verhältnis mit seinem Schwager, aber dieser hatte ihn noch nie in seine Gedankenwelt blicken lassen. Er kannte Frank nicht eben als gläubigen Menschen oder als jemanden, der laut über den Sinn des Lebens grübelte. Sein geheimes Betätigungsfeld machte bestimmte Fragen ohnehin zum Tabu. Und hier standen sie plötzlich auf dem Dach des Ferienhauses, hantierten mit Schindeln und führten eine Diskussion über die Bibel.[4]

Frank kämpfte mit etwas in seinem Innersten, so viel stand für Vidich nach wenigen Minuten fest, er quälte sich mit erheblichen emotionalen Problemen. Aber er durfte sie nicht aussprechen. Nicht gegenüber Alice, seiner Frau, nicht gegenüber ihm, seinem Schwager. Dabei brauchte Frank so dringend einen Rat, eine Hilfestellung. Was er auf seiner letzten Reise erlebt hatte, ließ ihm keine Ruhe. Wen konnte er, trotz des Gebots zu absoluter Verschwiegenheit, ins Vertrauen ziehen? Nur sein langjähriger Freund Norman Cournoyer fiel ihm ein, der frühere Kollege in Camp Detrick, der inzwischen die Army verlassen und sich als Geschäftsmann in Frederick niedergelassen hatte. Irgendwann in diesen Wochen trafen sie sich, die alten Kumpel. Frank knüpfte an ein Gespräch an, in dem er Norman schon ein Jahr zuvor, im Juni 1952, über grauenvolle Drogenversuche in einem »Safehouse« in Deutschland erzählt hatte. Doch das hier stellte alles in den Schatten: »Norm, hast du jemals einen Menschen sterben sehen?«[5]

Arthur Vidich und seine Frau Virgina, Schwager und Schwägerin von Frank Olson, nach ihrer Hochzeit.

Norman Cournoyer wusste sofort, dass nichts von dem, was Frank ihm anvertraute, jemals nach außen dringen durfte. Und doch würde er sich, fast ein halbes Jahrhundert später, nach einem Schlaganfall halbseitig gelähmt und im Rollstuhl sitzend, über die eiserne Verpflichtung hinwegsetzen, alle Geheimnisse mit ins Grab zu nehmen. Als eine Art letzten Dienst an seinem Freund.

In aller Ausführlichkeit erklärte Frank ihm, mit welchen Experimenten seine Abteilung *Special Operations* seit mehr als einem Jahr befasst war, für Sidney Gottlieb von der CIA. Er ließ sich Zeit mit seinen Schilderungen, als taste er sich langsam und bedächtig vor – auf einem Weg zurück zu den moralischen Grundlagen ihrer gemeinsamen Arbeit, mit der sie zehn Jahre zuvor in Camp Detrick begonnen hatten.

»Norm, du wärst schockiert, wenn du wüsstest, mit welchen Methoden unsere Leute arbeiten, um Geheimnisse aus Menschen herauszuholen. Sie arbeiten mit allen möglichen Drogen, und sie foltern mit Strom«, erzählte Frank stockend, »und sie scheren sich einen Teufel, was mit ihren Versuchsobjekten geschieht.« Da musste auch Cournoyer schlucken. Sollte sich die CIA nicht einmal zehn Jahre nach der Befreiung Nazi-Deutschlands, nach den medizinischen Menschenversuchen in den Konzentrationslagern, nach den Nürnberger Ärzteprozessen, bei denen die amerikanischen Ankläger unverzichtbare Verhaltensmaßregeln für Humanexperimente formuliert hatten, ebensolcher Verbrechen schuldig machen? Frank nickte stumm.[6]

Eine Weile saßen sie schweigend da. Dann fuhr Frank Olson fort: »Einige der Leute sterben. Ich war dabei!« Schon bei Beginn des Experiments werde festgelegt, ob es »terminalen Charakter« haben, bis zum Ende getrieben werden solle. Cournoyer schüttelte den Kopf, sagte kein Wort. Opfer der geheimen Menschenversuche wären ehemalige SS-Leute und Nazis, die in deutschen Gefängnissen einsäßen, sowie russische Spione oder Doppelagenten. Frank Olson war ein großer Patriot, er liebte sein Land und die amerikanische Lebensart; aber er hätte nie für möglich gehalten, dass seine Regierung Experimente unterstützte, bei denen Menschen ermordet wurden.[7]

Bevor sie nach Stunden auseinander gingen, ließ Frank Olson seinen besten Freund noch wissen, er wolle aus der CIA aussteigen. »Ich muss da raus, Norm!« Und beiden war bewusst, dass es nicht einfach würde, dem mächtigen amerikanischen Geheimdienst einfach den Rücken zu kehren.[8]

Heimkehr

Die ersten dreiundzwanzig amerikanischen Kriegsgefangenen waren bereits im April 1953 auf dem Luftweg zurückgekommen, im Rahmen der Operation »Little Switch«, bei denen mit den Nordkoreanern und Chinesen ein Austausch der verwundeten und kranken Soldaten ausgehandelt worden war.[9] Die Amerikaner wurden ins Valley Forge General Hospital im US-Staat Pennsylvania gebracht und dort vom Armee-Geheimdienst G-2 intensiven Verhören unterzogen.[10] Ende Mai erschien ein Artikel im *Life Magazine*, der sich mit den Aussagen der »mysteriösen zwanzig Kriegsgefangenen« in Valley Forge befasste.[11] Auch ein Bericht für das Verteidigungsministerium ging lediglich auf zwanzig Fälle ein.[12] Was war mit den übrigen drei Soldaten passiert?

Der Artikel in *Life* beschrieb sehr detailliert die Methoden der chinesischen Gehirnwäsche: endlose politische Lektionen, gebetsmühlenartig vorgetragene »Wahrheiten« über die Ursachen des Krieges, Strafen für diejenigen, die sich der Indoktrination widersetzten, darunter Latrinenputzen, Entzug der medizinischen Betreuung und der Post aus der Heimat. »Die Kommunisten wandten an diesen Männern alle Techniken an, die sie kannten«, zitierte das Magazin einen der Army-Psychiater, der die Untersuchungen in Valley Forge vornahm. Mittels dieser Methoden seien auch die Geständnisse der US-Piloten über die angebliche biologische Kriegsführung der Amerikaner zustande gekommen.[13]

Der geheime Bericht an den Verteidigungsminister und dessen Auswertung durch die »Artischocke«-Leute der CIA ging weiter ins Detail: Die Kommunisten hätten keine »geheimnisvollen Methoden wie Drogen und Chemikalien« eingesetzt, ihre Gehirnwäsche basiere lediglich auf »harter Propaganda-Indoktrination«. Fünf der zwanzig Kriegsgefangenen seien inzwischen »überzeugte Kommunisten«, sie müssten als verloren angesehen werden; bei zehn weiteren sei es fraglich, ob sie der kommunistischen Ideologie jemals wieder abschwören würden. Bei einigen der zwanzig hätten sich zudem »Anzeichen verräterischer Aktivitäten« ergeben mit der möglichen Konsequenz einer Anklage wegen Hochverrats vor einem Militärgericht.[14] Hatten die Piloten also doch geheimes Wissen preisgegeben, das im Zusammenhang mit dem Einsatz biologischer Waffen stand?

Das Interesse der CIA beschränkte sich nicht darauf, von den Piloten etwas über die Gehirnwäsche-Techniken der anderen Seite zu erfahren, das man sich für eigene Zwecke zunutze machen oder zukünftig durch geeignete Gegenmaßnahmen unterlaufen könnte. Eine erste Bewertung, Mitte Juni 1953, klang in dieser Hinsicht ohnehin sehr pessimistisch: In Valley Forge sei »nichts von Wert für ›Artischocke‹ herausgekommen«. Allerdings gebe es eine Chance, die »Artischocke«-Methoden bei einigen der *hardcore*-Fälle anzuwenden; damit waren offenbar genau jene Flieger gemeint, die ihr Land der bakteriologischen Kriegsführung bezichtigt hatten.[15] Wie von Allen Dulles aufgetragen, hatten Gottliebs Leute die neuerliche Gehirnwäsche der in Nordkorea Gehirngewaschenen offenbar längst vorbereitet.

Am 5. August 1953, als Frank Olson gerade auf dem Rückflug von Stockholm nach London war, wurden die ersten *Prisoners of*

War im Rahmen der Operation »Big Switch« freigelassen und nach ersten medizinischen Untersuchungen auf Schiffen der US Navy einquartiert, die sie innerhalb von zwei Wochen nach San Francisco bringen sollten.[16] Mitte September war der Austausch der insgesamt 1551 amerikanischen Gefangenen weitgehend abgeschlossen, auch alle 36 Piloten, die ihre Beteiligung an der biologischen Kriegsführung gestanden hatten, waren in die Heimat zurückgekehrt – und hatten umgehend ihre Geständnisse widerrufen.[17]

Wo fand die Behandlung der Kriegsgefangenen, die man des Verrats beschuldigte, mit Medikamenten, LSD und Hypnose – dem »Artischocke«-Standardrepertoire –, statt? In Valley Forge? Auf den Transportschiffen während der Überfahrt an die amerikanische Westküste? In Berlin? Vieles spricht dafür, dass mehrere »Artischocke«-Teams zum Einsatz kamen, manches auch dafür, dass in Berlin-Zehlendorf, im Clay-Hauptquartier, zumindest einige *Prisoners of War* mit den brutalen Methoden behandelt wurden.[18]

Einige der über Nordkorea abgeschossenen amerikanischen Flieger waren in den Kriegsjahren in die Sowjetunion verschleppt und dort verhört worden, weil sich die Russen von ihnen nachrichtendienstlich wertvolle Erkenntnisse über den Stand der amerikanischen Flugzeugtechnik versprachen, ein Gebiet, auf dem die kommunistischen Länder erhebliche Defizite besaßen.[19] Ein Teil der US-Piloten wurde im Rahmen von »Little Switch« aus der Sowjetunion freigelassen, andere tauchten später in der DDR und anderen Ostblockstaaten auf und wurden als so genannte MIA-Fälle (»Missing-in-Action«) vergessen oder ignoriert.

Von insgesamt 56 F-86-Piloten zum Beispiel kamen nur fünfzehn aus Korea zurück. Von den übrigen dürfte eine erhebliche Anzahl in die Sowjetunion gebracht worden sein, weil die F-86 die russische Luftwaffe vorrangig interessierte.[20] Die Amerikaner unternahmen auch in den folgenden Jahren keine großen Anstrengungen, diese Landsleute in den Westen zurückzuholen.[21] Dahinter stand womöglich nicht nur die Befürchtung, es könnten neue Aussagen über den Einsatz von B-Waffen in Korea bekannt werden, sondern auch die Sorge, diese Soldaten seien zwischenzeitlich in voller Überzeugung zum Kommunismus übergelaufen, würden deshalb als verkappte Spione mit geheimen Aufträgen des KGB, dem russischen Geheimdienst, in die Vereinigten Staaten zurückkehren.[22]

Diese Angst der kalten Krieger in Washington bestimmte im August 1953 auch das Verhalten gegenüber den aus der Sowjetunion freigelassenen Fliegern der Air Force, die wahrscheinlich über Ostberlin in den Westen kamen, deren genaue Anzahl bis heute niemand kennt und über die sich in den Archiven des Pentagon keinerlei Unterlagen finden lassen.[23] Hatte sie die CIA im Clay-Hauptquartier in Berlin-Zehlendorf mit »Artischocke«-Methoden gefoltert und am Ende geopfert? Und war Frank Olson bei seiner Stippvisite in Berlin, um den 10. August 1953, Zeuge eines solchen »terminal experiment« geworden? Wollte er deshalb aussteigen?

Norman Cournoyer, dem sich der Freund kurz nach seiner Rückkehr aus Europa, noch unter Schock stehend, anvertraute, sollte sich zu dieser Frage fünf Jahrzehnte später nur sehr zögerlich äußern. Es gebe, räumte er ein, ein »fehlendes Stück« zwischen den tödlichen Gehirnwäsche-Verhören, von denen Frank ihm berichtet habe, und dem Krieg in Korea, und er sei nicht sicher, ob er diese fehlende Verbindung preisgeben wolle. So viel sagte er dann doch: Frank war »in eine Sache hineingeraten, über die er sehr unglücklich war. Aber er konnte nichts dagegen tun. Er gehörte zur CIA, und die zog es bis zum Ende durch.«[24]

Rendezvous

Garrett County im äußersten Westen Marylands, im Zipfel zwischen West-Virginia und Pennsylvania, liegt etwa drei Autostunden von Frederick entfernt. Quer durch die Gemeinde, zwischen lieblichen Bergen und romantischen Wäldern, erstreckt sich mit unzähligen Seitenarmen der Deep Creek Lake, ein tiefer Bergsee, an dessen Ufern einsame Hütten und Landhäuser stehen. Cottage Nr. 7 befindet sich am Fuße des Negro Mountain, keine zwanzig Meter vom See entfernt; damals, 1953, lag das Haus meilenweit von der nächsten Häusersiedlung und immerhin einen Fußmarsch von zehn Minuten von der nächsten Gaststätte, der *Stony Creek Tavern*, entfernt, besaß zwar fließend Wasser und Elektrizität, aber keinen Telefonanschluss. Die Lodge war wie gemacht für heimliche Treffen der CIA. Die vier Schlafzimmer boten bis zu zehn Personen einen allerdings sehr eingeschränkten Platz, das Wohnzimmer mit einem großen Kamin maß kaum fünfzehn Quadratmeter. In die Abgeschiedenheit der Berge Marylands lud Anfang November Sidney Gottlieb, Chef der *Chemical Divison* in der Abteilung für »dirty tricks«, seine engsten Mitarbeiter ein.[25]

Das »Deep Creek Rendezvous« sollte der Aufarbeitung und Diskussion der gemeinsamen Projekte wie »Artischocke« dienen, bei denen die CIA mit der *Special Operations Division* des B-Waffen-Zentrums der US Army in Camp Detrick zusammenarbeitete. Zweimal im Jahr fanden solche Treffen auf Einladung Sidney Gottliebs statt, jeweils unter konspirativen Bedingungen: Die Teilnehmer aus Camp Detrick waren angehalten, vorher die Army-Parkausweise von den Frontscheiben ihrer Fahrzeuge zu entfernen, jedesmal wurde eine spezielle Legende gestrickt, diesmal trafen sich angeblich Autoren und Redakteure von Sportmagazinen zu ihrem üblichen »Wintergespräch«.[26]

Sid Gottlieb, sein Stellvertreter Robert Lashbrook und zwei weitere CIA-Leute reisten aus Washington an, aus Frederick kamen Colonel Vincent Ruwet, der die Leitung der *SO-Division* im April 1953 übernommen hatte, Frank Olson sowie drei Mitarbeiter aus seiner Abteilung.[27] Die Beratungen begannen in kleinen Gruppen in den Abendstunden des 18. November, einem Mittwoch, zogen sich den ganzen Donnerstag über hin, mit größeren Unterbrechungen, während der einige der Teilnehmer ihre mitgebrachten Angelruten auswarfen oder durch die Wälder wanderten. Es ging vor allem um die Verwendung von Toxinen und Keimen durch CIA-Agenten, die hinter dem eisernen Vorhang operierten, jene tödlichen oder außer Gefecht setzenden Kampfstoffe also, für deren gezielte und diskrete Anwendung sich Sidney Gottlieb im Frühjahr der freien Mitarbeit des legendären Magiers John Mulholland versichert hatte.[28]

Falls die Agency ein Supergift brauche, um jemanden binnen Sekunden zu töten, bot sich das höchst wirksame Schellfisch-Toxin an. Die schnelle Wirkung sei jedoch eher von Nachteil, warfen die Leute der CIA ein, weil keine Zeit für ihre Agenten bleibe, sich unauffällig vom Tatort zu entfernen. Was sei denn von angereichertem Botulinus zu halten, jenem Toxin, das bei Fleischvergiftungen auftritt? Die Chemiker aus Camp Detrick stimmten zu. Dieser Giftstoff führe erst nach etwa acht bis zwölf Stunden zum Tod, so dass sich »unser Mann« längst aus dem Staub gemacht haben könnte und kein Verdacht auf ihn fiele.[29] Es wurde dann ausführlich über die Vor- und Nachteile einiger biologischer Waffen im Arsenal der *SO-Division* gesprochen, die ihre Opfer lediglich lahm

In diesem Steinhaus am Deep Creek Lake traf sich im November 1953 eine Gruppe von Wissenschaftlern der CIA und der US Army zu vertraulichen Besprechungen.

legen: Auf der Skala eher am harmlosen Ende stand *Staphylococcus enterotoxin*, eine milde Form der Fleischvergiftung, dann gab es verschiedene Varianten von Bruzellose, einer auch für den Menschen gefährlichen Tierseuche, sowie, schon schwereren Kalibers, das *Venezuelan equine encephalomyelitis-Virus*, das die Zielperson relativ schnell und für zwei bis fünf Tage außer Gefecht setzen konnte.[30]

Als die neun Experten für die schmutzigen Tricks des US-Geheimdienstes am Donnerstagabend vom Dinner in der *Stony Creek Tavern* in die Lodge zurückkehrten, ging Sid Gottlieb in die Küche und holte eine Flasche Cointreau für einen »Absacker«, bevor sich seine Leute zur Nachtruhe zurückziehen wollten. Zwei der Anwesenden lehnten den Drink ab, der eine, weil ihm sein Arzt wegen eines Herzproblems den Konsum hochprozentiger Getränke untersagt hatte, der andere, weil er ein vormaliger Alkoholiker war. Die übrigen prosteten sich zu, tranken auf den Erfolg ihrer Projekte.[31]

Etwa zwanzig Minuten später bat Sidney Gottlieb die Anwesenden um Gehör: Er habe ihnen soeben, ohne ihr Wissen, einen Likör eingeschenkt, der mit LSD präpariert worden sei; ob jemand schon etwas von der Wirkung der Droge verspüre? Die Kollegen hielten Gottliebs Bemerkung zunächst für einen Scherz zum Abschluss eines anstrengenden Tages, doch der CIA-Abteilungschef wiederholte seine Bemerkung, als er in die ungläubigen Gesichter sah. Er halte es für unverzichtbar, dass jeder die Wirkungsweise der Substanz, mit der sie sich so intensiv befassten, am eigenen Leib erfahre. Die Dosis sei mit siebzig Mikrogramm außerdem völlig harmlos. »Kein Grund zur Beunruhigung, Jungs!«

Alle hatten natürlich die umfassenden wissenschaftlichen Studien der CIA-Berater über LSD gelesen, alle wussten, dass die Droge längst Gottliebs »Lieblingswerkzeug« im Rahmen der Operation »Artischocke« war, alle kannten die »Feldversuche«, die George Hunter White in dem Bordell der Agency in Greenwich Village vornahm, aber die Notwendigkeit eines solchen Selbstversuchs leuchtete keinem auf Anhieb ein.[32]

Doch niemand protestierte, nach einigen Minuten waren alle wieder in ihre Diskussionen vertieft, die jedoch sehr bald aus der Bahn gerieten und in lautstarkem Gelächter und unkontrolliertem Gerede endeten. Die halluzinogene Wirkung hatte eingesetzt. Zwei der Leute aus Camp Detrick zogen sich in ihr Schlafzimmer zurück und entglitten in einen philosophischen Exkurs, der die ganze Nacht andauern sollte, andere redeten mit sich selbst, einer plapperte völlig wirres Zeug. Nur Frank Olson saß allein in einer Ecke des Wohnraums, starrte in die flackernden Flammen des Kamins und murmelte fortwährend, das ganze Experiment gelte ihm, es solle ihm übel mitgespielt werden. »Ihr seid ein Haufen Scheiße«, entfuhr es ihm mehrfach in Richtung von Gottlieb und Lashbrook, die allerdings auf die Beleidigung nicht reagierten. Dann erstarb jedes Gespräch, viele fühlten sich zunehmend unwohl und zogen sich zurück.[33] So lautete jedenfalls später die offizielle Version.

Aber handelte es sich wirklich um einen gemeinschaftlichen Selbstversuch? Einer der Teilnehmer, Gerald Yonitz, würde später behaupten, niemandem außer Frank Olson sei an jenem Abend LSD verabreicht worden.[34] Was also geschah tatsächlich in jener Nacht? Zumindest Gottlieb und Lashbrook dürften ihre eigenen Drinks heimlich in die nächstbeste Blumenvase geschüttet haben, um sich dann ihren Kollegen Frank Olson vorzuknöpfen, um ihn,

DEEP CREEK RENDEZVOUS

TIME: Wed. evening, Nov. 18, Thursday, Nov. 19 and Friday, Nov. 20

PLACE: Deep Creek Lake, 10 miles north of Oakland, Maryland on Highway 219; Railey's Cabins

SITUATION: Two story, fairly new, stone cabin 30 feet from lake; 40 yards on a slope from Highway 219. Nearest cabins are about 100 yards away. Landmark for identifying cabin area is the newly erected Deep Creek Bridge and striking Stony Creek Tavern. A dirt lane runs between the lake and highway at a parallel for about 300 yards. Our cabin stands by itself. Mal's car will probably be parked in front;grey color.

The cabin is neat and clean. The living room is fairly large with a stone fire-place; additional heat will be provided from an oil burner. In the living room is a large round table that can seat 8 people. Another table (secretary) in the corner. Plush and easy chairs are also available. Large sofa can be unfolded into a bed. Complete kitchen facilities with electric stove and refrigerator. 3 nights - $45.00. Four (4) bedrooms provided with double beds; however additional army cots will be brought from Frederick and 10 extra blankets.

ITINERARY: From Frederick take Highway 40 thru Hagerstown, Hancock, Cumberland and Frostburg, Maryland.
19 miles west of Frostburg turn left from 40 onto 219 (south);
Landmark for this turning point is the Keyser Ridge Garage-Esso station, (all combined into one large brick general store.)
Follow 219 (south) for 16 miles.
When you approach a large stone tavern on the left (STONE CREEK TAVERN) and just before reaching Deep Creek Bridge you are at Raily cabin area- your destination.
Turn right now onto narrow, dirt lane which runs between lake on one side and highway 219 on the other - follow lane for about 300 yards.
Large two story stone cabin is ours. Welcome!

From Washington, D.C. take highway 50 thru Winchester, Va., thru Romney, West Virginia to Redhouse, Maryland.
At Redhouse turn right from 50 to Highway 219 (north) thru Oakland.
Follow 219 north for 11 miles beyond Oakland; you are now at Deep Creek Lake.

~~From Washington, D.C. take highway 50 thru Winchester, Va., thru Romney, West Virginia to~~
Once at Deep Creek Lake pass Information Booth and cross also large Deep Creek Bridge; drive carefully now.
As soon as you have crossed Deep Creek Bridge you will see on your right STONY CREEK TAVERN. Bear left immediately.
Follow narrow, dirt lane pass a row of cabins between lake and highway 219 for 300 yards. Large, 2 story stone cabin, situated by itself is ours.
WELCOME!

Einladungsschreiben der CIA für das geheime Treffen am Deep Creek Lake mit einer genauen Wegbeschreibung.

mit inzwischen bewährter »Artischocke«-Technik, über seine Kontakte mit Außenstehenden zu verhören. Sargants Alarm beim britischen Geheimdienst nach dem Gespräch mit Olson Mitte August war ihnen natürlich längst zu Ohren gekommen. Gottlieb schrieb zwar später, »er habe den Eindruck gehabt«, von Olson sei die Verpflichtung zur Verschwiegenheit durchaus ernst genommen worden, fügte jedoch an, Olson hätte über einige streng klassifizierte Projekte nur »mit einer einzigen Person in seinem unmittelbaren Umfeld« reden dürfen.[35] Und dabei handelte es sich um seinen direkten Vorgesetzten Vincent Ruwet. Zielte diese Anmerkung auf Franks regelmäßige Kontakte zu seinem Freund Norman Cournoyer? War etwas über dieses Vertrauensverhältnis durchgesickert? Wollten Gottlieb und Lashbrook wissen, ob Frank Olson noch auf ihrer Seite stand?

Die Aktion gegen ihren Kollegen war offenbar von langer Hand vorbereitet. Es ging bei dem Treffen nicht nur, wie später der Eindruck erweckt werden sollte, um die schmutzigen Tricks, sondern auch um den Einsatz biologischer Waffen.[36] Das ergab sich auch aus der Anwesenheit von Gerald Yonitz, der ein Experte für die Munitionierung von Anthrax und anderen B-Waffen war.[37] Die Diskussion sollte ganz offensichtlich auf die moralische Bewertung der bakteriologischen Kriegsführung gelenkt werden. Aber was steckte dahinter? Der Vorwurf der amerikanischen Piloten, sie hätten in Korea Bomben mit biologischen Kampfstoffen abgeworfen? Und der Versuch, Frank Olson aus der Reserve zu locken?

Am nächsten Morgen, beim gemeinsamen Frühstück, wirkte Olson noch immer sehr erregt, wandte sich an Ruwet, er wolle umgehend nach Frederick zurück, ob dieser etwas dagegen habe. Als der Colonel verneinte, schloss er sich einem Kollegen an, der sich bald auf den Weg machte.[38]

Abends kehrte Olson zur Familie zurück. Beim Dinner saß er wortlos da, antwortete nicht auf die Fragen der Kinder, starrte ins Leere. Alice zeigte sich verwundert, normalerweise erzählte ihr Mann, wenn er von einer Reise zurückkam, von allem, was nicht der Geheimhaltung unterlag, so wenig das manchmal auch sein mochte. Doch an jenem Freitag schwieg er. Alice reagierte gereizt: »Es ist eine Schande, dass die Mitglieder dieser Familie nicht mehr miteinander reden!« Frank blickte auf: »Warte, bis die Kinder im Bett sind, dann werde ich dir alles erzählen«, flüsterte er.[39] Später am Abend wich Frank ihr jedoch wieder und wieder aus, antwortete auf ihre Fragen lediglich, er habe »einen schrecklichen Fehler« begangen. Mehr nicht.

Das ganze Wochenende über herrschte eine Wetterlage, die Franks Gemütszustand widerspiegelte. Dichter Nebel kroch durch den Garten hinter dem Haus, hüllte die ganze Gegend in Düsternis. Frank Olson rang mit etwas, es wirkte keineswegs, wie seine Frau später zu Protokoll geben sollte, als stünde er unter dem Einfluss eines Medikaments oder gar von Drogen, er handelte vielmehr etwas mit sich aus, in das ihr nicht einzugreifen gestattet war. Fast den gesamten Samstag über saß er mit Alice auf dem Sofa, sie hielten sich an den Händen und blickten aus den großen Fenstern des Hauses in die Novembertrübnis.[40]

Alice war gewohnt, mit den Problemen eines Wissenschaftlers der US Army umzugehen, der einer Tätigkeit nachging, die zu den geheimsten des ganzen Landes zählte. Sie kannte weder das Gebäude auf dem Areal in Camp Detrick, in dem der Schreibtisch ihres Mannes stand, noch wusste sie, dass er dort für die CIA arbeitete. Und so versuchte sie sich, in ihren Gedanken einen Reim auf seine Bemerkung zu machen, er habe einen Fehler begangen, einen schrecklichen Fehler. Hatte er wissenschaftliche Daten gefälscht? Einen Kollegen angeschwärzt? Die Sicherheitsbestimmungen verletzt?

Am Sonntagabend beschlossen sie, ins Kino zu gehen. Dort lief ein Film über das Leben des Kirchenreformers Martin Luther, der sich dem katholischen Machtapparat entgegengestellt und damit bewiesen hatte, dass jeder Einzelne Verantwortung übernehmen muss; ein Thema, das Olsons eigenem Dilemma so offensichtlich entsprach.[41] Am nächsten Tag, morgens um kurz nach 7.00 Uhr, saß Dr. Frank Olson im Büro seines Chefs, Vincent Ruwet, mit einem Entschluss: Entweder der Colonel feuerte ihn wegen seines Fehlers, oder er würde den Dienst quittieren.[42]

Doch Frank Olson ließ sich doch noch einmal umstimmen, verbrachte den Tag im Büro mit Routinetätigkeiten, kehrte früh nachmittags nach Hause zurück. Vor Dienstbeginn am nächsten Tag saß er wieder in Ruwets Büro, bevor dieser eintraf, erneuerte seine Forderung, ihn zu entlassen. Er habe etwas falsch gemacht, alles laufe durcheinander, er sei nicht in der Lage, seine Aufgaben weiterhin wahrzunehmen.[43]

Vincent Ruwet wusste, dass er nunmehr etwas unternehmen musste, sonst könnte man ihm später schwere Vorwürfe machen.

Für Offiziere und Zivilisten in der *SC-Division* und der CIA gab es klare Regeln: Sobald einer aus den Bereichen höchster Geheimhaltung, aus welchen Gründen auch immer, aus dem Ruder lief und sein Verhalten befürchten ließ, er könnte zu einem Risiko werden, musste umgehend gehandelt werden. Dabei waren die Ursachen völlig nebensächlich. Ob es sich um eine Erkrankung wie Depressionen oder Alkoholmissbrauch, um plötzliche Selbstzweifel an der moralischen Legitimität der eigenen Arbeit oder um die Auswirkungen eines Selbstversuchs handelte – wer nicht mehr funktionierte, drohte die nationale Sicherheit zu gefährden. Und dies hier trug alle Vorzeichen einer Katastrophe.

Im Büro von Sidney Gottlieb, der an diesem Tag außer Haus war, bekam Ruwet nur dessen Stellvertreter Robert Lashbrook an den Apparat. Der zeigte sich ebenfalls höchst beunruhigt über Olsons Zustand.[44] Das bedeutete Alarmstufe »rot«. Wie nach einem generalstabsmäßig festgelegten Plan begann die CIA unverzüglich mit entsprechenden Gegenmaßnahmen. Frank Olson brauchte dringend eine spezielle Behandlung. Lashbrook entschied, Olson zunächst nach Washington zu holen und dann mit ihm nach New York zu fliegen. Dort verfügte die Agency über einen Vertrauensarzt, der zwar keinerlei psychiatrische Ausbildung besaß, dafür aber mit Fällen betraut wurde, die unter der höchsten Freigabestufe für streng geheime Fälle behandelt wurden: Dr. Harold Abramson. Der Arzt war bereits entsprechend telefonisch instruiert, die Flüge nach New York gebucht worden.[45] Wie sich später herausstellte, wurde Abramson vorgewarnt, der Patient habe eine Woche zuvor siebzig Mikrogramm LSD verabreicht bekommen.[46]

Unterdessen redete Ruwet auf Frank Olson ein, es sei dringend nötig, ihn unter ärztliche Obhut zu stellen. Wahrscheinlich handele sich um eine extrem seltene Nachwirkung des Experiments am Deep Creek Lake. Doch Olson wirkte sehr irritiert. War sein Zustand wirklich eine Folge des LSD, wie Ruwet ihm klar zu machen versuchte, oder trieb die CIA ein böses Spiel mit ihm?

Sicherlich, ein unlösbarer Gewissenskonflikt zwischen der Loyalität gegenüber seinem Arbeitgeber, der amerikanischen Regierung, und der unmoralischen Menschenversuche, in die er hineingezogen worden war, hatte ihn in eine tiefe psychische Krise gestürzt. Sobald er zwischendurch einen klaren Gedanken fassen konnte, fragte er sich, ob sein depressiver Zustand Ergebnis seiner auswegslosen Situation sein konnte. Zu der trug wesentlich bei,

Letzte Aufnahme der Familie Olson in ihrem Haus in Frederick mit den Kindern Eric, Lisa und Nils.

dass er, wie er glaubte, von den engsten Kollegen betrogen und in einer gemeinschaftlichen Aktion zu einem Opfer der eigenen Methoden, ihres eigenen verwerflichen Handelns gemacht worden war: »Artischocke«. Hatten sie versucht, ihn zum Sprechen zu bringen, vielleicht mit Drogen oder auch mit Hypnose?

Auf dem Weg nach Washington machte der Fahrer der *SO-Division* am Haus von Colonel Ruwet Halt, der nur rasch seine Uniform gegen einen Straßenanzug wechseln wollte. Unterdessen blieben Frank und Alice im Fond des Wagens sitzen. Nach der Weiterfahrt zeigte sich ihr Patient erneut sehr erregt, herrschte seinen Vorgesetzten an, was das alles zu bedeuten habe. In Bethesda am Stadtrand der Bundeshauptstadt wies Ruwet den Fahrer an, das nächste Lokal anzusteuern: Lunchtime.[47]

Im *Hot Shoppe Restaurant* bestellte Olson zwar etwas, stocherte aber nur mit der Gabel auf dem Teller herum. Essen und Trinken, das kam ihm höchst verdächtig vor.[48] Wollten sie ihn vergiften? Hatte ihm der Fahrer, oder sogar Ruwet selbst, etwas in die Cola getan? Mit einem Trick aus dem gerade fertig gestellten Lehrbuch John Mulhollands? Für welches Gift, welche Krankheitserreger aus dem Arsenalen seiner eigenen Abteilung hatten sie sich wohl entschieden? Oder hielten sie ihn weiter unter Drogen, um ihn in den Wahnsinn zu treiben?

Sie fuhren weiter zum Büro der CIA-Abteilung für »dirty tricks«, das gut getarnt im Landwirtschaftsministerium untergebracht war.[49] Während Ruwet mit Lashbrook sprach, blieben Frank und Alice Olson abermals im Auto sitzen. Es sollte das letzte Mal sein, dass sie sich sahen. Dann kam der Colonel zurück und bat Alice, mit dem Fahrer nach Frederick zurückzukehren. Sie würden jetzt mit Lashbrooks Wagen zum Flughafen fahren und dann nach New York fliegen, um dort einen Spezialisten zu konsultieren.

Jetzt war Olson mit ihnen allein. Lashbrook traute er nicht über den Weg. Aber Ruwet war doch ein Vertrauter gewesen, ein Freund fast.

Sobald er sich zwang, logisch zu denken, war er sich der möglichen Konsequenzen bewusst, *musste* sich ihrer bewusst sein. Dies hier war kein Freundschaftsdienst an einem durchgeknallten Kollegen. Sie würden ihn nicht gehen lassen. Niemals. Es gab in der CIA keine Tür, durch die man in die reale Welt zurückkehren und, ohne einen Blick zurück, alles hinter sich lassen konnte.

Am 24. November 1953 gegen 14.30 Uhr hob die Maschine nach New York ab.

Guatemala, New York

Das Jahr 1953 sollte im Rückblick eines der historisch bedeutendsten der Nachkriegszeit sein, auf vielen Gebieten ein Wendepunkt in der jüngeren Geschichte, aber auch eine entscheidende Wegmarke im Kalten Krieg der verfeindeten Blöcke. Die Sowjets zündeten ihre erste thermonukleare Waffe; der Koreakrieg als die erste militärische Auseinandersetzung mit dem Kommunismus ging nach drei Jahren zu Ende; IBM stellte seinen ersten Computer vor; James Watson und Francis D. Crick entdeckten die Doppelhelix-Struktur der DNS; das amerikanische Ehepaar Julius und Ethel Rosenberg wurde des Verrats von Militärgeheimnissen an Moskau angeklagt, verurteilt und im Staatsgefängnis Sing-Sing hingerichtet; der amerikanische Atomphysiker J. Robert Oppenheimer, unter dessen Leitung 1943 bis 1945 die erste Atombombe in Los Alamos hergestellt worden war, sah sich mit dem Vorwurf der Spionage für die Sowjetunion konfrontiert; und im Himalaya bestieg der Brite Edmund Hillary zusammen mit dem Sherpa Tensing Norgay zum ersten Mal den Mount Everest.

Auch für die *Central Intelligence Agency* in den Vereinigten Staaten war 1953 ein ereignisreiches Jahr: Am 16. August übernahm im Iran nach einem blutigen Staatsstreich eine amerikafreundliche Regierung die Macht. Es handelte sich um eine gelungene »covert operation« der CIA unter dem Decknamen »TP AJAX«.[50] Die Vorbereitungen des Coups hatten bereits Ende 1952 begonnen, als immer deutlicher geworden war, dass der legitime Premierminister Dr. Mohammad Mossadegh die Verstaatlichung des anglo-iranischen Öl-Konsortiums plante und damit die britischen und amerikanischen Wirtschaftsinteressen ignorierte. Was die Sache in den Augen der US-Regierung verschlimmerte: Mossadegh arbeitete eng mit der *Tudeh* zusammen, der kommunistischen Partei des Iran.[51] Wenn das Land »hinter den eisernen Vorhang« fiele, wäre dies »ein Sieg der Sowjets im Kalten Krieg und ein schwerer Rückschlag für unsere Interessen im Mittleren Osten«, hieß es in einer Lageanalyse der CIA. Im März 1953 erhielt der Geheimdienst den offiziellen Auftrag der Eisenhower-Regierung für einen Putsch im Iran.[52]

Die konkreten Vorbereitungen fanden in Zusammenarbeit mit dem britischen Geheimdienst SIS im April und Mai 1953 auf Zypern statt. Anfang Juni erhielt der verantwortliche CIA-Agent für den Mittleren Osten, Kermit Roosevelt, ein Enkel des früheren Präsidenten Theodor Roosevelt, den Befehl seines Chefs Allen W. Dulles für die Umsetzung der Operation »TP AJAX«. Dessen Bruder, der amerikanische Außenminister John Foster Dulles, ließ unterdessen in politischen Kreisen Washingtons durchsickern, man werde »den Teufel Mossadegh in die Wüste jagen«.[53] Der Plan sah vor, Schah Reza Pahlewi, den König des Iran, für den Staatsstreich zu gewinnen, was auch gelang.[54] Er willigte ein, Mossadegh ohne Zustimmung des Parlaments und damit unter Bruch der Verfassung zu entlassen und stattdessen General Fazlollah Zahedi, ein früheres Kabinettsmitglied Mossadeghs, als neuen Premierminister zu installieren.[55]

Die Operation begann am 16. August, wenige Tage nach Frank Olsons Rückkehr von seiner letzten Reise nach Europa. Die Absetzung des sehr beliebten Regierungschefs Mossadegh führte innerhalb von Stunden zu schweren Unruhen in Teheran, die den Schah veranlassten, das Land vorübergehend Richtung Bagdad und danach Rom zu verlassen.[56] Zahedi ließ Panzer auffahren, es kam zu blutigen Auseinandersetzungen mit loyalen Truppen des alten Premiers, dessen Residenz wurde gestürmt und niedergebrannt, er selbst und seine engsten Getreuen unter Hausarrest gestellt. Nach drei Tagen war der Putsch beendet, ein voller Erfolg der CIA. Der Schah kehrte als amerikanische Marionette nach Teheran zurück und bedankte sich persönlich bei Kermit Roosevelt für die ausgezeichnete Umsetzung des Plans: »Ich verdanke meinen Thron dem Allmächtigen, meinem Volk, meiner Armee und Ihnen.«[57]

Der Erfolg in Teheran machte die CIA hungrig auf weitere verdeckte Operationen gegen ausländische Politiker, deren Ziele den amerikanischen Interessen entgegenliefen. In dem kleinen mittelamerikanischen Land Guatemala regierten seit dem Ende des letzten von Washington unterstützten Diktators General Jorge Ubico im Jahre 1944 demokratisch gewählte Präsidenten, inzwischen der linke Politiker Jacobo Arbenz Guzmán. Arbenz hatte gleich nach seinem Wahlsieg 1950 mit einer Landreform begonnen, die bei der amerikanischen *United Fruit Company* (*UFC*), einem der größten Arbeitgeber in Guatemala, auf erhebliche Widerstände stieß, weil der Konzern das Land Stück für Stück an die Kleinbauern zurückgeben sollte.[58] Bei *UFC* besaßen viele Größen der amerikanischen Politik Aktienpakete, darunter auch Allen W. Dulles, der CIA-Direktor.[59]

Im August 1953, unmittelbar nach dem Coup im Iran, wies Präsident Dwight D. Eisenhower seinen CIA-Direktor Dulles und dessen Chef für verdeckte Operationen Frank Wisner an, einen ähnlichen Staatsstreich auch in Guatemala vorzubereiten.[60] Operation »Success«, so der Deckname, solle das Ziel verfolgen, Präsident Arbenz aus dem Amt zu jagen und durch Oberst Castillo Armas zu ersetzen, der die Landreform umgehend stoppen würde.[61] Armas, der im Exil lebte, rekrutierte mit dem Geld des US-Geheimdienstes eine Söldnertruppe, die entsprechend trainiert, spätestens 1954 über Honduras nach Guatemala eindringen und die Macht an sich reißen sollte, egal, ob mit oder ohne Blutvergießen.[62]

Neben der finanziellen und logistischen Unterstützung von Oberst Armas plante die CIA im Rahmen der Operation »Success« auch konkrete Hilfestellungen für den Umsturz: durch Propaganda, Sabotage und gezielte Mordanschläge.[63] Auf einer Liste wurden die Namen von 58 Politikern und Persönlichkeiten in Guatemala zusammengestellt, die Arbenz unterstützten und die durch gezielte Attentate umgebracht werden sollten.[64] Im November 1953 erteilte der Nationale Sicherheitsrat von Präsident Eisenhower seine Zustimmung.[65] Als der Staatsstreich im Juni 1954 schließlich stattfand, erwiesen sich die Mordpläne als überflüssig: Innerhalb von zehn Tagen gab Arbenz auf und flüchtete nach Mexiko. In der nachfolgenden jahrelangen Zusammenarbeit des guatemaltekischen Militärs mit der CIA wurden jedoch mehr als 100000 Zivilisten ermordet, die der politischen Linken zugerechnet wurden.[66]

Zur Vorbereitung der Attentate hatte die CIA im Herbst 1953 eine Art Ratgeber für den Gebrauch durch Spezialagenten ausarbeiten lassen: »A Study of Assassination« (»Studie zum politischen Attentat«). Die Eingangsbemerkung der 22-seitigen Ausarbeitung ließ keinen Zweifel über deren Ziele: »Der Begriff ›politisches Attentat‹ wird hier gebraucht, um den geplanten Mord einer Person zu beschreiben, (...) deren Tod von Vorteil für die Organisation ist.«[67] Von den unzähligen Methoden, einen Menschen umzubringen, ohne verdächtige Spuren zu hinterlassen, favorisierte der Verfasser des Ratgebers einen als Unfall oder Selbstmord getarnten Sturz »aus mehr als fünfundzwanzig Metern Höhe auf einen harten Untergrund«, zum Beispiel »in Fahrstuhlschächte, Treppenhäuser, aus ungesicherten Fenstern und von Brücken«. In der Regel, so führte das CIA-Handbuch weiter aus, »wird es notwendig sein, das Opfer vor dem Fall mit einem Schlag zu betäuben oder unter Drogen zu setzen«. Dabei sei darauf zu achten, dass sich nach dem Tod »keine Wunden oder Verletzungen feststellen lassen, die nicht durch den Sturz verursacht worden sein können«.[68]

Am 28. November 1953, morgens gegen 2.30 Uhr, lag der CIA-Wissenschaftler Dr. Frank Olson mit zerschmettertem Körper auf dem Pflaster vor dem Eingang des New Yorker *Hotel Pennsylvania*. Er war aus einem Fenster in mehr als fünfundzwanzig Meter Höhe gestürzt. Die CIA hatte ihn zehn Tage zuvor und möglicherweise danach kontinuierlich unter Drogen gesetzt. Und er war zuvor mit einem Schlag betäubt worden. Doch das sollte sich erst Jahrzehnte später herausstellen.

Doppeltes Netz

In der riesigen Halle des New Yorker *Hotel Pennsylvania* stand, hinter einer der wuchtigen Marmorsäulen, eine Gruppe von Menschen, von denen niemand wusste, wo sie herkamen und wohin sie gehörten. New Yorker Nachtschwärmer tuschelten miteinander über den Selbstmord, dessen Zeugen sie zufällig geworden waren. Seit dem Tod Frank Olsons waren inzwischen fast zwei Stunden vergangen, die Polizei hatte den Leichnam abtransportieren lassen, in die Pathologie des nahe gelegenen Bellevue Hospital und damit in die Obhut des staatlichen Gerichtsmediziners von Manhattan, der später seiner traurigen Pflicht nachzugehen hatte.[69]

Armand Pastore, der Manager des Hotels, in dessen Armen Olson gestorben war, saß hinter dem Empfangstresen und schrieb an seinem Bericht für die Hotelleitung, als ihm der Mann aus Zimmer 1018A auffiel. Dieser führte offensichtlich an einem öffentlichen Telefonapparat in der Lobby ein längeres Gespräch. Merkwürdig, dachte Pastore, sehr merkwürdig. Erst war der Kerl nach dem Sturz seines Kollegen seelenruhig auf dem Zimmer geblieben, statt nach unten zu eilen, hatte stattdessen jemanden angerufen, um ihn über den Vorfall zu informieren, dann war er zur Polizeistation in der 30th Street gebracht worden, aber so schnell zurückgekehrt, als verfüge er über beste Beziehungen, und jetzt telefonierte er von einem Münzapparat, als befürchtete er, Gespräche über die Hotelleitungen könnten mitgehört werden.[70]

Robert Lashbrook sprach erneut mit seinem Boss, Sidney Gottlieb. Es war etwa 5.40 Uhr. Nach dem ersten Anruf bei Gottlieb zu Hause, in der Nähe von Vienna/Virginia, unmittelbar nach Olsons Tod, hatte dieser umgehend seine Vorgesetzten alarmiert, darunter auch den stellvertretenden Direktor der CIA, Richard Helms, und war dann in sein Büro nach Washington gefahren. Jetzt ließ er sich von Lashbrook ausführlich berichten, wie er von zwei Detectives der 14. Einheit auf dem Revier vernommen worden war. Er habe seine Taschen ausleeren müssen, dabei sei den Ermittlungsbeamten eine von John Mulholland, dem Magier, unterzeichnete Quittung über 115 US-Dollar in die Hände gefallen, räumte Lashbrook kleinlaut ein, außerdem eine Notiz für G. W., George White, den zu identifizieren er sich aber geweigert habe, aus »Sicherheitsgründen«.[71] Gottlieb fluchte. Warum hatte Lashbrook die Papiere nicht unmittelbar nach dem Ereignis im Aschenbecher verbrannt oder in der Toilette fortgespült?

Doch Lashbrook war noch nicht zu Ende. Die Detectives hätten sich als Nächstes seine Brieftasche vorgenommen. Dabei seien sie auch auf den CIA-Pass gestoßen, den sie allerdings ebenso wenig hinterfragt hätten wie ein Papierstück mit verschlüsselten Anweisungen, die er als Kode für einen Safe bezeichnet habe.[72] Zum Glück sei keines der sensiblen Dokumente von den Beamten kopiert worden, schob Lashbrook eilig nach, als er selbst über die Distanz spürte, dass sein Chef vor Wut kochte. Gottlieb wies ihn an, sich im Hotel ein anderes Zimmer zu nehmen und weitere Instruktionen abzuwarten. Gegen 8.00 Uhr werde sich »ein Special Agent des Verteidigungsministeriums« bei ihm melden. Das hieß nichts anderes als: von der CIA.[73]

Kurz vor 8.00 Uhr klopfte der angekündigte Special Agent an der Tür von Zimmer 488, das Lashbrook zwischenzeitlich bezogen hatte. Es handelte sich um einen von mehreren Beamten, die inzwischen im Einsatz waren, um den Fall zu überwachen und zu gewährleisten, dass keine weiteren Fehler gemacht wurden. Und damit alle Spuren zur CIA verwischt werden konnten. Lashbrook wurde gebeten, in aller Ruhe und im Detail die Vorgeschichte Frank Olsons und ihrer gemeinsamen Reise nach New York zu schildern. Im späteren Protokoll des Special Agent bezeichnete Lashbrook seinen verstorbenen Kollegen als »einen Biochemiker und Angestellten der Agency«, der im Rahmen »eines Projektes in Camp Detrick« beschäftigt gewesen sei. Er habe »unter starken Wahnvorstellungen und Schuldgefühlen gelitten, die jedoch nach Auskunft von Lashbrook in keinem Zusammenhang mit seiner Arbeit standen«. Zudem seien Probleme mit einem Magengeschwür bekannt gewesen.[74]

Das Gespräch wurde auf Tonband aufgenommen. Robert Lashbrook begann sich noch einmal die Ereignisse der letzten Tage in Erinnerung zu rufen, zumindest jene Version, die mit Gottlieb verabredet worden war: Frank Olson galt wegen seiner Depressionen als Sicherheitsrisiko, wurde deshalb nach New York geschickt, um den Spezialisten Dr. Harold Abramson zu konsultieren; er selbst und Olsons direkter Vorgesetzter, Colonel Ruwet, begleiteten ihn; ihr Schützling stahl sich in der Nacht aus dem Zimmer des Hotels, um ein paar Schritte um den Block zu machen; auf Wunsch ihres Patienten flogen sie nach Washington zurück, weil er das Thanksgiving-Fest mit der Familie verbringen wollte; kurz nach der Landung wurde sein Zustand allerdings so kritisch, dass er wieder nach New York gebracht werden musste; der Vertrauensarzt der Agency, Abramson, beschloss schließlich, den CIA-Officer in eine Psychiatrische Klinik in der Nähe der Bundeshauptstadt zu überweisen; da für diesen Tag sämtliche Flüge ausgebucht waren, verbrachten sie deshalb eine weitere Nacht im *Hotel Pennsylvania*.

Der Special Agent stellte ein paar Nachfragen, erbat dann eine ausführliche Schilderung zum Ablauf des vergangenen Abends, die er später in sein Protokoll einflocht: »Lashbrook und Subjekt schauten eine Weile Fernsehen und gingen dann in die Cocktail Lounge, wo jeder von ihnen zwei Martinis trank. Anschließend begaben sie sich in das Restaurant des Hotels. Lashbrook sagte, dass keiner von beiden noch ein alkoholisches Getränk zu sich nahm. Um diese Zeit erschien Lashbrook Subjekt heiter und in deutlich besserer Stimmung. Kurz vor 22.00 Uhr telefonierte Subjekt mit seiner Frau, (...) dann kehrten Lashbrook und Subjekt zu ihrem Zimmer zurück. (...) und schauten Fernsehen bis ungefähr 23.00 Uhr. Lashbrook gab an, Subjekt habe um jene Zeit angemerkt, es fühle sich sehr viel entspannter als in der letzten Zeit. Beide gingen dann zu Bett, und Lashbrook schlief ein. (...) Lashbrook sagte, dass er etwa gegen 2.30 Uhr ein lautes Geräusch splitternden Glases hörte. Er sagte, Subjekt sei durch das Rollo und die Scheibe des Fensters gesprungen und auf dem Bürgersteig der 7th Avenue aufgeschlagen.«[75]

Nach zwei Stunden ging der Agent wieder, bat Lashbrook aber, sich erneut mit ihm zu treffen, sobald er, gegen Mittag, von der Identifizierung des Leichnams in der Pathologie des Bellevue Hospital zurückkäme. Auf keinen Fall dürfe er in seiner Abwesenheit noch einmal mit der Polizei reden.

Morgens gegen 7.00 Uhr an jenem Samstag, den 28. November 1953, draußen war es noch dunkel, klingelte Colonel Vincent Ruwet bei Familie Olson auf dem Braddock Mountain. Ruwet war gegen 2.45 Uhr in der Nacht, unmittelbar nach Frank Olsons Tod, von Sidney Gottlieb informiert worden. Beide hatten die folgenden Stunden damit verbracht, die Verschleierung des Falles zu regeln. Nicht weniger als die nationale Sicherheit stand auf dem Spiel. Zuletzt informierte Ruwet noch den Hausarzt der Familie Olson, der ihn zu Alice und den Kindern begleiten sollte.[76]

Alice Olson öffnete im Morgenmantel. »Frank hat einen Unfall

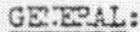
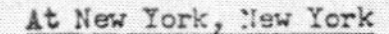

Case No. 73317 — 3 December 1953

GENERAL:

At New York, New York

On 28 November 1953, at 7:50 a.m., ROBERT V. LASHBROOK was interviewed in Room 488, Statler Hotel, 33rd Street and Seventh Avenue.

Mr. LASHBROOK advised that the SUBJECT was a biochemist and Agency employee assigned to a project at Camp Dietrick, Frederick, Maryland. He stated that a Colonel VINCENT RUWET is Commanding Officer of the SUBJECT's group. LASHBROOK indicated that he has known the SUBJECT for about one year. He stated that the SUBJECT had been suffering from "persecution delusions and guilt feelings." He indicated that these delusions and guilt feelings were not in areas related to the SUBJECT's work. LASHBROOK stated that the SUBJECT had received a medical discharge from the military service because of ulcers and was drawing disability pay. It was the SUBJECT's feeling that he actually had no ulcers and that he therefore believed that he was cheating the government. In this connection, LASHBROOK stated that the SUBJECT would listen to no reasonable solution to his problem. He stated that Colonel RUWET had become aware of SUBJECT's condition and suggested that something be done about it. As a result, on 24 November 1953, Colonel RUWET, LASHBROOK and the SUBJECT came to New York to consult with Dr. HAROLD A. ABRAMSON who has offices at 133 East 58th Street, New York City, and who resides at 47 New Street, Cold Spring Harbor, Long Island, New York. The three consulted with Dr. ABRAMSON on 24 and 25 November 1953 and on the night of 25 November all three went to the Hotel Statler with the intention of departing for Washington, D.C., at about 7:30 a.m., 26 November. At about 5:30 a.m., Colonel RUWET and LASHBROOK arose and were unable to find the SUBJECT. They proceeded to the lobby of the hotel and found SUBJECT there. The SUBJECT told them that he had been "wandering around for a while."

Bericht eines CIA-Special Agents über die Befragung von Robert V. Lashbrook wenige Stunden nach dem Tod des »Subjects«, Dr. Frank Olson.

gehabt«, sagte Ruwet, der sich für einen engen Freund der Familie hielt, und nahm Alice in den Arm. Er ist aus einem Hotelfenster in New York »gefallen oder gesprungen«. Das war die mit Gottlieb und der CIA abgesprochene Formulierung. Eric, mit neun Jahren ältestes der drei Kinder, den sie wenig später weckten, würde diese Worte Ruwets nie vergessen: Gefallen oder gesprungen. Wie konnte jemand mitten in der Nacht aus einem Fenster fallen? Oder springen? Die Nachricht, die Ruwet überbrachte, schien so unwirklich, so aus einer fremden Welt, dass sich die Familie in den ersten Stunden als völlig unfähig erwies, über den Verlust des Mannes und Vaters zu trauern. Es flossen keine Tränen. Sämtliche Emotionen schienen blockiert. »Es war, als sei nichts wirklich passiert«, schrieb Eric Olson später.[77]

Bevor Vincent Ruwet wieder ging, versicherte er Alice Olson noch, er werde sich um alles kümmern, um die Versicherungen, um die Witwenrente, um das Begräbnis. Das sei das Mindeste, was er für Frank tun könne. Die Sorge des Chefs der *SO-Division* in Camp Detrick um das Wohl von Alice und den Kindern war sicherlich nicht gespielt, obwohl Ruwets Rolle als fürsorglicher Familienfreund Teil der von Gottlieb und der CIA geplanten Verschwörung war. Jemand musste die Frau in den nächsten Monaten im Auge behalten, damit sie keine Nachforschungen über den Tod ihres Mannes anstellen würde. So lautete die Direktive. Und dafür hatten sie Ruwet ausgewählt. Er würde viele Jahre lang regelmäßig nachmittags bei Alice Olson vorbeischauen, um sie bei dem einen oder anderen Cocktail zu trösten, und er würde ihrem Alkoholismus damit Vorschub leisten, selbst noch zu einem Zeitpunkt, als ihre Krankheit niemandem mehr verborgen bleiben konnte. Aber er würde, als guter Soldat, niemals den Befehl missachten, kein Sterbenswörtchen von dem LSD-Experiment am Deep Creek Lake über seine Lippen kommen zu lassen, obwohl er wusste, dass es mit Franks Tod in einem Zusammenhang stand.[78]

Der Special Agent, der sich nach Olsons Tod in New York um Robert Lashbrook gekümmert hatte, wurde um 17.00 Uhr von einem Kollegen abgelöst.[79] Bevor er mit dem Nachtzug nach Washington zurückfuhr, wollte sich Lashbrook noch mit Harold Abramson treffen, um dessen Aussage zu Papier zu bringen. Das Treffen war für 21.15 Uhr terminiert, in der Zwischenzeit sah er mit seinem neuen Begleiter den Film »Cease Fire« (»Die letzte Patrouille«) in einem Broadway-Kino und ging dann mit ihm in ein nahe gelegenes *Mc Ginni's Restaurant*. Anschließend machten sie sich auf den Weg zu Abramsons Praxis in der Upper East Side.[80]

Lashbrook stellte den Special Agent als »einen Freund vor, der beratende Funktion habe«, nannte aber dessen Namen nicht. Dann bat er den Agenten, draußen zu warten, er wolle mit Abramson unter vier Augen sprechen. Der Agent blieb im Vorzimmer zurück, lauschte aber, in bester Geheimdienstmanier, an der Tür. Abramson und Lashbrook hörten zunächst ein Tonband ab, das während des letzten Gesprächs des Mediziners mit Frank Olson mitgelaufen war. Dann diktierte Lashbrook dem Vertrauensarzt der CIA die Stellungnahme, die vom Hauptquartier erwartet wurde, dass zum Beispiel die Frau des Verstorbenen, Alice also, ihren Mann schon im März 1953 gebeten habe, wegen seiner Depressionen psychiatrische Hilfe in Anspruch zu nehmen, was nicht der Wahrheit entsprach.[81] Außerdem musste Abramson in seinen Bericht schreiben, der Patient habe unter Schuldkomplexen und Verfolgungswahn gelitten, aber am Tag vor seinem Tod geäußert, er fühle sich inzwischen viel besser.[82] Das Treffen zwischen Lashbrook und Abramson diente ausschließlich dazu, die Aussagen abzustimmen, damit sie sich später nahtlos zur Deckung bringen ließen. Aber warum durfte der Special Agent nicht davon erfahren? Seine Aufgabe sollte es doch sein, eine möglichst gute Verschleierung zu gewährleisten? Gab es eine Verschwörung hinter der Verschwörung?

Die Aufgaben der Special Agents waren damit keineswegs beendet. Sie sprachen mit den beiden Police Detectives, von denen Lashbrook befragt worden war, redeten ihnen aus, dass der Fall möglicherweise ein Mord mit homosexuellem Hintergrund gewesen sein oder mit Senator McCarthys antikommunistischen Brigaden zusammenhängen könnte, die gerade in der Stadt weilten.[83] Alles andere als Selbstmord sei »absurde Spekulation«, machten die Special Agents den Kollegen unmissverständlich deutlich. Doch die wackeren Detectives wollten sich nicht so leicht abspeisen lassen. Sie hätten es als Unverschämtheit empfunden, wie unkooperativ Mr. Lashbrook gewesen sei, keine noch so geheime Regierungstätigkeit rechtfertige ein solches Verhalten gegenüber der Polizei, beschwerten sich die Beamten. Es bedurfte intensiver Bemühungen, um die beiden zu beruhigen. Wegen der Verwicklung hoher Regierungsstellen hatten sie allerdings schon das FBI eingeschaltet, was die Sache weiter komplizierte, denn die »Feds« ließen sich erfahrungsgemäß nicht so leicht von Special Agents der Konkurrenz beeindrucken.

Am nächsten Tag suchte einer aus dem Agententeam der CIA das Büro des Gerichtsmediziners auf, der noch am Samstag die Obduktion der Leiche vorgenommen hatte. Nach einer ausführlichen Besprechung über den Hergang des Suizids schrieb der Gerichtsmediziner in sein Gutachten, er habe zahllose Schnittwunden im Brustbereich des Opfers festgestellt, was bei einem Sprung durch ein geschlossenes Fenster auch keine Überraschung sei. Dabei handelte es sich allerdings um reine Fantasie, was sich aber ebenfalls erst Jahrzehnte später herausstellen sollte.[84]

Im CIA-Hauptquartier lief derweil die Verschleierungsmaschinerie auf Hochtouren. Sidney Gottlieb hatte noch am 28. November seinem Vorgesetzten Richard Helms erläutert, dass die Folgen des LSD-Experiments am Deep Creek Lake nicht vorherzusehen gewesen waren. Damit wurde sofort eine, wahrscheinlich bereits

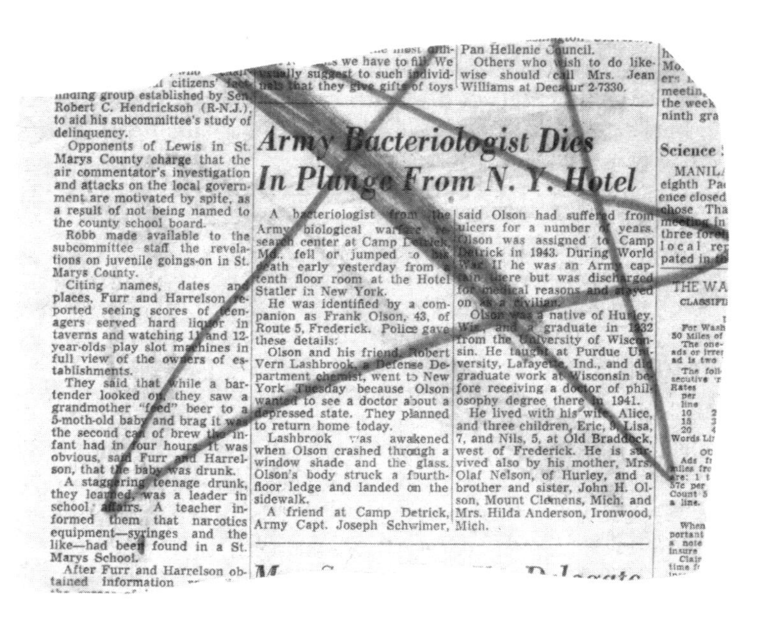

... citizens' fact-finding group established by Sen. Robert C. Hendrickson (R-N.J.), to aid his subcommittee's study of delinquency.

Opponents of Lewis in St. Marys County charge that the air commentator's investigation and attacks on the local government are motivated by spite, as a result of not being named to the county school board.

Robb made available to the subcommittee staff the revelations on juvenile goings-on in St. Marys County.

Citing names, dates and places, Furr and Harrelson reported seeing scores of teenagers served hard liquor in taverns and watching 11 and 12-year-olds play slot machines in full view of the owners of establishments.

They said that while a bartender looked on, they saw a grandmother "feed" beer to a 5-moth-old baby and brag it was the second can of brew the infant had in four hours. It was obvious, said Furr and Harrelson, that the baby was drunk.

A staggering teenage drunk, they learned, was a leader in school affairs. A teacher informed them that narcotics equipment—syringes and the like—had been found in a St. Marys School.

After Furr and Harrelson obtained information ...

... we have to fill. We usually suggest to such individuals that they give gifts of toys

Pan Hellenic Council.

Others who wish to do likewise should call Mrs. Jean Williams at Decatur 2-7330.

Army Bacteriologist Dies In Plunge From N. Y. Hotel

A bacteriologist from the Army biological warfare research center at Camp Detrick, Md., fell or jumped to his death early yesterday from a tenth floor room at the Hotel Statler in New York.

He was identified by a companion as Frank Olson, 43, of Route 5, Frederick. Police gave these details:

Olson and his friend, Robert Vern Lashbrook, a Defense Department chemist, went to New York Tuesday because Olson wanted to see a doctor about a depressed state. They planned to return home today.

Lashbrook was awakened when Olson crashed through a window shade and the glass. Olson's body struck a fourth-floor ledge and landed on the sidewalk.

A friend at Camp Detrick, Army Capt. Joseph Schwimer, said Olson had suffered from ulcers for a number of years. Olson was assigned to Camp Detrick in 1943. During World War II he was an Army captain there but was discharged for medical reasons and stayed on as a civilian.

Olson was a native of Hurley, Wis., and a graduate in 1932 from the University of Wisconsin. He taught at Purdue University, Lafayette, Ind., and did graduate work at Wisconsin before receiving a doctor of philosophy degree there in 1941.

He lived with his wife, Alice, and three children, Eric, 9, Lisa, 7, and Nils, 5, at Old Braddock, west of Frederick. He is survived also by his mother, Mrs. Olaf Nelson, of Hurley, and a brother and sister, John H. Olson, Mount Clemens, Mich. and Mrs. Hilda Anderson, Ironwood, Mich.

Tageszeitung aus Frederick vom 30. November 1953 mit Buntstift-Gekritzel des fünfjährigen Nils Olson: »Army-Bakteriologe stirbt nach Sturz aus New Yorker Hotel.«

zuvor geplante Legende gestrickt (Suizid infolge LSD-Halluzinationen), als Auffangnetz sozusagen, falls das obere Netz (Suizid infolge Depressionen) jemals reißen sollte. Die Wahrheit sollte unter der doppelten Absicherung verborgen bleiben.

Aber was war die Wahrheit? Natürlich wussten alle Insider des Geheimdienstes, dass ein Selbstmord zehn Tage nach einem LSD-Trip eigentlich ausschied. Es sei denn, man hätte das Opfer in dieser Zeit weiter unter Drogen gesetzt und so vielleicht in den Freitod getrieben. War das die Wahrheit? Oder hatten Gottliebs Leute professionelle Killer engagiert, die Frank Olson in jener Nacht aus dem geöffneten Fenster warfen und es hinterher zerschlugen, um Lashbrook ein Alibi zu verschaffen?

Gottlieb und seine Abteilung, bewandert in allen Formen schmutziger Tricks, setzten zunächst alles daran, dem obersten Netz die nötige Tragfähigkeit zu verschaffen. Abramsons Stellungnahme, die Robert Lashbrook aus New York mitgebracht hatte, diente dafür als wichtiges Element. »Frank Olson besaß eine lange Geschichte psychischer Störungen. Bereits im Sommer erzählte er seiner Frau von seinen Depressionen, und sie schlug vor, einen Arzt zu Rate zu ziehen«, schrieb der *Inspector General* der CIA, Lyman B. Kirkpatrick, in einer ersten Bewertung, nachdem er von den TSS-Leuten informiert worden war.[85] Kirkpatrick war als eine Art Chef-Ermittler im eigenen Haus von CIA-Direktor Allen W. Dulles mit der internen Aufklärung des Falles beauftragt worden. Die Beurteilung stamme von Dr. Harold Abramson, und der sei ein anerkannter Psychiater, der über große Erfahrung in der Behandlung »abnormaler Menschen« verfüge, hielt Kirkpatrick Gottliebs Aussage fest.[86] Auch das entsprach nicht den Tatsachen. Das LSD habe aus Abramsons Sicht leider eine bereits vorhandene Grunderkrankung zusätzlich verstärkt.

Es handelte sich tatsächlich um eine Verschwörung hinter der Verschwörung.

Abmahnung

Am 1. Dezember 1953 fand Frank Olsons Beerdigung statt. Seinen Sarg bedeckte die amerikanische Flagge. Der Familie war zuvor von Vincent Ruwet mitgeteilt worden, der Leichnam sei in einem so schlechten Zustand, dass eine Totenwache am offenen Sarg ausscheide. Dabei hätte Alice ihren Frank gern noch einmal gesehen, berührt.[87] Auch Ruwets Darstellung sollte sich später als Lüge erweisen.[88] Zu der Begräbnisfeier erschienen fast einhundert Freunde und Kollegen, mit denen Frank Olson in den zehn Jahren seines beruflichen Lebens zu tun gehabt hatte: sein alter Professor aus Wisconsin und späterer Chef in Camp Detrick, Ira Baldwin; seine früheren Mitstreiter aus der B-Waffen-Forschung, darunter Edwin V. Hill, Charles R. Phillips, Arthur N. Gorelick und Donald W. Falconer; seine Mitarbeiter in der *SO-Division,* unter anderen Colonel Vincent L. Ruwet, Benjamin Wilson, James Stubbs, John McNulty und Frank A. Wagner und natürlich sein alter Kumpel Norman Cournoyer; auch die Namen von Sidney Gottlieb und Robert Lashbrook tauchen im Kondolenzbuch auf.[89]

Während sich Alice Olson und die Kinder mit der Ungewissheit quälten, ob sich Frank tatsächlich das Leben genommen hatte, ahnten die meisten, dass dies nicht der Wahrheit entsprechen konnte.

In Memoriam
Frank R. Olson Fund

Bill & Phyllis McCuin
Sidney Gottlieb
Robert Lashbruck
Leon and Jane Idoine
Claire B. Landers

Charles R Phillips
Norman G. Cournoyer
Betty J. Lesser
Mr & Mrs Lee B. Wagner
Ruth & John Schwab
Mr & Mrs Don W. Falconer
Mr & Mrs. C.E. O'Bryan
Mr. & Mrs. M. Chertoff
Lt. Col and Mrs. Michael DeCarlo
James R.E. Smith
Lt Col & Mrs John S. McNulty
Mr. and Mrs. Bert Wetzler
Mr. & Mrs. Frank A. Wagner
Mr & Mrs Frederic A. Leonard

Zum Begräbnis von Frank R. Olson unterzeichneten unter anderem: Norman Cournoyer, Don Falconer, John S. McNulty, Frank A. Wagner sowie Sidney Gottlieb und Robert Lashbrook, dessen Namen jemand (falsch) eingetragen hatte. Waren die beiden tatsächlich gar nicht erschienen?

Sie hatten Frank Olson niemals depressiv erlebt, er war ein positiver, lebensbejahender Mensch gewesen, der seine Familie nie im Stich gelassen hätte. Vor allem Norman Cournoyer wusste das und würde sein Leben lang davon überzeugt sein. Ihm hatte sich der Freund anvertraut, ihm hatte er von den unmenschlichen »Artischocke«-Experimenten erzählt, von seiner Absicht auszusteigen, aber dennoch hätte Olson, auch wenn er nach seiner letzten Europareise sehr verzweifelt gewesen war, den Freitod nicht als Lösung gesehen. Niemals.[90] Und doch schwieg Cournoyer, versuchte nicht, der Witwe mit einem Hinweis auf den Inhalt ihres letzten Gesprächs einen Weg aus der Ungewissheit zu weisen.

Auch jene, die am Deep Creek Lake dabei gewesen waren, und jetzt, nur zwei Wochen später, an Olsons Grab standen, bewahrten das Geheimnis des angeblichen Selbstversuchs mit LSD. Vielleicht wagten sie es nicht, weil sie ein ähnliches Schicksal befürchteten, wenn sie etwas verlauten ließen, denn die Trauerfeierlichkeiten wurden sicherlich von mehreren CIA-Agenten genau beobachtet. Jede unbedachte Bemerkung, jede falsche Geste gegenüber den Angehörigen, könnte als Verrat verstanden werden. Frank war tot, das war traurig, aber ihm konnten sie nicht mehr helfen, und jetzt musste möglichst schnell Gras über die Sache wachsen. Das verlangte der Schwur, den sie geleistet hatten – und die nationale Sicherheit.

Am gleichen Tag zogen die Leute aus Sid Gottliebs CIA-Abteilung für »dirty tricks« eine erste Konsequenz aus der Affäre, die sie dem Inspector General, Lyman B. Kirkpatrick, der die interne Untersuchung mit Nachdruck vorantrieb, gleich übermittelten, die aber wohl in erster Linie der Ablenkung dienen sollte: Sämtliche LSD-Vorräte im Hauptquartier der CIA seien inzwischen unter Verschluss, Bestände gebe es nur noch in zwei ausländischen Dependancen, Manila und Atsugi (eine US-Basis in Japan) sowie bei George H. White in New York, aber »nicht in Deutschland«.[91]

Im Rahmen seiner Ermittlungen ließ Kirkpatrick kurze Zeit später sogar Gottliebs Akten beschlagnahmen, »was Sid gar nicht glücklich machte und einen spontanen Stotteranfall bei ihm auslöste«, wie der Inspector General hinterher vor Vertrauten äußerte.[92] Und dann wandte sich der Chef-Ermittler nochmals direkt an Dr. Harold Abramson und bat um eine erneute Stellungnahme, als traue er der Aussage nicht, die Lashbrook aus New York mitgebracht hatte. Und tatsächlich verfasste der CIA-Vertrauensarzt einen Bericht, der mehrere Hinweise enthielt, die Gottlieb und Lashbrook nicht gefallen konnten.

War Abramson naiv – oder wollte er Kirkpatrick eine Botschaft übermitteln? Er habe erfahren und Frank Olson bei einem seiner Gespräche auch mitgeteilt, dass »extra ein Experiment durchgeführt wurde, um ihm eine Falle zu stellen«.[93] Eine Falle zu stellen? Lashbrook und Ruwet hatten Abramson offenbar anvertraut, was der tatsächliche Zweck des LSD-Versuchs am Deep Creek Lake gewesen war, nämlich Olson zum Reden zu bringen. Außerdem sei ihm von seinem Patienten offenbart worden, schrieb Abramson, dass er »klassifizierte Informationen weitergegeben« habe und seitdem »große Schuld« empfinde.[94] Da also war er wieder, der schreckliche Fehler, von dem er gegenüber seiner Frau Alice gesprochen hatte, an jenem Wochenende nach dem Treffen am Deep Creek Lake. Der Fehler womöglich, dass er dem britischen Psychiater Dr. William Sargant Einblick in sein Innenleben gewährt und ihm seine Erschütterung über die tödlichen Menschenversuche im Rahmen der Operation »Artischocke« vermittelt hatte.[95]

Im Detail gewährte Abramson dem Inspector General Einblick in die Beratungsgespräche, die er mit Frank Olson wenige Tage und Stunden vor dessen Tod geführt hatte, beleuchtete Hintergründe der Tat, wobei er es offenbar für gerechtfertigt hielt, sich über die ärztliche Schweigepflicht hinwegzusetzen. »Der Patient brachte sehr unmissverständlich zum Ausdruck, er glaube seit langem, seine Schlaflosigkeit hänge damit zusammen, dass die CIA-Gruppe ihm etwas wie Benzedrin in den Kaffee gebe, um ihn wach zu halten«.[96] Litt Frank Olson unter Verfolgungswahn, oder lagen seiner Äußerung Fakten zugrunde? Aus dem, was Abramson im zweiten Anlauf zu Papier brachte, ohne Lashbrook, den Einflüsterer der CIA, ließ sich jedenfalls herauslesen, dass der LSD-Versuch ausschließlich Frank Olson gegolten hatte, um von ihm, in bester »Artischocke«-Manier, zu erfahren, welche Geheimnisse von ihm verraten worden waren. Und an wen.

Wenige Wochen nach Olsons Tod bezog die CIA die interne, streng geheime Position, das LSD-Experiment habe Olsons Selbstmord forciert, auch wenn Gottlieb und Lashbrook immer wieder behaupteten, es sei so gut wie undenkbar, dass die Droge gefährliche Nachwirkungen habe.[97] Der Versuch, der »ohne Abstimmung mit dem ›Artischocke‹-Komitee«, dem wissenschaftlichen Beratergremium, vorgenommen worden sei, »gefährdet ernsthaft die

Reputation der Agency«, schrieb Lyman B. Kirkpatrick an den CIA-Direktor Allen W. Dulles.[98]

Insgesamt sechs Versionen entwarf der Inspector General, um Sidney Gottlieb für das tödlich verlaufene Experiment abzumahnen. Er begann mit der Beurteilung, der Abteilungsleiter der TSS habe eine »ungewöhnlich schlechte Handlungsweise« gezeigt. Doch diese Wortwahl schien ihm dann für einen leitenden CIA-Beamten als viel zu harsch. Also versuchte Kirkpatrick es mit »völlig unbefriedigender Handlungsweise«. Immer noch zu stark. Schließlich wählte er »unbefriedigende Handlungsweise« und ließ den beiden Betroffenen, Gottlieb und Lashbrook, gleichzeitig mitteilen, seine Beurteilung fände nicht Eingang in deren Personalakten, stünde ihrer weiteren Karriere somit nicht im Wege.[99]

Das entsprach Sid Gottliebs Wunschlösung, damit konnte er leben. Vor allem aber: Es war ihm gelungen, die tatsächlichen Ereignisse in Frank Olsons letzten Tagen und Stunden weitgehend zu vertuschen, auch im eigenen Laden.

Zwei Wochen nach der Beerdigung rief Gottlieb bei Alice Olson an, er würde ihr gern, zusammen mit seinem Stellvertreter Lashbrook, einen Kondolenzbesuch abstatten. Wegen eines Schreibfehlers im Kondolenzbuch (»Lashbruck«) war der Verdacht aufgetaucht, sie wären der Beerdigung fern geblieben. Olsons Witwe wandte sich an Vincent Ruwet, der fast täglich nach Dienstschluss vorbeikam, um ihr Beistand zu leisten, und um sie nötigenfalls, in Gottliebs Auftrag, von falschen Entscheidungen abzubringen. Dann kamen die beiden, sprachen der Familie ihr tief empfundenes Beileid aus und boten ihre Hilfe an. Wann immer sie das Bedürfnis habe, brauche sie nur zum Telefon greifen und ihn anrufen, sagte Gottlieb zum Abschied.

Im Rückblick betrachtet kam Alice Olson der Besuch »geradezu bizarr« vor. Das war dreißig Jahre später, als sie Gottlieb erneut gegenübertreten sollte, zu einem Zeitpunkt, als sie ihn längst verdächtigte, die Ermordung ihres Mannes in Auftrag gegeben zu haben.[100]

Gottlieb und Lashbrook kehrten nie wieder nach Camp Detrick zurück.[101] Es wurde sogar gemunkelt, ihnen wäre von der US Army ein Hausverbot für das Areal des B-Waffen-Zentrums erteilt worden. Sicher scheint, dass es damals erhebliche Missstimmungen zwischen der CIA und dem *Chemical Corps* der Army gab, dem Camp Detrick unterstand.

Im Jahre 1993, fünfzig Jahre nach Gründung des Zentrums und vierzig Jahre nach dem Tod von Frank Olson, verfasste der Presseoffizier Norman M. Covert eine historische Abhandlung aus Anlass des Jubiläums.[102] Aus der Broschüre, die sicherlich nicht ohne Segen von oben zustande kam, ließ sich noch immer die Empörung herauslesen, die seinerzeit über den Fall des allseits beliebten und geschätzten Mitarbeiters Frank Olson vorgeherrscht haben musste: Der »hervorragende Wissenschaftler« sei damals Opfer »eines LSD-Projekts geworden, das nicht von der Army abgesegnet worden war«. Dabei »wurde behauptet, Olson habe Selbstmord begangen«, nachdem ein Kollege ihm ohne seine Kenntnis LSD verabreicht hatte, »in einem New Yorker Hotelzimmer«.[103] In einem New Yorker Hotelzimmer? Hatte sich Covert schlichtweg geirrt – oder handelte es sich um einen versteckten Hinweis, dass Olson nach dem Treffen am Deep Creek Lake weiter unter Drogen gesetzt worden war, so wie es der CIA-Ratgeber für einen Mordanschlag empfahl?[104]

Im Frühjahr 1955, etwas mehr als ein Jahr nach Frank Olsons Tod, der in der CIA zwischenzeitlich zu den Akten gelegt worden war, beschloss Sid Gottlieb, der immer noch die *Chemical Division* der Abteilung TSS leitete, das Bordell in Greenwich Village, das von George H. White geführt wurde und der Agency als Testlabor für LSD diente, nach San Francisco zu verlegen. Den Umzug an die Westküste, wo er seine zwielichtige Karriere als Fahnder der Drogenpolizei zehn Jahre zuvor begonnen hatte, nahm White zum Anlass, sich einen Assistenten zu besorgen. Es würde in San Francisco viel zu tun geben. Die Wahl fiel auf Ira (»Ike«) Feldman, einen von Gestalt kleinen, aber sehr drahtigen Drogenfahnder, der bereits auf eine lange Karriere in verschiedenen Geheimdiensten zurückblicken konnte.[105]

Es muss bei einer der ersten Begegnungen mit Ike Feldman gewesen sein, dass George White das Gespräch auf Frank Olson lenkte, den früheren Mitarbeiter des B-Waffen-Zentrums Camp Detrick und CIA-Officer. Terminieren konnte Feldman dieses Treffen später nicht mehr, aber den Inhalt würde er nicht vergessen. »Ike«, sagte George, »du weißt, was sie mit einem machen, der zu viel quatscht? Sie werfen ihn aus dem Fenster.« Feldman bekam die Aussage seines neuen Chefs, dass Frank Olson im Auftrag der CIA ermordet worden war, in den folgenden Monaten mehrfach bestätigt, hinter vorgehaltener Hand: von Detectives der New Yorker

Polizei, von Agenten der nationalen Drogenpolizei und von den CIA-Leuten selbst. Fast schien es ihm, als sollte der Fall damals als abschreckendes Beispiel dienen, als Lehre für Nachwuchskräfte auf geheimen Missionen: »Wenn jemand mit Staatsgeheimnissen zu tun hatte«, erinnerte sich Feldman fünf Jahrzehnte später, »musste er wissen, dass, sobald er zu Plaudern begann, die Regierung nur eine einzige Wahl hatte: Schafft ihn aus dem Weg!«[106]

Capitol Hill

Familienjuwelen

Wieder war es ein nebliger Novembertag, der aufs Gemüt drückte, wie damals, am Wochenende vor Franks Tod. Thanksgiving 1974. Wie in jedem Jahr gab es ein großes Dinner, die ganze Familie scharte sich um den traditionellen Truthahn: Alice, Eric, Lisa mit ihrem Mann Greg, Nils. Außerdem hatten sie Rena und William Dorrell eingeladen, auch wie in jedem Jahr; Rena war Alices beste Freundin, und Bill ein früherer Kollege von Frank in Camp Detrick.[1]

In diesem Jahr fiel Franks Todestag, der 28. November, auf Thanksgiving. Einundzwanzig Jahre lag es inzwischen zurück, seit Frank Olson auf dem Pflaster der 7th Avenue aufgeschlagen war, in selbstmörderischer Absicht »gefallen oder gesprungen« aus einem Fenster des *Hotel Pennsylvania* in New York. Mehr als zwei Jahrzehnte hatten Alice und die Kinder mit dieser Geschichte leben müssen, hatten die CIA und die mittlerweile aufgelöste *SO-Divison* in Fort Detrick das Geheimnis um die Hintergründe wahren können.[2] Niemals war auch nur der winzigste Hinweis auf die Umstände seines Todes nach außen gedrungen, nie hatte irgendein Regierungsbeamter auch nur eine Andeutung gemacht über das LSD-Experiment am Deep Creek Lake.

Sidney Gottlieb und seine Kollegen hatten Frank Olson ausgelöscht, erst sein Leben, dann in ihren Erinnerungen und irgendwann auch viele seiner Spuren in den Akten. Im Vorjahr war Richard Helms, inzwischen CIA-Direktor, von Präsident Nixon abberufen und zum Botschafter in Teheran ernannt worden. Gottlieb, sein engster Mitarbeiter, hatte daraufhin beschlossen, ebenfalls die Demission einzureichen und in den Ruhestand zu gehen. Als eine ihrer letzten gemeinsamen Aktionen säuberten Helms und Gottlieb ihre Akten und jagten sämtliche Unterlagen der Operation »Artischocke« durch den Reißwolf. Sieben Kartons mit Unterlagen, mehr als 10 000 Seiten, entgingen jedoch ihrer Zerstörungswut – und überlebten bis heute.[3]

Nach dem Dinner beschlossen Eric und Nils, den alten Projektor herauszuholen und ein paar Schmalfilme von damals anzuschauen. Sie alle waren in sehr sentimentaler Stimmung. Insbesondere der dreißigjährige Eric steckte in einer emotionalen Krise, seit im Jahr zuvor eine langjährige Beziehung auseinander gegangen war.[4] Nachdem sie sich einige Filme angesehen und ihre Erinnerungen aufgefrischt hatten, geriet die Familie unerwartet in eine intensive Diskussion über die Hintergründe des Selbstmords. Keiner von ihnen hatte sich in all den Jahren mit der offiziellen Version abfinden können, Frank habe sich damals, in einer emotionalen Krise, aus einem Hotelfenster gestürzt, Frau und Kinder im Stich gelassen. Plötzlich mischte sich Alice, die bis dahin schweigend dabei gesessen hatte, in das Gespräch der Kinder ein, machte Andeutungen, die CIA könnte hinter Franks Tod stecken. Dann brach sie in Tränen aus. In demselben Moment war Eric Olson bewusst, dass er, sobald er seine Doktorarbeit in Klinischer Psychologie an der Harvard University beendet hätte, dem Verdacht seiner Mutter nachgehen würde.[5]

Ein Vierteljahr zuvor, am 9. August 1974, war der amerikanische Präsident Richard M. Nixon wegen der Watergate-Affäre von seinem Amt zurückgetreten, das sein Vize, Gerald Ford übernahm, der wiederum Nelson A. Rockefeller als neuen Vizepräsidenten berief. Im Dezember 1974 veröffentlichte die *New York Times* einen Artikel über die Operation »Chaos« der CIA.[6] Tausende von amerikanischen Bürgern, darunter Journalisten, Schauspieler, Abgeordnete, die der Geheimdienst für Gegner des Vietnamkrieges hielt, waren ausgeforscht und illegal abgehört worden, um etwas über die von ihnen geplanten Aktivitäten zu erfahren.[7]

Der Bericht ging auf eine interne Untersuchung von Missetaten der CIA zurück, die von deren damaligem Stellvertretenden Direktor, William E. Colby, nach der Watergate-Affäre in Auftrag gegeben worden war und mit der er sich über ein ehernes Gesetz der Ageny hinweggesetzt hatte, das noch von seinem Vorgänger Richard Helms stammte: streng geheime, nur in abgeschotteten Abteilungen vorhandene Informationen über eigene Operationen unter keinen Umständen weiterzugeben. Niemals. An niemanden. Diesen Regelverstoß, der zur Preisgabe der so genannten »Familienjuwelen« des Geheimdienstes führen sollte, würden die CIA-Altvorderen Colby niemals verzeihen, bis zu dessen eigenem mysteriösen Ende nicht.[8]

Der ehemalige Captain der US Army hatte eine schillernde CIA-Karriere hinter sich: von 1959 bis 1962 Stationsleiter in Vietnam; ein Jahrzehnt später Leiter des »Phoenix«-Programms, bei dem mehr als 20 000 kommunistische Widersacher des von den USA unterstützten südvietnamesischen Diktators Nguyen Van Thieu zwischen 1968 und 1972 ermordet worden waren; Aufstieg zum CIA-Vize und im September 1973 sogar zum Chef der Agency.

Nach der Veröffentlichung in der *New York Times* sah sich der neue Präsident Gerald Ford genötigt, eine Kommission im amerikanischen Kongress ins Leben zu rufen, die vom Vorsitzenden des Senats, seinem Stellvertreter, Nelson Rockefeller geleitet werden sollte. Deren Aufgabe würde die lückenlose Aufklärung illegaler Praktiken der amerikanischen Geheimdienste sein. Die Kommission nahm umgehend ihre Arbeit auf und legte schon im Juni 1975 ihren Bericht vor.[9]

Am 11. Juni 1975 brachte die *Washington Post* auf der Titelseite mehrere Artikel über den Bericht der Rockefeller-Kommission. Unter der fettgedruckten Zeile »CIA infiltrierte 17 Gruppierungen, arbeitete mit LSD« fand sich ein einspaltiger Artikel, der die Überschrift trug: »Selbstmord enthüllt.«[10]

Rena Dorrell glaubte ihren Augen nicht zu trauen, als sie den Artikel überflog. Ein Wissenschaftler der US Army, dessen Namen nicht genannt wurde, habe sich im November 1953 aus dem Fenster eines Hotels in New York gestürzt, nachdem er eine Woche zuvor unter LSD gesetzt worden sei.[11] Einen Moment lang schob sie den Gedanken, der ihr durch den Kopf geschossen war, beiseite, aber er kehrte sofort zurück: War da von Frank Olson die Rede? Sie las den Bericht noch einmal sorgfältig durch, und diesmal war sie sich ihrer Sache sicher. Hatten sie Frank, den Mann ihrer langjährigen Vertrauten und besten Freundin Alice, mit Drogen in den Tod getrieben?

Sofort rief Rena Dorrell bei den Olsons an und bekam Lisa an den Apparat, die umgehend ihren Mann Greg informierte, mit dem sie gerade zu Besuch bei ihrer Mutter weilte. Ohne zu zögern griff Greg zum Hörer, um Vincent Ruwet anzurufen, den früheren und längst pensionierten Chef seines Schwiegervaters. Der sei gerade außer Haus, werde aber »darüber nichts wissen«, entgegnete dessen Frau Hazel, als Greg ihr von der Geschichte in der *Washington Post* erzählte.[12] Doch als er nachmittags noch einmal bei Ruwet anrief, räumte dieser ohne Umschweife ein, dass er gerade von einer

Besprechung bei der CIA zurückgekommen sei, auf dem sie ihn authorisiert hätten, den Sachverhalt zu bestätigen: Ja, es stimme, Frank Olson habe zehn Tage vor seinem Tod bei einem Treffen von Wissenschaftlern am Deep Creek Lake im Rahmen eines Experiments LSD zu sich genommen.

Als Greg aufgelegt hatte, wählte er anschließend Eric Olsons Nummer an dessen Studienort Cambridge/Massachusetts. Dem kam, wie er sich später erinnern sollte, als er die Neuigkeit von seinem Schwager erfuhr, eine lange verloren geglaubte Flasche mit einer geheimen Nachricht in den Sinn, die endlich an den Strand gespült worden war. Dabei lag der Weitergabe des Falles Olson an die Rockefeller-Kommission offensichtlich ein Versehen zugrunde. Er hätte als einer der glitzerndsten »Familienjuwelen« eigentlich für immer im Tresor der CIA bleiben sollen.[13]

Was hatte sein Vater mit LSD zu tun? Er war Bakteriologe gewesen, hatte für die Army an biologischen Waffen gearbeitet. So viel wusste er. Aber Drogen? LSD? Das war geradezu wahnwitzig. Eric Olson fühlte wieder die gleiche Sprachlosigkeit, die ihn damals, nach dem plötzlichen Tod, als Neunjährigen befallen hatte, dieses völlige Unverständnis über die Nachricht, sein Vater sei aus einem New Yorker Hotelfenster »gesprungen oder gefallen«. Er musste die Wahrheit herausfinden, nötigenfalls gegen alle Widerstände.[14]

Als Eric Olson ein paar Tage später nach Frederick zurückkehrte, um mit der Familie über die nächsten Schritte zu beraten, offenbarte ihm seine Mutter eine bedrückende Nachricht: Einen Tag nach dem Artikel der *Washington Post* hatte der Frauenarzt bei ihr Gebärmutterhalskrebs diagnostiziert.[15]

Am 10. Juli 1975 veranstalteten die Olsons eine Pressekonferenz im Garten ihres Hauses, das Frank 1950 gebaut hatte, oben auf dem Braddock Mountain. Der gesamte Holter Vista Drive, der zum Anwesen der Olsons hinaufführte, war mit Fahrzeugen zugeparkt. Sämtliche amerikanischen Fernsehsender hatten ihre Reporter geschickt und brachten deren Berichte in den Abendnachrichten. Eric forderte von der amerikanischen Regierung die lückenlose Aufklärung der Umstände, unter denen sein Vater 1953 zu Tode gekommen war; außerdem verlangte die Familie eine finanzielle Entschädigung. Sollte diesen Forderungen nicht umgehend entsprochen werden, beabsichtigte die Familie, gegen die Regierung zu klagen.[16]

Im Weißen Haus in Washington starrten Stunden später Mitarbeiter des Stabes von Präsident Gerald Ford mit Schrecken auf die

Am 10. Juli 1975 veranstaltete die Olson-Familie eine Pressekonferenz im Garten ihres Hauses in Frederick, die im Weißen Haus für große Beunruhigung sorgte.

Agenturmeldungen, die über die Olson-Pressekonferenz aus ihren Fernschreibern tickerten. Und bei der CIA verfluchten sie erneut ihren Boss, William Colby, der den Tresor der Agency für die Rockefeller-Kommission geöffnet und damit zugelassen hatte, dass diese unangenehme Geschichte nach über zwanzig Jahren ans Licht gezerrt werden konnte. Experten im Justizministerium wurden eingeschaltet und erkannten sehr schnell die Gefahr, dass jene CIA-Officers, die damals mit dem Fall befasst gewesen seien – Gottlieb, Lashbrook und natürlich auch Helms –, vor Gericht gebracht werden könnten.[17]

Dieser Meinung schloss sich auch der Stab des Weißen Hauses an. Es müsse schleunigst alles unternommen werden, die Kontrolle über die Olson-Geschichte zurückzugewinnen, hieß es in einem Memorandum. Sonst könnte die CIA »im Zusammenhang mit einem Gerichtsverfahren oder Anhörungen im Kongress (...) gezwungen werden, hoch klassifizierte Staatsgeheimnisse preiszugeben«.[18] Folgende Strategie wurde Gerald Ford von seinen Beratern »dringend empfohlen«: Der Präsident gibt eine kurze Erklärung ab, in der »er das tragische Ereignis bedauert und seine Bereitschaft zum Ausdruck bringt, sich mit Mrs. Olson und ihren Kindern zu treffen, um eine Entschuldigung im Namen der Regierung auszusprechen«.[19] Es war der Beginn einer neuerlichen Verschwörung im Fall Frank Olson.

Zehn Tage später traf sich der Präsident der Vereinigten Staaten im Oval Office des Weißen Hauses mit der Familie Olson, entschuldigte sich im Namen der amerikanischen Regierung und sagte zu, dass alle relevanten Informationen von der CIA zur Verfügung gestellt würden; außerdem versprach er, sich für eine finanzielle Entschädigung stark zu machen. Während Alice Olson vom Charme Gerald Fords sehr angetan war, blieb ihr Sohn Eric skeptisch. Wofür hatte sich der Präsident entschuldigt? Für das Experiment am Deep Creek Lake? Für den Tod seines Vaters? Oder für die Tatsache, dass in mehr als zwanzig Jahren kein Regierungsbeamter jemals Kontakt mit der Familie aufgenommen hatte? Allerdings durchschauten weder Eric, seine Geschwister oder seine Mutter noch die Anwälte der Familie die Strategie: Der Familie sollte mit einer finanziellen Regelung, die kurz danach in das amerikanische Gesetzgebungsverfahren eingebracht wurde, die Zusage abgekauft werden, niemals in dieser Sache gegen die amerikanische Regierung oder einen Regierungsbeamten zu klagen.

Am 21. Juli 1975 empfing Präsident Gerald Ford die Familie Olson im Weißen Haus, um im Namen der amerikanischen Regierung eine Entschuldigung auszusprechen.

Drei Tage später, am 24. Juli 1975, fuhren die drei Olson-Kinder in Begleitung ihrer Anwälte nach Langley/Virginia zu einem Lunch mit William E. Colby im siebten Stock des CIA-Hauptquartiers. Auch der CIA-Direktor entschuldigte sich im Namen der Agency, ließ der Familie ein Dossier aushändigen, das etwa 130 Seiten umfasste und, nach Aussagen Colbys, die gesamte Olson-Akte des Geheimdienstes darstellte.[20] Danach schloss sich während des Essens eine kontroverse Auseinandersetzung Eric Olsons mit dem CIA-Chef über den Vietnamkrieg an, der einige Monate zuvor, auf Veranlassung Gerald Fords, beendet worden war, und über die Operation »Phoenix«, für die Colby die Verantwortung trug und die publik geworden war.[21]

Gleich nach dem Treffen am 24. Juli schickte der juristische Berater Colbys einen Brief an die Olson-Anwälte mit dem Hinweis, die ihnen überlassenen Unterlagen dienten »ausschließlich dem Zweck« der persönlichen Information. Eine Veröffentlichung der Dokumente in irgendeiner Form verbiete sich also.[22] In den Wo-

At about 1520 hours, Thursday, 24 July 1975, a plain white, 3-5/8" by 6" envelope was handed to me by the person (retired Army and retired DAC) who addressed the envelope and wrote the contents. The envelope was hand-addressed to me, "Mr. (last name)," and marked "Personal." The envelope contained one sheet of 8" by 10½", white, blue-lined, 5-hole-punched, loose-leaf paper. One side of the sheet of paper was blank, and the other side contained the following hand-written in pencil:

"Re - Dr. F. W. Olson

"Suggest review of following items.

"1. Medical record of Army Lt Olson prior to transfer to Edgewood Arsenal/;/ ulcers?

"2. Medical record of Capt Olson in regard to loss of commission for reason of health and subsequent successful appeal before Medical Review Board for disability pay status. Was he a retired Army officer at time of death?

"3. Reason for request to be relieved as Chief, S. O. Division in Spring 1953. Source - Dr. J. L. Schwab.

"4. Trip to Paris and Norway in 1953(?) and possible fear of security violation. Sources - F. W. Wagner, H. T. Eigelsbach, Robert Lashbrook, and Dr. ______________.*

"5. After death - apparently large number of government checks left uncashed in personal file. Sources - Mrs. Hallar Best and Col Ruwet.

"6. Possible lapse of V. A. Life Insurance payments prior to death. Sources - Mrs. Hallar Best and Col Ruwet."

* The doctor's name was left blank because he couldn't remember how to spell it; however, he meant it to be Dr. Harold Abramson, the New York psychiatrist, who examined Olson. When the man handed me the envelope, he said, "I hate to do this. The man /Olson/ was one of my best friends, but I think the things in here /the envelope/ ought to be checked."

Im Juli 1975 verfasste ein Anonymus in Fort Detrick diese mysteriöse Abschrift eines offenbar handgeschriebenen Dokuments, das ihm ein anderer Anonymus ausgehändigt hatte. Diese Abschrift fand sich Jahre später in Frank Olsons persönlicher Akte in Fort Detrick.

chen danach stellte sich heraus, dass nicht einmal alle Unterlagen der CIA über Frank Olson in der Akte enthalten waren.[23]

Zur gleichen Zeit, in der in Langley die Olson-Geschwister mit dem CIA-Direktor zum Lunch zusammensaßen, kam es in Fort Detrick zu einem mysteriösen Treffen. Ein ehemaliger, längst pensionierter Mitarbeiter der früheren B-Waffen-Schmiede, die sich seit 1969 nur noch mit Abwehrforschung gegen biologische Kampfstoffe beschäftigen durfte, händigte einem alten Kollegen einen mit »persönlich« gekennzeichneten Briefumschlag aus, in dem nur eine einzige, mit Bleistift beschriebene Seite steckte. Eine mit der Maschine getippte Abschrift des Schreibens fand sich Jahre später in der persönlichen Akte Frank Olsons in Detrick.[24]

Als der Anonymus dem ebenfalls unbekannt gebliebenen Kollegen den Brief aushändigte, sagte er: »Ich hasse es, dies zu tun«, aber Frank Olson »war einer meiner besten Freunde«, deshalb sollten die »hier aufgeführten Dinge überprüft werden«.[25] Neben einigen Hinweisen auf Olsons Magengeschwüre warf der Informant die Frage auf, ob dessen Tod mit »einer Reise nach Paris und Norwegen im Jahre 1953« und der »möglichen Sorge eines Bruchs der Sicherheitsbestimmungen« zusammenhängen könnte. Es sollte der einzige zögerliche Versuch eines von Olsons ehemaligen Kollegen bleiben, die Mauer des Schweigens zu durchbrechen – für ein weiteres Vierteljahrhundert.

Sex, Drugs & Rock 'n' Roll

Während die Rockefeller-Kommission ihren Abschlussbericht im Sommer 1975 an den Präsidenten leitete, begann ein Komitee des US-Senators Frank Church umfangreiche Ermittlungen und Anhörungen über illegale Versuche und verbotene Programme der CIA.[26]

Das Church-Komitee hatte sich zum Ziel gesetzt, Licht in das Dunkel der verdeckten Operationen des mächtigen Geheimdienstes zu bringen, der sich offenbar jeder politischen Kontrolle entzogen hatte. Auf dem Capitol Hill, dem Sitz des amerikanischen Kongresses, begann das Großreinemachen. Alles sollte aufgeklärt werden, vom Putsch in Guatemala 1954 bis zu »Artischocke«, dem geheimen Projekt der Fünfziger- und Sechzigerjahre, das dazu gedient hatte, Verhöre mithilfe von Drogen, Hypnose und Folter zu führen. Es waren auch diese Hearings, vor denen sich der Stab des Weißen Hauses so fürchtete, als er seinem Präsidenten im Juli 1975 empfahl, die Olson-Familie schnellstens zu empfangen und zu besänftigen. Damit Senator Church und seine Kollegen gar nicht erst anfingen, aus Empörung und Wut über den mysteriösen LSD-Todesfall, tiefer im Sumpf der Agency herumzustochern.[27]

Während zahlreicher Anhörungen fühlten die Senatoren vielen führenden Personen der CIA auf den Zahn, darunter Sidney Gottlieb und Richard Helms, die für die illegale Aktenvernichtung Anfang 1973 verantwortlich gewesen waren; immer wieder bohrten sie mit ihren Fragen nach – und erhielten doch nur unzureichende Antworten. Es gab das Phänomen kollektiver Amnesie – keiner konnte sich noch genau erinnern. *Sorry.*

Es folgten weitere Untersuchungskommissionen im Kongress, die sich mit den Praktiken der amerikanischen Geheimdienste befassten.[28] Was die Ermittlungen des US-Senats zutage förderten, verschlug den Politikern auf dem Capitol Hill die Sprache, selbst wenn ihnen klar war, dass sie nur an der Oberfläche kratzten. Da waren zum Beispiel die Drogen- und Sex-Versuche, die George H. White und sein Adlatus Ike Feldman zwischen 1955 und 1963 an Tausenden ahnungsloser Amerikaner in mehreren Bordellen der CIA in San Francisco und New York durchgeführt hatten.

Offiziell fungierte White in der Bay Area als oberster Fahnder der nationalen Drogenpolizei, was bedeutete, dass er von Zeit zu Zeit auch einen Drogenring sprengen musste. Feldman arbeitete meist *undercover*. Bei einem der ersten Aufträge gelang es ihm, über eine heroinsüchtige Prostituierte zu deren Versorgern vorzudringen und seinem Partner White eine Hand voll Dealer und Hintermänner auf dem Tablett zu servieren. Wenn Ike, der kleine Mann, ausgestattet mit Wildlederschuhen, breitkrempigem Hut, glitzernden Anzügen und wuchtigem Zirkonring durch die Straßen flanierte, hielten ihn alle gleich für einen Mobster oder Zuhälter. Das erleichterte den Job.[29]

Ihr Motel in San Francisco hieß *Plantation Inn* – und die Studien, die George, Ike und ein paar andere dunkle Gestalten für die Agency durchführen sollten, waren weitumfassend definiert worden: Wie lassen sich Prostituierte als Werkzeuge geheimdienstlicher Tätigkeit nutzen, mit und ohne Drogen? Nach zweijährigen Erfahrungen in Greenwich Village begann White zwar nicht bei Null, aber auch nicht eben weit darüber.[30] Die folgenden konkreten Fragen standen zunächst im Mittelpunkt: Nach welchem Schema laufen die Kontakte zwischen Hure und Freier ab? Wie gesprächig sind die Männer vor, kurz vor und nach dem Klimax? Welche Sexualpraktiken werden bevorzugt? Nach einigen Wochen der Vorbereitung schickte Sid Gottlieb Ende 1955 seinen Chefpsychologen nach San Francisco, um in der Halbwelt des *Plantation Inn* die ersten Ergebnisse einzusammeln.[31]

Dass sämtliche Zimmer des Etablissements mit Spionspiegeln und versteckten Mikrofonen ausgestattet waren, verstand sich von selbst. Die Voyeure der CIA führten akribisch Buch über die Spezialitäten ihrer Freudenmädchen. Ihr erster Befund schon sollte für die Schar der weiblichen Spezialagenten in Diensten der CIA von unschätzbarem Wert sein: Nicht kurz vor dem Orgasmus sei der

Kleiner Mann ganz groß: Der Beamte der Drogenpolizei und CIA-Agent Ike Feldman war für die Beschaffung von Prostituierten für Experimente der Agency zuständig.

beste Augenblick, das Opfer auszuforschen, in dem Moment interessiere sich jeder Mann für nichts anderes als seinen Hormonspiegel; viel effektiver seien die Minuten danach.

Gottliebs Psychologen brachten folgende Erkenntnis nach Washington zurück: Jeder Freier gehe davon aus, dass die Prostituierte sofort nach dem Akt schleunigst aufbrechen wolle, denn Zeit ist Geld. Deshalb könne sie ihren Kunden völlig aus dem Gleichgewicht bringen, wenn sie ihm bei der Zigarette danach ins Ohr säusle, wie gut der Sex gewesen sei und dass sie gern noch ein wenig bliebe. Kostenlos. Der geschmeichelte Mann würde das Angebot natürlich nicht ablehnen, man ist schließlich Kavalier. Aber worüber, in Gottes Namen, sollte er mit ihr reden? Und so fange er an, über seinen Beruf zu erzählen, und mit ein wenig Geschick könne sie das Gespräch lenken, ein paar gespielt naive Fragen einwerfen, deren Antworten für die Männer mit ihren Kopfhörern hinter dem Spionspiegel von erheblicher Bedeutung sein könnten.[32]

Und dann begann die zweite Versuchsreihe – mit Drogen, nicht nur mit LSD, das George White direkt von der Agency bekam, sondern mit allen möglichen Stoffen, halluzinogenen Naturprodukten und Medikamenten. Was White tagsüber als Drogenfahnder in den einschlägigen Vierteln von San Francisco beschlagnahmt hatte, teilten seine Prostituierten nachts im *Plantation Inn* an die Freier aus.[33] Bald erwies sich das Bordell in der Innenstadt als zu hektisch für ausgewählte Versuche, dorthin lotste Ike Feldman interessante Männer »für einen Quickie nach dem Lunch«, um sie »über Drogengeschäfte, nachrichtendienstliche relevante Themen oder Verbrechen« auszuhorchen, wie er sich später erinnerte.[34] Für andere Untersuchungen mit neuen Verbindungen aus den chemischen Labors der CIA-Abteilung TSS eröffnete White eine Dependance auf der anderen Seite der Golden Gate Bridge, in Marin County; 1961 erwachte auch wieder das »Safehouse« für Sex- und Drogenversuche in New York zu neuem Leben.[35]

Die Palette der Testsubstanzen wurde Monat für Monat erweitert: Gottlieb lieferte Nies- und Juckpulver, Stinkbomben, Stoffe, die Übelkeit und Durchfall auslösten. Manchmal lungerten seine Leute nächtelang in den Bars der Hafengegend herum, um genügend Versuchsobjekte nach Marin County zu locken; ein Plan zum Beispiel war, sie in den Zimmern mit einem LSD-Aerosolspray einzunebeln, was aber misslang, weil es die Hitze des Sommers unmöglich machte, die Fenster für längere Zeit geschlossen zu halten, die LSD-Wolke sich daher schnell verflüchtigte.

Als einer der beteiligten TSS-Psychologen dieses Experiment bei einer Anhörung in Senator Edward Kennedys *Subcommittee on Health and Scientific Research* zu Protokoll gab, führte der Vorfall zu allgemeiner Erheiterung, obwohl es sich um ein gefährliches Programm gehandelt hatte, bei dem amerikanische Bürger, ohne gefragt worden zu sein, allen möglichen Drogen, Chemikalien und bakteriellen Keimen ausgesetzt worden waren. Und das gerade etwa ein Jahrzehnt nach dem Nürnberger Tribunal gegen die Nazi-Ärzte und dem dort verabschiedeten Ethik-Kodex. Ziemlich alles, was sich Gottliebs Abteilung für schmutzige Tricks ausgedacht und die *SO-Division* in Fort Detrick entwickelt hatte, durchlief George Whites »Safehouses« für erste Untersuchungen am Menschen.[36]

Sidney Gottlieb musste für die Finanzierung des Projekts, das inoffiziell, eigentlich unzureichend abgetarnt, unter der Bezeichnung »Midnight Climax« lief, einige bürokratische Klippen umschiffen. Er verstand es auch, in den wenigen Vermerken, die seine spätere Reißwolfaktion überleben sollten, weil sie in der Budgetabteilung ausgelagert waren, mit prüden Formulierungen den heißen Kern der Sache zu umschreiben: Die Operation bediene sich »bestimmter Individuen, die das Material heimlich anderen Personen verabreichen«, schrieb Gottlieb im August 1956. »Wegen der extrem unorthodoxen Natur dieser Aktivitäten (...) ist es nicht möglich, dass diese Individuen Quittungen für ihre Belohnungen ausstellen.« George White zahlte seinen Mädchen etwa 100 US-Dollar pro Nacht aus den CIA-Fonds.[37]

Regelmäßig kam auch Sidney Gottlieb nach San Francisco, um sich, gar nicht so prüde, von den Fortschritten seines Projektes zu überzeugen. Dann wurde Ike Feldman zum Flughafen geschickt, um den Boss aus Washington abzuholen. »Er war ein sehr netter Mensch, der viel von seiner buddhistischen Religion erzählte«, erinnerte sich Feldman später.[38] Seit einem Autounfall, bei dem seine Frau und sein kleines Kind ums Leben gekommen waren, suchte Gottlieb von Zeit zu Zeit ein Abenteuer, flog dafür nach San Francisco, weil ihm das dort als CIA-Officer weit weniger riskant erschien als in Washington. »Ike, besorg mir ein Mädchen«, ließ er »the pimp«, den Zuhälter der CIA, schon auf dem Weg vom Flughafen in die Innenstadt wissen. Gottlieb mochte den kleinen drah-

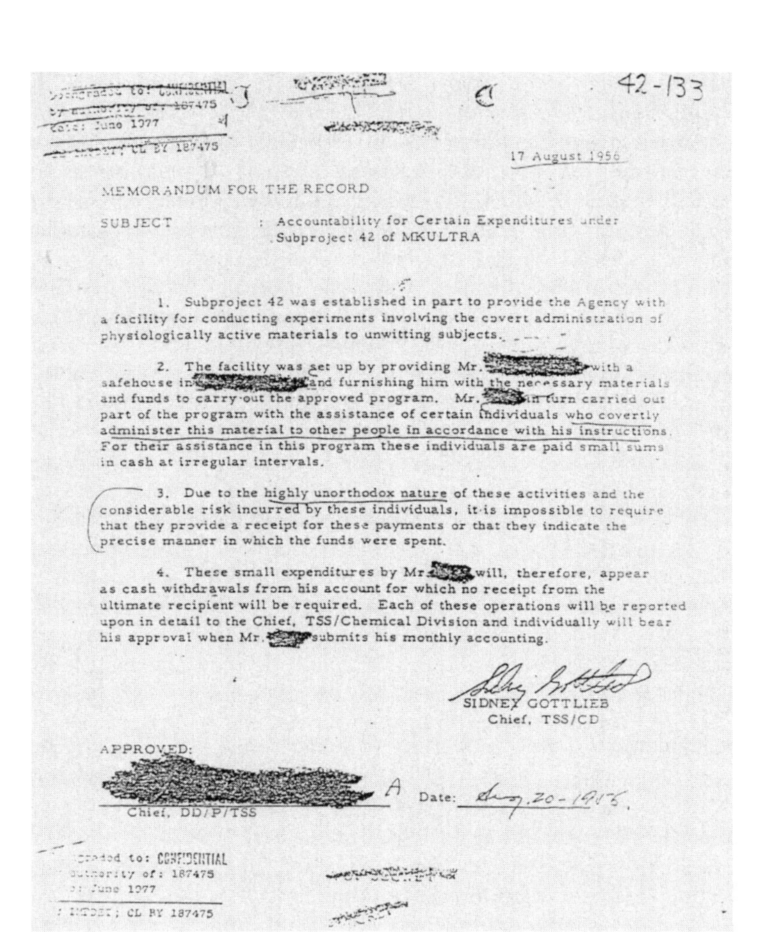

42-133

17 August 1956

MEMORANDUM FOR THE RECORD

SUBJECT : Accountability for Certain Expenditures under Subproject 42 of MKULTRA

1. Subproject 42 was established in part to provide the Agency with a facility for conducting experiments involving the covert administration of physiologically active materials to unwitting subjects.

2. The facility was set up by providing Mr. [redacted] with a safehouse in [redacted] and furnishing him with the necessary materials and funds to carry out the approved program. Mr. [redacted] in turn carried out part of the program with the assistance of certain individuals who covertly administer this material to other people in accordance with his instructions. For their assistance in this program these individuals are paid small sums in cash at irregular intervals.

3. Due to the highly unorthodox nature of these activities and the considerable risk incurred by these individuals, it is impossible to require that they provide a receipt for these payments or that they indicate the precise manner in which the funds were spent.

4. These small expenditures by Mr. [redacted] will, therefore, appear as cash withdrawals from his account for which no receipt from the ultimate recipient will be required. Each of these operations will be reported upon in detail to the Chief, TSS/Chemical Division and individually will bear his approval when Mr. [redacted] submits his monthly accounting.

SIDNEY GOTTLIEB
Chief, TSS/CD

APPROVED:

[redacted]
Chief, DD/P/TSS

Date: Aug. 20 - 1956

...graded to: CONFIDENTIAL
...uthority of: 187475
...: June 1977
; IMPDET; CL BY 187475

In seinen Aktenvermerken über George H. Whites Aktivitäten in San Francisco und New York benutzte Sidney Gottlieb hübsche Umschreibungen wie der, dass White seine Forschungen »mit der Hilfe bestimmter Individuen« durchführe.

tigen Mann, der fast immer mit einer Zigarre zwischen den Lippen herumrannte und so viel Lebenslust ausstrahlte.[39]

Bei einem von Gottliebs Besuchen Anfang der Sechzigerjahre machten sie, sofern Feldmans Erinnerungen nicht trügen, einen längeren Spaziergang, sprachen wieder einmal über Buddha und die Welt. Plötzlich blieb der CIA-Chefchemiker an einem Eukalyptus-

Baum stehen, kramte etwas aus seiner Jackentasche und nebelte die Blätter des Baumes mit einer Chemikalie ein. Feldman wollte natürlich gleich Genaueres wissen, doch Gottlieb sagte nur: »Lass uns morgen noch mal vorbeischauen.«

Als sie am nächsten Tag zu dem Eukalyptus zurückkehrten, stand der sehr traurig da. Fast alle Blätter waren verwelkt oder abgefallen. »Siehst du, Ike, das ist ein neues Zeug aus Fort Detrick. Und damit werden wir jetzt den Dschungel in Vietnam entlauben.«[40] 1961 begann die Operation »Ranch Hand«, bei der aus Hochdruckdüsen unter den Tragflächen umgerüsteter C123-Transportmaschinen eine Mischung toxischer Pflanzengifte über Vietnam versprüht wurde. Es war, fast zehn Jahre nach Korea, der Beginn des zweiten Krieges gegen den Kommunismus.[41]

George White und Ike Feldman setzten ihre »Feldversuche« in San Francisco bis zum Sommer 1963 fort, doch erst 1965 wurde das *Plantation Inn* endgültig geschlossen, und mit ihm das zehnjährige *Sex-and-drugs*-Kapitel der CIA. Während einer routinemäßigen Überprüfung der Abteilung TSS war der neue Inspector General der Agency John Earman über die »Safehouses« gestolpert, sehr zum Missfallen von Sidney Gottlieb und Richard Helms. Earman informierte den CIA-Direktor John J. McCone, der von Präsident John F. Kennedy inthronisiert worden war, nachdem er dessen Vorgänger, Allen W. Dulles, nach der fehlgeschlagenen Invasion in der Schweinebucht auf Kuba, im April 1961, in die Wüste geschickt hatte. Obwohl Helms und Gottlieb mit vielerlei Manövern und unzähligen Verweisen auf »aggressive sowjetische Programme dieser Art« versuchten, Earmans Initiative in Misskredit zu bringen, traf McCone zwei Jahre lang keine Entscheidung in der Sache, so dass die beiden Kalten Krieger schließlich resignierten.[42]

Für George White ging eine schöne Zeit zu Ende. Jahre später schrieb er seinem Boss Gottlieb noch einen Brief: »Ich war zwar nur ein sehr kleiner Missionar, (…) aber ich schuftete aus vollster Überzeugung in den Weinbergen, denn es war Spaß, Spaß und noch mal Spaß.«[43]

Über die Auswirkungen der Experimente bei den unfreiwilligen Versuchspersonen wurde später nur wenig bekannt: In einer Vielzahl von Fällen verspürten die Männer nach dem Besuch der CIA-Motels für Stunden oder gar Tage Übelkeit und Halluzinationen, in mindestens einem Fall musste ein Proband in die Klinik eingewiesen werden.[44] Ob George White oder irgendeiner der Psychologen aus Gottliebs Abteilung sich jemals ernsthaft für die Nebenwirkungen ihrer Drogenversuche interessierten, bleibt mehr als fragwürdig.

Weder George H. White noch Ike Feldman wurden jemals persönlich als Zeugen vor einem der Ausschüsse des Senats befragt, das wäre für die ehrenwerten Politiker wohl denn doch eine zu große Zumutung gewesen – Wahrheitssuche hin oder her. Und als im Oktober 1975 endlich Sidney Gottlieb vor dem Church-Komitee erschien, musste er sich ebenso wenig zu den Menschenversuchen in den »Safehouses« äußern wie zum Tod von Dr. Frank Olson. Hier ging es vielmehr um geplante Mordanschläge mit biologischen und chemischen Toxinen aus den Labors der *Special Operations Division* in Fort Detrick, an denen Gottlieb beteiligt war, zum Teil persönlich.[45]

Fernsteuerung

So sehr sich die Senatoren des Church-Komitees und deren Mitarbeiter auch bemühten, die verschiedenen streng geheimen Operationen der CIA zur Verhaltensmanipulation zu erforschen, eine umfassende Analyse erwies sich als unmöglich. Selbst der Inspector General der Agency brachte auf Anforderung der Senatoren nur zwei äußerst dünne Zusammenfassungen zustande, was daran lag, dass »die Unterlagen auf Befehl des Direktors (Mr. Helms) zerstört« worden waren, »kurz bevor er das Office verließ«.[46]

Helms war 1967 nach jahrzehntelanger Drecksarbeit für den US-Geheimdienst endlich an der Spitze angekommen, aber nach Nixons Wiederwahl, im Januar 1973, wieder geschasst worden. Zehntausende von Seiten streng geheimer Memos, Dossiers, Agentenberichte der Operation »Artischocke« und der Nachfolgeprojekte »MK Ultra«, »MK Delta« und »MK Search« waren nach der von ihm angeordneten Vernichtungsaktion Anfang 1973 in den Schredder gewandert und hatten sich danach in Rauch aufgelöst, teilte der Geheimdienst dem Church-Komitee mit.[47] Kurz vor seinem Abschied im Juni 1973 habe überdies auch Sidney Gottlieb einen Bürotresor geleert und dessen Inhalt vernichtet.[48] Sollte es tatsächlich für immer ein Geheimnis bleiben, wie viele Opfer die Menschenversuche des Geheimdienstes in den Fünfziger- und Sechzigerjahren gefordert hatten?

Hinzu kam: Obwohl mit Richard Helms einer der letzten Kalten Krieger der Nachkriegsepoche gegangen war, gab es auch jetzt genügend Hardliner in der CIA, die keinerlei Interesse besaßen, dass von Seiten des Church-Komitees eine Aufarbeitung der Vergangenheit vorgenommen wurde. Zu viel stand auf dem Spiel. Schlimm genug, dass ihr eigener Direktor, William Colby, den Politikern einige »Familienjuwelen« offeriert hatte. Um weiteren Ungemach zu verhindern, wurden Colby von den eigenen Leuten deshalb nur noch gefilterte Erkenntnisse weitergegeben. »Es gibt zahlreiche Hinweise, dass einige ›Artischocke‹-Teams in der Fünfzigerjahren nach Europa und Ostasien reisten, offensichtlich mit der Absicht, fremde Agenten zu verhören«, teilte der Inspector General dem CIA-Direktor in einem Memorandum mit, »aber die Ergebnisse dieser Operationen werden von den existierenden Akten nicht wiedergegeben«.[49] Das sollte sich sehr bald als eine Lüge erweisen, ebenso wie die Behauptung, sämtliche Unterlagen der Projekte seien geschreddert oder verbrannt worden.

Im Sommer 1975 forderte John Marks, Direktor eines Projekts über die CIA am *Center for National Security Studies* in Washington, nach dem Gesetz über die Informationsfreiheit (»Freedom of Information Act«) die Herausgabe von Unterlagen des Geheimdienstes über die verschiedenen Operationen zur menschlichen Verhaltenskontrolle. Zwei Jahre zog sich der teilweise erbittert ausgefochtene Kampf hin, mithilfe von Anwälten auf beiden Seiten. Dann schließlich, im Juli 1977, gab die CIA etwa 5000 Seiten frei, die den parlamentarischen Ermittlungskommissionen auf dem Capitol Hill, vor allem dem Church-Komitee, nie ausgehändigt worden waren. Angeblich hatte man die Akten gerade erst gefunden.[50]

John Marks nahm eine umfassende Auswertung der Dokumente vor. Allerdings blieben ihm einige nicht unwesentliche Erkenntnisse über »Artischocke« und andere Operationen der CIA verborgen, die sich erst heute, weitere fünfundzwanzig Jahre später, im Lichte neuer Informationen, aus den Papieren gewinnen lassen.[51]

Nach dem Tod von Frank Olson im November 1953 waren die grauenvollen »Artischocke«-Folterverhöre ebenso unvermindert weitergeführt worden wie die Menschenversuche mit Drogen, Hypnose und Elektroschocks. Die Akten lassen sogar erkennen, dass tödliche Experimente, deren Zeuge Olson im Sommer 1953 in Deutschland geworden war, eher Routinecharakter bekamen. »Für die Planungen des Hauptquartiers werden insbesondere Zeit, Ort und Verfügbarkeit von Objekten für terminale Versuche benötigt«, hieß es in einem streng geheimen Telegramm des CIA-Direktors an eine der weltweiten Dependancen des Geheimdienstes.[52]

Viele Versuche mit kalkuliertem tödlichen Ausgang fanden in Deutschland statt, vornehmlich in »Safehouses« in der Umgebung von Camp King/Oberursel, ab Januar 1955 allerdings auch in den Vereinigten Staaten selbst.[53] Zu den Experimenten mit neuen halluzinogenen Pflanzenextrakten und Medikamenten wurden zunehmend Strafgefangene oder Patienten in Krankenhäusern herangezogen, »bevorzugt in der Nähe von Washington, wo diese Arbeiten ordentlich überwacht werden können«.[54] Da die Probanden nichts von den Untersuchungen wissen durften, mit denen ihre Psyche manipuliert werden sollte, infizierten sie die CIA-Ärzte zunächst über das Essen mit einem Virus, das hohes Fieber auslöste. Danach injizierten sie ein Präparat, angeblich, um die Temperatur zu senken, tatsächlich landeten aber die Testdrogen in den Venen.[55]

Für eine Vielzahl von Experimenten wurden Insassen des Staatsgefängnisses von Vacaville/Kalifornien herangezogen, darunter Sexualtriebtäter; andere Versuche gingen in einer Klinik ausgerechnet für Drogenkranke in Frankfort/Kentucky über die Bühne; wieder andere Studien liefen in Spezialkliniken für Krebskranke, sie dienten offiziell der Erprobung neuer Schmerzmedikamente. In den Fünfziger- und Sechzigerjahren wurden in den Vereinigten Staaten ebenso skrupellose Experimente an Menschen durchgeführt wie während des Nationalsozialismus in Deutschland.[56]

Sidney Gottlieb hatte zudem einen internationalen Beraterstab um sich geschart, den er mit Aufträgen zur menschlichen Verhaltenskontrolle versorgte. Das besaß den Vorteil, dass viele Menschenversuche unter dem Deckmantel therapeutischer Zielsetzungen an Hochschulen und Kliniken stattfinden konnten, und sich jede Verbindung zur CIA nötigenfalls kategorisch leugnen ließ.[57] Zu den externen Experten zählten zum Beispiel der Psychiater Professor Ewen Cameron von der McGill University im kanadischen Montreal, Professor Robert G. Heath von der Columbia University in New York (der 1956 an die Tulane Medical School in New Orleans wechselte) sowie Professor Carl-Wilhelm Sem-Jacobsen von der Universitetet Oslo.[58] Alle drei kannten sich sehr gut, kooperierten auch miteinander, obwohl wahrscheinlich keiner wusste oder auch nur ahnte, dass der jeweils andere ebenfalls von Sidney Gottlieb finanziert wurde.

Das Triumvirat experimentierte in den Fünfzigerjahren mit einer Kombination von Drogen und elektrischen Strömen. Während Cameron mit LSD und Elektroschocks arbeitete, um abnormes ebenso wie normales Verhalten zu manipulieren, gingen Heath und Sem-Jacobsen etwas subtiler vor, versenkten ihren Patienten zunächst elektrische Drähte an verschiedenen Stellen des Gehirns, um diese Areale dann mit Schwachstrom zu reizen; zuvor oder unterdessen verabreichten sie den Versuchspersonen Drogen; später ließen sie die Mixturen auch über dünne Kanülen direkt in die betreffenden Nervenregionen einsickern.[59] Ihre Forschung, zumindest jener Teil, den sie für die CIA vornahmen, verfolgte eine einzige Frage: Lassen sich Menschen mittels implantierter Elektroden, besser als unter Hypnose, zu willenlosen Marionetten machen, die Befehle ohne Zögern ausführen?[60]

Hunderte von »Patienten« reagierten auf die »Behandlung« mit schweren Halluzinationen, Paranoia oder hysterischen Anfällen. Ob es zu Todesfällen infolge der geheimen Experimente kam, ließ sich später nicht mehr ermitteln, auf jeden Fall blieb in Oslo, New York und Montreal und in vielen anderen Kliniken ein Heer seelischer Krüppel zurück, die noch nach Jahrzehnten unter den Spätfolgen der CIA-Versuche litten.[61]

Eines der Opfer war Val Orlikow, eine junge Frau, die 1956 nach einer Fehlgeburt mit Depressionen zu Professor Ewen Cameron in Behandlung gekommen war und von ihm einer LSD-Therapie unterzogen wurde – ein bis vier Injektionen pro Woche. Sie sollte sich nie mehr von den Folgen erholen.[62] Weil ihr Mann Jahre danach als Mitglied des kanadischen Parlaments in eine privilegierte Stellung gelangte, strengte er in den späten Siebzigerjahren, nach den Anhörungen des Church-Komitees auf dem Capitol Hill, eine Klage gegen die Regierung der Vereinigten Staaten an; das Verfahren wurde von der CIA jahrelang durch undurchsichtige Manöver und juristische Tricks verschleppt, endete schließlich 1988 mit einer Entschädigung von 750 000 Dollar, der höchsten Summe, die nach den Vorschriften des Justizministeriums möglich war.[63]

Am *Farmakologisk Institutt* der Universität Oslo wurden deutsche Kriegsgefangene, Gefängnisinsassen, Psychiatrie-Patienten und so genannte *krigsbarn*-Kinder für die Menschenversuche herangezogen.[64] Bei Letzteren handelte es sich um Nachkommen nor-

Der Psychiater Robert G. Heath pflanzte im Auftrag der CIA seinen Versuchspersonen Drähte ins Gehirn, um bestimmte Regionen mittels Strom oder Drogen zu manipulieren.

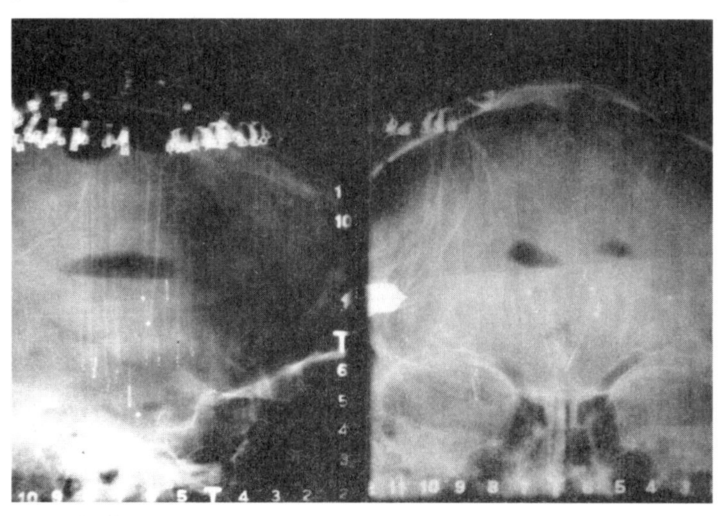

wegischer Frauen, die von deutschen Besatzungssoldaten schwanger geworden waren. Die Kinder waren nach dem Krieg zwangsweise von ihren Müttern getrennt und in Waisenhäusern, Heimen für Schwererziehbare oder Geisteskranke untergebracht worden.[65] An mehreren Dutzend der fünf- bis zehnjährigen Kinder wurden unter Federführung von Professor Sem-Jacobsen in Kliniken unter anderem in Modum und Gaustad Versuche mit LSD vorgenommen; drei erhielten offenbar so hohe Dosierungen, dass sie die Versuche nicht überlebten.[66]

Professor Robert G. Heath sollte in den Sechziger- und Siebzigerjahren als Pionier der elektrischen und chemischen Konditionierung des menschlichen Gehirns in den unrühmlichen Teil der Psychiatrie-Geschichte eingehen, und das nicht nur, weil er seine Experimente im Auftrag der CIA vornahm. Durch Stimulierung von Lust und Schmerz mittels Stromstößen und gezielt ins Hirninnere injizierten Drogen gelang ihm die »Umpolung« seiner Patienten. »Wir tun, was Lust erzeugt, und vermeiden, was das Gegenteil, also Schmerz, einträgt«, erklärte Heath 1973.[67]

In mehr als zwanzig Jahren heilte Heath nach eigenem Bekunden Schizophrenie, Epilepsie, Parkinson und sogar bestimmte Formen der Arthritis mit ESB-Techniken (»Electrical Stimulation of the Brain«). Zuletzt experimentierte er sogar mit Homosexualität, als er 1972 einem schwulen Gelegenheitsarbeiter und zeitweiligen Strichjungen achtzehn hauchdünne Drähte in unterschiedliche Gehirnregionen pflanzte und mit einer Batterie verband. Per Knopfdruck jagte sich der Patient täglich bis zu eintausend 5-Milliampere-Stromstöße von je einer Sekunde Dauer ins sexuelle Lustzentrum und hastete auf diese Weise von einem Orgasmus zum nächsten. Heath führte ihm derweil Pornofilme mit heterosexuellen Geschlechtsverkehr vor, arrangierte schließlich ein Treffen mit einer Prostituierten. Auf diese Weise verhalf er seinem Versuchskaninchen, gleichsam mit Funksignalen unter die Schädeldecke, zum ersten Liebeserlebnis mit einer Frau – ferngesteuert.[68]

Der Vorwurf, das Experiment verletze die menschliche Würde, schien Heath »absolut unverständlich«. Wenn »ein Schwuler sich prostituieren muss, hat er keine menschliche Würde«, die sei ihm erst durch die Therapie zuteil geworden. »Seit der Behandlung arbeitet er normal und hat durch die Fähigkeit, mit einer Frau verkehren zu können, eine immense Ich-Bestätigung erfahren«, entgegnete Heath Monate nach dem Versuch seinen Kritikern.[69]

Mithilfe von Stromstößen, die sich einer der Patienten unter die Schädeldecke funken konnte, manipulierte Robert G. Heath dessen Sexualverhalten.

Die Antwort, die Sidney Gottlieb und die CIA also auf ihre Frage erhielten, war eindeutig: Ja, ein Mensch kann mit Hilfe von ESB zu einem ferngesteuerten Sklaven mutieren, zu einem »Terminator«, der ohne jede Angst im Feindesland geheime Aufträge ausführt und Gegner eliminiert. Womöglich arbeiteten die Russen längst an solchen Robotern aus Fleisch und Blut – mit Gehirnprothesen. Robert G. Heath jedenfalls machte aus diesen Möglichkeiten keinen Hehl, wenngleich nicht ersichtlich wurde, ob er sie als Chancen oder als Gefahren begriff: »Da sich mit ESB ein bestimmtes Verhalten konditionieren lässt, könnte auch Töten konditioniert werden.«[70]

Giftige Pläne

Am 17. September 1975 hatte CIA-Direktor William E. Colby seinen großen Auftritt vor dem Untersuchungsausschuss des amerikanischen Senats unter Leitung von Senator Frank Church. Er demonstrierte den Mitgliedern des Komitees eine Dart-Pistole, die über eine Entfernung von annähernd einhundert Metern nahezu geräuschlos winzige Pfeile mit tödlichem Gift verschießen konnte, durch die Kleidung hindurch. Dabei sei ein Gerichtsmediziner, wie Colby fachkundig hinzufügte, nur durch eine sehr umfassende Autopsie in der Lage festzustellen, woran das Opfer verstorben ist.[71] Er selbst habe erst Anfang des Jahres von dem so genannten »Mikro-Bioinkulator« aus der Werkstatt der *SO-Division* in Fort Detrick erfahren, könne deshalb keine Auskunft geben, ob diese jemals gegen Menschen zum Einsatz gekommen sei. »Wir haben dazu keine Dokumente in den Tresoren der Agency gefunden«, versicherte der CIA-Chef, allerdings verstehe sich von selbst, dass bei solchen Aktivitäten in der Regel »auch keine Dokumentation« stattfand.[72]

Seine Mitarbeiter, die ihm einen umfassenden Vermerk mit auf den Weg zum Capitol Hill gegeben hatten, über das Geheimprojekt »MK Naomi«, in dessen Rahmen die Waffe entwickelt worden war, führten wenigstens einen geplanten Einsatz gegen Wachhunde einer nordvietnamesischen Botschaft in Südostasien an. Die Tiere sollten zunächst von Agenten der CIA geräusch- und schmerzlos ruhig gestellt werden, um Abhöreinrichtungen an den Botschaftsgebäuden anzubringen, dann, nach erfolgreicher Mission, mit einem zweiten Schuss aus der Pfeil-Pistole wieder zum Leben erweckt werden. Doch zur Überraschung der Amerikaner erwiesen sich die Tiere als handzahm, schlangen begierig ein paar präparierte Brocken hinunter, die ihnen vom CIA-Team zugeworfen wurden und legten sich dann schlafen.[73]

»MK Naomi« war Ende 1952 ins Leben gerufen worden, zu Zeiten, als Frank Olson noch Mitverantwortung für die *SO-Division* trug; das Projekt endete 1970, nach der Direktive von Präsident Richard M. Nixon, alle Aktivitäten zur biologischen Kriegsforschung umgehend einzustellen. Neben dem Bau des »Mikro-Bioinkulators« waren im Rahmen der Operation verschiedene Keime und Toxine entwickelt und gelagert worden, für den Einsatz der CIA bei verdeckten Operationen, Anschlägen und Attentaten.[74]

Außerdem hatten die Naomi-Leute den Auftrag erhalten, Selbstmord-Pillen (»L-pills«) zu entwickeln, als letzten Ausweg für amerikanische Agenten, die in die Hände des Feindes gefallen waren. Dafür isolierten die Wissenschaftler in aufwändigen Laborapparaturen »Paralytic Shellfish Poison« aus Schellfisch und seltenen Muscheln, reinigten das extrem gefährliche Gift und reicherten es an. Am Ende lagerten im Gift-Arsenal der CIA, Safe Nr. B172C3 in Gebäude 1412 der *SO-Division*, zehn biologische und sechs chemische Agenzien, um Menschen zu töten, erkranken zu lassen oder außer Gefecht zu setzen, darunter hundert Gramm Anthraxsporen, zwanzig Gramm *Venezuelan equine encephalomyelitis-Virus* und drei Gramm Tuberkulose-Bazillen; außerdem zehn Gramm Enterotoxin für Lebensmittelvergiftungen, zwei Gramm tödliches Schlangengift und mehr als fünf Gramm »Paralytic Shellfish Poison« (Deckname »SS«).[75]

Alles in allem konnte Sid Gottliebs Abteilung für »schmutzige Tricks« in den Fünfziger- und Sechzigerjahren auf eine ganze Palette von Pülverchen und Tinkturen zurückgreifen, auf die sie auch nicht ganz verzichten wollte, als Nixon im November 1969 die Lagerung biologischer Waffen untersagte, und dieses Verbot im Februar 1970 auch auf Toxine erweiterte. Zwei Gefäße mit insgesamt fast elf Gramm »SS« verschwanden in einem wenig genutzten Labor der CIA in Washington – für alle Fälle.[76]

Dann kam Sidney Gottlieb an die Reihe. Am 9. Oktober 1975 musste er vor dem Church-Komitee zu einer Zeugenvernehmung erscheinen. Gottlieb, seit zwei Jahren in Ruhestand, erschien in Begleitung eines Anwalts. Er kam aus Indien, wo er zu jener Zeit als Freiwilliger in einem Hospital arbeitete. Leistete er dort eine Art

411

20 MAY 1975

MEMORANDUM FOR: Director of Central Intelligence

SUBJECT : CIA Activities at Fort Detrick, Frederick, Maryland

1. In early 1952, CIA effected an agreement with the Army Chemical Corp for the performance of certain research and development work by the Army Chemical Corp at the laboratory facilities of Special Operations Division, Army Biological Laboratories, Frederick, Maryland.

2. The purpose of the CIA (TSD) project at Camp Detrick was to maintain a research and development competence in the biological and engineering sciences in a special security environment to assist in meeting the need for a minimal support capability in defensive and offensive BW/CW. The program was divided into four functional categories as follows:

a. Maintenance of a stockpile of incapacitating and lethal agents in readiness for operational use;

b. Maintenance, assessment and evaluation of a designated balance of biological and chemical disseminating systems for operational readiness;

c. Adaptation and testing of a non-discernible microbioinoculator (device for the clandestine inoculation with BW/CW agents) to determine compatability with various materials and to assure that the microbioinoculator cannot be identified structurally or easily detected upon a detailed autopsy; and

d. Provide technical support and consultation on request to meet ad hoc requirements related to offensive and defensive BW/CW.

3. This program, which continued until early 1970, was budgeted, on the average, for approximately ______ per year. Currently available figures indicate the following expenditures for this activity:

Im Rahmen der Anhörungen vor dem Church-Komitee bereitete die CIA einen internen Bericht über die Zusammenarbeit mit der Army in Fort Detrick vor.

Wiedergutmachung, um gewissermaßen Soll und Haben seiner moralischen Lebensbilanz in Ausgleich zu bringen? Gottlieb war vom Senatsausschuss Immunität und strikte Geheimhaltung zugesichert worden, er durfte in einer nicht-öffentlichen Sitzung aussagen; im Abschlussbericht würde später seine Identität durch den Falschnamen »Victor Scheider« geschützt bleiben.[77]

Der Chefchemiker der CIA sollte auch nicht etwa zu den Operationen »Artischocke«, »MK Ultra« und »MK Delta« Stellung nehmen, auch nicht zu den Hintergründen des Todes von Frank Olson, sondern zu geplanten Anschlägen und Attentaten mit den Toxinen des Programms »MK Naomi«, an denen er beteiligt gewesen war.

Im Sommer 1960 hatte Gottlieb eine Reihe von Gesprächen mit der Spitze der CIA geführt, bei denen es um verdeckte Mordanschläge auf ausländische Politiker ging. Endlich einmal sollten sich die biologischen und chemischen Agenzien bewähren. Von Allen W. Dulles, dem damaligen Direktor der Agency, war zuvor bereits der Plan sanktioniert worden, den irakischen General Abdul Karim Kassem zu liquidieren, der mit den Kommunisten liebäugelte.[78] Auf Gottliebs Vorschlag hin ließ die CIA dem Iraker auf geeigneten Kanälen ein wahrscheinlich mit Bruzellose-Bakterien vergiftetes Taschentuch mit einem Monogramm zustellen, allerdings wusste danach niemand, ob das Objekt auch sein Ziel erreicht hatte; der General lebte jedenfalls noch, wurde jedoch kurze Zeit später auf offener Straße erschossen, was der Frage, ob der Gift-Anschlag erfolgreich gewesen war oder nicht, akademischen Charakter verlieh.[79]

Am 18. August 1960 kabelte Lawrence Devlin, CIA-Stationschef in Léopoldville, der Hauptstadt des Kongo, eine verschlüsselte Nachricht an sein Hauptquartier in Langley/Virginia: Patrice Lumumba, der neugewählte populäre Premierminister des Landes, das wenige Wochen zuvor von Belgien in die Unabhängigkeit entlassen worden war, sei »ein Commie oder gebärde sich wie ein Commie«, also ein Kommunist, es bleibe »nur wenig Zeit«, seine Machtübernahme und damit »ein neues Kuba« im Herzen Afrikas zu verhindern.[80]

1960 war ein entscheidendes Jahr für den afrikanischen Kontinent: Mehr als ein Dutzend Länder erlangten die Unabhängigkeit von ihren Kolonialmächten. Und überall standen sowjetische Militärberater bereit, um sofort in das politische Vakuum der jungen

Demokratien einzuströmen. In Washington fürchtete die Eisenhower-Regierung vor allem, dass der an Kupfer und Diamanten reiche Kongo unwiderruflich in die Hände der Kommunisten fallen könnte.[81] Das galt es um jeden Preis zu verhindern. Eine Woche nach Eingang der Alarmmeldung seines Mannes in Léopoldville kabelte CIA-Direktor Allen Dulles zurück, da »eine kommunistische Machtübernahme (...) katastrophale Folgen für die Interessen der freien Welt« habe, sei Lumumbas »Beseitigung ein vorrangiges Ziel«.[82]

Unterdessen ging Sidney Gottlieb die Liste der tödlichen Gifte und Keime in seinem Arsenal durch: Welche Erkrankung, die Lumumba ereilen sollte, würde keinerlei Verdacht schüren, weil sie in Afrika gewissermaßen zu Hause wäre? Tuberkulose? Anthrax? Hasenpest? Seine Wahl fiel auf das Botulismustoxin, das in Fort Detrick unter der Bezeichnung »X-Stoff« lief, der konzentrierte und deshalb innerhalb von Stunden tödliche Wirkstoff der Fleischvergiftung.[83]

Der Plan war, das Gift mit einer feinen Nadel in Lumumbas Zahnpasta zu injizieren; Gottlieb packte Gummihandschuhe und Atemmaske in seinen Koffer, um das Toxin sicher handhaben zu können, außerdem eine Chlorlösung, mit dem das Agens nötigenfalls unwirksam gemacht werden konnte.[84]

Am 26. September 1960 schließlich traf Sid Gottlieb mit seiner tödlichen Fracht in Léopoldville ein. Das Hauptquartier hatte ihn Lawrence Devlin mit dem ewigen Tarnnamen der Agenten, als »Joe aus Paris«, angekündigt.[85] Auf dem Weg vom Flughafen zu einem »Safehouse« der Agency, in Devlins altem Peugeot 403, legte »Joe« seine Pläne dar, während aus dem Autoradio laute Musik dudelte, ein alter Agententrick, um der Gegenseite, die vielleicht über versteckte Wanzen mithörte, die Arbeit zu erschweren.[86] »Um Himmels willen«, entfuhr es Devlin, als Gottlieb die Katze aus dem Sack gelassen hatte, »wer hat das abgesegnet?« »Der Präsident«, entgegnete »Joe«.[87]

Sie verstauten das Gift mit dem Zubehör in Devlins Safe und beratschlagten, auf welchem Wege die präparierte Zahnpasta in Lumumbas Badezimmer gelangen könnte. Doch der Premierminister hielt sich in der Residenz des vormaligen belgischen Generalgouverneurs auf, einem illustren Areal hoch über dem Kongo, und er stand unter dem Schutz von Friedenstruppen der Vereinten Nationen. So sehr sie sich auch darum bemühten, es fiel ihnen kein rech-

Im Oktober 1975 wurde Sidney Gottlieb, der Chef-Chemiker der CIA-Abteilung für schmutzige Tricks, von einem Senats-Ausschuss verhört.

ter Plan ein.[88] Am 5. Oktober 1960 beendete Gottlieb seinen Besuch, ließ sein »Werkzeug« jedoch in Léopoldville zurück.[89] »Stationschef plant, Durchführung der Op fortzusetzen«, telegrafierte Devlin nach Langley.[90] Doch tatsächlich hatte dieser das gar nicht vor.

Stattdessen holte Devlin das Fläschchen mit dem Toxin aus seinem Tresor, mischte dessen Inhalt unter größter Vorsichtsmaßnahme mit dem Chlor aus dem zweiten Glas und schüttete das Gebräu danach in den Kongo.[91] Lumumba wurde im Dezember 1960 nach einem Staatsstreich seines Gegenspielers Sese Seko Mobuto von dessen Truppen festgenommen, im Januar 1961 in die Provinz Katanga abgeschoben und dort ermordet, von gedungenen Killern des lokalen Führers Moise Tschombe – vermutlich im Auftrag der CIA.[92] Zwei Tage nach Lumumbas Ankunft in Katanga und wenige Tage vor seinem Tod kabelte der zuständige CIA-Stationschef in Elizabethville die sybillinische Botschaft nach Hause: »Besten Dank für Patrice!«[93]

Als Sidney Gottlieb aus dem Kongo zurückkehrte, wartete schon ein neuer Auftrag auf ihn, mit dem die CIA schon seit einigen Monaten befasst war: »Tötet Fidel!« In den folgenden drei Jahren, bis Ende 1963, wurden mit und ohne Gottliebs Hilfe insgesamt sechs Pläne ausgearbeitet, Fidel Castro, der im Februar 1959 die Macht auf Kuba an sich gerissen hatte, zu ermorden.[94] Bei den kuriosen Vorhaben mit Giften und Drogen sollte der kommunistische Diktator entweder umgebracht oder öffentlich lächerlich gemacht werden, um einen Aufstand unter der Bevölkerung zu schüren.

Bei den ersten Plänen, die von der CIA noch in den letzten Monaten der Eisenhower-Regierung ausgebrütet wurden, entsannen sich die Leute aus der Abteilung für »dirty tricks« jenem Experiment, das einige Monate zuvor im *Plantation Inn* in San Francisco ausprobiert worden war, allerdings mit mäßigem Erfolg. Statt des Bordells, so das Vorhaben, sollte das Rundfunkstudio in Havanna, aus dem Castro regelmäßig Ansprachen an sein Volk hielt, mit LSD oder einem anderen halluzinogenen Aerosol eingenebelt werden in der Hoffnung, dass Castro danach nicht mehr Herr seiner Gedanken und seiner Sprache sein und deshalb einen erheblichen Imageverlust gegenwärtigen würde. Nicht realisierbar – die Idee wanderte in den Schredder.[95]

Plan Nr. 2 sah vor, Castros Schuhe während einer Auslandsreise mit Thallium zu präparieren, einem langsam wirkenden Gift, das Haarausfall nach sich zieht. Der barhäuptige, bartlose Führer verlöre an seiner Ausstrahlung, prophezeiten die Psychologen, die Kubaner würden ihn binnen kürzester Zeit aus dem Amt und von der Zuckerinsel jagen. Undurchführbar – Castro sagte die Reise ab.[96]

Plan Nr. 3 wollte sich die Rauchgewohnheit des Diktators zunutze machen: Die CIA beschaffte eine Kiste mit Castros Lieblingszigarren und impfte sie mit Botulismustoxin, und zwar in einer so hohen Dosierung, dass jeder, der eine der Havannas nur mit seinen Lippen berühren würde, nahezu augenblicklich tot umfiele. Zu gefährlich – der Kubaner verschenkte das Markenprodukt seines Reiches gern an ausländische Gäste.[97]

Anfang 1961 übernahm John F. Kennedy das Amt als 35. Präsident der Vereinigten Staaten. Eine der ersten Aufgaben, die er dem CIA-Direktor Allen Dulles auftrug, der den Geheimdienst inzwischen seit einem Jahrzehnt leitete: Exilkubaner bei der Vorbereitung einer Invasion zu unterstützen, um die Kommunisten aus dem amerikanischen Vorgarten zu vertreiben. Die Mission endete, im April 1961, in der kubanischen Schweinebucht mit einem Fiasko, das Dulles den Kopf kostete. Der neue Boss des Geheimdienstes, John McCone, setzte mit Kennedys Segen dort wieder an, wo Gottlieb und seine Spezialisten für die schmutzigen Tricks Ende 1960 aufgehört hatten: bei der Planung von Giftanschlägen.[98]

Plan Nr. 4 zur Ermordung Castros verfolgte das Ziel, dem Diktator das tödliche Botulismustoxin in Form einer Gelantinekapsel in einen Drink zu schleusen. Versuche an Affen ließen ein durchaus erfolgversprechendes Konzept erkennen, denn alle Tiere starben. Blieb die Frage, wer die Todespillen nach Havanna bringen und dann in Castros Glas bugsieren würde. Es war ziemlich schnell klar, dass für diesen Job kein amerikanischer Agent infrage kam, mochte er noch so gut sein. Die CIA brauchte die Hilfe eines Profis aus der Unterwelt, den man in der Nomenklatur der Agency als »cutout« bezeichnete. In Miami trafen sich die Geheimdienstleute mit exilkubanischen Gangstern, die den Auftrag für einen Koffer voller Dollar übernahmen. Einer ihrer Verbindungsmänner auf der Insel kannte einen Ober in Castros Lieblingsrestaurant. Gescheitert – weil der *Máximo Líder* plötzlich ein anderes Lokal bevorzugte.[99]

Plan Nr. 5, dem Diktator einen kompletten Tauchanzug zukommen zu lassen, der mit tödlichen Pilzen präpariert war, musste Anfang 1963 verworfen werden, weil Castro kurz zuvor genau ein solches Geschenk von einem amerikanischen Anwalt erhalten hatte – zufällig. Doch zum Glück hatten die CIA-Tüftler schon Plan Nr. 6 in der Schublade, einen Füllfederhalter, der über eine winzige Nadel unbemerkt Nikotinsulfat, ein langsam wirkendes, aber todsicheres Gift, in die Hand des Benutzers absondern konnte. Alles war vorbereitet, ein kubanischer Dissident für den Job angeheuert worden. Doch dann machte das Schicksal auch diesen Plan hinfällig: Am 22. November 1963 fand in der französischen Hauptstadt die Übergabe des hinterhältigen Schreibgeräts für den Mordanschlag auf Fidel Castro statt. Es sei »wahrscheinlich«, so stellte das Church-Komitee 1975 nach seinen umfangreichen Ermittlungen fest, »dass genau in jener Minute, in der sich der CIA-Officer und der kubanische Agent in Paris trafen (...) in Dallas Präsident John F. Kennedy erschossen wurde«.[100]

Saulus und Paulus

Sidney Gottlieb zeigte während der eineinhalbstündigen Anhörung vor den Senatoren des Church-Komitees am 9. Oktober 1975 keine emotionale Regung. Höflich, fast unterwürfig, beantwortete er die Fragen, ohne allerdings viel zu sagen. Sein Erinnerungsvermögen an viele Vorgänge, gab der 57-Jährige vor, sei sehr getrübt. Am Ende nahm er sich dann die Freiheit, eine persönliche Anmerkung zu machen. »Wenn mir grundlegende moralische Skrupel gekommen wären, hätte ich nicht getan, was ich getan habe«, sagte er mit demselben Patriotismus, mit dem er sich damals, 1951, bei der CIA verpflichtet hatte, »wir führten einen lautlosen Krieg.«[101]

Im Oval Office John F. Kennedys war 1961 der Begriff »executive action« (zu deutsch etwa: »Aktion der Regierungsgewalt«) für die geplanten Attentate gegen Fidel Castro geprägt worden. Diesen Euphemismus hatte Gottlieb verinnerlicht, und deswegen konnte er überhaupt nicht verstehen, dass ihn der Bruder eben dieses Präsidenten, Senator Edward Kennedy, dessen *Subcommittee on Health and Scientific Research* 1975 begann, die Drogen- und Giftanschläge der CIA und der US Army unter die Lupe zu nehmen, am liebsten für seine Arbeit gegrillt hätte.[102] Dabei hatte er doch nur seinem Land gedient.

Nach den Anhörungen auf dem Capitol Hill zog Sidney Gottlieb, der Mann mit dem körperlichen Handicap eines Klumpfußes, der ehemalige Stotterer, mit seiner Frau Margaret nach Kalifornien,

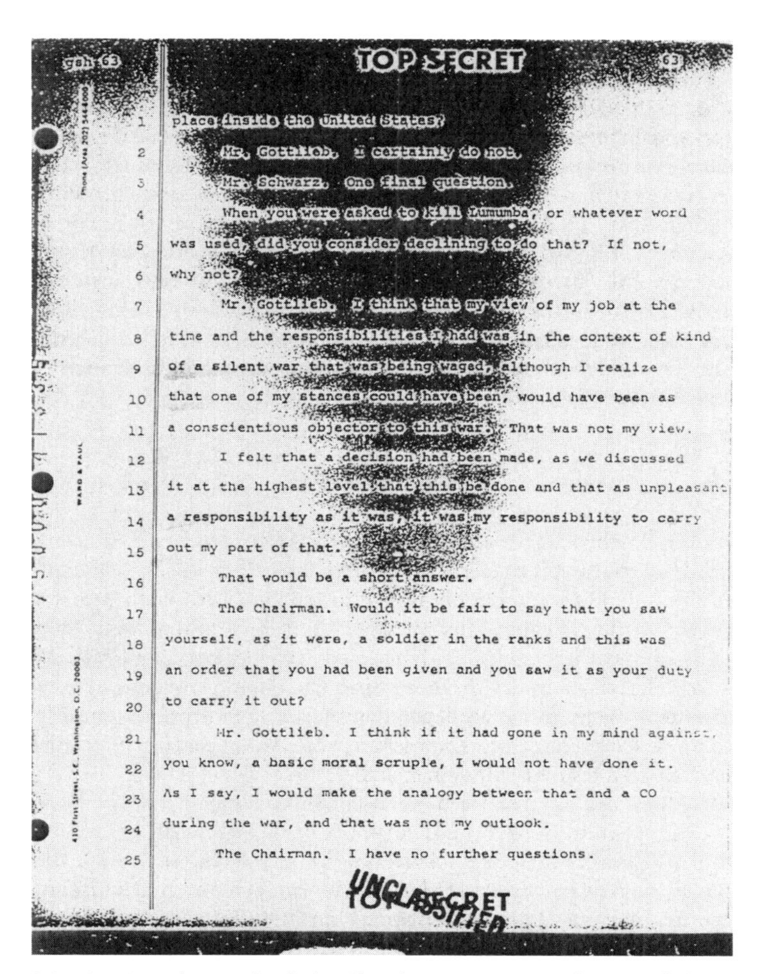
gsh 63 TOP SECRET 63

1 place inside the United States?
2 Mr. Gottlieb. I certainly do not.
3 Mr. Schwarz. One final question.
4 When you were asked to kill Lumumba, or whatever word
5 was used, did you consider declining to do that? If not,
6 why not?
7 Mr. Gottlieb. I think that my view of my job at the
8 time and the responsibilities I had was in the context of kind
9 of a silent war that was being waged, although I realize
10 that one of my stances could have been, would have been as
11 a conscientious objector to this war. That was not my view.
12 I felt that a decision had been made, as we discussed
13 it at the highest level that this be done and that as unpleasant
14 a responsibility as it was, it was my responsibility to carry
15 out my part of that.
16 That would be a short answer.
17 The Chairman. Would it be fair to say that you saw
18 yourself, as it were, a soldier in the ranks and this was
19 an order that you had been given and you saw it as your duty
20 to carry it out?
21 Mr. Gottlieb. I think if it had gone in my mind against,
22 you know, a basic moral scruple, I would not have done it.
23 As I say, I would make the analogy between that and a CO
24 during the war, and that was not my outlook.
25 The Chairman. I have no further questions.

UNCLASSIFIED TOP SECRET

Bei seiner Vernehmung durch das Church-Komitee sagte Sidney Gottlieb, er habe niemals grundsätzlich moralische Skrupel gehabt.

um ein neues Leben zu beginnen. Er schrieb sich an der San Jose State University ein, für ein Studium der Sprachtherapie, das er einige Jahre später mit einem Diplom abschließen sollte. Er würde dann nach Virginia zurückkehren, eine Sprachschule eröffnen und sich vornehmlich der Behandlung kleiner Kinder widmen.[103]

Etwa um die gleiche Zeit, als sich Gottlieb an die Ostküste zurückzog, starb in Boston/Massachusetts im Alter von 72 Jahren Professor Henry K. Beecher, eine Kapazität auf dem Gebiet der Neuropharmakologie, Inhaber eines Lehrstuhls für Anästhesie an der renommierten Harvard Medical School und Chefarzt am Massachusetts General Hospital.[104] Beecher, ein ehemaliger Stabsarzt der US Army im Rang eines Lt. Colonel, hatte Ende der Vierziger-, Anfang der Fünfzigerjahre, im Auftrag des Kriegsministeriums und der CIA, die Nazi-Menschenversuche mit Meskalin im Konzentrationslager Dachau ausgewertet und im Zuge dessen, offenbar ohne jede Skrupel, die Wirkung solcher willensbrechender Drogen an Personen erforscht, die nicht über die Experimente, zumindest aber nicht über deren Tragweite, informiert worden waren.[105]

Anfang der Sechzigerjahre wandte sich Beecher von den Geheimdiensten und ihren unverantwortlichen Menschenversuchen ab, die Gründe blieben im Dunkeln.[106] Möglicherweise ließ ihn sein tiefer christlicher Glaube zu einem glühenden Verfechter moralischer Werte bei medizinischen Experimenten werden, es hieß, er lese jeden Morgen ein Kapitel aus der Bibel. 1965 hielt Beecher einen Vortrag an der Harvard Medical School unter dem Titel »Ethics and the Explosion of Human Experimentation« (»Ethik und rapider Anstieg von Menschenversuchen«), in dem er einräumte, dass man ihn selbst »für die Arbeit der vergangenen Jahre in seinem Laboratorium kritisieren« könne. Auf die Hintergründe ging er jedoch nicht weiter ein.[107]

Ein Jahr später erschien Beechers bahnbrechende Untersuchung in einer renommierten medizinischen Fachzeitschrift, in der von ihm zweiundzwanzig medizinische Studien analysiert wurden, deren Resultate in einigen der renommiertesten Organe von einigen der bedeutendsten Institutionen veröffentlicht worden waren. Dabei wies er nach, dass diese Untersuchungen ohne Kenntnis und Einwilligung der Probanden stattgefunden haben mussten.[108] Zwanzig Jahre nach Verabschiedung des Nürnberger Kodex führte der vom Saulus zum Paulus gewandelte Chefarzt seinen Kollegen vor Augen, dass die meisten von ihnen offenbar nichts aus der Vergangenheit, aus den Verbrechen der Nazi- und KZ-Ärzte, gelernt hatten.[109] Ein Aufschrei moralischer Empörung ging durch die amerikanische Öffentlichkeit, manch einer der kritisierten Projektleiter wäre sicherlich gern zum Gegenangriff auf Beecher übergegangen, hätte er nur genügend Pfeile im Köcher gehabt. Doch Beechers eigene Verfehlungen blieben sein großes Geheimnis – der geläuterte Drogen-Experimentator der CIA konnte deshalb in den folgenden Jahren zur unbestrittenen moralischen Autorität des amerikanischen Medizinbetriebs aufsteigen.[110]

Wahrscheinlich hing Beechers heimliche Wandlung damit zusammen, dass er der US Army 1952 umfangreiche Tests mit LSD für den Einsatz auf dem Schlachtfeld empfohlen hatte, als offensive Waffe.[111] Die Idee war bei den Generälen auf geradezu emphatische Begeisterung gestoßen: Erst würde man die gegnerischen Truppen mit Drogenschwaden einnebeln, danach einmarschieren, ohne jeden Widerstand befürchten zu müssen. Der Theorie vom »humanen Krieg« schlossen sich umfassende Versuche mit Soldaten des *Chemical Corps* in Edgewood Arsenal an, die oftmals weder den Anforderungen des Nürnberger Kodex noch den eigenen Kriterien der US Army entsprachen.

Im Februar 1953 hatte der US-Verteidigungsminister Charles E. Wilson eine später nach ihm benannte geheime Direktive herausgegeben, in der strenge Kriterien für Menschenversuche auf dem Gebiet der atomaren, biologischen und chemischen Kriegsführung festlegt worden waren, darunter das Verbot, im Rahmen solcher Experimente Kriegsgefangene einzusetzen.[112] Die Umsetzung des Forderungskatalogs geriet jedoch ins Stocken, weil mehrere Entwürfe von Henry K. Beecher, dem medizinischen Berater des Kriegsministeriums, als zu weitgehend abgelehnt wurden. Nicht strenge Richtlinien seien entscheidend, sondern einzig »vertrauensvolle Beziehungen zwischen der Versuchsperson oder dem Patienten und dem Projektleiter«, schrieb Beecher, der dieser Beurteilung erst zehn Jahre später abschwören sollte.[113] Dank Beechers Einflussnahme blieb das *Wilson Memorandum* von 1953 ebenso Stückwerk wie dessen überarbeitete Fassung vom März 1962. Beecher hatte, so gesehen, den unverantwortlichen Menschenversuchen der Army in den Sechziger- und Siebzigerjahren Vorschub geleistet.[114]

Erst die Hearings und Untersuchungen eines weiteren Senats-Ausschusses Mitte der Siebzigerjahre brachten Klarheit auch über das Ausmaß verantwortungsloser Experimente, die bis 1975 unter der Ägide der US Army, speziell in Edgewood Arsenal, durchgeführt worden waren.[115] Mehrere Tausend Menschen hatten ohne oder mit völlig unzureichendem Wissen LSD, Meskalin, Morphium, Seconal und Atropin erhalten. Zusätzlich wurden »eine unbekannte Zahl von Chemikalientests und Experimenten im Auftrag der Army in Universitäten, Krankenhäusern und Forschungseinrichtungen durchgeführt, (...) an gesunden Erwachsenen, psychisch kranken Menschen und Gefängnisinsassen«, darunter im Holmesburg Prison in Pennsylvania, hieß es in einer Untersuchung des Inspector General der Army für den Senats-Ausschuss. Vor allem aber: Trotz Nürnberger Kodex und *Wilson Memorandum* waren die Menschenversuche »ohne Kenntnis oder Einwilligung« vorgenommen worden.[116] Aber auch Impfstoff-Versuche der Army im Rahmen der Operation »Whitecoat« an mehr als 2000 Mitgliedern der Religionsgemeinschaft Siebenter-Tag-Adventisten, die sich als Patrioten freiwillig zur Verfügung stellten, gewissermaßen ein Opfer für ihr Land brachten, weil ihnen die Religion einen Dienst an der Waffe untersagte, wurden kritisch hinterfragt.[117]

Mit Projekten, die unter den Tarnbezeichnungen »Derby Hat«, »Third Chance« und später »Often« und »Chitwick« liefen, wiederholte die Army in den Sechziger- und Siebzigerjahren nicht nur die »Artischocke«-Experimente der CIA, die zu dieser Zeit längst der Vergangenheit angehörten, sie setzte diese mit noch größerer Systematik und Brutalität fort, an den eigenen Landsleuten, aber auch an Ausländern.[118] Ein junger amerikanischer Soldat namens James R. Thornwell beispielsweise, den seine Vorgesetzten des Diebstahls klassifizierter Dokumente verdächtigten, wurde im September 1961 in Frankreich in eine Isolierzelle gesperrt, geschlagen und mit dem Tod bedroht. Dann flog ein Verhörteam der Operation »Third Chance« ein und verabreichte Thornwell »das Wahrheitsserum LSD«, wie es hinterher im Bericht hieß.[119] Der Verdacht der Spionage bestätigte sich indes nicht.

Thornwell und andere Opfer der geheimen Army-Operationen, die später gegen diese Experimente und deren jahrelangen Nachwirkungen klagten, verloren ihre Prozesse, weil es sich um Verletzungen handelte, die sie als Soldaten erlitten und deren Auswirkungen sie daher zu tragen hatten. Dabei ignorierten die Richter allerdings, dass mit den Versuchen von der Army eklatant gegen das verbindliche *Wilson Memorandum* verstoßen, also ein Befehl von oben missachtet worden war.[120]

LSD und andere Drogen, Hypnose und Folter, die ganze Palette der von Sidney Gottlieb erforschten »Artischocke«-Techniken, kamen offenbar auch im Vietnamkrieg zum Einsatz. »Einem mutmaßlichen asiatischen Spion wurden im September 1962 sechs Mikrogramm LSD pro Kilogramm Körpergewicht verabreicht«, um ihn zum Reden zu bringen, hieß es im Abschlussbericht der Anhörung.[121] Im April 1963 erging zwar der Befehl, Drogen-Verhöre im Rahmen der Operation »Derby Hat« in den asiatischen Kriegsgebieten dürften »unter keinen Umständen mehr ohne vorherige Zustimmung des *Department of the Army* durchgeführt« werden, der Unterausschuss von Senator Edward Kennedy konnte allerdings nicht klären, ob diese Maßgabe auch sofort und umfassend umgesetzt worden war.[122]

Mit den Berichten der verschiedenen Ausschüsse auf dem Capitol Hill wurde ein dunkles Kapitel amerikanischer Nachkriegsgeschichte geschlossen. Nach der Watergate-Affäre und dem Rücktritt von Präsident Richard Nixon im August 1974, dem Ende des Vietnamkrieges im April 1975, bei dem die amerikanischen Truppen in gigantischem Ausmaß chemische Waffen eingesetzt hatten, sollte endlich eine neue Zeitrechnung beginnen, insbesondere in der klandestinen Welt der amerikanischen Geheimdienste: ohne Mordanschläge, ohne verdeckte Operationen, ohne inhumane Verhörmethoden und Medizinexperimente. Ohne »dirty tricks«.

Viele Kalten Krieger der CIA wie Richard Helms und Sidney Gottlieb waren inzwischen im Ruhestand; die B-Waffenschmiede der US Army in Fort Detrick war nach Nixons Direktive 1969 aufgelöst, die internationale Konvention über die Ächtung biologischer Kampfstoffe im Dezember 1974 endlich auch von den Vereinigten Staaten ratifiziert worden; und die Olsons in Frederick hatten im Juli 1975 eine persönliche Entschuldigung des Präsidenten, endlich Gewissheit über den Tod des Ehemanns und Vaters und schließlich auch eine Entschädigung erhalten.[123] Vermeintliche Gewissheit.

Die Familie schien jedenfalls zur Ruhe gekommen zu sein: Die Krebsdiagnose vom Juni 1975 hatte Alice nicht aus der Bahn geworfen, ihre jahrezehntelangen Suchtprobleme waren überwunden, sie galt als geheilt und wurde bald zu einer der Führungsfiguren der *Anonymen Alkoholiker* in Frederick; Eric machte im Juni 1976 seinen Doktor in Klinischer Psychologie an der renommierten Harvard University in Boston, unterschrieb einen Buchvertrag über die Veröffentlichung seiner Dissertation; seine Schwester Lisa hatte Greg Hayward geheiratet, Anfang 1976 kam Sohn Jonathan zur Welt; und Nils, der jüngste, inzwischen 28 Jahre alt, stand kurz vor Abschluss seines Studiums der Zahnmedizin; jenem Beruf, den der Vater zu ergreifen überlegt hatte, damals, 1953, als er Camp Detrick, der Army und der CIA den Rücken hatte kehren wollen.[124]

Am 19. März 1978 stürzten Lisa, die ihr zweites Kind erwartete, ihr Mann Greg und ihr zweijähriger Sohn Jonathan in einer kleinen Privatmaschine in der Nähe von Lake Placid ab. Sie hatten keine Überlebenschance. Der Pilot des Sportflugzeuges war in Frederick gestartet, trotz widriger Wetterverhältnisse im Zielgebiet, in dichtes Schneetreiben geraten und gegen einen Berg geprallt. Lisa wollte zum Tupper Lake, um von ihrem Anteil an der Entschädigungssumme ein Ferienhaus zu kaufen, in den Adirondack Mountains im Staat New York, dort, wo die Familie 1953 zusammen mit Frank die letzten gemeinsamen Sommerferien verbracht hatte.[125]

Während Alice Olson der Versuchung widerstand, nach dem neuerlichen Trauma wieder Trost im Alkohol zu suchen, hinterließ der Tod der Schwester und deren Familie bei Eric und Nils schwere Wunden. Mehrfach reisten die Brüder in den folgenden Jahren nach Schweden, an die karge Westküste, wo sie das Haus fanden, in dem ihre Großeltern gelebt hatten, bevor sie in die Vereinigten Staaten ausgewandert waren. Eric Olson siedelte 1981 ganz nach Stockholm über, der Harvard-Psychologe begab sich auf die Suche nach den Wurzeln der Vorfahren – und auf die Suche nach sich selbst.[126]

Im Sommer 1982 besuchte ihn seine Mutter in Schweden, sie hatte gerade eine psychotherapeutische Behandlung beendet. Lange, sehr emotionale Gespräche ließen Eric erkennen, dass er das Trauma, den geliebten und verehrten Vater verloren zu haben, nach dreißig Jahren noch immer nicht überwunden hatte. Seine Zweifel über den angeblichen Selbstmord nach einem LSD-Versuch, die von Alice längst geteilt wurden, waren im Lauf der Zeit gewachsen. Und so entschloss er sich erneut, das Vermächtnis anzunehmen, das ihm als dem ältesten Sohn hinterlassen worden war: Die Recherchen über den Tod des Vaters voranzutreiben. Anfang 1984 kehrte Eric Olson in die Vereinigten Staaten zurück, mit der konkreten Absicht, den Fall erneut aufzurollen.

Olson fuhr nach New York, verbrachte eine schlaflose Nacht in Zimmer 1018A des *Hotel Pennsylvania* in der 7th Avenue, »um ein Gefühl dafür zu bekommen, ob es physisch möglich ist, sich bei fast völliger Dunkelheit durch ein geschlossenes Fenster mit einem heruntergelassenen Rollo zu stürzen«, wie er sich später erinnern würde. Und er traf Verabredungen mit Colonel Vincent Ruwet, dem

1984 kehrte Eric Olson aus Schweden in die Vereinigten Staaten zurück, besuchte das Grab seines Vaters und beschloss erneut, die Hintergründe des Todes aufzuklären.

ehemaligen Vorgesetzten seines Vaters in Camp Detrick, mit Robert Lashbrook, dem CIA-Officer, der als Bewacher in jener Nacht im Bett nebenan geschlafen hatte; sie blieben auch nach so langer Zeit bei ihren Versionen. Dann besuchte er Armand Pastore, den Manager, in dessen Armen Frank gestorben war. Auch er konnte sich nur an das erinnern, was von ihm zehn Jahre zuvor, als er sich bei der Familie gemeldet hatte, zu Protokoll gegeben worden war.[127]

Und dann bat Eric Olson seine Mutter, Sidney Gottlieb anzurufen. Wann immer sie das Bedürfnis habe, brauche sie nur zum Telefon zu greifen, hatte der ihr bei einem Kondolenzbesuch nach Franks Beerdigung angeboten. Und jetzt, nach mehr als drei Jahrzehnten, hatte sie das Bedürfnis. Ob sie und ihre beiden Söhne zu einem Gespräch vorbeikommen könnten, fragte Alice Olson ohne lange Umschweife. Nach einer längeren Pause in der Leitung, während der sie nur seinen Atem hörte, willigte Sid Gottlieb ein, sich mit den Olsons zu treffen.

Ein paar Tage später standen Alice, Eric und Nils Olson vor der Tür eines rot geklinkerten, zweigeschossigen Hauses in Blackwater, einem unscheinbaren Dorf in Rappahannock County; ein paarmal hatte man ihnen den Weg weisen müssen, zum Glück war Sid Gottlieb bekannt in der Gegend, obwohl, wie sich später herausstellen sollte, nicht einmal seine engsten Vertrauten und Freunde ahnten, dass ihr Sprachtherapeut, der sich so liebevoll um die stotternden Kinder der Gemeinde kümmerte, einmal für die CIA gearbeitet hatte.[128]

Der Hausherr erwartete sie schon, in Birkenstock-Sandalen wie ein in die Jahre gekommener Hippie mit schlohweißem Haar.

»Bin ich froh, dass Sie keine Waffe dabei haben«, sagte Gottlieb zur Begrüßung, »ich habe letzte Nacht geträumt, Sie kämen, um mich zu erschießen.« Er brachte seine unangenehmen Gäste damit, wie Eric, dem ausgebildeten Psychologen, hinterher klar wurde, schon auf der Schwelle seiner Haustür in die Defensive.[129] Der erste Eindruck von Mutter und Söhnen: Ein Mann von außergewöhnlicher Intelligenz und unwiderstehlichem Charme. »Es ging eine menschliche Wärme von ihm aus«, erinnerte sich Eric Olson später voller Erstaunen an die ersten Minuten, und dennoch habe Gottlieb angespannt und extrem vorsichtig gewirkt.[130] Dies hier war auch für den ehemaligen CIA-Mann keine alltägliche Begegnung, wahrscheinlich hatte er ohnehin nicht geglaubt, dass er noch einmal mit seiner Vergangenheit konfrontiert werden würde.

Gottlieb versuchte herauszustreichen, was ihn mit Frank Olson zu Lebzeiten verbunden hatte, schließlich seien sie beide Söhne von Immigranten und promovierte Biochemiker gewesen; Margaret, seine Frau, sprach von ihrem Vater, einem Missionar in Indien; Alice war die Tochter eines Missionars in China. Dann ließ das Gespräch die Phase unverbindlicher Reminiszenzen hinter sich, wurde von Eric und Nils zu jenen Fragen gelenkt, deretwegen sie gekommen waren. Doch so sehr sie auch insistierten, Gottlieb rechtfertigte den damaligen LSD-Selbstversuch am Deep Creek Lake in Unkenntnis der Beteiligten als unverzichtbar, um herauszufinden, was passiert, wenn der Feind »unsere Jungs« unter Drogen setzt. Und er ließ sich keine Informationen entlocken, die sie nicht schon besaßen.[131] »Wenn Sie mir nicht glauben, können Sie ja gehen«, erboste er sich einmal, als Eric und Nils ihre Zweifel allzu deutlich werden ließen. Alice Olson saß stumm dabei.

Und doch klang es, als distanziere sich Gottlieb unterschwellig von seiner Zeit als Experte für die schmutzigen Tricks der CIA. »Vieles hörte sich an, als wolle er sagen: Seht her, ich bin nicht mehr der Kerl von damals, ich habe die Agency verlassen, ich habe in Indien gearbeitet, und jetzt beschäftige ich mich mit sprachgestörten Kindern. Das damals war das Leben eines anderen Sidney Gottlieb.« So fasste Eric später die Begegnung mit jenem Mann zusammen, den er für den Mörder seines Vaters hielt.[132]

Seinem Bruder Nils kam es rückblickend wie eine Mischung aus gespielter Aufrichtigkeit und groben Lügen vor: »Ich fühlte mich wie nach einer Gehirnwäsche.«[133]

Blowback

Laisser-faire

Als Dr. Mary Beth Downs an einem Montagmorgen im Februar 1992 in ihrem Army-Labor in Fort Detrick das Elektronenmikroskop einschalten wollte, stellte sie fest, dass sich jemand während des Wochenendes daran zu schaffen gemacht haben musste. Auf ihrer ersten Aufnahme erschien am Rand eine Bezeichnung, die nicht von ihr stammte: »Anthrax 005«. Der heimliche Benutzer, so fand sie schnell heraus, hatte zwar das Zählwerk der Kamera zurückgestellt, die mit dem Mikroskop verbunden war, aber offensichtlich vergessen, den Namensgeber zu löschen, mit dem das Bild des jeweiligen Untersuchungsobjekts gekennzeichnet werden konnte. Entweder wusste er nicht genau, wie das Gerät zu bedienen war, schrieb Downs in einem Vermerk an den Chef des Labors, Lt. Colonel Michael Langford, »oder er hatte es sehr eilig«.[1]

Für Langford war die Meldung seiner Mitarbeiterin nur ein weiterer Beleg für eine beunruhigende Erkenntnis: In dem Labor des *US Army Medical Research Institutes for Infectious Diseases* (*USAMRIID*), dessen Leitung er erst kürzlich übernommen hatte und in dem mit allen möglichen hochpathogenen Keimen gearbeitet wurde, ging es drunter und drüber. Er ordnete eine sofortige Überprüfung und Inventur an, deren Ergebnisse ihm wenige Wochen später vorgelegt wurden: In den Beständen seiner Einrichtung zur militärischen Abwehrforschung gegen biologische Waffen fehlten siebenundzwanzig Proben, darunter Anthraxsporen, Ebola- und Hanta-Viren sowie zwei Glasgefäße, die mit »unbekannt« gekennzeichnet waren, eine übliche Tarnbezeichnung der Army für streng geheime Forschungen, von denen nicht einmal die Kollegen erfahren sollten. Im April 1992 schlug Langford intern Alarm, informierte die Sicherheitsbeauftragten von Fort Detrick.[2]

Die internen Ermittlungen wurden sofort aufgenommen und mit Hochdruck vorangetrieben. Sie legten sehr bald erhebliche Probleme offen. In einigen Abteilungen herrschte eine feindselige

Atmosphäre und eine erbitterte persönliche Rivalität zwischen einzelnen Mitarbeitern, die Vorwürfe reichten von wissenschaftlichem Diebstahl bis sexueller Nötigung und rassistischer Diskriminierung; mindestens fünf Army-Wissenschaftler hatten Fort Detrick im Jahr zuvor frustriert verlassen. Schlimmer noch: Es gab eklatante Sicherheitslücken. Nachts und an den Wochenenden hielten sich offenbar häufiger Personen in den Labors auf, die dafür keine Befugnis mehr besaßen; sie könnten private Forschungen betreiben, die Untersuchungen verhasster Kollegen sabotieren oder Proben mit tödlichen Bazillen und Viren nach draußen an den Wachen vorbeischmuggeln. Diese seien ausschließlich damit befasst zu kontrollieren, wer das Gelände betrete und nicht, wer es verlasse und was er dabei im Gepäck habe, so das Fazit der internen Überprüfung.[3]

Ein weiterer Vorwurf lautete, dass Laborprotokolle und Inventarlisten schlampig geführt und selten überprüft wurden. Er habe ein Jahr zuvor Botulismustoxin bestellt und erhalten, sei »danach nie wieder gefragt worden«, was er mit einem der giftigsten bekannten Stoffe gemacht habe, erzählte der Mikrobiologe Richard Crosland im März 1992 den Army-Inspektoren, die Fort Detrick unter die Lupe nahmen. Als er den Job beendet habe, sei er an zwei Tagen mit seinem roten Ford Mustang zwischen seiner Wohnung in Frederick und seinem Labor auf dem streng bewachten Gelände hin und her gependelt. »Ich brachte Bücher, Zeitschriften, persönliche Fotos und alles Mögliche nach Hause. Glauben Sie, dass mein Auto auch nur ein einziges Mal inspiziert worden wäre?«[4]

Unter den Proben, die 1991/92 aus dem USAMRIID-Labor verschwanden und nie wieder auftauchten, befanden sich auch mehrere mit Anthraxsporen des Ames-Stranges, jener Variante also, die zehn Jahre zuvor in Texas aus einer an Milzbrand verstorbenen Kuh isoliert worden war und die zehn Jahre später in mehreren Briefen steckte, mit dem ein Bio-Terrorist nach den Anschlägen vom 11. September 2001 fünf Menschen tötete und ganz Amerika in Angst und Schrecken versetzte. Nach den Milzbrand-Attentaten würde sich die Army nur zögerlich an die Vorfälle in Fort Detrick in den Jahren 1991/92 erinnern, denn ein möglicher Zusammenhang zu den Anthrax-Briefen lag natürlich auf der Hand. Wahrscheinlich sei ein Großteil der abhanden gekommenen Glasgefäße damals nie wirklich verschwunden, »sondern schlichtweg im Müll gelandet«, erklärte ein Sprecher des USAMRIID.[5]

Im September 1992, während in den Kreisen der Army-Biologen darüber gestritten wurde, was es bedeuten könnte, wenn einer der in den letzten Monaten gemobbten Kollegen Anthraxsporen entwendet und bei sich zu Hause im Kühlschrank gelagert hätte, und während der Führungsstab von USAMRIID über verschärfte Bestimmungen in seinen militärischen Forschungsinstituten nachdachte, trafen sich 250 Veteranen der biologischen Waffenschmiede Fort Detrick im Restaurant *Elks Lodge* in Frederick, um über alte Zeiten zu plaudern. Außerdem wollten die »Oldtimer« eine weit größere Veranstaltung ihres Clubs vorbereiten, die für Mitte Mai 1993 geplant war, wenn das fünfzigjährige Jubiläum von Fort Detrick anstand.[6]

Zahlreiche der alten Army-Haudegen und Wissenschaftler der ersten Stunde erinnerten an die Begeisterung der frühen Jahre, als das B-Waffen-Zentrum der US Army 1943 eröffnet worden war und als sie mit amerikanischem Pioniergeist begannen, Schutzkleidung und Atemmasken für die Invasionstruppen in der Normandie zu testen, weil die Generäle befürchtet hatten, Hitlers Wehrmacht könnte mit Bakterien und Viren angreifen.[7] Bald danach hatte die Arbeit mit hochinfektiösen Keimen und extrem toxischen Stoffen angefangen.

Dann ergriff Dr. Riley D. Housewright das Wort, der 1943 als einer der ersten Fachleute nach Frederick gekommen war und zwischen 1956 und 1971 als wissenschaftlicher Direktor von Fort Detrick fungiert hatte; er sprach über die erste Produktionsanlage für das Botulismustoxin, die berühmte »Black Maria«, einen zweigeschossigen, mit schwarzer Teerpappe verblendeten Holzbau.[8] Danach, 1952, habe im großen Stil die Herstellung von Milzbrandsporen (*Bacillus anthracis*) begonnen, holte Housewright die Zeit zurück, im Gebäude 470, einem turmartigen, rot geklinkerten Komplex, der dann 1970 stillgelegt und dreimal von unten bis oben dekontaminiert worden sei, unmittelbar nach Richard Nixons Entscheidung, die biologische Aufrüstung zu beenden (siehe Seite 84).[9] Gebäude 470 stehe noch immer wie ein Fels in der Brandung, versicherten sich die Veteranen in der *Elks Lodge*, deren Stimmung sich an dieser Stelle ihrer geschichtlichen Aufarbeitung allerdings kurzzeitig trübte, denn die Entscheidung des damaligen Präsidenten hatte kaum einer von ihnen nachvollziehen können, damals nicht und auch später nicht.[10]

Ab 1970 versank Fort Detrick vorübergehend in Lethargie und

damit auch die Gemeinde Frederick, deren größter Arbeitgeber die Army war.[11] Viele Zivilisten, Techniker und Wissenschaftler, die für die geheime biologische Kriegsführung des Landes gearbeitet hatten, mussten sich nach einem neuen Job umsehen. Hinzu kam, dass die moralische Berechtigung des gesamten amerikanischen B-Waffen-Programms von einem Tag auf den anderen in Frage gestellt wurde, das zehrte erheblich am Selbstbewusstsein der Biologen und Mediziner, die sich während des Kalten Krieges, zwei Jahrzehnte lang, als Speerspitze gegen die kommunistische Bedrohung verstanden hatten; so wie damals die Kernphysiker des legendären Manhattan-Projekts, von denen in den Kriegsjahren die erste Atombombe entwickelt worden war.[12]

Im Jahre 1975 kam es zu einem Brand auf dem Areal von Fort Detrick, das Gebäude mit dem legendären »8-Ball« brannte bis auf die Grundmauern nieder, aber die Stahlkugel, die Hunderte von Explosionen mit biologischen Bomben überlebt hatte, widerstand den Flammen, obwohl auch sie längst zum alten Eisen gehörte und zwei Jahre später unter Denkmalschutz gestellt wurde. Einen Großteil des Geländes und der Forschungseinrichtungen von Fort Detrick trat die Army an das *National Cancer Institute* ab, die staatliche Krebsforschungseinrichtung, darunter auch Gebäude 470, die Milzbrand-Pilotanlage; die anderen Labors übernahm das *US Army Medical Research Institutes for Infectious Diseases* (*USAMRIID*).[13]

Ihr »spirit«, der Geist ihrer »Mission«, habe sich damals nicht ansatzweise auf die Tätigkeit von USAMRIID übertragen lassen, da waren sich die Veteranen in der *Elks Lodge* einig; die neue Generation der Wissenschaftler, die Anfang der Siebzigerjahre Einzug hielt und sich mit Abwehrforschung gegen B-Waffen und Impfstoffen beschäftigte, hatte kaum noch etwas mit ihrem Teamgeist und Tatendrang gemein. Zwar entstand auf dem Areal ein neues Institutsgebäude mit den größten und sichersten Labors der Vereinigten Staaten, in dem fast fünfhundert zivile und militärische Ärzte, Mikrobiologen, Veterinäre und Pharmakologen beschäftigt wurden. Dass bei USAMRIID dennoch vieles im Argen lag, wussten die Ehemaligen, lange bevor die Inspektion der Army im Frühjahr 1992 Neid und Missgunst sowie katastrophale Sicherheitslecks offenbart hatte.[14]

Zwischen dem 12. und 15. Mai 1993 fanden in Frederick die Festivitäten zum fünfzigsten Geburtstag von Fort Detrick statt, mit vielen Reden, Karussells und Würstchenbuden, Country & Western Dance, Flugvorführungen und einem Feuerwerk zum Abschluss des Programms.[15] Fast alle früheren Kommandeure und wissenschaftlichen Direktoren, die das B-Waffen-Zentrum der US Army erlebt hatte, kehrten zu den Feierlichkeiten an ihren alten Standort zurück. Einer von ihnen war Colonel Vincent Ruwet, Frank Olsons Vorgesetzter in der *SO-Division* im Jahre 1953, der seine Witwe Alice nach dessen Tod lange Zeit betreut hatte, offenbar im Auftrag der CIA.[16]

Ruwet hatte im April 1964, lange nach seiner Tätigkeit als Chef der *SO-Division*, den Posten des Fort Detrick Commander erklommen, für zweieinhalb Jahre.[17] Danach beendete er den Dienst bei der US Army und übernahm eine Stellung als Vizepräsident der Firma *Micro Biological Associates* in der Nähe von Washington. Sein Job führte ihn 1975 für ein Jahr in den Iran, unmittelbar nach dem Artikel in der *Washington Post* im Juni des Jahres, durch den der angebliche »LSD-Selbstmord« Frank Olsons bekannt geworden war und der Stab im Weißen Haus alles unternommen hatte, die Hintergründe unter Verschluss zu halten. Gut möglich, dass Vincent Ruwet damals für eine gewisse Zeit aus der Schusslinie genommen werden sollte, falls die Wogen sich nicht gleich geglättet hätten.

Nach seiner Rückkehr aus Teheran, von 1977 bis 1982, übte Ruwet ein Ehrenamt in der Schulkommission der Gemeinde Frederick aus, ehe er sich endgültig zur Ruhe setzte. Es gebe einen Spruch in der Army, sagte Ruwet bei seiner Verabschiedung als Mitglied des *County Board of Education*: »Nur wenn du deine Truppen kennst, kannst du siegen!« Er habe diese militärische Weisheit immer auf alle Bereiche des Lebens angewandt.[18]

Am 19. August 1993, fünfzig Jahre nach Gründung des B-Waffen-Zentrums Fort Detrick, fast genau vierzig Jahre nach dem Tod ihres Mannes, starb in Frederick/Maryland Alice Olson an Bauchspeicheldrüsenkrebs. Sie hatte Vincent Ruwet bis zuletzt für einen guten Freund der Familie gehalten.[19]

Déjà-vu

Das Interesse der Medien war gewaltig. Mehr als ein Dutzend Reporter in Begleitung von Fotografen und Kamerateams hatten den Weg zum Friedhof von Frederick gefunden, um der Exhumierung beizuwohnen. Sie bauten sich pietätvoll hinter einer rotweißen Absperrungsleine auf, die ein Mitarbeiter von Professor James E. Starrs in zehn Meter Abstand um das Grab gezogen hatte, das auf einer Rasenfläche unter einem schlichten Stein lag: Frank R. Olson 1910–1953.

Im Dezember 1993, ein Vierteljahr nach dem Tod seiner Mutter, hatte Eric Olson Kontakt mit James Starrs in Washington aufgenommen, einem Freund der Familie seit vielen Jahren und einer internationalen Koryphäe auf dem Gebiet der Gerichtsmedizin. Obwohl inzwischen in den Siebzigern, hielt Starrs noch immer spannende Vorlesungen und befasste sich mit spektakulären Fällen.[20] Der Professor war von Eric Olson gebeten worden, die Exhumierung seines Vaters vorzubereiten, er hatte eingewilligt und ein Team von Experten der George Washington University für die neuerliche Obduktion des Leichnams zusammengestellt.

Am 2. Juni 1994 war es soweit. Stunden nach der Bergung des Sarges, wurde in einem Labor des *Department of Forensic Sciences* der Universität der Deckel abgehoben und die sorgsam in Leinentücher gehüllten sterblichen Überreste des ehemaligen CIA-Wissenschaftlers freigelegt. Eric Olson hatte darauf bestanden, bei der Öffnung des Sarges anwesend zu sein.[21]

Der Leichnam wies zur allgemeinen Überraschung der Gerichtsmediziner einen sehr guten Zustand auf, er war, wie es Starrs mit dem Pathologen eigenen Charme später formulierte, »in einem tip-top-Zustand, wunderschön einbalsamiert, fast wie eine ägyptische Mumie«.[22] Aber hatte nicht Colonel Vincent Ruwet, Olsons Chef, die Familie vor den Beerdigungsfeierlichkeiten dringend ersucht, auf die Totenwache am offenen Sarg zu verzichten, weil Kopf und Körper durch Schnittwunden und Brüche sehr entstellt seien? War sein Trauma nicht dadurch vielfach verstärkt worden, fragte sich Eric Olson, weil ihm damals so unbegreiflich erschien, dass »der Vater nach New York reist, um behandelt zu werden, und als er zurückkommt, liegt er in einer verschlossenen Kiste, die du nicht öffnen darfst«. Und nun, 41 Jahre später, blickte er in das unversehrte Gesicht seines Vaters – und erkannte dessen Züge sofort.[23]

Schon bei der ersten Untersuchung fielen Starrs und seinen Kollegen zwei Dinge auf: Die Schnittwunden als Folge des Sprungs durch eine Glasscheibe, von denen der Bericht des Gerichtsmediziners 1953 in New York gesprochen hatte, waren schlichtweg Fantasie: »Es gab sie nicht, sie waren einfach nicht da«, beschrieb Starrs später den überraschenden Befund. Offenbar hatte der Mediziner damals seine Expertise auf Anweisung der CIA-Agenten verfasst, von denen nach dem Tod die Verschleierung des Falls organisiert worden war; Starrs kontaktierte den seit langem pensionierten Kollegen in New York, erhielt aber nur ausweichende Antworten.[24]

Außerdem entdeckte Jim Starrs einen Bluterguss an Frank Olsons Stirn, direkt über der linken Augenbraue. Stammte der von dem Aufprall oder hatte er andere Ursachen? Starrs und der überwiegende Teil seines Teams legten sich später fest, bei dem Hämatom müsse es sich um eine Verletzung handeln, die sich Olson *vor* dem Sturz zugezogen habe, und zwar durch einen Schlag mit einem schweren Gegenstand.[25]

Professor Starrs beschränkte seine Untersuchung allerdings nicht nur auf die Obduktion des Leichnams. Er recherchierte, ermittelte, verfolgte Spuren, geradeso wie seine berühmten Kollegen in der Kriminalliteratur. Mit Armand Pastore, dem Manager des *Hotel Pennsylvania*, verabredete Starrs einen Ortstermin auf der New Yorker 7th Avenue und in Zimmer 1018A; dann ließ er nach Pastores Angaben eine Computeranimation erstellen, um herauszufinden, wie genau der Sturz sich abgespielt haben musste. Nach den Ergebnissen der Analyse schien es schwierig, wenn nicht unmöglich, in dem relativ kleinen Hotelzimmer einen ausreichenden Anlauf zu nehmen, um durch ein geschlossenes Fenster mit einem davor hängenden Rollo zu springen.[26]

Danach reiste Jim Starrs nach Florida, um dort den seit vielen Jahren in Ruhestand lebenden ehemaligen Police Officer Joseph Guastafeste aufzusuchen, der in jener Nacht der erste Beamte vor Ort gewesen war und unmittelbar in Zimmer 1018A mit Lashbrook gesprochen hatte. Es sollte eine äußerst kuriose Begegnung werden. Als Starrs an die Tür des Hauses klopfte und sein Anliegen vortrug, weigerte sich Guastafeste zu öffnen. Auf die insistierende Frage des Gerichtsmediziners durch die geschlossene Tür, ob Lashbrook ihn damals zu falschen Aussagen genötigt habe, bekam Frau Guastafeste einen hysterischen Anfall, schrie ihren Mann im Innern des Hauses an: »Ich wusste, dass sie irgendwann kommen, dass sie irgendwann der Sache nachgehen werden!« Als sich seine Frau beruhigt hatte, bequemte sich der ehemalige New Yorker Polizist doch noch, die Haustür zu öffnen, entgegnete jedoch immer wieder, er könne sich an nichts mehr erinnern.[27]

Zur gleichen Zeit rief einer von Starrs Assistenten bei Robert Lashbrook an, der inzwischen in Ojai/Kalifornien sein Rentnerdasein genoss. Obwohl ihn der Mitarbeiter mehrfach auf das Resultat der Obduktion hinwies, dass Frank Olson niemals durch ein geschlossenes Fenster gesprungen sein könne, weil er keinerlei Schnittwunden am Körper aufweise, beharrte der ehemalige CIA-Officer auf seiner Version.

Im September 1994 führte das *Committee on Government Operations* unter der Regierung Clinton auf dem Capitol Hill eine Anhörung über Menschenversuche während des Kalten Krieges durch. Eric Olson war eingeladen worden, über die Erfahrungen seiner Familie zu berichten. Hinterher sprach der Vorsitzende von einer der bewegendsten Reden, die vor dem Ausschuss gehalten worden waren. Eric Olson ließ den jahrzehntelangen Kampf seiner Familie um die Wahrheit Revue passieren. Sein Bruder Nils und er seien inzwischen der festen Überzeugung, »dass unser Vater ermordet wurde«. Wenn ein amerikanischer Bürger im Interesse der nationalen Sicherheit im Auftrag der Regierung oder deren Geheimdienst getötet wurde, stelle das die Prinzipien »unserer Demokratie, unserer Geschichte und unserer Moral« in Frage. Deshalb werde auch heute noch immer alles unternommen, die Wahrheit im »Fall Olson« zu verschleiern, sagte Eric Olson, »mag unser Schmerz noch so groß« sein.[28]

Am 28. November 1994 veröffentlichten Jim Starrs und seine Mitarbeiter auf einer Pressekonferenz im *National Press Club* in Washington ihre Befunde. Nach Auswertung sämtlicher Erkenntnisse aus der Obduktion des exhumierten Leichnams und der umfassenden Recherchen sei es im höchsten Maße wahrscheinlich, dass jemand Frank Olson im Schlaf oder während eines kurzen Kampfes bewusstlos geschlagen, aus dem geöffneten Fenster gestoßen und die Scheibe hinterher zerstört habe, als Erklärung dafür, dass der Freitod ganz unerwartet passierte und nicht zu verhindern gewesen sei.[29]

Einige Tage später meldete sich ein Dr. Robert W. Gibson telefonisch bei Professor Starrs, der aus der Zeitung von dessen Ermittlungen erfahren hatte. Er sei 1953 für die männlichen Patienten der psychiatrischen Klinik Chestnut Lodge in Rockville/Maryland zuständig gewesen, berichtete Gibson, und erinnere sich an einen merkwürdigen Vorgang, der mit dem Tod von Frank Olson in Zusammenhang stehen könne. Er habe damals den Anruf eines Man-

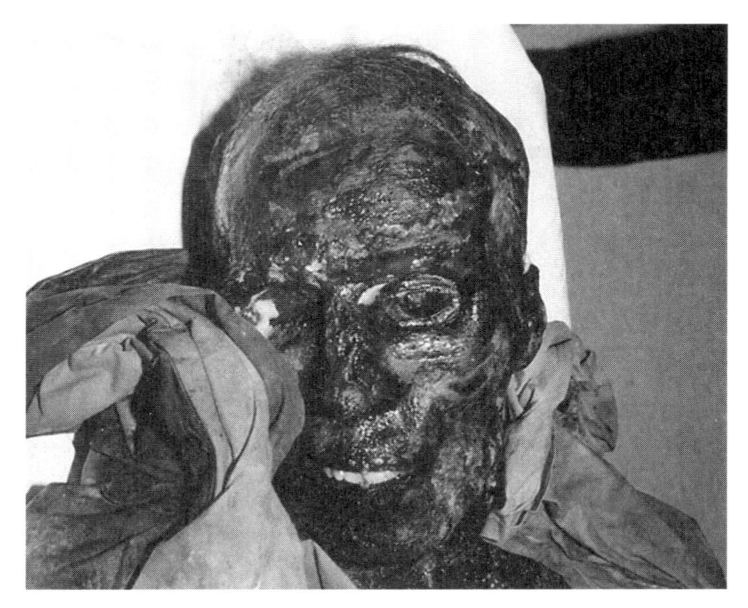

Nach der Exhumierung des Leichnams von Dr. Frank Olson stellten die Gerichtsmediziner ein Hämatom an der Stirn, über dem linken Auge, fest, das von einem Schlag stammen musste.

nes aus New York erhalten, der seinen Freund, offensichtlich Olson, in der Klinik anmelden wollte, weil dieser an Verfolgungswahn leide.[30]

Einen Tag später, so Gibson, habe sich der gleiche Anrufer – nach allem, was er inzwischen wisse, muss es sich um Robert Lashbrook gehandelt haben – noch einmal gemeldet, sein Freund sei in der Nacht in den Tod gesprungen. Die Geschehnisse im Hotelzimmer, die Lashbrook bei diesem Gespräch geschildert hatte, stimmten allerdings in einem wesentlichen Detail nicht mit seiner späteren Version überein: Er wachte gegen 2.00 Uhr auf, der Freund stand mitten im Zimmer, er sprach ihn an, und im selben Moment lief der auf das Fenster zu und sprang durch die Glasscheibe. Er erinnere sich genau an den Inhalt des Telefonats, versicherte Gibson seinem Kollegen Starrs, weil er sich damals gesorgt habe, der Anrufer könne psychologischen Beistand benötigen; schließlich war er Zeuge eines schrecklichen Selbstmords geworden.[31]

Professor James Starrs erläutert Eric Olson die gerichtsmedizinischen Befunde am Schädel seines Vaters.

Lashbrook, mit dieser Aussage konfrontiert, bestritt sowohl, jemals mit Dr. Gibson telefoniert zu haben, als auch, Zeuge von Frank Olsons Sprung aus dem Fenster geworden zu sein. Er sagte nur, Dr. Gibson müsse geträumt haben.[32] Für Jim Starrs aber gab es keine Gründe, die Angaben des Kollegen in Zweifel zu ziehen. Die einzige vernünftige Erklärung: Die CIA hatte Lashbrooks Version des Vorfalls nach dem Anruf bei Gibson geändert, um ihn aus der Schusslinie zu nehmen. Es wäre allemal plausibler, zu behaupten, den Sturz gar nicht gesehen zu haben.[33]

Der Verdacht bestätigte sich, als Eric Olson der streng geheime CIA-Ratgeber »A Study of Assassination« in die Hände fiel, die Anleitung der Agency aus dem Herbst 1953 für Mordanschläge gegen kommunistische Politiker in Guatemala. Die Verfasser des Handbuches empfahlen darin nicht nur einen als Unfall oder Selbstmord getarnten Sturz »aus mehr als fünfundzwanzig Metern Höhe auf einen harten Untergrund«, nachdem das Opfer zuvor »mit einem

Schlag« betäubt worden sei, sie legten ihren Killerkommandos überdies nahe, für einen Zeugen zu sorgen, der das Ergebnis, nicht aber das Ereignis gesehen habe.[34] Jim Starrs empfand bei der Lektüre der CIA-Studie ein regelrechtes Déjà-vu-Erlebnis, »als würde ich eine Anleitung für die Ermordung von Frank Olson lesen«.[35]

Später stellte sich auch noch heraus, dass der »Fall Olson« vom israelischen Geheimdienst Mossad als Lehrbeispiel für einen »öffentlichen Mord« diente, für ein perfektes Attentat.[36] »Wenn es gut durchgeführt wird«, so schrieb einmal William Colby, CIA-Direktor unter den Präsidenten Nixon und Ford, über Mordanschläge der Geheimdienste, »wird man niemals erfahren, wie es gemacht wurde oder wer es gemacht hat. Nur darum geht es bei professionellem Vorgehen.«[37]

Ungelöste Fälle

Am 21. April 1996 beschloss der Staatsanwalt von Manhattan, ein Ermittlungsverfahren wegen Mordverdachts gegen unbekannt einzuleiten. Fast 43 Jahre nach dem Tod des CIA-Wissenschaftlers Frank Olson erhielt die Abteilung für »cold cases«, für ungelöste Fälle, den Auftrag, die Angelegenheit neu aufzurollen. Zuständig wurden die beiden Staatsanwälte Stephen Saracco und Daniel Bibb.[38] Die Entscheidung stellte für Eric und Nils, die beiden noch lebenden Mitglieder der Familie, einen großen Etappensieg dar, und eine erste Genugtuung.

Zehn Tage später wurde nach tagelanger Suche die Leiche von William Colby in einem unwegsamen Ufergebiet des Wicomico River in Maryland gefunden. Der ehemalige Direktor der CIA hatte auf einer einsamen Kanufahrt offenbar einen Herzinfarkt erlitten, war aus dem Boot in die Fluten gekippt und ertrunken oder an Unterkühlung gestorben.[39]

Obwohl bei der Autopsie weder Hinweise auf Fremdeinwirken noch auf Drogen gefunden wurden – der Tod blieb mysteriös.[40] Das lag zum einen an den Umständen seines Verschwindens: Colby war während des Abendessens aufgebrochen, das er allein in seinem Landhaus einnahm, die Polizei fand später das Haus unverschlossen und das Geschirr noch auf dem Tisch stehend; es war draußen bereits dunkel, ein stürmischer Abend, der nicht gerade zu einer Kanupartie einlud; er trug keine Schwimmweste, als man ihn entdeckte, obwohl er diese nach Auskunft seiner Frau immer angelegt hatte.[41]

Zum anderen besaß der ehemalige CIA-Chef viele Feinde unter den Veteranen und Hardlinern des Geheimdienstes, die ihm nie verziehen hatten, dass von ihm damals dem Untersuchungsausschuss von Senator Frank Church ohne Not geheimste Projekte, die so genannten »Familienjuwelen«, offeriert worden waren. In Washington hielt sich deshalb hartnäckig das Gerücht, Colby sei auf seine alten Tage für seinen Verrat bestraft worden.

William Colby sollte von der Staatsanwaltschaft zum Fall Olson verhört werden, weil er der Familie 1975 die angeblich vollständigen Unterlagen der Agency ausgehändigt hatte. Ihn konnte Stephen Saracco von seiner Liste streichen. Ende August 1996 führten er und sein Kollege Bibb ihre erste Vernehmung durch. Sie reisten nach Frederick, um Vincent Ruwet zu befragen. Doch der erzählte nur die alte Geschichte, die sie bereits aus den Akten kannten. Wenige Wochen später verstarb Ruwet.[42]

Der wichtigste Zeuge, den die beiden New Yorker Staatsanwälte vorladen und unter Eid vernehmen lassen wollten, war Dr. Robert Lashbrook. Er hatte Frank Olson seinerzeit nach New York begleitet, er konnte die Ermittlungen schnell zum Abschluss bringen, wenn er endlich die Wahrheit erzählen würde.

Es gehört zum Wesen von Ermittlungen in »kalten Fällen«, dass sie einerseits nicht unter Zeitdruck stehen: Seit dem Tod, den es aufzuklären gilt, sind viele Spuren der Tat längst verwischt. Doch je länger der Fall zurückliegt, desto größer kann andererseits auch wieder der Ermittlungsdruck werden, weil mögliche Täter und potenzielle Zeugen zwischenzeitlich am Ende ihres Lebens angekommen sind. Mehr als vierzig Jahre nach dem möglichen Mord an Frank Olson schwebte das Damoklesschwert einer »biologischen Lösung« ihres Verfahrens über den New Yorker Staatsanwälten, das wusste natürlich auch Stephen Saracco. Und ihm war klar, dass wegen der Verwicklung der CIA wichtige Zeugen alles daran setzen würden, ihre Vernehmung möglichst lange hinauszuzögern. Am besten, sie könnten bis zu ihrem Tod schweigen. Auch Robert Lashbrook, inzwischen fast achtzigjährig, setzte auf diese Karte.

Auf der Veranda seines eigenen Hauses in Ojai/Kalifornien lehnte Lashbrook im September 1997 die Zustellung von Saraccos Vorladung durch den Sheriff der Gemeinde mit der frechen Begründung ab, es müsse sich um ein Versehen handeln, er kenne keinen Robert Lashbrook.[43] Dann beauftragte er seinen Anwalt, Rechtsmittel gegen die Vorladung vor dem District Court in Los Angeles einzureichen. Im Januar 1998 wies das Gericht den Einspruch zurück.[44]

Im Februar ging Lashbrook unter Ausnutzung der rechtlichen Fristen, was ihm wiederum ein paar Wochen brachte, in die Berufung, die im April erneut zurückgewiesen wurde. Stattdessen setzten die Richter in Los Angeles seine Vernehmung für Ende April 1998 an.[45]

Damit war der Rechtsweg ausgeschöpft. Doch jetzt meldeten sich Anwälte der CIA und des Justizministeriums bei Saracco und Bibb und teilten ihnen mit, vor Lashbrooks Vernehmung müssten die Fragen offiziell abgesegnet werden, da es möglicherweise um Sachverhalte gehe, die nach wie vor strengster Geheimhaltung unterlagen und deren Veröffentlichung eine Gefahr für die nationale Sicherheit darstellten. Im Juni 1998 reiste eine vierköpfige Delegation, je zwei vom US-Geheimdienst und vom Justizministerium nach New York, um mit den beiden Staatsanwälten über die Vernehmung Robert Lashbrooks eine Einigung zu erzielen. Die Anwälte versprachen, sich telefonisch zu melden, um ihre Entscheidung mitzuteilen. Inzwischen war fast ein Jahr seit der ersten Vorladung verstrichen.

Endlich, im Oktober 1998, flogen Saracco und Bibb nach Los Angeles, um Lashbrook unter Eid über den Fall Olson zu vernehmen. Die Befragung, die auf Video aufgezeichnet und mitstenografiert wurde, dauerte sieben Stunden. Eric Olson, der in ständigem Kontakt mit den beiden Staatsanwälten stand, erfuhr hinterher lediglich, Lashbrook sei »wie ein Kavalier« aufgetreten, was immer das heißen mochte. Über die Aussagen des ehemaligen CIA-Officer machten sie keine Angaben, da Protokoll und Aufzeichnung »unter Verschluss« seien.[46]

Eric Olson gingen die Ermittlungen der Staatsanwälte in New York viel zu langsam voran, immer wieder drängte er, machte Vorschläge, empfahl weitere Zeugen. Sein jahrzehntelanger Kampf, die Wahrheit über den Tod des Vaters herauszufinden, war zu einer Obsession geworden, dominierte inzwischen das Leben des Mittfünfzigers. Auf eine berufliche Karriere als Psychologe hatte er ebenso verzichtet wie auf ein Familienleben. Seinen 1989 in Schweden geborenen Sohn Stephan liebte er abgöttisch, doch die Beziehung zu dessen Mutter zerbrach. Seit dem Tod seiner Mutter Alice lebte

43 Jahre nach dem Tod Frank Olsons nahm der New Yorker Staatsanwalt Stephen Saracco im April 1996 die Ermittlungen wieder auf.

Eric Olson allein in dem Holzhaus in Frederick, das sein Vater 1950 erbaut hatte.[47]

Bisweilen gab es Phasen, in denen seine Nachforschungen monatelang auf der Stelle traten. Dann schrieb er sich den Frust von der Seele, verfasste glänzend formulierte Texte, bastelte an seiner Webseite *frankolsonproject*. Und doch erwies er sich als unfähig, ein Buch über seinen Vater zu verfassen, obwohl er schon 1996 einen entsprechenden Vertrag abgeschlossen hatte. Einmal fehlte es ihm an der nötigen Distanz, dann wieder traute er, der Sohn, sich nicht, über sich und seine Suche nach der Wahrheit zu schreiben, solange die Sache selbst, der gewaltsame Tod des Vaters, nicht endgültig geklärt war. Sobald die New Yorker Staatsanwaltschaft das Ermittlungsverfahren abgeschlossen und hoffentlich Anklage erhoben hatte, gegen Robert Lashbrook, Sidney Gottlieb und Richard Helms, die er für die Drahtzieher des Komplotts hielt, würde er mit dem Buch beginnen, schwor sich Eric Olson.[48]

Im Februar 1999 machte er eine Reihe ehemaliger Kollegen seines Vaters ausfindig, auf deren Namen er gestoßen war und von denen einige sogar in seiner unmittelbaren Nähe lebten: Gerald Yonitz, damals in Fort Detrick für die biologische Munition zuständig, räumte lediglich indirekt ein, dass er etwas von den »Artischocke«-Experimenten in Europa gehört hatte; Donald Falconer dagegen, der ebenfalls für die Munitions-Abteilung gearbeitet und schon 1947 den Nazi-Arzt Professor Kurt Blome in Heidelberg vernommen hatte und der ein Freund seines Vaters gewesen war, bis dieser ihn, Mitte 1953, plötzlich nur noch als »Dr. Falconer« ansprach, konnte oder wollte sich an nichts mehr erinnern; auch Henry Eigelsbach, der auf Dias seines Vaters aus den späten Vierzigerjahren wiederholt auftauchte, also offenbar in jener Zeit enger mit ihm zusammengearbeitet hatte, wich konkreten Fragen aus.[49]

Fünf Jahre nach der Exhumierung seines Vaters zog Eric Olson im Frühjahr 1999 so etwas wie einen vorläufigen Schlussstrich. Er hatte kaum noch Hoffnung, irgendeiner der früheren Freunde oder Kollegen seines Vaters würde im Angesicht des nahen Lebensendes aus dem Schatten der ehemaligen Tätigkeit für die Army oder die CIA heraustreten und sich an ihn wenden: »Hey, Eric, was ich dir immer schon erzählen wollte ...« Nein, sie würden alle ihre Geheimnisse, loyal bis zum Schluss, mit ins Grab nehmen.

»Wenn ein militärisches Forschungsprogramm unmoralisch, illegal, streng geheim und für die nationale Sicherheit von Bedeutung ist, wenn sogar Nazi-Experten für dieses Programm herangezogen werden, dann müssen die Verantwortlichen auch darauf vorbereitet sein, Menschen zu ermorden, um diese Projekte zu schützen«, schrieb Eric Olson resignierend. Welche andere Wahl haben sie? In der Sowjetunion konnte man unsichere Kantonisten wie seinen Vater nach Sibirien verbannen, in den Vereinigten Staaten konnte man sie nur töten.[50]

Anfang April 1999 sollte in New York ein Verfahren beginnen, das Gloria Kronisch angestrengt hatte, die Schwester von Stanley Glickman, jenem Kunstmaler, dem im November 1952 in Paris ein Amerikaner, wahrscheinlich Sidney Gottlieb, LSD in einen Drink geschüttet hatte; mehr als sechzehn Jahre hatte sich die Zulassung der Klage hingezogen, Glickman war zwischenzeitlich, im Dezember 1992, vierzig Jahre nach dem Experiment, das bei ihm die irreparablen Persönlichkeitsveränderungen ausgelöst hatte, gestorben. Ein Schadensersatzprozess gegen die amerikanische Regierung war bereits, wegen überschrittener Verjährungsfrist, abgelehnt, eine Zivilklage gegen Gottlieb jedoch zugelassen worden.[51]

Zwei Wochen, bevor er als Angeklagter im Gerichtssaal erscheinen sollte, starb Sidney Gottlieb achtzigjährig in einem Krankenhaus in Charlottesville/Virginia. Seine Witwe weigerte sich, die Todesursache bekannt zu geben, möglicherweise war es eine Lungenembolie nach Herzversagen, möglicherweise aber auch Selbstmord durch eine Überdosis Morphium. Gottliebs Leichnam wurde sofort eingeäschert.[52]

Drei Wochen nach seinem Tod, an einem kalten und grauen Samstagnachmittag, fand im Auditorium der Rappahannock High School, fast direkt gegenüber Gottliebs Haus, eine Gedenkfeier für den Verstorbenen statt. Etwa einhundert Trauergäste kamen, Freunde, Verwandte, Mitglieder der Gemeinde, Eltern und Kinder, die er wegen deren Sprachprobleme behandelt hatte; auch ehemalige Kollegen der CIA hatten den Weg gefunden, hielten sich aber im Hintergrund.

Einer nach dem anderen trat ans Mikrofon, um ein Loblied auf Sid Gottlieb zu singen, der nach seiner Pensionierung Gedichte geschrieben, Kurse in Zen-Buddhismus gegeben und sich im Gemeindeleben von Rappahannock engagiert hatte. Am Ende der Veranstaltung trat ein junger Mann nach vorn, um noch ein paar Worte zu sprechen: »Jeder, der Sid kannte, wusste, dass er von etwas verfolgt wurde.« Dann bat er die Anwesenden um ein Gebet, damit diese Dinge mit seinem Leichnam begraben werden könnten und Margaret, die Witwe, ihren Frieden fände. Die Trauergemeinde verharrte einen Moment in Andacht. Dann löste sie sich auf.[53]

Ein Freund

Am 1. April 2001 erschien im *New York Times Magazine* eine Geschichte von Michael Ignatieff, dem renommierten Historiker und Direktor des *Carr Center of Human Rights Policy* an der Harvard University in Boston/Massachusetts, über dessen »engen Freund« Eric Olson.[54] Ignatieff berichtete über die »lebenslange Mission« seines ehemaligen Harvard-Studienkollegen, »zu beweisen, dass der Tod seines Vaters kein Selbstmord« war. Nach langen Gesprächen, die er mit Olson geführt habe, sei ihm bewusst geworden, was es heißt, »den Leichnam seines Vaters auszugraben«, schrieb

Ignatieff. Und warum »das laute Lachen seines Freundes so voller Schmerz ist«.

In Amherst/Massachusetts, gar nicht weit von Boston entfernt, blätterte ein paar Tage später ein 82-jähriger, nach einem Schlaganfall partiell gelähmter und seitdem an einen Rollstuhl gefesselter früherer Jura-Professor in der *New York Times* und stolperte über den Bericht. Während der Lektüre kamen die Erinnerungen wieder; Erinnerungen, die er vor langer Zeit verdrängt und dann irgendwann, wie er glaubte, in seinem Gedächtnis gelöscht hatte. Jetzt, nach einem halben Jahrhundert, kehrten sie zurück.[55]

Blowback. Dem Pensionär fiel dieser Begriff aus der chemischen und biologischen Kriegsführung ein, der das Risiko beschreibt, dass die freigesetzten Stoffe mit drehendem Wind zurückgetrieben werden und die eigenen Truppen infizieren können. Doch *Blowback* war auch ein Terminus der Geheimdienste, eine Metapher für den Rückschlag, die unbeabsichtigten und unerwünschten Folgen einer verdeckten Operation.

Der emeritierte Professor konnte auf beachtliche berufliche Erfolge zurückblicken: Er hatte zunächst in der US Army gedient und für deren Geheimdienst gearbeitet, zuletzt als Major, hatte danach als Geschäftsmann ein Vermögen mit Eiskrem gemacht, Hotels und Restaurants gekauft, hatte später Wirtschaftswissenschaften und Jura studiert, eine akademische Laufbahn eingeschlagen und nebenbei eine Softwarefirma gegründet. Als er Ignatieffs Geschichte über dessen Freund Eric Olson las, flogen seine Gedanken in die Zeit seiner ersten Karriere zurück, in die Vierziger- und Fünfzigerjahre, als er in Camp Detrick mit der Erforschung von Anthrax und anderen Bakterien befasst gewesen war, die in Bomben und Granaten abgefüllt werden sollten. Und zu Frank Olson. Frank, seinem besten Freund.[56]

Norman Cournoyer dachte in den folgenden Tagen viel über diese Jahre nach, nahm das Heft mit Ignatieffs Artikel immer wieder zur Hand, mit dem Foto von Eric, der seinem Vater so ähnlich sah, obwohl er inzwischen älter war, als Frank hatte werden dürfen. Cournoyer hatte Eric zuletzt als neunjährigen Jungen gesehen, damals bei der Beerdigung im Dezember 1953.

Dann, Anfang Mai 2001, fasste er einen Entschluss und griff zum Telefon. Nach langen Minuten, in denen sich Norman mit Fragen über die Familie und die verflossenen Jahrzehnte vorsichtig vorantastete, Eric Olson ihn über den Tod der Schwester und der Mutter in Kenntnis setzte, kam der alte Mann zum Grund seines Anrufs: Er habe Ignatieffs Artikel in der *New York Times* gelesen, über Franks Tod, der ein Mord der CIA gewesen sein könnte, über die Niedergeschlagenheit seines Vaters nach der letzten Europareise und dessen Absicht, aus der CIA auszusteigen. »Das alles stimmt«, sagte Norman, »aber es fehlt noch ein Stück an der Geschichte, das wichtigste Stück! Ich bin jetzt alt genug, um keine Angst mehr vor ihnen zu haben. Ich werde dir die Wahrheit erzählen, aber nicht am Telefon! Wie schnell kannst du zu einem Besuch nach Amherst kommen?«[57] Eine Woche später stand Eric Olson vor der Tür, er wollte ein paar Tage bleiben.

Nach der Begrüßung, die sehr emotional war, entrollte Eric Olson ein riesiges Plakat, auf dem er, entlang einer Zeitlinie, alle Ereignisse seit Kriegsende verzeichnet hatte, die im Zusammenhang mit dem Tod seines Vaters standen oder stehen konnten. Norman Cournoyer schlug vor, die Bilder von einer Wand des Esszimmers zu entfernen und stattdessen die Collage einer jahrzehntelangen Suche nach der Wahrheit aufzuhängen, sie würde helfen, seine Erinnerungen aufzufrischen. Es war, schrieb Eric Olson später, als veranstalte der alte Freund seines Vaters noch einmal ein privates Universitätsseminar.[58]

Schritt für Schritt, Jahr für Jahr, arbeiteten sie sich voran. Immer wieder unterbrach Cournoyer, fragte nach, korrigierte, ergänzte. Olson wurde sehr schnell klar, dass dieser Mann nicht nur der beste Freund seines Vaters gewesen war, sondern offenbar auch sein engster Vertrauter. Verschollene Bilder bahnten sich einen Weg zurück in Erics Bewusstsein, Bilder von sonnigen Sonntagen, auf denen er und Chris, Cournoyers Sohn, in der Eisfabrik zu sehen sind, die neuesten Kreationen testend, während die beiden Väter im Büro ihre Köpfe zusammenstecken. Es waren Bilder, die Olson innerlich schmunzeln ließen.[59]

Schließlich kamen sie zu dem Sommer 1953, als Frank Olson aus Deutschland zurückgekehrt war, sehr deprimiert von den tödlichen »Artischocke«-Experimenten, die er in Berlin gesehen hatte. »Korea ist der Schlüssel«, sagte Norman Cournoyer plötzlich, und Eric Olson ahnte, dass sie sich jetzt dem entscheidenden Punkt nähern würden. Auf irgendeinem Wege, wahrscheinlich durch die Verhöre amerikanischer Kriegsgefangener mit Drogen, Hypnose und Folter, habe Frank Olson erfahren, dass die Amerikaner tatsächlich biologische Waffen während des Krieges getestet hatten.

Frank Olsons bester Freund, Norman Cournoyer, brach im Mai 2001 sein Schweigen und vertraute Eric Olson an, warum dessen Vater 1953 aus der CIA aussteigen wollte.

»Aber die Geständnisse der amerikanischen Piloten wurden doch als Ergebnis kommunistischer Gehirnwäsche bezeichnet«, entgegnete Eric Olson.

»Es war nicht alles nur Gehirnwäsche.« Und dann bestätigte Norman Cournoyer, dass die amerikanische Air Force tatsächlich B-Waffen während des Koreakrieges getestet hatte.[60]

Eric Olson wusste, dass dieses Thema seit Jahrzehnten kontrovers diskutiert wurde.[61] Im Januar 1998 hatte ein Korrespondent der japanischen Tageszeitung *Sankei Shimbun* zwölf Dokumente in Kreml-Archiven entdeckt, aus denen hervorging, dass der Vorwurf der biologischen Kriegsführung seinerzeit von der nordkoreanischen und der chinesischen Regierung fabriziert worden war.[62] Damit schienen alle Diskussionen beendet. Doch die Auswertung der russischen Unterlagen ließ durchaus Spielraum für Interpretationen: Die Amerikaner könnten in Korea, nach den Freisetzungsversuchen in der Karibik und in Alaska, einige Tests unter realen

Schlachtfeldbedingungen durchgeführt haben, die von den Kommunisten entdeckt und zu einem biologischen Feldzug der Amerikaner aufgebauscht worden waren. Diese Experimente in Korea seien es gewesen, die Frank an seinem Job verzweifeln ließen, sagte Cournoyer und schwieg dann.

Während einer Weile, die sie stumm in Cournoyers riesigen Garten blickten, der unmittelbar in einen Wald überging, schien es Eric Olson, als führe der beste Freund seines Vaters gerade in seinem Innersten einen erbitterten Kampf gegen die alten Ängste und Hemmungen, dass er gerade seinen Schwur gebrochen hatte, niemals über diese Dinge zu reden. Doch irgendwie gewann die Freundschaft zu Frank Olson, die er jetzt auf den Sohn übertrug, erneut die Oberhand. »War das der Grund für die CIA, deinen Vater zu töten?«, fragte Cournoyer, ohne ihn anzusehen. »Wahrscheinlich schon.« Im selben Moment wusste Eric Olson, dass der alte Mann einen weiten Weg gegangen, aber jetzt mit diesem Gespräch am Ende angekommen war.[63]

Am nächsten Morgen fuhr Olson nach Frederick zurück. Als er ein paar Tage später seine Gedanken über das Treffen mit Cournoyer zu Papier brachte, klingelte das Telefon. Am anderen Ende meldete sich Cournoyers Frau. Ihr Mann sei ins Krankenhaus eingeliefert worden, er habe sich schlecht gefühlt nach dem Treffen. Sie sei überzeugt, der schlechte Gesundheitszustand hänge mit seiner Sorge zusammen, seine Äußerungen könnten schwerwiegende Folgen für seine Kinder und Enkel haben. Weitere Treffen in näherer Zukunft lehne sie deshalb ab.[64]

Ende und Anfang

Am 29. Januar 2002 wandte sich die amerikanische Bundespolizei FBI an etwa 40 000 Mitglieder der *American Society for Microbiology* und bat um Unterstützung bei der »Identifizierung der Person«, die für die Milzbrand-Briefe verantwortlich sei, denen im Herbst 2001 »fünf unschuldige Menschen« zum Opfer fielen, darunter »eine 94-jährige Frau aus Connecticut«. Man müsse davon ausgehen, dass »einer oder mehrere von Ihnen« den Attentäter kennen. Für sachdienliche Hinweise, die zur Verhaftung und Verurteilung des Täters führten, stehe eine Belohnung von 2,5 Millionen US-Dollar zur Verfügung.[65]

Alles sprach für ein gezieltes Ablenkungsmanöver. Der Täter war entweder längst erkannt oder wenigstens eingekreist. Warum warfen die FBI-Agenten dennoch ein riesiges Netz aus? Sollte das nur der Verschleierung dienen? Das glaubte jedenfalls Professor Barbara Hatch Rosenberg von der State University New York, die Vorsitzende einer Arbeitsgruppe für B-Waffen in der *Federation of American Scientists*. Seit Monaten sei der Bundespolizei bekannt, dass es sich bei dem Bio-Terroristen um einen ehemaligen Mitarbeiter aus dem Umfeld des Army-Instituts USAMRIID in Frederick/Maryland oder dessen Vorläufer Fort Detrick handeln müsse, empörte sie sich. Warum werde der nicht endlich dingfest gemacht? Allenfalls 200 Mikrobiologen mit dem nötigen Zugang zu entsprechenden Anthrax-Vorräten, mit dem nötigen Fachwissen sowie den technischen Ausrüstungen kämen für den Anschlag in Frage. Warum erweckten die Ermittler des FBI den Eindruck, sie hätten, trotz der größten Ermittlungsaktion in der amerikanischen Kriminalgeschichte, noch immer keine heiße Spur?[66]

Mit ihrem Hintergrundwissen entwarf die streitbare Biologin ein Profil des potenziellen Attentäters: Er besitze profunde Kenntnisse über die amerikanische Biowaffenforschung, er sei verärgert über irgendeine politische Entscheidung in deren Zusammenhang, er habe sich zu einer Demonstration seiner Fähigkeiten entschlossen in der felsenfesten Überzeugung, dass die Regierung nicht reagieren und man ihm nichts anhaben könne. »Weiß er etwas, das dem Ansehen der Vereinigten Staaten so schweren Schaden zufügen würde, um ihn unberührbar durch das FBI zu machen?«, fragte Barbara Rosenberg provozierend in einer öffentlichen Stellungnahme, zu der sich weder die Regierung noch das FBI äußern wollten.[67]

Denkbar war zum Beispiel, dass vor den 1992 im USAMRIID entdeckten eklatanten Sicherheitslecks ein düpierter, womöglich gemobter Ex-Mitarbeiter Anthrax-Proben aus dem Institut geschmuggelt und irgendwann die Zeit eines Rachefeldzugs für gekommen gesehen hatte. Der biologische Anschlag musste im Übrigen von langer Hand vorbereitet worden sein, Monate vor den islamistischen Terrorangriffen auf das World Trade Center und das Pentagon am 11. September 2001, diesbezüglich waren sich alle Experten einig.[68] Aber was könnte der Bio-Terrorist wissen, das nicht an die Öffentlichkeit gelangen soll?

Eric Olson beunruhigte der Gedanke – und er elektrisierte ihn. Wenn wirklich ein langjähriger Insider die Anthrax-Briefe auf den

Weg gebracht hatte, könnte er, wenn er verhaftet und vor Gericht gestellt würde, viele Geheimnisse der biologischen Kriegsführung preisgeben. Womöglich auch über die Hintergründe, warum sein Vater, eine der wichtigsten Figuren des frühen amerikanischen B-Waffen-Programms, sterben musste. Durch die Milzbrand-Anschläge war wieder Bewegung in den »Fall Olson« gekommen, und nicht nur, weil die Presse gierig jede Geschichte aufnahm, die mit Anthrax in Zusammenhang stand.

Die Ermittlungen der Staatsanwaltschaft in Manhattan dagegen traten auf der Stelle. Seit der Vernehmung Robert Lashbrooks im Oktober 1998 ließ Eric Olson das Gefühl nicht los, dass Stephen Saracco und Daniel Bibb, die zunächst so interessiert an dem »kalten Fall« ihres Vaters gewesen waren, inzwischen auf Zeit spielten, auf den Tod der letzten Zeugen warteten, die etwas zur Aufklärung beitragen konnten. Olsons Anfragen und Hinweise blieben seit einiger Zeit unbeantwortet.[69] Hatten die beiden Staatsanwälte einen politischen Wink aus Washington erhalten? Was steckte hinter ihrem plötzlichen Desinteresse?

Olson schrieb Saracco einen harschen Brief voller Vorwürfe und zynischer Anmerkungen, die seine tiefe Enttäuschung widerspiegelten: Fünf Jahre nach Beginn der Untersuchungen stünden sie immer noch am Anfang: »Keine Ergebnisse, keine Anklage, keine Forderungen, keine Weitergabe an eine qualifizierte Strafermittlungsbehörde, kein Bericht, kein Kommentar – nichts von alledem«, beschwerte sich der Sohn bei dem Staatsanwalt. Warum nur nahm der die Sache so sehr auf die leichte Schulter?[70]

Olsons Verdacht: Nach der Vernehmung von Robert Lashbrook, die erst mit einjähriger Verzögerung und nach Intervention der CIA und des Justizministeriums zustande gekommen war, weil niemand in Washington ein Interesse hatte, dass »diese Büchse mit Würmern noch einmal geöffnet« wurde, hätten Saracco und Bibb ihre Aktivität auf Null zurückgefahren. Wahrscheinlich seien die Anwälte der Agency seinerzeit noch einmal in ihrem Büro in Manhattan aufgekreuzt, mutmaßte Olson, mit der Forderung, »nicht länger in dieser sensiblen Geschichte herumzustochern«. Sie sollten zwar »die Ermittlungen nicht einstellen, auf keinen Fall, das wäre eher kontraproduktiv, sondern sich einfach nur zurückzuhalten«, Zeit lassen. Irgendwann würde sich die Sache von allein erledigen.[71]

Doch die Terroranschläge mit Anthraxsporen, so hoffte Olson, konnten diese Taktik der CIA durchkreuzen, zu deren Handlanger sich die New Yorker Staatsanwälte nach Erics Meinung gemacht hatten. Es bestand die Chance auf ein *Blowback*, die Rückkehr eines Ereignisses aus längst vergangenen Tagen.

Rückschläge verdeckter CIA-Operationen, schrieb Eric Olson, »können, wie die Folgen eines langsam wirkendes Retrovirus, erst mit langer Verzögerung sichtbar werden«. Das beste Beispiel sei die Entwicklung im Mittleren Osten, vom CIA-Coup im Iran im August 1953 bis zu den Anschlägen auf die Zwillingstürme des World Trade Center fünf Jahrzehnte später. Am Anfang stand die Operation »TP-AJAX«, die von der Befürchtung geleitet wurde, der Iran könnte die Ölproduktion des Landes in die eigene Hand nehmen; die CIA stabilisierte das amerikafreundliche Regime von Schah Reza Pahlewi, der dann sechsundzwanzig Jahre lang mit eiserner Hand regierte, ehe die Revolution ihn hinwegfegte und Khomeini an die Macht brachte. Der Ayatollah wiederum löste eine enorme Welle des islamischen Fundamentalismus und Antiamerikanismus in der Region aus. Bis heute. Dann folgte der Krieg zwischen dem Iran und dem Irak, in dem die CIA Saddam Hussein den Rücken stärkte und aufrüstete, bevor dieser im August 1990 in Kuwait einmarschierte. In Afghanistan schließlich setzte die CIA auf die radikal-islamischen Kräfte der Taliban, um die sowjetischen Invasoren in Schach zu halten, mit der Folge, dass die Islamisten dort nach dem Rückzug der Roten Armee ans Ruder kamen. *Blowback* auf *Blowback*.

War jetzt, nach fast einem halben Jahrhundert, endlich die Zeit für ein *Blowback* im Fall Frank Olson gekommen? Als Folge eines durchgeknallten Attentäters aus den eigenen Reihen?[72]

In der *New York Times* hatte Eric Olson eine Woche vor dem 11. September 2001 einen bemerkenswerten Artikel gelesen: Könnte die US Army nach dem offiziellen Ausstieg aus offensiven B-Waffen-Projekten im Jahr 1969, trotz bindender internationaler Verträge, heimlich weitere Forschungen mit biologischen Kampfstoffen durchgeführt haben? Die CIA und die *Defense Intelligence Agency*, der Geheimdienst des Pentagons, so kritisierte die angesehene Tageszeitung, hätten in den Jahren 1997 bis 2000 eine verbesserte Version der Anthraxbakterie maßschneidern lassen, mit Hilfe der Gentechnik. Offizielle Lesart: Mit dem »Superbug« solle geprüft werden, ob die gegenwärtig von amerikanischen Truppen benutzten Impfstoffe auch gegen eine optimierte Milzbrand-Waffe wirksam seien.[73]

Handelte es sich dabei um ein (erlaubtes) defensives Projekt oder ein (verbotenes) offensives? Böte der Impfstoff keinen Schutz, wäre die modifizierte Milzbrandbakterie eine todsichere Killermikrobe, eine biologische Angriffswaffe mit hoher Wirkungskraft. Aber natürlich beinhaltete dies auch ein enormes *Blowback*-Risiko, solange die eigene Bevölkerung oder zumindest die Armee im Ernstfall nicht immunisiert werden könnten. Hatten die Militärs den »Superbug« also freiwillig wieder aus der Welt geschafft oder irgendwo auf Eis gelegt?[74]

Und dann waren da auch noch andere, sehr konkrete Verdachtsmomente, dass sich das Pentagon einen Teufel um die internationalen Verpflichtungen zur biologischen Kriegsführung scherte: Unter dem Thema »Bakteriologische Angriffe auf Materialien durch künstliche Faul- und Korrosionsprozesse« (»Biofouling and Biocorrosion«) planten die amerikanischen Militärs die Entwicklung neuartiger Bio-Waffen. Von verschiedenen Forschungsinstituten, darunter dem *Naval Research Laboratory*, deren Biologen bereits Ende der Vierzigerjahre mit Frank Olson an Kriegskeimen geforscht hatten, waren Mitte der Neunzigerjahre Untersuchungen mit gentechnisch veränderten Bakterien beantragt worden. Die »offensive, nicht-tödliche Technologie« solle dazu dienen, Mikroorganismen zu produzieren, die Asphalt, Zement und Eisen zerstören – und Rollfelder, Panzer und Flugzeuge des Gegners ganz einfach zerbröseln lassen.[75]

Mit großer Dreistigkeit hatten die Militär-Institute die Erforschung offensiver B-Waffen beantragt, weil »es ein Interesse aller Waffengattungen« an materialschädigenden Mikroben gäbe. Dass solche Untersuchungen nach den bindenden internationalen B-Waffen-Verträgen strikt verboten waren, interessierte die Navy-Bakteriologen offenbar nicht.[76]

Und dann gab es da noch die vehemente Weigerung der Regierung von Präsident George W. Bush, ein rechtlich bindendes Zusatzprotokoll zur Überprüfung der internationalen Biowaffen-Konvention zu unterschreiben, selbst nicht nach den Milzbrandanschlägen vom Herbst 2001.[77] Die Vereinbarung hätte die USA wie alle anderen Unterzeichner-Staaten gezwungen, ihre Militärlabors den internationalen Expertenteams der Vereinten Nationen zu öffnen, damit die Einhaltung der Abrüstungsverträge überprüft werden kann. US-Verteidigungsminister Donald Rumsfeld wolle solche Inspektionen jedoch unter allen Umständen verhin-

Flash

THE WHITE HOUSE
WASHINGTON

~~Secret~~

July 11, 1975

~~SECRET~~

MEMORANDUM FOR: DON RUMSFELD

FROM: DICK CHENEY R. Cheney

SUBJECT: The Olson Matter / CIA Suicide

Attached is a proposed brief statement for the President to use at his Press Conference. It would be best for him to use it in response to a question, although if he wished, he can use it as an opening statement.

There is also attached a four page memo prepared by the Civil Division, the Department of Justice, based upon information obtained from the CIA regarding the events surrounding Mr. Olson's death.

Rod Hills has questions concerning the last paragraph of the Justice Department memo which expresses the Justice Department opinion that court action against the U. S. would be barred. He will pursue the matter with the Attorney General.

At this point, we do not have enough information to be certain we know all of the details of this incident. Furthermore, there are serious legal questions that will have to be resolved concerning the Government's responsibility, the possibility of additional compensation, and the possibility that it might be necessary to disclose highly classified national security information in connection with any court suit, or legislative hearings on a private bill intended to provide additional compensation to the family.

Determined to be an administrative marking
Cancelled per E.O. 12356, Sec. 1.3 and
Archivist's memo of March 16, 1983

By DAD NARS date 5/30/85

Dick Cheney und Donald Rumsfeld empfahlen ihrem Präsidenten, die Familie Olson im Weißen Haus zu empfangen und dadurch zu besänftigen. Bei einem Gerichtsverfahren oder Anhörungen im Kongress könnte die CIA sonst gezwungen sein, »streng klassifizierte Informationen der nationalen Sicherheit« preiszugeben.

Donald Rumsfeld und Richard Cheney, die 1975 den Stab von Präsident Gerald Ford leiteten, waren für die Verschwörung im Weißen Haus verantwortlich, die Wahrheit im Fall Olson unter Verschluss zu halten.

dern, war am Rande der Verhandlungen in Genf bekannt geworden.[78]

Donald Rumsfeld, ausgerechnet Donald Rumsfeld. Hatte dieser sich nicht nach den verheerenden Terroranschlägen vom 11. September 2001 dafür stark gemacht, es den islamistischen Feinden mit gleicher Münze heimzuzahlen? Der US-Militärstützpunkt Guantanamo Bay auf Kuba, auf dem Taliban und Al-Qaida-Mitglieder inhaftiert sind, der Einsatz von Folter bei Verhören in Afghanistan, war das nicht eine Rückkehr zu den »Artischocke«-Methoden – und ein Lehrbeispiel, dass Moral eben doch teilbar ist, fragte sich Eric Olson. Und dann nahm er noch einmal einen Satz von Dokumenten zur Hand, die ihm im Mai 2001 in der Bibliothek des früheren Präsidenten Gerald Ford in die Hände gefallen waren. Es handelte sich um Papiere, die zeigten, dass Fords Berater damals eine Verschwörung im Weißen Haus angezettelt hatten, um die Wahrheit im »Fall Olson« unter Verschluss zu halten. »The White

House Washington« stand auf dem Briefkopf, datiert war das Memorandum vom 11. Juli 1975. Mehr als zwanzig Jahre nach dem Tod seines Vaters, der von der CIA als Selbstmord getarnt worden war, befasste sich das als »secret« klassifizierte Schreiben mit den möglichen Folgen.[79]

Die Ford-Regierung versuchte damals, weil Informationen über den »Fall Olson« durchgesickert waren und die alte CIA-Version eines Freitods infolge von Depressionen oder Wahnvorstellungen wie eine Luftblase zu zerplatzen drohte, einer zweiten Variante der Ereignisse Gehör zu verschaffen: Dr. Frank Olson habe sich bedauerlicherweise infolge eines fehlgeschlagenen LSD-Selbstversuchs aus dem zehnten Stock des *Hotel Pennsylvania* in New York gestürzt. Diese Darstellung war gleich nach Olsons Tod Ende 1953 in die Akten eingegangen, auch wenn sie so offensichtlich nicht der Wahrheit entsprochen hatte. Und dem Stab des Präsidenten oblag es nunmehr, durch geeignete Maßnahmen dafür zu sorgen, dass wenigstens diese Version Bestand behielt.[80]

Das Memorandum vom 11. Juli 1975 setzte Dick Cheney, seinerzeit stellvertretender Stabschef im Weißen Haus, für seinen Boss, Donald Rumsfeld, auf. Die vorgeschlagene Strategie lautete: Der Präsident gibt eine kurze Erklärung des Bedauerns ab, lädt die Familie Olson zu einem Treffen ein, entschuldigt sich und befürwortet eine Schadensersatzzahlung, im Interesse des Landes. Gerald Ford hielt sich an die Empfehlung seiner engsten Mitarbeiter.[81]

Im Oktober 1976, ein Jahr nach dem Treffen des Präsidenten mit der Olson-Familie, als sich die Verabschiedung eines entsprechenden Gesetzes über die Zahlung einer Entschädigung hinzog, schaltete sich noch einmal die CIA ein. George Bush, der von Ford als Nachfolger von William E. Colby ernannte Direktor, befürwortete »dringend« eine finanzielle Lösung, er wollte die leidige Angelegenheit endlich vom Tisch haben.[82] George Bush, der Ältere, Präsindent der Vereinigten Staaten von 1989 bis 1993.

Und heute, fünfundzwanzig Jahre später, sind Dick Cheney und Don Rumsfeld, »die beiden Burschen«, die im Jahre 1975 die zweite Verschwörung im Fall Olson ausheckten, als Vizepräsident und als Verteidigungsminister erneut an der Macht, »und sie betreiben die Show für Bush, den Jüngeren«, schrieb Eric Olson voller Sarkasmus und Verbitterung. *Blowback* – alles was hinausgeht, kehrt irgendwann wieder.[83]

Epilog

Mitte Februar 2002 traf sich Eric Olson mit Ira (»Ike«) Feldman, dem ehemaligen Beamten der Drogenbehörde und Zuhälter der CIA im Hotel *Marriott* in Uniondale, nahe seines Wohnorts auf Long Island. Über die Jahre hatten die beiden ein beinahe freundschaftliches Verhältnis entwickelt und sich mehrfach gesehen, um über die Zeiten zu sprechen, in denen Erics Vater Frank für die Agency tätig gewesen war.[1]

Zu einer der Begegnungen, im Dezember 1998, erinnerte sich Eric Olson, sei er mit besonders großen Erwartungen gefahren. Kurz zuvor hatte er von Gerüchten gehört, George White, der 1974 verstorbene Officer für die CIA-Drogenversuche, habe an der Ermordung seines Vaters mitgewirkt, vielleicht sogar eigenhändig, zumindest aber als Organisator einiger New Yorker Mafia-Killer, der so genannten »cutouts«, derer sich der Geheimdienst von Zeit zu Zeit bediente.[2] War George White der Mörder seines Vaters?

Eric Olson kam jenes Zitat in Erinnerung, mit dem sich White, nach eigenen Worten ein »kleiner Missionar« der Agency, von seinem Mentor Sidney Gottlieb verabschiedet hatte, als er Mitte der Sechzigerjahre den Dienst quittierte: »Es war Spaß, Spaß und nochmals Spaß. Wo sonst konnte ein heißblütiger Amerikaner lügen, betrügen, töten und vergewaltigen, und das mit dem Segen von allerhöchster Stelle?«[3] Töten? Hatte George White also gemordet? Wer, wenn nicht sein ehemaliger Partner Ike Feldman, könnte davon wissen?

Doch zu Eric Olsons Enttäuschung knurrte Feldman nur: »Wenn George es gewesen wäre, hätte er es mir nie erzählt. Ich hätte ihn sonst sein Leben lang in der Hand gehabt.«[4]

Wusste Feldman es wirklich nicht, oder wagte er nicht darüber zu reden? Auf dem Rückweg von Uniondale machte Eric Olson seinerzeit in New York Station, um sich mit Staatsanwalt Saracco zu treffen. Viele von Ikes Äußerungen deuteten darauf hin, dass der sich »um seine eigene Haut sorgt, wenn er uns mehr erzählt«, berichtete Olson über das Treffen. Das leuchtete Saracco ein.

Der ehemalige CIA-Agent Ike Feldman weiß vielleicht, wer der Mörder von Frank Olson ist, aber er schweigt.

»Wir müssen ihm Immunität garantieren, Steve, dann rückt er vielleicht mit seinem Wissen heraus.«

Saracco stimmte zu. Aber dann passierte nichts. Keine Zusage auf Straffreiheit, keine Vernehmung, nichts. Stattdessen erhielt Ike Feldman kurz vor Weihnachten 2001 diesen merkwürdigen Besuch eines Regierungsbeamten, der sich nach Anthrax erkundigen wollte. Und nach einem Zusammenhang zu Frank Olson. War das eine Art Warnung an Feldman, sich in diesem Fall nicht zu weit aus dem Fenster zu lehnen? Wollten sie ihn einschüchtern?

»Werde einer schlau draus«, sagte der kleine CIA-Veteran dem drei Köpfe größeren Eric Olson bei ihrem Treffen Mitte Februar 2002 zum Abschied. Und dann gab er ihm in der unverblümten Sprache der Agenten noch ein letztes Wort mit auf den Weg: »Eric, auch wenn du dir die Eier abreißen lässt, du wirst nie herausfinden, was damals in diesem verdammten Hotelzimmer passiert ist.«[5]

Danksagung

Dieses Buch hätte ohne die umfassende Unterstützung von Eric Olson nicht geschrieben werden können; er begleitete uns zu vielen Gesprächen, gab uns die Möglichkeit, das komplette Foto- und Filmmaterial aus dem Nachlass seines Vaters systematisch auszuwerten und zu analysieren; er stellte uns sämtliche von ihm beschaffte Unterlagen zur Verfügung. Dafür gebührt ihm unser herzlicher Dank.

Was Eric Olson nicht selbst bereits mit Hilfe des Freedom of Information Act aus verschiedenen Archiven an Dokumenten gesammelt hatte, fand Dr. John H. Colhoun, ausgebildeter Historiker, für uns in Beständen verschiedener Archive, vor allem den National Archives in Washington. John bewies wieder einmal seine Spürnase beim Aufstöbern ehemals geheimer und streng geheimer Papiere, die sich für unser Buch als extrem wertvoll erwiesen. Er überprüfte überdies Tausende von Seiten aus CIA-Archiven, auf deren Freigabe der Politikwissenschaftler John Marks bereits Mitte der Siebzigerjahre erfolgreich geklagt und die er später der Stiftung *National Security Archives* in Washington überlassen hatte; viele Vermerke aus diesem Fundus lassen heute, fünfundfünfzig Jahre später, im Licht aktueller Erkenntnisse, ganz neue Rückschlüsse zu.

Wertvolle Informationen erhielten wir auch von früheren Mitarbeitern der CIA und der US Army, denen wir Vertraulichkeit zusagen mussten, weil sie Repressalien befürchten. Selbst noch nach fünfzig Jahren. Andere, die behilflich waren, sahen keine Probleme, dass wir sie zitieren, darunter vor allem Frank Olsons ehemalige Kollegen Norman Cournoyer, Donald Falconer, Henry Eigelsbach und Joseph Jemski. Dabei fällt Cournoyer als Frank Olsons bestem Freund sicherlich eine Schlüsselrolle zu. Deshalb gilt ihm unser besonderer Dank.

Die Historiker der US Army, Norman Covert (Camp Detrick), Jeffrey Smart (Chemical Corps/Edgewood Arsenal) sowie Franz Gajdosch (Camp King in Oberursel), standen mit ihrem Wissen, mit Unterlagen und Fotos zur Verfügung, engagierten sich sehr für unser Vorhaben. Gleiches gilt für James E. Starrs, den renommierten Gerichtsmediziner an der George Washington University sowie Armand Pastore, den früheren Manager des *Hotel Pennsylvania* in New York. Weiterhin unterstützten uns bei der Realisierung des Vorhabens: Sven Kiesche, Jan Schmiedt, Arno Schumann, Gert Monheim, Pernilla Anderberg, Andrea Röpke, Irene Meichsner, Nina Warneke, Adam Davidson, Valeska Hoffmann, Chuck Dasey, Nicole Chupas, Bernd Vorläufer-Germer und das Antiquariat Steffen Völkel. Ihnen allen sei an dieser Stelle herzlich gedankt.

Das Lektorat lag in den bewährten Händen von Claudia Alt, die sich dem Manuskript mit großer Begeisterung widmete, viele Verbesserungen vorschlug und die Endfertigung des Buches mit Argusaugen überwachte.

Bremen, Juni 2002

Egmont R. Koch
Michael Wech

Handelnde Personen

Henry K. Beecher, 1904 bis 1976, ehemaliger Stabsarzt der US Army im Rang eines Lieutenant Colonel, nach dem Krieg Professor für Anästhesie und Neuropharmakologie an der Harvard Medical School und Berater der CIA für Drogenexperimente; wandelte sich später zu einem vehementen Gegner unverantwortlicher Menschenversuche, stieg zu einer moralischen Instanz in der amerikanischen Ärzteschaft auf, ohne seine eigene Mitwirkung an solchen Tests jemals einzuräumen.

Kurt Blome, 1894 bis 1969, zunächst niedergelassener Arzt und frühes Mitglied der NSDAP, Karriere in der SA bis zum Sanitätsgruppenführer und stellvertretenden Reichsärzteführer, später im Reichsforschungsrat zuständig für Krebsforschung und biologische Kriegsführung; wurde auf dem Nürnberger Ärzteprozess freigesprochen, obwohl es Beweise gab, dass er für grausame Menschenversuche in den Konzentrationslagern die Verantwortung trug; als Gegenleistung offenbarte er sich amerikanischen Militär-Bakteriologen, wurde später von der US Army in Camp King verpflichtet.

Norman G. Cournoyer, geboren 1918, 1942 Eintritt in die US Army, ab 1943 Zusammenarbeit mit Frank R. Olson bei der Erprobung von Schutzkleidung und Gasmasken in Camp Detrick, schied 1946 offiziell aus der Army aus, arbeitete aber weiter für deren Geheimdienst; danach Laufbahn als Geschäftsmann, Bau einer Eisfabrik und Belieferung von Camp Detrick mit Lebensmitteln; in späteren Jahren dritte Karriere als Jura-Professor und Experte für Tourismus-Management.

Ira (»Ike«) Feldman, geboren 1918, studierte am Brooklyn College Jura, bevor er sich 1941 der US Army anschloss und als Dolmetscher für Russisch und Chinesisch im Zweiten Weltkrieg in Europa und später im Koreakrieg diente; quittierte 1954 als Colonel den

Dienst bei der US Army, trat dem *Federal Bureau of Narcotics* bei und arbeitete *undercover* für die CIA, zusammen mit seinem Boss, George H. White; wurde 1979 pensioniert.

Sidney Gottlieb, 1918 bis 1999, litt seit der Geburt an Klumpfüßen, musste sich mehreren chirurgischen Eingriffen unterziehen, stotterte zudem; dennoch begann er 1939 mit dem Studium der Agrarwissenschaften und der Chemie; nach verschiedenen Jobs in amerikanischen Ministerien schloss er sich 1951 der CIA an, wurde Chef der chemischen Einheit in der Abteilung für »schmutzige Tricks«; er war später an zahlreichen Mordanschlägen beteiligt, die von der CIA mit schnellwirkenden Giften und tödlichen Keimen durchgeführt wurden; vor seinem Ausscheiden aus der CIA 1973 vernichtete er nahezu sämtliche Dokumente über seine Tätigkeit.

Richard Helms, 1913 bis 2002, arbeitete zunächst als Journalist, trat 1942 der US Navy und 1947, bei deren Gründung, der CIA bei, in der er innerhalb von zwei Jahrzehnten bis an die Spitze aufstieg und im Juni 1966 zum Direktor ernannt wurde; zählte zu den Kalten Kriegern und Hardlinern des Geheimdienstes, musste Anfang 1973, nach Präsident Richard Nixons Wiederwahl, seinen Posten räumen; wurde später verurteilt, weil er einen Senats-Ausschuss unter Eid belogen hatte.

Robert V. Lashbrook, geboren 1918, Studium der Chemie, arbeitete zwischen 1950 und 1962 für die chemische Einheit in der CIA-Abteilung für »schmutzige Tricks«, als Stellvertreter von Sidney Gottlieb; übernahm nach seinem Ausscheiden aus dem Geheimdienst eine Stelle als Mathematik-Lehrer an einer High School in Kalifornien, lebt seit der Pensionierung zurückgezogen in Ojai/Kalifornien.

Eric Olson, geboren 1944, ältester Sohn von Frank und Alice Olson, studierte Wirtschaftswissenschaften und Klinische Psychologie an der Harvard University, lebte danach einige Jahre in Schweden, der Heimat seiner Großeltern; er begann 1984 intensive Ermittlungen über den angeblichen Selbstmord seines Vaters, zog nach dem Tod der Mutter 1993 in das ehemalige Elternhaus in Frederick/Maryland.

Frank Rudolph Olson, 1910 bis 1953, studierte Biochemie an der University of Wisconsin, trat 1942 in die Army ein, begann ein Jahr später als B-Waffen-Forscher in Camp Detrick, zunächst im Bereich Schutzkleidung und Gasmasken, später als Experte für Freisetzungsversuche mit biologischen Kampfstoffen; er trat 1949 in die neugegründete *Special Operations Division* von Camp Detrick ein, wurde 1952 vorübergehend zu deren Leiter bestellt; am 28. November 1953 starb Frank Olson nach dem Sturz aus dem 13. Stock eines New Yorker Hotels.

Vincent L. Ruwet, 1916 bis 1996, machte eine Army-Karriere im *Chemical Corps*, arbeitete mit Frank R. Olson in der *Special Operations Division* von Camp Detrick, war mit ihm befreundet; 1964 stieg er zum Kommandeur von Fort Detrick auf, quittierte 1966 den Militärdienst und erhielt einen Posten als Vizepräsident eines Bio-Unternehmens; von 1977 bis 1982 übernahm er ein Ehrenamt in der Gemeinde Frederick, ehe er sich endgültig zur Ruhe setzte.

Walter P. Schreiber, geboren 1893, Todesdatum nicht bekannt, diente 1936 als oberster ärztlicher Betreuer der Olympischen Spiele, stieg nach 1943 zum Generalarzt und Professor an der Militärärztlichen Akademie auf; als Mitglied des Reichsforschungsrates war er für Menschenversuche mit biologischen Waffen in Konzentrationslagern verantwortlich; er trat 1946 als Zeuge für die Sowjetunion vor dem Nürnberger Kriegsverbrechertribunal auf, lief später zu den Amerikanern über und arbeitete als Arzt im Verhörzentrum der US Army, Camp King, bei Frankfurt; 1951 siedelte er in die Vereinigten Staaten über, musste das Land aber ein Jahr später aufgrund des öffentlichen Drucks in Richtung Argentinien, später Paraguay, verlassen.

G. Richard Wendt, 1906 bis 1977, Professor für Psychologie an der University of Rochester, experimentierte Anfang der Fünfzigerjahre mit verschiedenen Drogen an seinen Studenten, ohne sie darüber zu informieren; seine Versuche wurden von der US Navy und der CIA finanziell unterstützt; in Camp King bei Frankfurt erprobte Wendt, unter Beratung des ehemaligen Nazi-Mediziners Professor Schreiber, eine Kombination von Medikamenten als »ultimativer Wahrheitsdroge« bei Verhören sowjetischer Spione und Agenten.

George H. White, 1906 bis 1974, verpflichtete sich 1941 dem militärischen Geheimdienst OSS als Agent, liquidierte während einer Mission im indischen Kalkutta einen japanischen Agenten mit bloßen Händen, leitete danach eine Trainingsschule für OSS-Spione; er begann 1943 mit den ersten Drogenversuchen, baute als Rauschgiftfahnder des *Federal Bureau of Narcotics* später exzellente Kontakte zur Mafia auf, leitete zwischen 1953 und 1963 mehrere als Bordelle getarnte »Institute« der CIA in New York und San Francisco, zusammen mit seiner »rechten Hand«, Ike Feldman.

Anmerkungen

Prolog

1 Gespräch mit Ike Feldman am 15.2.2002.

2 Richard Stratton, »Altered States of America«, *Spin Magazine* 3/1994.

3 Rick Weiss/Susan Schmidt, »Capitol Hill Anthrax Matches Army's Stocks«, *Washington Post* vom 16.12.2001; Claire Bowles, »Could the FBI be doing more in the hunt for the anthrax attacker?, *New Scientist* vom 2.3.2002; Barbara Hatch Rosenberg, »Analysis of the Source of the Anthrax Attacks«, *Federation of American Scientists*, Arbeitspapier vom 31.1.2002.

4 Gespräch mit Dr. Joseph Jemski am 11.2.2002; Gespräch mit Edgar W. Larson am 5.2.2002.

5 Gespräch mit Ike Feldman am 15.2.2002.

6 Gespräche mit Eric Olson vom 11.2. bis 18.2.2002.

7 Barbara Hatch Rosenberg, »Analysis of the Source of the Anthrax Attacks«, *Federation of American Scientists*, Arbeitspapier vom 31.1.2002; Wolfgang Koydl, »Terror made in USA«, *Süddeutsche Zeitung* vom 22.3.2002; Hank P. Albarelli Jr., »Anthrax Investigation Provokes Charges of Cover-Up« vom 13.3.2002, http://www.centrexnews.com/opinion/2002.01/archive03.shtml

Tod in Manhattan

1 Protokoll Special Agent case 73317, 3.12.1953; Bericht von Lt. Col. Vincent L. Ruwet (undatiert); *Colby-Akte* des Falles Dr. Frank R. Olson.

2 Siehe Anmerkung 1.

3 Memorandum Harold A. Abramson, M. D., »Observations on Mr. Frank Olson from 24 November through 27 November 1953«, 4.12.1953; Protokoll Special Agent case 73317 – S. I. vom 4.12.1953; *Colby-Akte* des Falles Dr. Frank R. Olson.

4 Foreign And Military Intelligence, »Final Report of the Select Committee To Study Governmental Operations«, US-Senate, 26.4.1976; John Marks, »The Search for the Manchurian Candidate«, New York/London 1979.

5 Memorandum Harold A. Abramson, M. D., »Observations on Mr. Frank Olson from 24 November through 27 November 1953«, 4.12.1953;

Bericht von Lt. Col. Vincent L. Ruwet (undatiert); *Colby-Akte* des Falles Dr. Frank R. Olson.

6 In Lashbrooks persönlichen Unterlagen stießen die Ermittler nach dem Tod von Olson auf eine von Mulholland am 25.11.1953 unterschriebene Quittung über einen Vorschuss von 115 US-Dollar für eine Reise nach Chicago; Protokoll Special Agent case 73317, 3.12.1953; *Colby-Akte* des Falles Dr. Frank R. Olson; Michael Edwards, »The Clandestine World of John Mulholland«, *Genii* vom 2.4.2001.

7 Bericht von Lt. Col. Vincent L. Ruwet (undatiert); *Colby-Akte* des Falles Dr. Frank R. Olson.

8 Bericht von Lt. Col. Vincent L. Ruwet (undatiert); *Colby-Akte* des Falles Dr. Frank R. Olson; Foreign And Military Intelligence, »Final Report of the Select Committee To Study Governmental Operations«, US-Senate 26.4.1976; John Marks, »The Search for the Manchurian Candidate«, New York/London 1979.

9 Bericht von Robert V. Lashbrook vom 7.12.1953; *Colby-Akte* des Falles Dr. Frank R. Olson; Protokoll Special Agent case 73317, 3.12.1953; *Colby-Akte* des Falles Dr. Frank R. Olson.

10 Bericht von Robert V. Lashbrook vom 7.12.1953; Protokoll Special Agent case 73317, 3.12.1953; Bericht von Lt. Col. Vincent L. Ruwet (undatiert); *Colby-Akte* des Falles Dr. Frank R. Olson.

11 Bericht von Robert V. Lashbrook vom 7.12.1953; Bericht von Lt. Col. Vincent L. Ruwet (undatiert); *Colby-Akte* des Falles Dr. Frank R. Olson.

12 Bericht von Robert V. Lashbrook vom 7.12.1953; *Colby-Akte* des Falles Dr. Frank R. Olson; Foreign And Military Intelligence, »Final Report of the Select Committee To Study Governmental Operations«, US-Senate 26.4.1976; John Marks, »The Search for the Manchurian Candidate«, New York/London 1979.

13 Bericht von Lt. Col. Vincent L. Ruwet (undatiert); Bericht von Robert V. Lashbrook vom 7.12.1953; Bericht von Sidney Gottlieb vom 7.12.1953; *Colby-Akte* des Falles Dr. Frank R. Olson.

14 Bericht von Robert V. Lashbrook vom 7.12.1953; *Colby-Akte* des Falles Dr. Frank R. Olson.

15 Bericht von Robert V. Lashbrook vom 7.12.1953; *Colby-Akte* des Falles Dr. Frank R. Olson; Protokoll Special Agent case 73317, 3.12.1953; *Colby-Akte* des Falles Dr. Frank R. Olson.

16 Protokoll Special Agent case 73317, 3.12.1953; *Colby-Akte* des Falles Dr. Frank R. Olson.

17 In Lashbrooks Stellungnahme heißt es wörtlich: »Dr. Olson said, everyone, including me, was in a plot to ›get‹ him; he said I and the others knew the master plan for the plot, and he wanted to know what it was (...)«; Bericht von Robert V. Lashbrook vom 7.12.1953; *Colby-Akte* des Falles Dr. Frank R. Olson.

18 In Lashbrooks Stellungnahme heißt es wörtlich: »He said he felt he was guilty of security violations because he felt he on occasions had exceeded his interpretation of the need-to-know-principle (...)«; Bericht von

Robert V. Lashbrook vom 7.12.1953; *Colby-Akte* des Falles Dr. Frank R. Olson.

19 Bericht von Robert V. Lashbrook vom 7.12.1953; *Colby-Akte* des Falles Dr. Frank R. Olson; Memorandum Harold A. Abramson, M. D., »Observations on Mr. Frank Olson from 24 November through 27 November 1953«, 4.12.1953.

20 Protokoll Special Agent case 73317, 3.12.1953; *Colby-Akte* des Falles Dr. Frank R. Olson.

21 Gibson erinnert sich außerdem, dass der Anrufer gesagt habe, der Patient sei momentan *nicht* unter ärztlicher Betreuung; Gesprächsprotokoll zwischen Dr. Robert Gibson und Eric Olson vom 20.12.1999, von Gibson handschriftlich ergänzt und bestätigt.

22 Das *Hotel Pennsylvania* lief damals inoffiziell unter dem Namen *Hotel Statler*.

23 Bericht von Robert V. Lashbrook vom 7.12.1953; *Colby-Akte* des Falles Dr. Frank R. Olson; Protokoll Special Agent case 73317, 3.12.1953; *Colby-Akte* des Falles Dr. Frank R. Olson.

24 In seinem Memorandum nannte Lashbrook für das Telefonat Frank Olsons mit seiner Frau einen Zeitraum vor 18.30 Uhr, in der Vernehmung sprach er dagegen von »kurz vor 22.00 Uhr«; Bericht von Robert V. Lashbrook vom 7.12.1953; *Colby-Akte* des Falles Dr. Frank R. Olson; Protokoll Special Agent case 73317, 3.12.1953; *Colby-Akte* des Falles Dr. Frank R. Olson.

25 »Our Distinguished History«, homepage des *Hotel Pennsylvania*, 2002.

26 Bericht von Robert V. Lashbrook vom 7.12.1953; *Colby-Akte* des Falles Dr. Frank R. Olson.

27 Bericht von Robert V. Lashbrook vom 7.12.1953; *Colby-Akte* des Falles Dr. Frank R. Olson; Protokoll Special Agent case 73317, 3.12.1953; *Colby-Akte* des Falles Dr. Frank R. Olson.

28 Gespräch mit Armand Pastore am 13.2.2002.

29 Siehe Anmerkung 28.

30 Wegen einiger alphabetisch bezeichneter Zwischengeschosse befindet sich die erste Ebene der Zimmer im *Hotel Pennsylvania* im vierten Stock; daher liegt das Zimmer mit der Nr. 1018A im dreizehnten Stock.

31 Lashbrook behauptete in seiner polizeilichen Vernehmung, er habe sehr wohl die Vermittlung des Hotels telefonisch informiert, allerdings erst nachdem er seinen Vorgesetzten Gottlieb in Washington angerufen habe; Protokoll Special Agent case 73317, 3.12.1953; *Colby-Akte* des Falles Dr. Frank R. Olson.

32 Gespräch mit Armand Pastore am 13.2.2002.

33 Protokoll Special Agent case 73317, 3.12.1953; *Colby-Akte* des Falles Dr. Frank R. Olson.

34 Siehe Anmerkung 33.

35 Siehe Anmerkung 33.

36 Die Telefonistin sagte laut Pastore: »Lashbrook said, ›Well, he's gone‹

and the man on the other end said, ›Well, that's too bad‹ and then they hung up«; Gespräch mit Armand Pastore am 13.2.2002.

37 Pastore erinnert sich, die Telefonistin habe gesagt, sie habe eine Verbindung nach Long Island hergestellt, also offensichtlich zum CIA-Vertrauensarzt Abramson; das Telefonat mit Abramson dauerte nach Aussagen von Lashbrook bei der Polizei allerdings länger und hatte einen anderen Inhalt, denn darin bat der Mediziner, man möge ihn aus der Geschichte herauslassen. Wahrscheinlich hatte die Telefonistin Lashbrooks erstes Telefonat mit Gottlieb mit dem zweiten nach Long Island verwechselt; Gespräch mit Armand Pastore am 13.2.2002; Protokoll Special Agent case 73317, 3.12.1953; *Colby-Akte* des Falles Dr. Frank R. Olson.

Kriegszeiten

1 Wolfgang Benz, »Dr. med. Sigmund Rascher – Eine Karriere«, *Dachauer Hefte* 4/1988.

2 Schreiben Reichsluftfahrtministerium an Reichsführer-SS vom 8.10.1942, Bundesarchiv NO 286; Zwischenbericht von Dr. med. Sigmund Rascher vom 10.9.1942, Bundesarchiv PS 1618; Wolfgang Benz, »Dr. med. Sigmund Rascher – Eine Karriere«, *Dachauer Hefte* 4/1988; Schreiben Yale University School of Medicine an das Office of Naval Research, CIOS Report XXVI-37 (F2 M-95-45) vom 21.7.1947; Schreiben Office of Naval Research vom 30.7.1947, »Subject: Rascher report on Experiments in Dachau«, NARA RG 52, Records Bureau of Medicine and Surgery, Box 29.

3 Schreiben von Dr. med Sigmund Rascher an Reichsführer-SS Heinrich Himmler vom 17.2.1943; Wolfgang Benz, »Dr. med. Sigmund Rascher – Eine Karriere«, *Dachauer Hefte* 4/1988.

4 Erlebnisbericht Walter Neff, Bundesarchiv NO 908/58; Wolfgang Benz, »Dr. med. Sigmund Rascher – Eine Karriere«, *Dachauer Hefte* 4/1988; Alexander Mitscherlich, Fred Mielke, »Medizin ohne Menschlichkeit«, Frankfurt/M. 1978; Eugen Kogon, »Der SS-Staat«, München 1974.

5 Zwischenbericht von Dr. med. Sigmund Rascher vom 10.9.1942, Bundesarchiv PS 1618; Wolfgang Benz, »Dr. med. Sigmund Rascher – Eine Karriere«, *Dachauer Hefte* 4/1988.

6 Nach anderen Angaben wurden bei den Kälteversuchen 300 Personen eingesetzt, von denen 80 bis 90 starben. Bei den Versuchspersonen handelte es sich um zum Tod verurteilte Häftlinge, die zu lebenslanger Haft begnadigt werden sollten, falls sie das Experiment überlebten. Später wurde dieses Zugeständnis revidiert, es gelte nur für deutsche Insassen; Israel Gutman/Eberhard Jäckel (Hrsg.), »Enzyklopädie des Holocaust«, München 1995; Ernst Klee, »Deutsche Medizin im Dritten Reich«, Frankfurt 2001; Schreiben im Dokumentationszentrum Dachau (ohne Datum).

7 Schreiben von Dr. med. Sigmund Rascher an Reichsführer-SS Heinrich Himmler vom 17.2.1943, Bundesarchiv PS 1616; Wolfgang Benz, »Dr. med. Sigmund Rascher – Eine Karriere«, *Dachauer Hefte* 4/1988.

8 Alexander Mitscherlich, Fred Mielke, »Medizin ohne Menschlichkeit«, Frankfurt/M. 1978.

9 Schreiben von Dr. med. Sigmund Rascher an Reichsführer-SS Heinrich Himmler vom 17.2.1943, Bundesarchiv PS 1616; Wolfgang Benz, »Dr. med. Sigmund Rascher – Eine Karriere«, *Dachauer Hefte* 4/1988.

10 SS 0328, Bundesarchiv 1879/15; Erhard Geißler, »Biologische Waffen – nicht in Hitlers Arsenalen«, Münster 1999; Alexander Mitscherlich, Fred Mielke, »Medizin ohne Menschlichkeit«, Frankfurt/M. 1978; Eugen Kogon, »Der SS-Staat«, München 1974.

11 Alexander Mitscherlich, Fred Mielke, »Medizin ohne Menschlichkeit«, Frankfurt/M. 1978; Wolfgang Benz, »Dr. med. Sigmund Rascher – Eine Karriere«, *Dachauer Hefte* 4/1988.

12 Rascher war strikt dagegen, dass Frauen mit »nordischen Rassemerkmalen« für diese »Bordelldienste« herangezogen wurden; Fernschreiben Pers. Stab Reichsführer-SS vom 8.10.1942, Bundesarchiv NO 295; Wolfgang Benz, »Dr. med. Sigmund Rascher – Eine Karriere«, *Dachauer Hefte* 4/1988; Dokument Nr. 323 vom 5.11.1942 im Dokumentationszentrum Dachau.

13 Aussage des Häftlings Frantisek Bláha vor dem Nürnberger Kriegsverbrechertribunal am 24.11.1945; Bundesarchiv PS 3249; Wolfgang Benz, »Dr. med. Sigmund Rascher – Eine Karriere«, *Dachauer Hefte* 4/1988.

14 Michael H. Kater, »Das ›Ahnenerbe‹ der SS 1935–1945«, Stuttgart 1974; Wolfgang Benz, »Dr. med. Sigmund Rascher – Eine Karriere«, *Dachauer Hefte* 4/1988. Dr. med. Sigmund Rascher konnte nicht vor dem Nürnberger Ärzteprozess angeklagt werden, weil er in den letzten Kriegstagen auf Geheiß Himmlers durch Genickschuss liquidiert worden war. Himmler fühlte sich von seinem Schützling betrogen, seit bekannt geworden war, dass Raschers Frau Schwangerschaften vorgetäuscht und Rascher fremde Babys gestohlen hatte. Der Reichsführer degradierte ihn, schloss ihn aus der SS aus und ließ ihn ins KZ Buchenwald einliefern. Mitte April 1945 wurde Rascher nach Dachau, seiner alten Wirkstätte, verlegt und dort am 26.4.1945 hingerichtet.

15 Professor Kurt Blome und Dr. Sigmund Rascher führten 1944 im KZ Dachau auch gemeinsame Malariaversuche an Häftlingen durch; Fernschreiben von Professor Wolfram Sievers an Kommandanten des KL Dachau vom 3.8.1943; Bundesarchiv NS 21/917; Friedrich Hansen, »Biologische Kriegsführung im Dritten Reich«, Frankfurt/New York 1993.

16 Akten der Nürnberger Prozesse, A56-70, S. 4582; Alexander Mitscherlich und Fred Mielke, »Medizin ohne Menschlichkeit«, Frankfurt 1978; Erhard Geißler, »Biologische Waffen – nicht in Hitlers Arsenalen«, Münster 1999.

17 Der Arzt Friedrich Hansen hat eine Vielzahl von Informationen über das Leben Kurt Blomes zusammengetragen: Friedrich Hansen, »Biologische Kriegsführung im Dritten Reich«, Frankfurt/New York 1993.

18 Kurt Blome, »Arzt im Kampf«, Leipzig 1942; Friedrich Hansen, »Biologische Kriegsführung im Dritten Reich«, Frankfurt/New York 1993.

19 Kurt Blome, »Arzt im Kampf«, Leipzig 1942; Friedrich Hansen, »Biologische Kriegsführung im Dritten Reich«, Frankfurt/New York 1993; Peter-Ferdinand Koch, »Menschenversuche«, München/Zürich 1996.

20 Kurt Blome, »Arzt im Kampf«, Leipzig 1942; Friedrich Hansen, »Biologische Kriegsführung im Dritten Reich«, Frankfurt/New York 1993.

21 Parteikanzlei-Korrespondenz Kurt Blome, Bundesarchiv Berlin; Berlin Military Post, NSDAP Records Check, 13.9.1951, NARA RG 330, Foreign Scientists Case Files, Box 15.

22 ALSOS-Mission, »Interrogation of Blome, Director of German B. W. Activities«, 30.7.1945, NARA RG 319 Personal Name File, Box 22A; Vernehmung von Kurt Blome durch Iwan Devries am 7.10.1946, Records of the US-Nuremberg War Crimes Trials, NARA M 1019, Rolle 7, 594–826; Friedrich Hansen, »Biologische Kriegsführung im Dritten Reich«, Frankfurt/New York 1993; Ute Deichmann, »Biologen unter Hitler«, Frankfurt 1992.

23 Kurt Blome, »Arzt im Kampf«, Leipzig 1942. Akten der Nürnberger Prozesse, Band 21, S. 607; Ute Deichmann, »Biologen unter Hitler«, Frankfurt 1992; während Deichmann überzeugt ist, dass Blome solche Experimente tatsächlich durchführte, ist Geißler der Ansicht, Blome sei in dieser Hinsicht nicht überführt; Erhard Geißler, »Biologische Waffen – nicht in Hitlers Arsenalen«, Münster 1999.

24 Schreiben von Reichsstatthalter Arthur Greiser vom 1.5.1942; Schreiben von Kurt Blome vom 18.11.1942; Bundesarchiv NS 19/1585; Ernst Klee, »Deutsche Medizin im Dritten Reich«, Frankfurt 2001.

25 Sievers und Mrugowsky wurden nach dem Krieg vom Nürnberger Ärztetribunal zum Tode verurteilt und hingerichtet; Friedrich Hansen, »Biologische Kriegsführung im Dritten Reich«, Frankfurt/New York 1993; Peter-Ferdinand Koch, »Menschenversuche«, München/Zürich 1996.

26 Landshut Housing Project, Basis Personnel Record Walter Schreiber (ohne Datum); Life History Dr. Walter Paul Schreiber, Reg. Nr. 4056, NARA RG 319, Records of Army Staff, Box 482; CIC investigation report, 15.12.1949, JIOA dossier, NARA RG 330; Linda Hunt, »Secret Agenda«, New York 1991.

27 Friedrich Hansen, »Biologische Kriegsführung im Dritten Reich«, Frankfurt/New York 1993; Erhard Geißler, »Biologische Waffen – nicht in Hitlers Arsenalen«, Münster 1999. Linda Hunt, »Secret Agenda«, New York 1991; Schreiben von US-Senator Herbert H. Lehman an den Secretary of Defense vom 26.2.1952, NARA RG 330, JIOA General Correspondence, Box 43; Eugen Kogon, »Der SS-Staat«, München 1974.

28 Einer der beteiligten Kollegen Schreibers, SS-Sturmbannführer Dr. Erwin-Oskar Ding-Schuler, beging später im Gefängnis Selbstmord; Eugen Kogon, »Der SS-Staat«, München 1974.

29 Die Meskalin-Experimente in Dachau wurden federführend von Dr. Kurt Plötner durchgeführt; John Marks, »The Search For The Manchurian Candidate«, New York/London 1979; Martin A. Lee/Bruce Shlain, »Acid Dreams«, New York 1985; »German Aviation Medical Research at the

Dachau Concentration Camp«, US Naval Technical Mission Report No. 331-N45, Oktober 1945; Leo Alexander, »Sociopyschologic Structure of the SS«, *Archives of Neurology and Psychiatry*, May 1948.

30 »German Aviation Medical Research at the Dachau Concentration Camp«, US Naval Technical Mission Report No. 331-N45, Oktober 1945.

31 »Report on TD ›Truth Drugs‹«, OSS vom 2.6.1943; Martin A. Lee/Bruce Shlain, »Acid Dreams«, New York 1985.

32 In den ersten Monaten des Jahres 1943 wurden wöchentlich etwa 400 deutsche Kriegsgefangene nach Amerika gebracht und dort interniert; Arnold Krammer, »Nazi Prisoners of War in America«, New York 1979.

33 OSS Interoffice Memorandum, Subject: Development of »Truth Serum«, 21.6.1943; *John Marks' files*, National Security Archives.

34 R. Harris Smith, »OSS – The Secret History of America's First Central Intelligence Agency«, Los Angeles/London 1972.

35 Lovell hatte zum Beispiel 1942 vorgeschlagen, mit Hasenpest (Tularmänie) versetzten Ziegenkot über Rommels Truppen in Afrika abzuwerfen, weil der Dung Fliegen magisch anziehe. Die Insekten, so der Plan, sollten die Krankheit verbreiten und die deutschen Landser in einen wochenlangen Schwächezustand versetzen. Da sich das deutsche Afrikakorps aber immer weiter zurückgezogen hatte, unterblieb die biologische Attacke; Stanley P. Lovell, »Of Spies & Stratagems«, Englewood, 1963; Jeanne McDermott, »The Killing Winds«, New York 1987; Peter-Ferdinand Koch, »Menschenversuche«, München/Zürich 1996.

36 Memo von George H. White vom 2.6.1943; Electronics Museum Archives, Foothill College Los Altos Hills; *John Marks' files*, National Security Archives; Martin A. Lee/Bruce Shlain, »Acid Dreams«, New York 1985; Richard Stratton, »Altered States of America«, *Spin Magazine* 3/1994; John Jacobs, »The Diaries of a CIA Operative«, *Washington Post* vom 5.9.1977.

37 Memo von George H. White vom 2.6.1943; Electronics Museum Archives, Foothill College Los Altos Hills; *John Marks' files*, National Security Archives; OSS Interoffice Memorandum, Subject: Development of »Truth Serum«, 21.6.1943; *John Marks' files*, National Security Archives.

38 Memorandum »Truth Drug«, 5.4.1946; OSS Interoffice Memorandum, Subject: Development of »Truth Serum«, 21.6.1943; *John Marks' files*, National Security Archives.

39 OSS Interoffice Memorandum, Subject: Development of »Truth Serum«, 21.6.1943; *John Marks' files*, National Security Archives.

40 Der deutsche U-Boot-Kapitän behielt das Geheimnis der größten Tauchtiefe trotz der Drogen-Zigaretten für sich; von den dreißig unter Drogen gesetzten Armee-Offizieren gaben fünf alle Einzelheiten ihrer kommunistischen Aktivitäten preis; Memorandum »Truth Drug«, 5.4.1946; *John Marks' files*, National Security Archives.

41 John Marks, »The Search For The Manchurian Candidate«, New York/London 1979.

42 Siehe Anmerkung 41.

43 Memorandum »Truth Drug«, 5.4.1946; *John Marks' files*, National Security Archives.

44 Norman M. Covert, »Cutting Edge«, Frederick 2000; »Science and Technology at Fort Detrick 1943–1968«, Frederick 1968; Jeanne McDermott, »The Killing Winds«, New York 1987.

45 Das »Blitzableiter«-Gremium wurde auf militärischer Seite von Oberst Walter Hirsch geleitet, wissenschaftlicher Kopf war Prof. Heinrich Kliewe; Erhard Geißler, »Biologische Waffen – nicht in Hitlers Arsenalen«, Münster 1999.

46 Später ließ Himmler, unter dem Eindruck der vorrückenden Truppen im Osten und Westen des Reiches, andere exotische B-Waffen prüfen. Ob es mit einer Influenza-Epidemie möglich wäre, eine Invasion der Alliierten aufzuhalten und dass sich Tierseuchen wie Rotz die mit Pferden durchgeführten sowjetischen Munitionstransporte lahmlegen ließen; Ute Deichmann, »Biologen unter Hitler«, Frankfurt 1992; Erhard Geißler, »Biologische Waffen – nicht in Hitlers Arsenalen«, Münster 1999.

47 ALSOS-Mission, »Interrogation of Blome, Director of German B. W. Activities«, 30.7.1945, NARA RG 319 Personal Name File, Box 22A; Akten der Nürnberger Prozesse, A56-60, S. 4666; Erhard Geißler, »Biologische Waffen – nicht in Hitlers Arsenalen«, Münster 1999.

48 Blome will auch später auf einem schriftlichen Befehl Himmlers bestanden, aber dann nie erhalten haben; Kurt Blomes Eidesstattliche Erklärung betreffend »Forschung biologischer Kriegsführung« vom 23.1.1946, IfZ NO-1703; Erhard Geißler, »Biologische Waffen – nicht in Hitlers Arsenalen«, Münster 1999.

49 Friedrich Hansen, »Biologische Kriegsführung im Dritten Reich«, Frankfurt/New York 1993.

50 Bericht Sitzung AG Blitzableiter vom 24.9.1943, verfasst von Heinrich Kliewe am 25.9.1943, NARA RG 319, G-2, P-Project File, Box 3; Aktenvermerk von Heinrich Kliewe über Gespräch mit Prof. Blome am 23.2.1944, NARA RG 319, G-2, P-Project File, Box 3; Ute Deichmann, »Biologen unter Hitler«, Frankfurt 1992.

51 Telegramm an den Reichsführer-SS vom 5.11.1943 betr. Gross, Bundesarchiv NS 19/2228; Friedrich Hansen, »Biologische Kriegsführung im Dritten Reich«, Frankfurt/New York 1993.

52 Friedrich Hansen, »Biologische Kriegsführung im Dritten Reich«, Frankfurt/New York 1993.

53 Ed Regis, »The Biology Of Doom«, New York 1999; Norman M. Covert, »Cutting Edge«, Frederick 2000; Robert Harris/Jeremy Paxman, »A Higher Form of Killing«, London 1982; Judith Miller/Stephen Engelberg/William Broad, »Germs«, New York 2001.

54 Norman M. Covert, »Cutting Edge«, Frederick 2000; R. Harris Smith, »OSS«, Berkeley 1972.

55 Norman M. Covert, »Cutting Edge«, Frederick 2000; »Science and Technology at Fort Detrick«, Frederick 1968; Ed Regis, »The Biology Of Doom«, New York 1999.

56 Norman M. Covert, »Cutting Edge«, Frederick 2000; Ed Regis, »The Biology Of Doom«, New York 1999.

57 Siehe Anmerkung 56.

58 Offiziell war das Detrick Air Field das Trainingsareal der 194. Aero Squadron der Maryland National Guard; Ed Regis, »The Biology Of Doom«, New York 1999; Norman M. Covert, »Cutting Edge«, Frederick 2000; Robert Harris/Jeremy Paxman, »A Higher Form of Killing«, London 1982.

59 Jeanne McDermott, »The Killing Winds«, New York 1987; Seymour M. Hersh, »Chemical & Biological Warfare«, 1968; Norman M. Covert, »Cutting Edge«, Frederick 2000.

60 Jeanne McDermott, »The Killing Winds«, New York 1987.

61 Jeanne McDermott, »The Killing Winds«, New York 1987; Frank Olsons Doktorvater war allerdings Professor W. H. Peterson; Themen: »The Vitamin Potency of Milk« und »The Thermophilic Fermentation of Carbohydrates«, Summaries of Doctoral Dissertations, University of Wisconsin July 1941–June 1942.

62 Olsons Untersuchungen fanden an der *Purdue University Agricultural Experiment Station* in Bedford/Indiana statt; James L. Roberts and Frank R. Olson, »The Relative Efficiency Of Strains Of Rhizobium Trifolii As Influenced By Soil Fertility«, *Science* vom 17.4.1942; James L. Roberts and Frank R. Olson, »The Influence Of Fertilizers And Season On Nonsymbiotic Nitrogen Fixation In Brookston And Bedford Silt Loams«, *Journal of the American Society of Agronomy* vom 7.7.1942; Barton E. Hahn, Frank R. Olson, James L. Roberts, »Influence Of Potassium Chloride On Nitrification In Bedford Silt Loam«, *Soil Science* vom 2.8.1942.

63 Deutschland erklärte den USA im Dezember 1941 den Krieg, Frank Olson wurde im März 1942 einberufen; Rentenantrag von Alice Wicks Olson vom 14.12.1953; *Colby-Akte* des Falles Dr. Frank R. Olson.

64 Frank Olson wurde in Hurley im nördlichen Wisconsin geboren; Gespräch mit Eric Olson am 11.2.2002; Gespräch mit Arthur Vidich, Frank Olsons Schwager, am 15.2.2002.

65 Gespräch mit Norman G. Cournoyer am 16.2.2002; Gespräche mit Donald Falconer am 4. und 8.2.2002.

66 Gespräch mit Norman G. Cournoyer am 16.2.2002.

67 Siehe Anmerkung 66.

68 Der Geheimhaltung wurde in Detrick größte Bedeutung beigemessen. Von Zeit zu Zeit schickte Ira Baldwin Spitzel in die Restaurants und Bars von Frederick. Sie sollten dort herausfinden, was unter den Gästen über die Mission von Camp Detrick bekannt sei. Unter der Bevölkerung, so deren Bericht, herrsche die Meinung vor, hinter den Stacheldrahtzäunen werde an neuen chemischen Waffen geforscht; Ed Regis, »The Biology Of Doom«, New York 1999. Beamte der Gemeinde Frederick, die sich um die Gesundheit der Bevölkerung sorgten, nahmen am Abflussrohr des Forschungsinstituts eine Wasserprobe, dort wo das Rohr in das städtische Abwassersystem führte. Die Wasserprobe war steril. Es sollten keine Außenstehenden an irgendwelchen Keimen im Abwasser etwas über die For-

schungsobjekte von Camp Detrick erfahren; Jeanne McDermott, »The Killing Winds«, New York 1987.

69 Bis Kriegsende im August 1945 stieg die Zahl der Beschäftigten kontinuierlich auf am Ende mehr als 2000; Chemical Corps Frederick/Maryland, NARA RG 319, Records of the Army Staff, Box 1; Gespräche mit Donald Falconer am 4. und 8.2.2002.

70 Norman M. Covert, »Cutting Edge«, Frederick 2000; Ed Regis, »The Biology Of Doom«, New York 1999.

71 Norman M. Covert, »Cutting Edge«, Frederick 2000; Ed Regis, »The Biology Of Doom«, New York 1999; »Science and Technology at Fort Detrick«, Frederick 1968.

72 Siehe Anmerkung 71.

73 Ed Regis, »The Biology Of Doom«, New York 1999.

74 *Pschyrembel*, Klinisches Wörterbuch, Berlin 1972.

75 Ed Regis, »The Biology Of Doom«, New York 1999.

76 Siehe Anmerkung 75.

77 Beweise, dass Olson an den Versuchen auf Gruinard teilnahm, gibt es nicht. Er wurde jedoch später für Freisetzungsversuche zuständig; Gespräch mit Norman G. Cournoyer am 16.2.2002; Gespräche mit Donald Falconer am 4. und 8.2.2002; Ed Regis, »The Biology Of Doom«, New York 1999.

78 Erste kleinere Tests mit leeren Bomben aus Edgewood Arsenal, wo die amerikanischen C-Waffen abgefüllt wurden, fanden auf der Horn Island im Golf von Mexico vor der Küste des US-Staates Mississippi und dem neuen Versuchsgelände Dugway Proving Ground im US-Staat Utah statt; Jeanne McDermott, »The Killing Winds«, New York 1987; Ed Regis, »The Biology Of Doom«, New York 1999.

79 Ed Regis, »The Biology Of Doom«, New York 1999; Jeanne McDermott, »The Killing Winds«, New York 1987.

80 Ed Regis, »The Biology Of Doom«, New York 1999; Jeanne McDermott, »The Killing Winds«, New York 1987; Seymour M. Hersh, »Chemical & Biological Warfare«, New York 1972.

81 Rentenantrag von Alice Wicks Olson vom 14.12.1953; *Colby-Akte* des Falles Dr. Frank R. Olson; Gespräch mit Norman G. Cournoyer am 16.2.2002; Gespräche mit Donald Falconer am 4. und 8.2.2002.

82 Einen guten Überblick über Frank Olsons Tätigkeit in diesen Jahren gab eine später erschienene Monografie, die sowohl Frank R. Olson als auch Norman G. Cournoyer als Koautoren benannte: Dieser Bericht ist das Ergebnis einer Untersuchung in Camp Detrick, die zwischen Dezember 1943 und Oktober 1945 durchgeführt wurde; Theodor Rosebury, »Experimental Airborne Infection«, Microbiological Monographs, Baltimore 1947.

83 Ed Regis, »The Biology Of Doom«, New York 1999.

84 Chemical Warfare Service, Special Projects Division, Manufacturing Order No. SP-1, 20.6.1944; sowohl Briten als auch Amerikaner planten, jeweils 108 Bomben zu einer Clusterbombe vom Typ M33 »zusammenzuschnüren«, die dann über dem Boden zur Explosion gebracht und weite Re-

gionen verseuchen würde; Ed Regis, »The Biology Of Doom«, New York 1999.

85 Ed Regis, »The Biology Of Doom«, New York 1999.

86 Siehe Anmerkung 85.

87 Ed Regis, »The Biology Of Doom«, New York 1999; Jeanne McDermott, »The Killing Winds«, New York 1987; Seymour M. Hersh, »Chemical & Biological Warfare«, New York 1972; Erhard Geißler, »Biologische Waffen – nicht in Hitlers Arsenalen«, Münster 1999.

88 Erhard Geißler, »Biologische Waffen – nicht in Hitlers Arsenalen«, Münster 1999; Ed Regis, »The Biology Of Doom«, New York 1999.

89 Beschriftete Dias von der Taufe aus dem Nachlass von Frank Olson, überlassen von dessen Sohn Eric Olson.

90 ALSOS-Mission, »Interrogation of Blome, Director of German B. W. Activities«, 30.7.1945, NARA RG 319 Records of Army Staff, Box 22a; Akten der Nürnberger Prozesse, A56-60, S. 4666; Friedrich Hansen, »Biologische Kriegsführung im Dritten Reich«, Frankfurt/New York 1993; Erhard Geißler, »Biologische Waffen – nicht in Hitlers Arsenalen«, Münster 1999.

91 Friedrich Hansen, »Biologische Kriegsführung im Dritten Reich«, Frankfurt/New York 1993.

92 ALSOS-Mission B-C/250, 30.7.1945, »Interrogation of Blome, Director of German B. W. Activities«, NARA PG 319, Records of Army Staff, Box 22a.

93 OSS-Memorandum vom 9.2.1945, NARA RG 165, Merck Records, Box 186.

94 Memorandum des Obersten Hauptquartiers der Alliierten in Paris (SHAEF) an G-2 vom 21.6.1945, »Intelligence Exploitation of German Personnel«, Army Intelligence File 1941–1948, NARA RG 319, Box 991; für Görings zahlreiche Dienerschaft wurde damals ein Flügel angebaut, unter der Aufsicht von Albert Speer, der 1945 als Kriegsgefangener nach Kransberg zurückkehrte; Albert Speer, »Erinnerungen«, Berlin 1969.

95 Recherchen zum »Lager Dustbin« von Bernd Vorlaeufer-Germer, Mitteilung vom 21.1.2002; Friedrich Hansen, »Biologische Kriegsführung im Dritten Reich«, Frankfurt/New York 1993.

96 Preliminary Interrogation Report, 2.7.1945; NARA PG 153, Records Judge Advocate General (Army), Box 59; Tom Bower, »The Paperclip Conspiracy«, London 1987; Friedrich Hansen, »Biologische Kriegsführung im Dritten Reich«, Frankfurt/New York 1993.

97 Erhard Geißler, »Biologische Waffen – nicht in Hitlers Arsenalen«, Münster 1999.

98 *SHAEF* Outgoing Message, Ref. S-95132, 3.7.1945; gemeint war in der Meldung »stellvertretender Reichsärzteführer« anstatt »stellvertretender Reichsgesundheitsführer«; eine weitere Anfrage wegen Blome an ALSOS Paris, Major Barnes, ging am 6.7.1945 ein; NARA RG 319, Records of Army Staff, Box 22a.

99 Albert Speer, »Erinnerungen«, Berlin 1969; Ernst Heinkel, »Stürmisches Leben«, München 1977; Hermann Oberth sammelte Ende Juli 1945

mehr als 70 Unterschriften seiner Mitgefangenen (»Autogramme aus dem Dustbin«); Antiquariat Steffen Völkel, Beratzhausen.

100 Office Naval Operations, Memorandum Op-23JIS, 5.3.1946, NARA RG 218, Records of Joint Chiefs of Staff, Box 112.

101 Die Osenberg-Kartei bildete die Basis für mehrere Projekte der Amerikaner (»Operation Paperclip«, »Operation Overcast« u.a.) und der Engländer (»Operation Matchbox« u.a.), deutsche Wissenschaftler zu verpflichten, mitunter mit der Zusage, ihre Vergehen oder Verbrechen während der Nazi-Zeit würden ignoriert; Linda Hunt, »Secret Agenda«, New York 1991.

102 OMGUS/FIAT, Detention Camp Dustbin, Periodic State Report No. 21, 10.10.1945; OMGUS/FIAT, Detention Camp Dustbin, Periodic State Report No. 43, 21.3.1946; NARA RG 330, Records Office Secretary of Defense, General Correspondence, Box 1, Folder Dustbin.

103 Schrader hatte 1936 bei der Suche nach neuen Insektiziden zufällig das Nervengas Tabun (amerikanische Bezeichnung GA) entdeckt; Schrader und Hörlein hatten sich danach gezielt auf die Suche nach noch toxischeren Kampfstoffen begeben und 1938 Sarin (GB) und 1940 Soman entwickelt (GD). Die Produktionsstätte für die C-Waffen in Dyhernfurth bei Breslau wurde von den Sowjets abgebaut und im eigenen Land neu installiert. Bestände der drei Nervengase wurden nach dem Krieg nach England und in die USA verschifft; Steven Rose, »Gefahr aus der Retorte«, Freiburg 1969; Robert Harris/Jeremy Paxman, »A Higher Form of Killing«, London 1982; David Wise, »Cassidy's Run«, 2000; Siegfried Franke, »Lehrbuch der Militärchemie«, Band 2, Berlin 1969.

104 Albert Speer, »Erinnerungen«, Berlin 1969. Speer wurde im September 1945 zu Verhören nach Camp King in Oberursel verlegt und dort interniert. Er traf dort auf Hermann Göring. In Camp King bereitete der Chefankläger des Nürnberger Kriegsverbrechertribunals, Robert W. Kempner, den Prozess vor; Franz Gajdosch, »Die Geschichte von Camp King«, unveröffentlicht.

105 Albert Speer, »Erinnerungen«, Berlin 1969; Speer wurde später im Nürnberger Prozess zu zwanzig Jahren Gefängnis verurteilt; die Führungsfiguren der *IG Farben* wurden im so genannten Nachfolgeprozess vornehmlich für die Zwangsarbeit von KZ-Insassen angeklagt, sie erhielten, wie auch Fritz Ter Meer und Heinrich Bütefisch, kurze Gefängnisstrafen. 1951 waren alle bereits wieder auf freiem Fuß und in der chemischen Industrie in Amt und Würden; »Das Urteil von Nürnberg«, München 1961; Israel Gutman/Eberhard Jäckel (Hrsg.), »Enzyklopädie des Holocaust«, München 1995.

106 Die Bitte um Familienzusammenführung konnten die Amerikaner nicht erfüllen; Preliminary Interrogation Report, 2.7.1945; NARA PG 153, Records Judge Advocate General (Army), Box 59; Tom Bower, »The Paperclip Conspiracy«, London 1987; Friedrich Hansen, »Biologische Kriegsführung im Dritten Reich«, Frankfurt/New York 1993.

107 Statt »scientific atrocities« hieß es schlicht »research experiments«; Preliminary Interrogation Report, 2.7.1945; NARA PG 153, Re-

cords Judge Advocate General (Army), Box 59; »Interrogations of Kurt Blome« vom 10.7.1945; NARA M 1019, Rolle 7/594–826.

108 Correspondence SHAEF, 5.7.1945, NARA RG 153, Records Judge Advocate General (Army), Box 49; ALSOS-Mission B-C/250, 30.7.1945, »Interrogation of Blome, Director of German B. W. Activities«, NARA PG 319, Records of Army Staff, Box 22a.

109 »Interrogations of Kurt Blome« vom 10.7.1945; NARA M 1019, Rolle 7/594–826; Friedrich Hansen, »Biologische Kriegsführung im Dritten Reich«, Frankfurt/New York 1993; Peter-Ferdinand Koch, »Menschenversuche«, München/Zürich 1996.

110 »Interrogations of Kurt Blome« vom 10.7.1945; NARA M 1019, Rolle 7/594–826.

111 ALSOS-Mission B-C/250, 30.7.1945, »Interrogation of Blome, Director of German B. W. Activities«, NARA PG 319, Records of Army Staff, Box 22a.

112 Recherchen zum »Lager Dustbin« von Bernd Vorlaeufer-Germer, Mitteilung vom 21.1.2002. Blome wurde im Mai 1946 von UFSET erneut »verhaftet«, das lässt erkennen, dass er vorher auf freiem Fuß gewesen sein muss; Arrest Report MISO/UFSET, 21.5.1946, Dokumentensammlung Franz Gajdosch, Oberursel.

113 Ed Regis, »The Biology Of Doom«, New York 1999.

114 Murray Saunders, »Report on Scientific Intelligence Survey in Japan« vom 1.11.1945, US Army Forces, Camp Detrick/Maryland; Peter Williams/David Wallace, »Unit 731: Japan's Secret Biological Warfare in World War II«, New York 1989; Sheldon H. Harris, »Factories of Death«, New York/London 1994; Ed Regis, »The Biology Of Doom«, New York 1999.

115 Durch den Merck-Report und die nachfolgenden Berichte in der Presse erfuhr die Öffentlichkeit im Januar 1946 erstmals über die Aufgaben von Camp Detrick; George W. Merck, »Biological Warfare«, Report to the Secretary of War, Hearings before the Subcommittee on Health and Scientific Research, US Senate 1977; »Secret Wartime Activities Of Camp Detrick Partially Disclosed By Government«, *The News/Frederick* vom 4.1.1946; Ed Regis, »The Biology Of Doom«, New York 1999.

116 Arthur O. Anderson COL MC, USAMRIID, »A Brief History of the Army's Contributions to Ethical Standards for Research Involving Human Subjects«, ohne Datum; http://www.au.af.mil/au/awc/awcgate/usamriid/bw-hist.htm

117 Die Beulenpest (*Pasteurella pestis*), im Mittelalter als »schwarzer Tod« bekannt, ist weniger gefährlich als die Lungenpest (*Pasteurella pneumonie*), die fast ausnahmslos zum Tod führt; *Pschyrembel*, Klinisches Wörterbuch, Berlin 1972; Ed Regis, »The Biology Of Doom«, New York 1999.

118 Investigation Report III-12201 Dr. Walter P. Schreiber, 15.12.1949, NARA RG 330, Records of Secretary of Defense, JOIA, Box 149.

119 Nach seiner Gefangennahme wurde Schreiber am 5. Mai 1945 in den Keller der Reichskanzlei geführt und bekam den Auftrag, eine Flucht

vorzutäuschen. Die Sowjets wollten einen möglichst »authentischen« Dokumentarfilm über die Eroberung Berlins nachstellen und hatten Schreiber für diese Szene ausgewählt. Die Dreharbeiten fanden natürlich unter strenger Bewachung durch Soldaten der Roten Armee statt; Investigation Report III-12201 Dr. Walter P. Schreiber vom 15.12.1949, NARA RG 330, Records of Secretary of Defense, JOIA, Box 149.

120 Ernst-Günther Schenck, »Als Arzt in Hitlers Reichskanzlei«, Stockach 1986.

121 Investigation Report III-12201 Dr. Walter P. Schreiber, 15.12.1949, NARA RG 330, Records of Secretary of Defense, JOIA, Box 149.

122 Schreibers erzwungene Erklärung diente Monate später als Grundlage seiner Zeugenaussage vor dem Nürnberger Kriegsverbrechertribunal. Die ersten beiden Seiten seiner Stellungnahme an die sowjetische Regierung vom 10.4.1946 sind abgedruckt in: Erhard Geißler, »Biologische Waffen – nicht in Hitlers Arsenalen«, Münster 1999.

123 Sein Begleiter war ein perfekt deutsch sprechender Rotarmist namens Walter Stern, der ihn auch bereits in der Lubljanka vernommen hatte; Investigation Report III-12201 Dr. Walter P. Schreiber, 15.12.1949, NARA RG 330, Records of Secretary of Defense, JOIA, Box 149.

124 Schreibers Brief an die sowjetische Regierung war schon am 12.8.1946 in das Verfahren eingebracht worden. Keitel machte damals Randnotizen, in denen er die Aussagen Schreibers vehement bestritt; auch wenn die Beschuldigungen Schreibers in das Urteil von Nürnberg eingingen, für die Urteilsfindung im Falle Keitel (»Tod durch den Strang«) spielten sie keine Rolle; Erhard Geißler, »Biologische Waffen – nicht in Hitlers Arsenalen«, Münster 1999.

125 Alexander Hardy, »Case of Walter Schreiber«, 17.2.1952, NARA PG 330, JIOA dossiers; Linda Hunt, »Secret Agenda«, New York 1991; Erhard Geißler, »Biologische Waffen – nicht in Hitlers Arsenalen«, Münster 1999.

126 Schreiben von Professor Wolfram Sievers, Bundesarchiv NS 21/845; Friedrich Hansen, »Biologische Kriegsführung im Dritten Reich«, Frankfurt/New York 1993.

127 Investigation Report III-12201 Dr. Walter P. Schreiber, 15.12.1949, NARA RG 330, Records of Secretary of Defense, JOIA, Box 149; »Der Prozess«, Bd. 21, S. 339ff; Erhard Geißler, »Biologische Waffen – nicht in Hitlers Arsenalen«, Münster 1999.

128 Die so genannte CROWCASS-Liste (»Central Registry of War Crimes and Security Suspects«) führte Hunderte von gesuchten Personen nicht nur aus dem medizinischen Bereich; Christopher Simpson, »Blowback«, New York 1989.

129 Alexander Hardy, »Case of Walter Schreiber«, 17.2.1952, NARA PG 330, JIOA dossiers; Linda Hunt, »Secret Agenda«, New York 1991.

130 Arrest Report Kurt Blome, MISO/UFSET, 21.5.1946, Dokumentensammlung Franz Gajdosch, Oberursel.

131 Zwölf der zweiundzwanzig Kriegsverbrecher wurden zum »Tod durch den Strang« verurteilt; »Das Urteil von Nürnberg«, München 1961.

132 Alexander Mitscherlich/Fred Mielke, »Medizin ohne Menschlichkeit«, Frankfurt/M. 1978; Israel Gutman/Eberhard Jäckel (Hrsg.) »Enzyklopädie des Holocaust«, München 1995; Erhard Geißler, »Biologische Waffen – nicht in Hitlers Arsenalen«, Münster 1999.

133 Erhard Geißler, »Biologische Waffen – nicht in Hitlers Arsenalen«, Münster 1999; Ute Deichmann, »Biologen unter Hitler«, Frankfurt 1992.

134 Für eine amerikanische Prozesstaktik der Verschleierung sprach auch, dass sich die während des Verfahrens zu den deutschen B-Waffen-Aktivitäten abgegebenen Erklärungen nicht in der von amtlicher Seite gedruckten Fassung des Prozessberichts wiederfanden. Außerdem wurde in jener Zeit gerade eine intensive Aufbereitung des deutschen und vor allem japanischen B-Waffen-Programms in Camp Detrick durchgeführt, weshalb die Amerikaner das Thema eher verdrängen wollten; Erhard Geißler, »Biologische Waffen – nicht in Hitlers Arsenalen«, Münster 1999.

135 Der Prozess endete am 20. August 1947 mit sieben Todesurteilen, u.a. gegen Blomes Kollegen, die Professoren Joachim Mrugowsky und Wolfgang Sievers, die am 2.6.1948 hingerichtet wurden; neun der Angeklagten wurden zu unterschiedlich langen Haftstrafen verurteilt, sieben Angeklagte freigesprochen; Israel Gutman/Eberhard Jäckel (Hrsg.), »Enzyklopädie des Holocaust«, München 1995.

136 The Medical Case, Band 2, S. 235; Akten der Nürnberger Prozesse, A142, S. 11658–59.

137 Der Nürnberger Ärztekodex wurde ganz wesentlich von dem Bostoner Psychiater Dr. Leo Alexander, einem Berater der Klagevertreter, beeinflusst. Sein Wortlaut:

Die freiwillige Zustimmung der Versuchsperson ist unbedingt erforderlich. Die betreffende Person muss im juristischen Sinne fähig sein, ihre Einwilligung zu geben; sie muss in der Lage sein, unbeeinflusst von ihrem Urteilsvermögen Gebrauch zu machen, unbeeinflusst auch durch Gewalt, Betrug, List, Druck, Vortäuschung oder irgendeine andere Form der Überredung oder des Zwanges; sie muss die Einzelheiten hinreichend kennen und verstehen.

Es ist notwendig, dass vor der Zustimmung das Wesen, die Länge und der Zweck des Versuches klar gemacht werden, darunter alle Unannehmlichkeiten und Gefahren, die zu erwarten sind, und die Folgen für die Gesundheit.

1. Die Pflicht und Verantwortlichkeit, den Wert der Zustimmung festzustellen, obliegt demjenigen, der den Versuch anordnet, leitet oder ihn durchführt. Dies ist eine persönliche Pflicht und Verantwortlichkeit, die nicht straflos an andere deligiert werden kann.

2. Der Versuch muss so gestaltet sein, dass fruchtbare Ergebnisse für das Wohl der Gesellschaft zu erwarten sind, welche nicht durch andere Forschungsmittel oder Methoden zu erlangen sind. Er darf seiner Natur nach nicht willkürlich oder überflüssig sein.

3. Der Versuch ist so zu planen und auf Ergebnisse von Tierversuchen und naturwissenschaftlichem Wissen über die Krankheit oder das Forschungsproblem aufzubauen, dass die zu erwartenden Ergebnisse die Durchführung des Versuchs rechtfertigen.

4. Der Versuch ist so auszuführen, dass alles unnötige körperliche und seelische Leiden und Schädigungen vermieden werden.

5. Kein Versuch darf durchgeführt werden, wenn von vornherein angenommen werden kann, dass er zum Tod oder zu dauerndem Schaden führen wird, ausgenommen solche Versuche, bei denen der Versuchsleiter gleichzeitig als Versuchsperson dient.

6. Die Gefährdung darf niemals über jene Grenzen hinausgehen, die durch die humanitäre Bedeutung des zu lösenden Problems vorgegeben sind.

7. Es ist für ausreichende Vorbereitung und geeignete Vorrichtungen Sorge zu tragen, um die Versuchsperson auch vor der geringsten Möglichkeit von Verletzung, bleibendem Schaden oder Tod zu schützen.

8. Der Versuch darf nur durchgeführt werden von wissenschaftlich qualifizierten Personen. Größte Geschicklichkeit und Vorsicht sind auf allen Stufen des Versuches von denjenigen zu verlangen, die den Versuch leiten oder durchführen.

9. Während des Versuches muss der Versuchsperson freigestellt bleiben, den Versuch zu beenden, wenn sie körperlich oder psychisch einen Punkt erreicht hat, an dem ihr die Fortsetzung unmöglich erscheint.

10. Im Verlauf des Versuches muss der Versuchsleiter jederzeit darauf vorbereitet sein, den Versuch abzubrechen, wenn er aufgrund seiner Erfahrung und seines sorgfältigen Urteils vermuten muss, dass eine Fortsetzung des Versuches eine Verletzung, eine bleibende Schädigung oder den Tod der Versuchsperson zur Folge haben könnte.

(Quelle: Dr. Kori-Lindner, Med.-Wiss.-Service München)

138 Murray Saunders, »Report on Scientific Intelligence Survey in Japan«, 1.11.1945, US Army Forces, Camp Detrick/Maryland.

139 CIC Metropolitan Unit 80, GHQ AFPAC, APO 500, »Subject Ishii, Dr. Shiro«, 3.12.1945; Ed Regis, »The Biology Of Doom«, New York 1999.

140 Ed Regis, »The Biology Of Doom«, New York 1999.

141 Siehe Anmerkung 140.

142 Arvo T. Thompson, »Report on Japanese Biological Warfare Activities«, Army Service Forces, Camp Detrick/Maryland, 31.5.1946. Thompson beging später, im Mai 1951, Selbstmord; Ed Regis, »The Biology Of Doom«, New York 1999.

143 Dr. Norbert H. Fell war Chef der neuen Abteilung Pilot-Plant Engineering in Camp Detrick; Ed Regis, »The Biology Of Doom«, New York 1999.

144 Norbert H. Fell, »Brief Summary of New Information about Japanese B. W. Activities«, Camp Detrick/Maryland, 20.6.1947; Ed Regis, »The Biology Of Doom«, New York 1999.

145 Shiro Ishii wurde nie wegen seiner Verbrechen angeklagt und lebte

bis 1959, als er an Krebs starb, als freier Mann in Tokio; Ed Regis, »The Biology Of Doom«, New York 1999. Der amerikanische B-Waffen-Forscher Dr. Joseph Jemski erhielt noch in den Achtzigerjahren Unterlagen der Japaner zur Auswertung; Gespräch mit Dr. Joseph Jemski am 11.2.2002.

146 Die Dokumente wurden teilweise im Oktober 1947 von einem Mediziner aus Camp Detrick, Edwin V. Hill, in Tokio abgeholt; Ed Regis, »The Biology Of Doom«, New York 1999; Tien-wei Wu, »A Preliminary Review of Studies of Japanese Warfare Unit 731 in the United States«, ohne Datum; http://www-users.cs.umn.edu/-dyue/wilhist/germwar/731rev.htm; Peter Williams/David Wallace, »Unit 731: Japan's Secret Biological Warfare in World War II«, London 1989.

147 EUCOM S-3047, 3.10.1947; NARA RG 319, Records of Army Staff, Personal Name File, Box 22a.

148 Die anderen Wissenschaftler waren Dr. Arthur Gorelick, Dr. Harold W. Batchelor und Dr. Charles R. Phillips; »Report of Interview of German Scientist, German Research On Biological Warfare«, EUCOM S-3047 vom 3.10.1947; NARA RG 319, Records of Army Staff, Personal Name File, Box 22a; Gespräche mit Dr. Donald Falconer in Buckeystown am 4. und 8.2.2002; allerdings bestritt Falconer bei diesen Gesprächen, an der Vernehmung Blomes beteiligt gewesen zu sein, obwohl das Protokoll dessen Fragen wörtlich wiedergibt.

149 »Report of Interview of German Scientist, German Research On Biological Warfare«, EUCOM S-3047 vom 3.10.1947; NARA RG 319, Records of Army Staff, Personal Name File, Box 22a; Friedrich Hansen, »Biologische Kriegsführung im Dritten Reich«, Frankfurt/New York 1993.

150 Wörtliches Protokoll des Gespräches mit Dr. Kurt Blome; EUCOM S-3047 vom 3.10.1947; NARA RG 319, Records of Army Staff, Personal Name File, Box 22a.

151 »The Problem of Chemical and Biological Warfare«, SIPRI-Report Volume 1, New York/Stockholm 1971; Ed Regis, »The Biology Of Doom«, New York 1999.

152 Wörtliches Protokoll des Gespräches mit Dr. Kurt Blome; EUCOM S-3047 vom 3.10.1947; NARA RG 319, Records of Army Staff, Personal Name File, Box 22a; Blome war tatsächlich über die russischen Aktivitäten gut unterrichtet. Am 13.10.1944 hatte er beispielsweise über Himmler eine Information vom Chef der Sicherheitspolizei erhalten: »Russland hat große Kulturen von Bazillen angelegt und zwar Cholera und Pest. Diese Bazillen sollen durch Flugzeuge abgerieselt werden«; Meldung des Chefs der Sicherheitspolizei und des SD vom 11.10.1944 VI A7b. Nr. 18456/44 an den Reichsführer-SS, Bundesarchiv Berlin.

Special Operations

1 Eric wurde 1944, Lisa 1946 und Nils 1948 geboren. Filmkamera und -projektor von damals sind heute noch im Besitz von Franks Sohn Eric, ebenso unzählige Filme und Dias, die zum Teil erst im Februar 2002 entdeckt und für dieses Buch erstmals ausgewertet wurden.

2 Da Eric auf den Bildern etwa drei bis vier Jahre alt ist, dürften diese Aufnahmen aus dem Jahre 1947 oder 1948 stammen.

3 Schon während des Krieges war in Camp Detrick an phytotoxischen Substanzen geforscht worden, im Sommer 1945 wurden mehrere Schiffsladungen des Pflanzengiftes 2,4-Dichlorphenoxyessigsäure nach Japan geschickt, um dort gegen Reisfelder eingesetzt zu werden. Die Atombombenabwürfe auf Hiroshima und Nagasaki verhinderten die Verwirklichung dieses Planes. Eine Weiterentwicklung des 2,4-D, das so genannte 2,4,5-T, sollte später in großem Stil als Entlaubungsmittel in Vietnam zum Einsatz kommen; Siegfried Franke, »Lehrbuch der Militärchemie«, Bd. 2, Militärverlag, Berlin 1969; Theodor Rosebury, »Peace or Pestilence«, New York 1949.

4 Gespräche mit Donald Falconer am 4. und 8.2.2002; Gespräch mit Norman Cournoyer am 16.2.2002.

5 George W. Merck, »Biological Warfare«, Report to the Secretary of War, Hearings before the Subcommittee on Health and Scientific Research, US Senate 1977.

6 Siehe Anmerkung 5.

7 Theodor Rosebury, »Experimental Air-Borne Infection«, Microbiological Monographs, Baltimore 1947; Theodor Rosebury, »Peace or Pestilence«, New York 1949.

8 Der Prozess endete am 20. August 1947 mit sieben Todesurteilen, u.a. gegen Blomes Kollegen, die Professoren Joachim Mrugowsky und Wolfgang Sievers, die am 2.6.1948 hingerichtet wurden; neun der Angeklagten wurden zu unterschiedlich langen Haftstrafen verurteilt, sieben Angeklagte, darunter Blome, freigesprochen; Israel Gutman/Eberhard Jäckel (Hrsg.), »Enzyklopädie des Holocaust«, München 1995.

9 Linda Hunt, »Secret Agenda«, New York 1991; Christopher Simpson, »Blowback«, New York 1989; Tom Bower, »The Paperclip Conspiracy«, London 1987; Friedrich Hansen, »Biologische Kriegsführung im Dritten Reich«, Frankfurt/New York 1993; Erhard Geißler, »Biologische Waffen – nicht in Hitlers Arsenalen«, Münster 1999.

10 Schreiben von Colonel Charles E. Loucks an War Department General Staff vom 30.4.1947 mit Bericht »Chemical Corps Camp Detrick«; NARA RG 319, Records of the Army Staff, Box 1.

11 Norman M. Covert, »Cutting Edge«, Frederick 2000.

12 Ed Regis, »The Biology Of Doom«, New York 1999.

13 Ira L. Baldwin, »Report on Special BW Operations«, 5.10.1948, National Military Establishment, Washington D.C.; Ed Regis, »The Biology Of Doom«, New York 1999.

14 Robert Harris/Jeremy Paxman, »A Higher Form of Killing«, London 1982.

15 Siehe Anmerkung 14.

16 Ed Regis, »The Biology Of Doom«, New York 1999.

17 Der Ablauf von »Operation Harness« wurde akribisch von Ed Regis recherchiert. Die Darstellung hier stützt sich des Weiteren auf zwei Gespräche mit Henry T. Eigelsbach, der zeitweilig an den Versuchen teilnahm. Die Beteiligung von Frank R. Olson ergibt sich aus dessen Diapositiven und deren Beschriftung; Ed Regis, »The Biology Of Doom«, New York 1999; Gespräche mit Henry T. Eigelsbach am 9. und 10.2.2002.

18 Ed Regis, »The Biology Of Doom«, New York 1999.

19 Das Team aus Camp Detrick bestand aus 13 Wissenschaftlern, die allerdings nicht alle zur gleichen Zeit auf Antigua weilten: John A. Alexander, George O. Auman, Gerald M. Biehl, Ralph W. Elbert, Arthur W. Gorelick, Kenneth F. Kinney, Peter S. Ligocki, James L. Luckadoo, Raymond F. Newell, Frank R. Olson, Karl Persechetti, John A. Vitikacs, Alfred M. Webb; Department of the Army, General Staff, Bericht über »Operation Harness« vom 27.9.1949, Appendix A; NARA RG 319, Records of the Army Staff, Box 11; Ed Regis, »The Biology Of Doom«, New York 1999; Gespräche mit Henry T. Eigelsbach am 9. und 10.2.2002.

20 Protokoll des Gespräches mit Dr. Kurt Blome; EUCOM S-3047 vom 3.10.1947; NARA RG 319, Records of Army Staff, Personal Name File, Box 22a.

21 Ed Regis, »The Biology Of Doom«, New York 1999; Gespräche mit Henry T. Eigelsbach am 9. und 10.2.2002.

22 Bruzellose tritt vornehmlich bei Wiederkäuern, aber auch Schweinen, Pferden und Hunden auf und wird insbesondere auf Landwirte und Melker übertragen. Sie führt bei Schafen oft zum Abort; Tularämie (»Hasenpest«) ist eine bei Nagetieren auftretende Infektionskrankheit, die auch den Menschen befallen kann; *Pschyrembel*, Medizinisches Wörterbuch, Berlin 1972.

23 Tatsächlich infizierte sich David Henderson mit Bruzellose. Andere Erkrankungen unter den beteiligten Forschern traten nicht auf. Ob es unter der Zivilbevölkerung von Antigua zu Infektionen kam, wurde niemals überprüft; Ed Regis, »The Biology Of Doom«, New York 1999; Robert Harris/Jeremy Paxman, »A Higher Form of Killing«, London 1982.

24 Ed Regis, »The Biology Of Doom«, New York 1999.

25 Gespräche mit Henry T. Eigelsbach am 9. und 10.2.2002.

26 Die Messgeräte waren mit einer »Flüssigkeitsfalle« ausgerüstet, durch die eine bestimmte Menge Luft mit deren Bakterienfracht geschleust wurde. Die Laboranten verteilten dann eine kleine Menge der Flüssigkeit auf Petrischalen und kultivierten diese über Nacht. Am nächsten Morgen ließ sich anhand der gewachsenen Kulturen auf der Petrischale das Ausmaß der Keime in der Flüssigkeit und damit in der Luft ermitteln.

27 Laut Dia-Beschriftung von Frank Olson und Auskunft von Henry T. Eigelsbach muss es sich bei den beiden Navy-Leuten um Dr. E. A. Rams-

kill und Chuck Simondl gehandelt haben; Gespräche mit Henry T. Eigelsbach am 9. und 10.2.2002; Norman M. Covert, »Cutting Edge«, Frederick 2000; Theodor Rosebury, »Experimental Air-Borne Infection«, Microbiological Monographs, Baltimore 1947.

28 Die von Frank Olson verfassten Beschriftungen der entsprechenden Dias lauten: 1. »Hanel + Simondl Miami 1949«, 2. »Jan. 1949: men on trip to St. John's B.W.I.«, 3. »Jan. 1949: Frank, Hanel and Ramskill in St. John's«, 4. »Jan. 1949: Market in St. John's«, 5. »Jan. 1949: Chuck Simondl in St. John's«, 6. »Jan. 1949: Swimming in Half Moon Bay, St. John's«, 7. »Jan. 1949: St. John's, Frank, Hanel, Simondl«; die Abkürzung »B.W.I.« steht für »Biological Warfare Investigation« oder für »British West Indies«; Frank Olson vermied, gewollt oder ungewollt, die Bezeichnung »Antigua«, notierte stattdessen immer die Hauptstadt St. John's.

29 Gespräche mit Henry T. Eigelsbach am 9. und 10.2.2002; Ed Regis, »The Biology Of Doom«, New York 1999; Robert Harris/Jeremy Paxman, »A Higher Form Of Killing«, London 1982.

30 Die von Frank Olson verfassten Beschriftungen einiger Dias lauten: 1. »Feb. 1949: now on way to Alaska-Canada«, 2. »Feb. 1949: C-54 plane ›Big Delta‹, 3. »Feb. 1949: dog team in Alaska«, 4. »Feb. 1949: a warm day in Alaska, Frank«. Die Expedition führte nach Fairbanks und Anchorage.

31 An der Expedition nach Alaska nahmen u.a. die Wissenschaftler Paul Adams und Fred Houston vom Testzentrum Dugway Proving Ground in Utah teil; Ed Regis, »The Biology Of Doom«, New York 1999.

32 Schreiben von J. Clifton Spendlove, der damals für die filmische Dokumentation der Freisetzungsversuche in Alaska verantwortlich war, vom 6.5.2002.

33 Über die Alaska-Expedition machte einer der damals beteiligten Wissenschaftler des Desert Test Centers in Dugway Proving Ground, Dr. J. Clifton Spendlove, einen Film; J. Clifton Spendlove, »The Time of My Life: A Personal History«, unveröffentlichtes Manuskript, Salt Lake City, LDS Archives 1994; Ed Regis, »The Biology Of Doom«, New York 1999.

34 Robert Harris/Jeremy Paxman, »A Higher Form of Killing«, London 1982; Jeanne McDermott, »The Killing Winds«, New York 1987; Ed Regis, »The Biology Of Doom«, New York 1999.

35 Ed Regis, »The Biology Of Doom«, New York 1999; Martin A. Lee/Bruce Shlain, »Acid Dreams«, New York 1985.

36 An der Reise nach Kalifornien nahmen Dr. Joseph J. (»Jim«) Stubbs, Dr. John McNulty und Dr. Charles R. (»Charlie«) Phillips teil; zwei weitere Teilnehmer auf den Dias sind nicht identifizierbar.

37 Die von Frank Olson verfassten Beschriftungen einiger Dias lauten: 1. »June 1949: Our travel in California«, 2. »June 1949: Looking over S. Fr.«, 3. »June 1949: Oakland Bridge S. Fr.«, 4. »June 1949: Square in S. Fr.«.

38 Gespräche mit Donald Falconer am 4. und 8.2.2002; Gespräch mit Norman Cournoyer am 16.2.2002.

39 Marguerite Higgins, »What I Learned From the Russians«, *Saturday Evening Post* vom 27.12.1952.

40 Siehe Anmerkung 39.

41 Artichoke Conference, 18.6.1953, Special Operations Division, Pkt. 13, »Berlin Poison Case«; Artichoke Conference, 15.7.1953, Special Operations Division, Pkt. 9, »Berlin Poison Case«; *John Marks' files*, National Security Archives.

42 Memo von George H. White vom 2.6.1943; Electronics Museum Archives, Foothill College Los Altos Hills; *John Marks' files*, National Security Archives; OSS Interoffice Memorandum, Subject: Development of »Truth Serum«, 21.6.1943; *John Marks' files*, National Security Archives.

43 »Final Report Select Committee to Study Governmental Operations/Intelligence Activities«, 94th Congress, Senate Report No. 94-755, 26.4.1976; Martin A. Lee/Bruce Shlain, »Acid Dreams«, New York 1985.

44 »German Aviation Medical Research at the Dachau Concentration Camp«, US Naval Technical Mission Report No. 331-N45, Oktober 1945.

45 Schreiben von Arthur R. Turner, Chief Medical Intelligence Branch im War Department, an Henry K. Beecher vom 7.2.1947 und vom 24.3.1947.

46 Henry K. Beecher, »Report on Trip to Germany, subject: ego-depressant drugs«(»Top Secret Control«), 20.10.1951; Henry K. Beecher, »Information From Europe Related to the Ego-Depressants«, 4.9.1952.

47 »Use of Special Interrogation Techniques by Foreign Countries«, Acting Deputy for Security, 22.6.1948; *John Marks' files*, National Security Archives; Office Memorandum US Government »Project Bluebird«, 27.9.1949; »Final Report Select Committee to Study Governmental Operations/Intelligence Activities«, 94th Congress, Senate Report No. 94-755, 26.4.1976.

48 Office Memorandum US Government »Project Bluebird«, 27.9.1949.

49 Arthur B. Darling, »The Central Intelligence Agency – An Instrument of Government To 1950«, University Park/London 1990.

50 Siehe Anmerkung 49.

51 Zweiseitiges Schreiben vom 29.11.1949 eines Beraters, dessen Name geschwärzt wurde, mit der Anrede: »Dear Bill«; *John Marks' files*, National Security Archives.

52 Siehe Anmerkung 51.

53 Ed Regis, »The Biology Of Doom«, New York 1999.

54 Siehe Anmerkung 53.

55 Schreiben von Colonel Ernest A. Barlow, Intelligence Division, Department of the Army, Subject: Security Compromise, 27.9.1949; Agent-Report 503d CIC Detachment, AIABB-Z 226066, 18.10.1949, NARA RG 319, Records Army Staff, Box 11.

56 Gespräche mit Donald Falconer am 4. und 8.2.2002.

57 Ed Regis, »The Biology Of Doom«, New York 1999; Jeanne McDermott, »The Killing Winds«, New York 1987.

58 Siehe Anmerkung 57.

59 Henry C. Pincher, »Germs bomb gets its first try-out«, *London Daily Express* vom 30.8.1949.

60 Agent Report SD 18444 (»Top Secret Control«), 1.10.1949; NARA RG 319, Records Army Staff, Box 11.

61 Bei den beiden Special Agents handelte es sich um Fred P. Berry und Louis J. Walter vom 503d CIC Detachment; Schreiben von Colonel Ernest A. Barlow, Intelligence Division, Department of the Army, Subject: Security Compromise, 27.9.1949; Agent-Report 503d CIC Detachment, AIABB-Z 226066, 18.10.1949, NARA RG 319, Records Army Staff, Box 11.

62 Aussagen von Dr. J. L. Roberts und Dr. L. A. Chambers über Frank Olson; Agent-Report 503d CIC Detachment, AIABB-Z 226066, Apendix A, 18.10.1949, NARA RG 319, Records Army Staff, Box 11.

63 Agent-Report 503d CIC Detachment, AIABB-Z 226066, Apendix C, 18.10.1949, NARA RG 319, Records Army Staff, Box 11.

64 Gespräche mit Donald Falconer am 4. und 8.2.2002; Gespräch mit Norman Cournoyer am 16.2.2002.

65 Die Stempel in Olsons Diplomatenpass Nr. 15403, ausgestellt am 26.4.1950, geben Aufschluss über die drei Europareisen Olsons in den Jahren 1950, 1952 und 1953.

66 Bei einem der Navy-Leute handelte es sich offenbar um Chuck Simondl, dieser Name taucht auf einigen Dias von Frank Olson im Zusammenhang mit der »Operation Harness« in der Karibik auf; laut Henry Eigelsbach handelt es sich um einen Mann namens Samandel – die Schreibweise ist also unklar; außerdem war ein Navy-Major Richard Peck dabei; Gespräche mit Henry Eigelsbach am 9. und 10.2.2002.

67 Gespräche mit Henry Eigelsbach am 9. und 10.2.2002. Eigelsbach beschreibt mit dieser Szene den Spaßvogel Frank Olson. Wann immer er in Camp Detrick schlechte Laune gehabt habe, sei er zu Frank in dessen Labor gegangen, weil es dort immer etwas zu Lachen gegeben habe.

68 Gespräche mit Henry Eigelsbach am 9. und 10.2.2002. Möglicherweise handelte es sich bei dieser jungen Frau um eine Mitarbeiterin von Camp Detrick namens Isabelle Dixon. Sie wird erwähnt in Theodor Rosebury, »Experimental Air-Borne Infection«, Microbiological Monographs Baltimore 1947. In Olsons Pass findet sich ein handschriftlicher Eintrag einer Doris Dixon mit einer Privatadresse in London.

69 In Olsons Diasammlung befinden sich drei Aufnahmen von Menschentrauben vor verschiedenen »Speakers«, darunter dem Vertreter der kommunistischen Partei Englands.

70 Gespräche mit Henry Eigelsbach am 9. und 10.2.2002.

71 Das Dia aus Stonehenge zeigt John McNulty und Chuck Simondl oder Samandel von der Navy, außerdem einen Briten mit Pfeife.

72 Gespräche mit Henry Eigelsbach am 9. und 10.2.2002; der Pullmann-Zug ist auch auf einem der Dias von Frank Olson zu sehen; das Hotel in Paris hieß *Lotte*.

73 Auf einem der Dias ist die junge Dame beim Schaufensterbummel abgelichtet; Henry Eigelsbach sagt, er könne sich an die Frau erinnern, nicht aber an ihren Namen; Gespräche mit Henry Eigelsbach am 9. und 10.2.2002.

74 Über den Aufenthalt in Heidelberg geben wiederum einige Dias aus Olsons Sammlung Aufschluss. Welchem Zweck die Gespräche bei EUCOM dienten, lässt sich nicht rekonstruieren. Für Hinweise, Frank Olson habe in dieser Zeit womöglich den Nazi-B-Waffen-Experten Professor Walter Schreiber vernommen, der sich ein Jahr zuvor aus der DDR abgesetzt hatte, gibt es keine gesicherten Anhaltspunkte; Hank Albarelli terminiert die Vernehmung von Schreiber durch Olson zudem auf das Jahr 1951. Im Jahr 1951 reiste Frank Olson allerdings nachweislich seines Passes nicht nach Europa.

75 Callum MacDonald, »Korea: The War Before Vietnam«, New York 1986; Stanley Sandler, »The Korean War: An Encyclopedia«; Stephen Enchicott/Edward Hagerman; »The United States and Biological Warfare«, Bloomington 1998.

76 Albert E. Cowdrey, »Germ Warfare and Public Health in the Korean Conflict«, Journal of the History of Medicine and Allied Sciences, April 1984; S. Enchicott/E. Hagerman, »The United States and Biological Warfare: Secrets from the Early Cold War and Korea«, Bloomington 1999.

77 Norman M. Covert, »Cutting Edge«, Frederick 2000; Ed Regis, »The Biology Of Doom«, New York 1999.

78 Ed Regis, »The Biology Of Doom«, New York 1999.

79 Ed Regis, »The Biology Of Doom«, New York 1999; Gespräch mit Joseph Jemski am 11.2.2002.

80 Siehe Anmerkung 79.

81 Gespräche mit Don Falconer am 4. und 8.2.2002.

82 John Cummings/Drew Fetherston, »Invisible War Game That Killed«, *Newsday* vom 21.11.1976; »Lord knows: Bacterium Like One Army Used Caused Infection After Germ Test«, *New York Times* vom 13.3.1977; Jeanne McDermott, »The Killing Winds«, New York 1987.

83 Richard Wheat/Lowell Rantz/Anne Zuckerman,»Infection Due to Chromobacteria«, *Archives of Internal Medicine*, Vol. 88, 1951; Ed Regis, »The Biology Of Doom«, New York 1999.

84 Richard Wheat/Lowell Rantz/Anne Zuckerman,»Infection Due to Chromobacteria«, *Archives of Internal Medicine*, Vol. 88, 1951; Jeanne McDermott, »The Killing Winds«, New York 1987; *Pschyrembel* – Klinisches Wörterbuch, Berlin 1972.

85 Die Teilnahme von Olson und McNulty ergibt sich aus den Dias, die Frank Olson während der Operation in San Francisco aufnahm; Gespräche mit Don Falconer am 4. und 8.2.2002.

86 Dia mit Beschriftung von Frank Olson: »Homecoming Purdue: McNulty, Eigelsbach, Buck, Wagner«, 1950.

87 George Connell, einer der beteiligten Forscher, äußerte sich später in *Civil Action* C-78-1713-SC; Henry Eigelsbach lehnt zu den weiteren Details der Tests jede Auskunft ab, weil diese noch immer klassifiziert seien; Gespräche mit Henry Eigelsbach am 9. und 10.2.2002.

88 Jeanne McDermott, »The Killing Winds«, New York 1987; Ed Regis, »The Biology Of Doom«, New York 1999.

89 Gespräche mit Henry Eigelsbach am 9. und 10.2.2002.

90 Gespräche mit Don Falconer am 4. und 8.2.2002.

91 Sechs Dias der San Francisco Bay Area zeigen u.a. die Golden Gate Bridge, die Oakland-Bridge, Treasure Island und die Skyline von San Francisco, jeweils vom Wasser aus fotografiert; Jeanne McDermott, »The Killing Winds«, New York 1987.

92 »Biological Warfare Trails at San Francisco/CA, 20–27 September 1950«, Special Report 142, *Chemical Corps* Camp Detrick, Frederick/Maryland, 22.1.1951.

93 »Biological Warfare Trails at San Francisco/CA, 20-27 September 1950«, Special Report 142, *Chemical Corps* Camp Detrick, Frederick/Maryland, 22.1.1951; Jeanne McDermott, »The Killing Winds«, New York 1987; Ed Regis, »The Biology Of Doom«, New York 1999; Robert Harris/Jeremy Paxman, »A Higher Form Of Killing«, London 1982.

94 Jeanne McDermott, »The Killing Winds«, New York 1987; Robert Harris/Jeremy Paxman, »A Higher Form Of Killing«, London 1982.

95 Dokumente, die während des Nevin-Verfahrens freigegeben wurden, offenbarten, dass der einwöchige Großversuch von San Francisco erst der Anfang einer langen Reihe von Tests mit allen möglichen Keimen, Sporen und Chemikalien war; Jeanne McDermott, »The Killing Winds«, New York 1987; Robert Harris /Jeremy Paxman, »A Higher Form Of Killing«, London 1982.

96 Gespräche mit Don Falconer am 4. und 8.2.2002.

97 Memo von George H. White vom 2.6.1943; Electronics Museum Archives, Foothill College Los Altos Hills; *John Marks' files*, National Security Archives; OSS Interoffice Memorandum, Subject: Development of »Truth Serum«, 21.6.1943; *John Marks' files*, National Security Archives.

98 Memorandum Chief, Special Security Division, 15.11.1950; *John Marks' files*, National Security Archives.

99 Memorandum for the files, Subject: Bluebird, 25.7.1950; *John Marks' files*, National Security Archives.

100 Schreiben von George Hunter White an Harvey Powelson vom 30.9.1970; »Report of Inspection of MK-Ultra«, 14.8.1963; Memorandum for DCI about »Unwitting Testing«, 9.11.1965; Martin A. Lee/Bruce Shlain, »Acid Dreams«, New York 1985; John Marks, »The Search for the Machurian Candidate«, New York/London 1979.

101 Das Zitat lautet im Original wie folgt: »It was fun, fun, fun. Where else could a red-blooded American lie, kill, cheat, and rape, with the sanction of the all-highest?«; Martin A. Lee/Bruce Shlain, »Acid Dreams«, New York 1985.

Camp King

1 Franz Gajdosch, »Vom Dulag Luft zu Camp King«, Erinnerungen, undatiert; Gespräche mit Franz Gajdosch am 1.12.2001 und 3.4.2002; Gespräch mit Rudolph F. Nottrodt am 17.1.2002.

2 Franz Gajdosch, »Vom Dulag Luft zu Camp King«, Erinnerungen, undatiert; Gespräche mit Franz Gajdosch am 1.12.2001 und am 3.4.2002; Gespräch mit Rudolph F. Nottrodt am 17.1.2002; Schreiben von Lt. Col. G. D. Ingraham, *HQ 7707 European Command Intelligence Center (ECIC)*, Camp King/Oberursel, 20.12.1949; NARA RG 319, Records Army Staff, Box 482.

3 Arnold M. Silver, »Questions, Questions, Questions: Memories of Oberursel«, Intelligence and National Security, April 1993; Joseph E. Persico, »Piercing the Reich: The Penetration of Nazi Germany by American Secret Agents during World War II«, New York 1979; Franz Gajdosch, »Vom Dulag Luft zu Camp King«, Erinnerungen, undatiert.

4 Monika Hillemacher, »Geheimdienstler und Raketenexperten machten via Camp King in Amerika Karriere«, *Frankfurter Rundschau* vom 25.7.1995; Franz Gajdosch, »Vom Dulag Luft zu Camp King«, Erinnerungen, undatiert; Gespräche mit Franz Gajdosch am 1.12.2001 und 3.4.2002.

5 Später wurden über Camp King Nazi-Wissenschaftler wie der Raketenforscher Wernher von Braun in die Vereinigten Staaten geschleust. In Camp King konnte schließlich sogar General Reinhard Gehlen, Hitlers Spionagechef für Osteuropa (»Fremde Heere Ost«), mit Hilfe der Amerikaner seinen neuen deutschen Geheimdienst (»Organisation Gehlen«) ins Leben rufen, der später zum Bundesnachrichtendienst (BND) wurde; Rena Giefer/Thomas Giefer, »Die Rattenlinie«, Frankfurt 1991; Gajdosch, »Vom Dulag Luft zu Camp King«, Erinnerungen, undatiert; Gespräche mit Franz Gajdosch am 1.12.2001 und 3.4.2002.

6 Im Sommer 1945 begann der US-Geheimdienst CIC im besetzten Deutschland und Österreich »Deutsche als Quellen (...) zu engagieren«, darunter »Militärpersonal und Nachrichtendienstler«. »Diese Netzwerke beschäftigten zahllose Agenten, von denen einige eine belastete Kriegsvergangenheit besaßen«, heißt es im Bericht der *Nazi War Criminal Records Interagency Working Group* vom Oktober 1999 (»Interim Report to Congress«). In dem Bericht wird unmissverständlich deutlich gemacht, in welchem Umfang die beiden genannten Nachrichtendienste Nazis und SS-Leute verpflichteten, statt sie anzuklagen. Hinter der Rekrutierung stand die Überlegung, dass die deutschen US-Agenten über »die nötigen Sprachkenntnisse verfügen sowie Sitten und Gebräuche und die traditionelle Autoritätsgläubigkeit« kennen, was die Arbeit des CIC sehr erleichtere; William R. Corson, »The Armies of Ignorance: The Rise of the American Intelligence Empire«, New York 1977; Anthony Cave Brown, »The Secret War Report of the OSS«, New York 1976; Christopher Simpson, »Blowback. America's Recruitment of Nazis and Its Effects on the Cold War«, New York 1988.

7 HQ Landshut Housing Project US Army APO 225, »Basic Personnel Record Walter Schreiber«; »Life History of Dr. med. Walter Paul Schreiber« (1949), NARA RG 319, Records Army Staff, Box 482; »Scientific Personnel Survey Walter Paul Schreiber«, NARA RG 319, Records Army Staff, Box 482.

8 »To Whom It May Concern«, Statement von Commander Lt. Col.

G. D. Ingraham, 14.12.1949 über Walter Schreiber; NARA RG 319, Records of Army Staff, Box 482; HQ 66th CIC Detachment, Commander Col. Bernard A. Tormey, Stellungnahme vom 28.12.1951, File No. D-249361, NARA RG 319, Records of Army Staff, Box 482; Linda Hunt, »Secret Agenda«, New York 1991.

9 Investigation Report III-12201 Dr. Walter P. Schreiber, 15.12.1949, NARA RG 330, Records of Secretary of Defense, JOIA, Box 149; Alexander Hardy, »Case of Walter Schreiber«, 17.2.1952, NARA PG 330, JIOA dossiers; Linda Hunt, »Secret Agenda«, New York 1991.

10 Investigation Report III-12201 Dr. Walter P. Schreiber, 15.12.1949, NARA RG 330, Records of Secretary of Defense, JOIA, Box 149.

11 Siehe Anmerkung 10.

12 Internal Route Slip, File No. 52379, 18.8.1949; NARA RG 319, Records Army Staff, Box 482.

13 Press Conference Dr. Walter Schreiber, 19.11.1948; NARA RG 319, Records Army Staff, Box 482.

14 HQ 66th CIC Detachment, D-249361, 20.12.1949, NARA RG 319, Records Army Staff, Box 482; Memorandum Edward A. O'Malley, Subject: Dr. Walter Schreiber, 15.12.1949; NARA RG 319, Records Army Staff, Box 482.

15 Seymour M. Hersh, »Chemical & Biological Warfare«, New York 1968.

16 Franz Gajdosch, »Vom Dulag Luft zu Camp King«, Erinnerungen, undatiert; Gespräche mit Franz Gajdosch am 1.12.2001 und 3.4.2002; Gespräch mit Rudolph F. Nottrodt am 17.1.2002.

17 Investigation Report III-12201 Dr. Walter P. Schreiber, 15.12.1949, NARA RG 330, Records of Secretary of Defense, JOIA, Box 149; Alexander Hardy, »Case of Walter Schreiber«, 17.2.1952, NARA PG 330, JIOA dossiers; Linda Hunt, »Secret Agenda«, New York 1991.

18 Alle Kriegsverbrecher waren in der so genannten CROWCASS-Liste aufgeführt. CROWCASS stand für »Central Registry of War Crimes and Security Suspects«. Die Liste umfasste zunächst etwa 80 000 Namen und wurde ständig aktualisiert. Grundlage der Zusammenstellung war eine Liste der *United Nations War Crimes Commission.* Wen das CROWCASS-Verzeichnis namentlich aufführte, war ohne Rückfrage zu verhaften. Doch stattdessen nutzten die Amerikaner die Liste, um interessante Kandidaten für ein Angebot zur Zusammenarbeit ausfindig zu machen; Stephen Dorril, »MI6: Fifty Years of Special Operations«; Tom Bower, »Blind Eye to Murder: Britain, America and the Purging of Nazi Germany«, London 1981; »History of the United Nations War Crimes Commission and the Development of the Laws of War«, London 1948.

19 Allen Ryan, »Klaus Barbie and the United States Government«, Frederick 1984; Magnus Linklater, Isabel Hilton/Neil Acheson, »The Nazi Legacy; Klaus Barbie and the International Facist Connection«, New York 1985; Christopher Simpson, »Blowback. America's Recruitment of Nazis and Its Effects on the Cold War«, New York 1988; Joseph November, »Klaus Barbie: Criminal In Absentia (1945–1983)«, ohne Datum.

20 Christof Münger, »Der Wandel der amerikanischen Entnazifizierungspolitik vor dem Hintergrund des ausbrechenden Kalten Krieges«, Historisches Seminar der Universität Zürich vom 30.9.1995; Rena Giefer/Thomas Giefer, »Die Rattenlinie«, Frankfurt 1991; Egmont R. Koch, »Wagners Geständnis«, München 2001.

21 »To Whom It May Concern«, Memorandum von Lt. Col. Gordon D. Ingraham, Commanding ECIC HQ über Dr. Walter Schreiber, 14.12.1949; NARA RG 319, Records Army Staff, Box 482.

22 John Ranelagh, »The Agency«, New York 1987; John Marks, »The Search For The Manchurian Candidate«, New York/London 1979; Jonathan D. Moreno, »Undue Risk«, New York/London 2001.

23 Marguerite Higgins, »What I Learned From the Russians«, *Saturday Evening Post* vom 27.12.1952; CIA Memorandum »Bluebird Project«, 31.7.1950; *John Marks' files*, National Security Archives; John Marks, »The Search For The Manchurian Candidate«, New York/London 1979.

24 Im Juli 1951 wurden zwei sowjetische Agenten in Deutschland festgenommen, die solche Injektionsgeräte aus Plastik bei sich führten. Der Inhalt wurde von den Amerikanern analysiert, konnte aber nicht identifiziert werden: Memorandum of H. Marshall Chadwell for Office of Naval Intelligence, 26.9.1951; NARA RG 319, Records of Army Staff, Box 16.

25 John Marks, »The Search For The Manchurian Candidate«, New York/London 1979.

26 »German Aviation Medical Research at the Dachau Concentration Camp«, US Naval Technical Mission Report No. 331-N45, Oktober 1945.

27 J. Marks, »The Search For The Manchurian Candidate«, New York/London 1979; J. D. Moreno, »Undue Risk«, New York/London 2001.

28 CIA Memorandum for the files, 25.7.1950; CIA Memorandum »Special Interrogations«, 12.2.1951; *John Marks' files*, National Security Archives; John Marks, »The Search For The Manchurian Candidate«, New York/London 1979.

29 CIA Memorandum »Disposal of Maximum Custody Type Defectors of all Categories«, 7.3.1951; CIA Memorandum »Informal Discussion with Chief Regarding Disposals«, 7.3.1951; *John Marks' files*, National Security Archives; CIA Memorandum »Special Interrogation Program«, 19.3.1951; NARA RG 319, Records Army Staff, Box 16.

30 CIA Memorandum for The Secretary of Defense »Evaluation of Certain Scientific Techniques of Possible Concern to National Security«, 28.1.1952; *John Marks' files*, National Security Archives.

31 John Marks, »The Search For The Manchurian Candidate«, New York/London 1979.

32 Siehe Anmerkung 31.

33 Offiziell war »Chatter« ein gemeinsames Projekt von Navy, Air Force, Army, CIA und FBI mit der Federführung bei der Navy. Tatsächlich blieb der Austausch von Informationen bis Ende 1950 jedoch eher dünn; Memorandum for the Secretary of Defense, Subj. Project Chatter, ohne Datum; *John Marks' files*, National Security Archives.

34 Contract NR 001-056.06 »Evaluation of the effects of certain drugs on the performance of personnel involed in flying«; Contract NR 1.43-060 »Motion Sickness«; *John Marks' files*, National Security Archives; Joint Hearings before the Select Committee on Intelligence, 95th Congress, 3.8.1977; Final Report Foreign and Military Intelligence, 26.4.1976.

35 Schreiben von G. Richard Wendt vom 3.11.1950; *John Marks' files*, National Security Archives; John Marks, »The Search For The Manchurian Candidate«, New York/London 1979; Joint Hearings before the Select Committee on Intelligence, 95th Congress, 3.8.1977; Final Report Foreign and Military Intelligence, 26.4.1976.

36 John Marks, »The Search For The Manchurian Candidate«, New York/London 1979.

37 Interim Report vom 27.10.1951; Memorandum G. Richard Wendt, 1.5.1952; *John Marks' files*, National Security Archives.

38 *Democrat and Chronicle* vom 2.10.1977; *Times-Union* vom 28.1.1955; John Marks, »The Search For The Manchurian Candidate«, New York/London 1979.

39 Memorandum G. Richard Wendt, 1.5.1952; *John Marks' files*, National Security Archives. Mit Wendt oder kurz nach ihm sei auch Frank Olson mit ein paar Kollegen der *Special Operations Division* in Camp Detrick zu einer Vernehmung Schreibers nach Deutschland gereist. Das behauptet der amerikanische Journalist Hank P. Albarelli, ohne dafür einen Beleg zu geben. Die Behauptung steht auch im Widerspruch zum Diplomatenpass Olsons, der für 1951 keine Europareise ausweist; H. P. Albarelli, »Biological War-Fear«, Part 2, *WorldNetDaily* vom 21.11.2001.

40 Neben Thompson gehörten die Navy-Mediziner Lt. Charles Savage und Lt. H. D. Baldridge zum »Chatter«-Team; Contract NR 001-056.06 »Evaluation of the effects of certain drugs on the performance of personnel involed in flying«; *John Marks' files*, National Security Archives. Verbindungsmann für die Navy-Crew in Deutschland war Lt. Commander S. F. Tyler von der *Intelligence Unit*, US Naval Forces, Germany (APO 757); NARA RG 319, Records Army Staff, Box 482; John Marks, »The Search For The Manchurian Candidate«, New York/London 1979.

41 Es gab in Camp King drei Vernehmungssektionen: die militärische, die politische und die ökonomische; Malcolm Hilty war ein in Ungarn geborener, früherer Opernsänger; Gespräche mit Franz Gajdosch am 1.12.2001 und 3.4.2002; Gespräch mit Rudolph F. Nottrodt am 17.1.2002.

42 Franz Gajdosch, »Vom Dulag Luft zu Camp King«, Erinnerungen, undatiert; Gespräche mit Franz Gajdosch am 1.12.2001 und 3.4.2002; Gespräch mit Rudolph F. Nottrodt am 17.1.2002.

43 Das ECIC besaß drei oder vier »Safehouses«, die Beschreibung des »Sicherheitshauses« in einem der späteren »Artischocke«-Berichte lässt jedoch erkennen, dass es sich nur um das »Haus Waldhof« gehandelt haben kann. Einen Beweis dafür gibt es allerdings nicht, weil auch diese Klarnamen in den Dokumenten ausnahmslos geschwärzt wurden; CIA Memorandum, 14.9.1954; *John Marks' files*, National Security Archives.

44 Das damalige »Safehouse« ist heute das »Haus Waldhof« der Bundesfinanzverwaltung; die Angaben stammen von der Verwalterin Höhn.

45 Investigation Report III-12201 Dr. Walter P. Schreiber, 15.12.1949, NARA RG 330, Records of Secretary of Defense, JOIA, Box 149; Memorandum Interrogation of Karl Büsing, CIC, 3.12.1948, NARA RG 260, ODI subject files; Linda Hunt, »Secret Agenda«, New York 1991.

46 Der Antrag »Scientific Personnel Survey« von Walter P. Schreiber, M. D., ist undatiert, wurde aber offensichtlich am 13.7.1951, versehen mit dem handschriftlichen Vermerk »ohne die Familie«, an eine Berliner Dienststelle des US-Geheimdienstes CIC weitergegeben; NARA RG 319, Records of Army Staff, Box 482. Tatsächlich reiste Schreiber aber dann doch mit dem Großteil der Familie; Memorandum Colonel Alford C. Boatsman, Department of the Army, G-2 Intelligence, 26.9.1951; NARA RG 330, Records Office Secretary of Defense, Box 33.

47 Memorandum Colonel Alford C. Boatsman, Department of the Army, G-2 Intelligence, 26.9.1951; NARA RG 330, Records Office Secretary of Defense, Box 33.

48 »Report on Trip to Germany 22 September to 30 September 1951 (Top Secret Control, SD-34990)«, von Henry K. Beecher, Harvard Medical School, Boston/Massachusetts, für Colonel John R. Wood, Department of the Army, 21.10.1951.

49 Beecher fügte seinem Geheimbericht für die Army ein Schreiben auf dem offiziellen Briefpapier der Medizinischen Hochschule (mit dessen Siegel *Veritas*) bei, als handele es sich gewissermaßen um einen offiziellen Auftrag (siehe Seite 104); Schreiben von Henry K. Beecher an Surgeon General, Department of the Army, 21.10.1951; Beechers biografische Daten stammen von Vincent J. Kopp, M. D.: http://www.asahq.org/NEWSLETTERS/1999/09_99/beecher0999.html

50 Beechers biografische Daten stammen von Vincent J. Kopp, M. D.: http://www.asahq.org/NEWSLETTERS/1999/09_99/beecher0999.html; Jonathan D. Moreno, »Undue Risk«, New York 2001.

51 »Report on Trip to Germany 22 September to 30 September 1951 (Top Secret Control, SD-34990)«, von Henry K. Beecher, Harvard Medical School, Boston/Massachusetts, für Colonel John R. Wood, Department of the Army, 21.10.1951.

52 Schreiben des War Department, Subject: »Dachau Concentration Camp« an Henry K. Beecher vom 7.2.1947; Schreiben des War Department, Subject: »Mauthausen Concentration Camp« an Henry K. Beecher vom 24.3.1947.

53 Murray Saunders, »Report on Scientific Intelligence Survey in Japan«, 1.11.1945, US Army Forces, Camp Detrick/Maryland.

54 Schreiben von Henry K. Beecher an Surgeon General, Department of the Army, 21.10.1951; »Report on Trip to Germany 22 September to 30 September 1951 (Top Secret Control, SD-34990)«, von Henry K. Beecher, Harvard Medical School, Boston/Massachusetts, für Colonel John R. Wood, Department of the Army, 21.10.1951.

55 Ausweislich seines Berichts nahmen an den Besprechungen mit Beecher in Camp King noch Dr. Martin, Mr. Kurz, Mr. Valec und Mr. Palmberg teil, die nicht identifiziert und zugeordnet werden können; »Report on Trip to Germany 22 September to 30 September 1951 (Top Secret Control, SD-34990)«, von Henry K. Beecher, Harvard Medical School, Boston/Massachusetts, für Colonel John R. Wood, Department of the Army, 21.10.1951; Franz Gajdosch, »Vom Dulag Luft zu Camp King«, Erinnerungen, undatiert; Gespräche mit Franz Gajdosch am 1.12.2001 und 3.4.2002; Gespräch mit Rudolph F. Nottrodt am 17.1.2002.

56 »Report on Trip to Germany 22 September to 30 September 1951 (Top Secret Control, SD-34990)«, von Henry K. Beecher, Harvard Medical School, Boston/Massachusetts, für Colonel John R. Wood, Department of the Army, 21.10.1951.

57 In Berlin traf sich Beecher mit Lt. Colonel Lerette, dem Commanding Officer des Military Intelligence Detachments sowie Mr. Harry Darcy, dem Chef der wissenschaftlichen und technischen Abteilung; »Report on Trip to Germany 22 September to 30 September 1951 (Top Secret Control, SD-34990)«, von Henry K. Beecher, Harvard Medical School, Boston/Massachusetts, für Colonel John R. Wood, Department of the Army, 21.10.1951.

58 Beechers biografische Daten stammen von Vincent J. Kopp, M. D.: http://www.asahq.org/NEWSLETTERS/1999/09_99/beecher0999.html; Jonathan D. Moreno, »Undue Risk«, New York 2001.

59 In seinem Buch »Pain in Men Wounded in Battle« schrieb Beecher, nach seinen Untersuchungen während des Krieges seien rund Dreiviertel aller Verwundeten nahezu schmerzfrei, obwohl sie kein Morphium erhielten. Die meisten lehnten sogar Morphiumspritzen ab. Der subjektive Einfluss müsse deshalb bei objektiven wissenschaftlichen Untersuchungen viel stärker berücksichtigt werden. Diese Beobachtung führte später zum so genannten Placebo-Effekt, als dessen Vater Henry K. Beecher gilt. Er führte überdies die Doppelblindstudie bei medizinischen Versuchen ein, bei der weder der Proband noch der Versuchsleiter wissen, welche Versuchsperson das neue Medikament, welche nur eine Pille ohne Wirkstoff erhalten hat; Beechers biografische Daten stammen von Vincent J. Kopp, M. D.: http://www.asahq.org/NEWSLETTERS/1999/09_99/beecher0999.html; Jonathan D. Moreno, »Undue Risk«, New York 2001.

60 John Marks, »The Search For The Manchurian Candidate«, New York/London 1979.

61 Martin A. Lee/Bruce Shlain, »Acid Dreams«, New York 1985.

62 Arthur W. Stoll, »LSD, a Hallucinatory Agent from the Ergot Group«, *Swiss Archives of Neurology*, Vol. 60, S. 279, 1947.

63 Henry K. Beecher, »Information From Europe Related To The Ego Depressants«, Summarizing Report, 4.9.1952; *John Marks' files*, National Security Archives; Martin A. Lee/Bruce Shlain, »Acid Dreams«, New York 1985; John Marks, »The Search For The Manchurian Candidate«, New York/London 1979.

64 Albert Hoffmann, »LSD – mein Sorgenkind«, Stuttgart 1979.

65 G. Barger »Ergot and Ergotism«, London 1931; Albert Hoffmann, »Die Mutterkornalkaloide«, Stuttgart 1964.

66 Die Mutterkorn-Seuche wurde im angelsächsischen Raum auch als »Dancing Madness« bezeichnet, weil die Betroffenen wie wild und völlig unkontrolliert tanzen. John C. Fuller, »The Day of St. Anthony's Fire«, New York 1968; Martin A. Lee/Bruce Shlain, »Acid Dreams«, New York 1985.

67 Henry K. Beecher, »Information From Europe Related To The Ego Depressants«, Summarizing Report, 4.9.1952; *John Marks' files*, National Security Archives.

68 Henry K. Beecher, »Information From Europe Related To The Ego Depressants«, Summarizing Report, 4.9.1952; *John Marks' files*, National Security Archives.

69 Contract Professor Kurt Blome, Professor of Medicine with emphasis on research of tuberculosis and cancer and biological warfare, 21.8.1951; NARA RG 330, Records Office Secretary of Defense, Box 15.

70 References for Prof. Dr. Kurt Blome; NARA RG 330, Records Office Secretary of Defense, Box 15.

71 Erich Traub, einer der wichtigsten Bakteriologen im B-Waffen-Programm der Wehrmacht, arbeitete zunächst auf der Ostsee-Forschungsinsel Riems in der Ostzone, ehe er sich 1947 zusammen mit seiner Assistentin Anne Burger in den Westen absetzte und als »Paperclip«-Wissenschaftler von den Amerikanern unter Vertrag genommen wurde. Nach seiner Rückkehr in die Bundesrepublik wurde er Gründungspräsident der Bundesforschungsanstalt für Viruskrankheiten der Tiere; Linda Hunt, »Secret Agenda«, New York 1991; Tom Bower, »The Paperclip Conspiracy«, London 1987; Friedrich Hansen, »Biologische Kriegsführung im Dritten Reich«, Frankfurt/New York 1993; Norman M. Covert, »Cutting Edge – A History of Fort Detrick«, Frederick 1993.

72 Memorandum Charles M. McPherson, EUCOM Special Projects Team, Intelligence Division, 27.11.1951; NARA RG 319, Records Army Staff, Box 22a.

73 Memorandum Charles M. McPherson, EUCOM Special Projects Team, Intelligence Division, 27.3.1951; NARA RG 319, Records Army Staff, Box 22a.

74 Blome äußerte überdies die Hoffnung, ob seine Frau, die Romane schreibe und bereits einen Bestseller veröffentlicht habe, in den Vereinigten Staaten ihr neues Buch veröffentlichen könne; Memorandum Charles M. McPherson, EUCOM Special Projects Team, Intelligence Division, 27.3.1951; NARA RG 319, Records Army Staff, Box 22a.

75 Contract Professor Kurt Blome, Professor of Medicine with emphasis on research of tuberculosis and cancer and biological warfare, 21.8.1951; NARA RG 330, Records Office Secretary of Defense, Box 15.

76 Berlin Military Post, 7771 Document Center, NSDAP Records Check Kurt Blome, 13.9.1951; NARA RG 330, Records Office Secretary of Defense, Box 15.

77 EUCOM HQ Memorandum von General Thomas T. Handy, Commander-in-Chief, 10.10.1951; NARA RG 319, Records Army Staff, Box 32.

78 Memorandum Charles M. McPherson, EUCOM Special Projects Team, Intelligence Division, 27.11.1951; NARA RG 319, Records Army Staff, Box 22a.

79 *New York Times* vom 7.10.1951; »Echoes from Nürnberg«, *Time Magazine* vom 10.3.1952.

80 Linda Hunt, »Secret Agenda«, New York 1991; Tom Bower, »The Paperclip Conspiracy«, London 1987; Charles R. Allen Jr, »Hubertus Strughold, Nazi in USA«, *Jewish Currents*, Dezember 1974; Ralph Blumenthal, »Drive on Nazi Suspects a Year Later: No U.S. Legal Steps Have Been Taken«, *New York Times* vom 23.11.1974.

81 Brig. General Otis Benson Memorandum, 4.6.1951; NARA RG 330, Records Office Secretary of Defense, Box 15.

82 Alexander Hardy, »The Case of Walter Schreiber«; Dr. Leo Alexander Memorandum for Dr. John Conlin, Februar 1952; JIOA Files; NARA RG 330, Records Office Secretary of Defense, Box 15.

83 EUCOM Specific Request for Information, Subject: Walter Schreiber, No. 5273/51, 7.12.1951; NARA RG 319, Records Army Staff, Box 482.

84 HQ 66 CIC Detachment, File Nr. D-249361, Schreiben von Colonel Bernard A. Tormey vom 28.12.1951; NARA RG 319, Records Army Staff, Box 482.

85 Memorandum Charles M. McPherson, EUCOM Special Projects Team, Intelligence Division, 27.11.1951; NARA RG 319, Records Army Staff, Box 22a.

86 Siehe Anmerkung 85.

87 Schreiben von Senator Herbert H. Lehman an Secretary of Defense Robert A. Lovett vom 26.2.1952; NARA RG 330, Records Secretary of Defense, Box 43.

88 Memorandum USAF Policiy Division, 17.1.1952; NARA RG 330, Records Secretary of Defense, Box 149/1B.

89 »Echoes from Nürnberg«, *Time Magazine* vom 10.3.1952; Presseverlautbarung von Air Force Secretary Thomas Finletter; NARA RG 330, Records Secretary of Defense, Box 149/1B; Linda Hunt, »Secret Agenda«, New York 1991; Tom Bower, »The Paperclip Conspiracy«, London 1987.

90 Memorandum Dr. Gaylord Anderson to the Associations of Schools of Public Health, 6.2.1952; NARA RG 330, Records Secretary of Defense, Box 149/1B; Linda Hunt, »Secret Agenda«, New York 1991.

91 Summary of Information, 115th CIC Detachment, San Francisco, 3.3.1952; NARA RG 319, Records Army Staff, Box 482.

92 JIOA Memorandum for Colonel Benjamin W. Heckemeyer, 20.3.1952; NARA RG 319, Records Army Staff, Box 482; Linda Hunt, »Secret Agenda«, New York 1991.

93 JIOA Memorandum for Colonel B. W. Heckemeyer, 20.3.1952; NARA RG 319, Records Army Staff, Box 482; Memorandum for the Secretary of Defense, 24.9.1952; NARA RG 330, Records Secretary of Defense, Box 43.

94 Schreiben von Colonel Benjamin W. Heckemeyer to Major General Robert L. Walsh vom 12.2.1952; JIOA Memorandum for Colonel Benjamin W. Heckemeyer, 20.3.1952; NARA RG 319, Records Army Staff, Box 482; Linda Hunt, »Secret Agenda«, New York 1991.

95 Rena Giefer/Thomas Giefer, »Die Rattenlinie«, Frankfurt 1991; Christopher Simpson, »Blowback. America's Recruitment of Nazis and Its Effects on the Cold War«, New York 1988.

96 Schreiben von Colonel Benjamin W. Heckemeyer an James Riley, US Immigration, vom 19.6.1952; NARA RG 330, Records Secretary of Defense, Box 43. Schreiber arbeitete einige Zeit in Buenos Aires, siedelte dann nach Paraguay über, wo nach dem Krieg zahlreiche Flüchtlinge des Dritten Reiches Unterschlupf fanden; das Todesjahr von Schreiber ist nicht bekannt; Charles R. Allen Jr, »Keeping Posted«, New York 1980; Charles R. Allen Jr, »Nazi War Criminals in America«, New York 1985; *International Herald Tribune* vom 21.2.1983.

97 Memorandum Charles M. McPherson, EUCOM Special Projects Team, Intelligence Division, 27.11.1951; NARA RG 319, Records Army Staff, Box 22a; EUCOM Internal Route Slip, Payment of Project 63 Specialist Kurt Blome, 23.1.1952; NARA RG 319, Records Army Staff, Box 22a; Franz Gajdosch, »Vom Dulag Luft zu Camp King«, Erinnerungen, undatiert; Gespräche mit Franz Gajdosch am 1.12.2001 und 3.4.2002.

98 Möglicherweise stand Beecher einem beratenden Expertengremium (»Panel«) vor; Memorandum for Deputy Director of Central Intelligence, 15.5.1952; *John Marks' files*, National Security Archives; Notes on conversation Major Lund, re: Dr. Beecher, X63108, 5.1.1952; NARA RG 319, Records Army Staff, Box 16.

99 Office Memorandum, Subject: Bluebird-Artichoke, Proposed Research, 14.1.1952; *John Marks' files*, National Security Archives; John Marks, »The Search For The Manchurian Candidate«, New York/London 1979; Martin A. Lee/Bruce Shlain, »Acid Dreams«, New York 1985.

100 Die Verhörteams wurden zunächst als »I&SO Teams« bezeichnet, das stand für *Inspection & Security Office*; später wurden die Teams nur noch als »Artichoke«-Teams bezeichnet; Memorandum for Director of Central Intelligence, Subj: Artichoke Cases June 1952, 14.7.1952; Office Memorandum Chief, Technical Research Staff, 15.7.1952; *John Marks' files*, National Security Archives. Sämtliche Klarnamen in den entsprechenden Berichten sind geschwärzt. Dass es sich bei dem Berater des ersten Teams um Henry K. Beecher gehandelt haben könnte, geht aus seiner Rolle in dem Projekt hervor, die sich in einer Sammlung von »Artischocke«-Dokumenten aus den Jahren 1951/52 herauslesen lässt; Notes on conversation Major Lund, re: Dr. Beecher, X63108, 5.1.1952; NARA RG 319, Records Army Staff, Box 16.

101 Artichoke-Team-Report »Patient No. One«, 17.7.1952; Artichoke-Team-Report »Patient No. Two«, 17.7.1952; *John Marks' files*, National Security Archives; John Marks, »The Search For The Manchurian Candidate«, New York/London 1979.

102 Memorandum for Secretary of Defense from CIA, »Evaluation of Certain Scientific Techniques of Possible Concern to National Security«, 28.1.1952; NARA RG 319, Records Army Staff, Box 16; Office Memorandum »Bluebird-Artichoke«, 14.1.1952; *John Marks' files*, National Security Archives.

103 Memorandum for Director of Central Intelligence, Subj: Artichoke Cases June 1952, 14.7.1952; *John Marks' files*, National Security Archives.

104 Memorandum for Director of Central Intelligence, Subj: Artichoke Cases June 1952, 14.7.1952; Office Memorandum Chief, Technical Research Staff, 15.7.1952; *John Marks' files*, National Security Archives.

105 CIA Memorandum, 14.9.1954; *John Marks' files*, National Security Archives.

106 Memorandum for Director of Central Intelligence, Subj: Artichoke Cases June 1952, 14.7.1952; Office Memorandum Chief, Technical Research Staff, 15.7.1952; Artichoke-Team-Report, 17.7.1952; *John Marks' files*, National Security Archives.

107 Artichoke-Team-Report »Patient No. One«, 17.7.1952; *John Marks' files*, National Security Archives.

108 Dass Blome zu diesen medizinischen Routineversuchen hinzugezogen wurde, ist nicht bewiesen, aber wahrscheinlich; sämtliche Klarnamen in den entsprechenden Berichten sind geschwärzt; Artichoke-Team-Report »Patient No. One«, 17.7.1952; *John Marks' files*, National Security Archives.

109 Carl R. Noller, »Lehrbuch der organischen Chemie«, Berlin 1960.

110 Memorandum for Director of Central Intelligence, Subj: Artichoke Cases June 1952, 14.7.1952; Office Memorandum Chief, Technical Research Staff, 15.7.1952; Artichoke-Team-Report »Patient No. One«, 17.7.1952; *John Marks' files*, National Security Archives.

111 Artichoke-Team-Report »Patient No. One«, 17.7.1952; *John Marks' files*, National Security Archives.

112 Artichoke-Team-Report »Patient No. Two«, 17.7.1952; *John Marks' files*, National Security Archives; John Marks, »The Search For The Manchurian Candidate«, New York/London 1979.

113 Für die Teilnahme von Dr. Frank Olson an diesem Experiment gibt es einige Indizien: Olson hielt sich nach seinen Passeinträgen zwischen dem 12. und 15. Juni 1952 in Frankfurt auf; er machte mit seinem Fotoapparat in dieser Zeit verschiedene Aufnahmen in Frankfurt, darunter vom CIA-Hauptquartier im IG Farben-Haus; aus dem Protokoll geht hervor, dass eine zusätzliche Person an dieser Vernehmung teilnahm; Olson wurde kurze Zeit nach seiner Rückkehr von dieser Reise kommissarischer Leiter der *Special Operations Division* und damit für die gesamte Operation »Artischocke« in Camp Detrick verantwortlich; Artichoke-Team-Report »Patient No. Two«, 17.7.1952; *John Marks' files*, National Security Archives.

114 Ein- bzw. Ausreisestempel in Olsons Diplomatenpass Nr. 15403; Dias aus Marroko in Olsons Nachlass; Gespräch mit Olsons Schwager, Arthur Vidich, am 15.2.2002.

115 Ein Dia in Frank Olsons Sammlung trägt folgende eigenhändige Beschriftung: »IG Farben-Bldg. Amer. Milt. Sect. of Gov. in Germany, Frankfurt«, auf einem zweiten Dia aus dieser Serie steht: »Old City Tower, Frankfurt 1952«.

116 http://www.fritz-bauer-institut.de/aktuelles/standortwechsel.htm; Zur Geschichte.

117 Artichoke-Team-Report »Patient No. Two«, 17.7.1952; *John Marks' files*, National Security Archives.

118 Dass Blome zu diesen medizinischen Routineversuchen hinzugezogen wurde, ist nicht bewiesen, aber wahrscheinlich; sämtliche Klarnamen in den entsprechenden Berichten sind geschwärzt; Artichoke-Team-Report »Patient No. Two«, 17.7.1952; *John Marks' files*, National Security Archives.

119 Carl R. Noller, »Lehrbuch der organischen Chemie«, Berlin 1960.

120 Artichoke-Team-Report »Patient No. Two«, 17.7.1952; *John Marks' files*, National Security Archives.

121 Gespräch mit Norman Cournoyer am 16.2.2002.

122 Artichoke-Team-Report »Patient No. Two«, 17.7.1952; *John Marks' files*, National Security Archives.

123 Gespräch mit Norman Cournoyer am 16.2.2002.

124 Memorandum G. Richard Wendt, 1.5.1952; *John Marks' files*, National Security Archives.

125 Die Navy bezeichnete Wendts Versuche im Rahmem der »Operation Chatter« nach den Buchstabenkürzeln »Project LGQ«, bei der CIA rangierte es unter »Operation Castigate«; »L« stand für das schnell wirkende Schlafmittel Seconal, »G« für Benzedrin (auch Dexedrin) und »Q« für Tetrahydrocannabinol, den Wirkstoff des Marihuanas; Team-Report »Project LGQ«, 19.9.1952; *John Marks' files*, National Security Archives.

126 Memorandum for Director of Central Intelligence, »Subject: Field Trip of Artichoke Team 20 August – September 1952«, 18.9.1952; Team-Report »Project LGQ«, 19.9.1952; *John Marks' files*, National Security Archives; John Marks, »The Search For The Manchurian Candidate«, New York/London 1979.

127 John Marks führte für sein Buch »The Search For The Manchurian Candidate«, New York/London 1979, mehrere Gespräche mit Dr. Samuel V. Thompson.

128 Team-Report »Project LGQ«, 19.9.1952; *John Marks' files*, National Security Archives.

129 Team-Report »Project LGQ«, 19.9.1952; *John Marks' files*, National Security Archives; John Marks, »The Search For The Manchurian Candidate«, New York/London 1979.

130 John Marks führte für sein Buch »The Search For The Manchurian Candidate«, New York/London 1979, mehrere Gespräche mit Dr. Samuel V. Thompson.

131 John Marks beschreibt in seinem Buch »The Search For The Manchurian Candidate«, New York/London 1979, nach Thompsons Erinne-

rungen ein anderes »Safehouse«, ein jahrhundertealtes, pittoreskes Bauernhaus; dieses «Safehouse« konnte nicht identifiziert werden. Es ist auch zweifelhaft, ob Thompson nicht doch das »Haus Waldhof« im Sinn hatte, in dem auch diese Verhöre aller Wahrscheinlichkeit nach stattgefunden hatten.

132 »Case I«, Team-Report »Project LGQ«, 19.9.1952; *John Marks' files*, National Security Archives; John Marks, »The Search For The Manchurian Candidate«, New York/London 1979.

133 Team-Report »Project LGQ«, 19.9.1952; *John Marks' files*, National Security Archives; John Marks, »The Search For The Manchurian Candidate«, New York/London 1979.

134 Siehe Anmerkung 133.

135 Der »explosive case«, offenbar ein Russe, der für die CIA gearbeitet hatte und aufgeflogen war, sollte die Agency noch länger beschäftigen, weil man nicht wusste, was man mit ihm machen sollte; Artichoke Conference, 15.7.1953, Memorandum, 30.7.1953; *John Marks' files*, National Security Archives.

136 »Case II«, Team-Report »Project LGQ«, 19.9.1952; *John Marks' files*, National Security Archives; John Marks, »The Search For The Manchurian Candidate«, New York/London 1979.

137 Team-Report »Project LGQ«, 19.9.1952; *John Marks' files*, National Security Archives; John Marks, »The Search For The Manchurian Candidate«, New York/London 1979.

138 Progress Report Artichoke, 4.12.1952; *John Marks' files*, National Security Archives; John Marks, »The Search For The Manchurian Candidate«, New York/London 1979.

139 CIA Memorandum, Subject: Artichoke, 23.9.1952; Draft, Subject: Artichoke, 29.9.1952; *John Marks' files*, National Security Archives; Ed Regis, »The Biology Of Doom«, New York 1999; Gespräch mit Eric Olson am 11.2.2002.

Sid Gottlieb

1 George H. Whites Tagebücher und Briefe wurden von seiner Witwe dem Foothills Junior College in Los Altos/Kalifornien zur Verfügung gestellt; John Marks, »The Search For The Manchurian Candidate«, New York/London 1979; Richard Stratton, »Altered States of America«, *Spin Magazine* 3/1994; John Jacobs, »The Diaries of a CIA Operative«, *Washington Post* vom 5.9.1977.

2 Tagebucheintrag George H. White 9.6.1952, Foothills Junior College, Los Altos/Kalifornien.

3 George H. Whites Tagebücher und Briefe wurden von seiner Witwe dem *Foothills Junior College* in Los Altos/Kalifornien zur Verfügung gestellt; John Marks, »The Search For The Manchurian Candidate«, New York/London 1979.

4 Stanley P. Lovell, »Of Spies & Stratagems«, Englewood, 1963; Jeanne McDermott, »The Killing Winds«, New York 1987; Peter-Ferdinand Koch, »Menschenversuche«, München/Zürich 1996.

5 Office Memorandum, Subject: Bluebird-Artichoke, Proposed Research, 14.1.1952; *John Marks' files*, National Security Archives; John Marks, »The Search For The Manchurian Candidate«, New York/London 1979; Martin A. Lee/Bruce Shlain, »Acid Dreams«, New York 1985.

6 Ted Gup, »The Coldest Warrior«, *The Washington Post Magazine* vom 16.12.2001.

7 John Marks, »The Search For The Manchurian Candidate«, New York/London 1979; Ted Gup, »The Coldest Warrior«, *The Washington Post Magazine* vom 16.12.2001.

8 Ted Gup, »The Coldest Warrior«, *The Washington Post Magazine* vom 16.12.2001.

9 George H. Whites Tagebücher und Briefe wurden von seiner Witwe dem Foothills Junior College in Los Altos/Kalifornien zur Verfügung gestellt; John Marks, »The Search For The Manchurian Candidate«, New York/London 1979.

10 Einen ersten Versuch, alle Projekte zu koordinieren und zusammenzufassen, hatte es bereits im März 1951 gegeben, doch erst Gottlieb konnte dieses Ziel im August des Jahres auch durchsetzen; Memorandum for the Secretary of Defense, »Evaluation of Certain Scientific Techniques of Possible Concern to National Security«, 28.1.1952; Office Memorandum, Subject: Bluebird-Artichoke, Proposed Research, 14.1.1952; *John Marks' files*, National Security Archives.

11 Memorandum for the Secretary of Defense, »Evaluation of Certain Scientific Techniques of Possible Concern to National Security«, 28.1.1952; *John Marks' files*, National Security Archives.

12 Report of Ad Hoc Medical Study Group, Memorandum for Chairman, 15.1.1953; Memorandum »Interrogation Techniques«, 14.1.1953; *John Marks' files*, National Security Archives.

13 Memorandum for Chief, Inspection and Security Office (I&SO), Subject: Medical Requests, 15.12.1952; Memorandum »Interrogation Techniques«, 14.1.1953; *John Marks' files*, National Security Archives.

14 Memorandum for Director Central Intelligence, Subject: Two Extremely Sensitive Research Programs; Schreiben von Richard Helms vom 3.4.1953; *John Marks' files*, National Security Archives.

15 Der Begriff »Brain Warfare« wurde erstmals von dem neuen CIA-Direktor Allen Dulles am 10.4.1953 in einer Rede an der Princeton University verwendet; Summary of Remarks By Mr. Allen W. Dulles, 10.4.1953; *John Marks' files*, National Security Archives.

16 Linda Hunt, »Secret Agenda«, New York 1991; Tom Bower, »The Paperclip Conspiracy«, London 1987; Friedrich Hansen, »Biologische Kriegsführung im Dritten Reich«, Frankfurt/New York 1993.

17 OMGUS Security Report Friedrich Wilhelm Hoffmann, 8.2.1947; NARA RG 330, Records Secretary of Defense, Box 73; OMGUS Revised Se-

curity Report Theodor Wagner-Jauregg vom 14.9.1948; NARA RG 319, Records Army Staff, Box 243; HQ Army Chemical Center, Memorandum Subject: Dr. Hans-Joachim Trurnit, 3.10.1947; NARA RG 319, Records Army Staff, Box 1005.

18 Personalnotizen des Bevollmächtigten für das Sanitäts- und Gesundheitswesen vom 27.4.1944, Parteikanzlei-Korrespondenz, Bundesarchiv Berlin; Linda Hunt, »Secret Agenda«, New York 1991.

19 Schreiben von Professor Dr. Achelis, Physiologisches Institut der Universität Heidelberg vom 22.6.1944, Parteikanzlei-Korrespondenz, Bundesarchiv Berlin.

20 War Department Chemical Corps, Memorandum Subj.: Implementation of Revised Project Paperclip, 21.4.1947; NARA RG 319, Army Intelligence Record File, Box 999; HQ EUCOM Message Ref. W-87364, 1.10.1947; NARA RG 319, Records Army Staff, Box 19; File XE 188957 Intelligence Information, 20.8.1956; District ZI Intelligence Office Baltimore, Subj.: Incident re »Operation Paperclip«, 16.9.1947; NARA RG 319, Records Army Staff, Box 180a.

21 District ZI Intelligence Office Baltimore, Subj.: Incident re »Operation Paperclip«, 16.9.1947; HQ Berlin Command, Subj.: Kurt Adolf August Rahr, 12.11.1947; NARA RG 319, Records Army Staff, Box 180a.

22 Wagner-Jauregg gehörte seit 1937 der NSDAP und anderer Partei-Organisationen an; OMGUS Security Report »Wagner-Jauregg«, 14.9.1948; NARA RG 319, Records Army Staff, Box 243.

23 OMGUS Security Report »Wagner-Jauregg«, 14.9.1948; FBI file No. 105-299, 15.8.1949; NARA RG 319, Records Army Staff, Box 243.

24 Memorandum for Secretary of the Army, Brigadier General E. C. Wallington, ohne Datum; NARA RG 319, Records of Army Staff, Box 243; Gespräch mit Wagner-Jaureggs ehemaligem Mitarbeiter Bennie E. Hackley, Jr. am 19.2.2002.

25 Hoffmanns Witwe Valeska betont, ihr Mann sei sogar ein Nazi-Gegner gewesen und habe ihrem Vater, Dr. Erwin Respondek, Informationen über Hitlers C-Waffen-Arsenal zukommen lassen, die von diesem an die Amerikaner weitergeleitet worden seien; Gespräch mit Valeska Hoffmann am 15.2.2002; OMGUS Security Report Friedrich Hoffmann, 12.8.1948; NARA RG 330, Records Secretary of Defense, Box 73; John V. H. Dippel, »Two Against Hitler«, New York, ohne Datum; Linda Hunt, »Secret Agenda«, New York 1991.

26 Memorandum Lt. Col. Frank M. Arthur an Director of Intelligence, GSUSA, 27.9.1949; NARA RG319, Army Intelligence, Box 991; Linda Hunt, »Secret Agenda«, New York 1991.

27 J. H. Wills and I. A. DeArmon, Medical Laboratory Special Report No. 54, Army Chemical Center, November 1954; »The Army's Human Guinea Pigs«, *Freedom*, August 1979; Linda Hunt, »Secret Agenda«, New York 1991.

28 Im britischen B- und C-Waffen-Zentrum Porton Down fanden später Nervengasexperimente (auch mit Sarin) an »freiwilligen« Soldaten statt,

denen man sagte, sie testeten ein neues Schnupfenmittel. Mindestens einer der Probanden starb im Mai 1953 an den Folgen der Sarin-Vergiftung, andere erlitten dauerhafte Schädigungen; Rob Evans, »Gassed«, London 2000; »Chem/Bio Tests Gone Wrong«, *Intelligence* vom 13.9.1999; »Scandal of the British soldiers poisoned in MoD tests«, *Daily Express* vom 7.11.2001; »Porton Down scientists broke law«, *BBC News* vom 24.8.2001.

29 L. Wilson Green, »Psychochemical Warfare – A New Concept of War«, Edgewood, August 1949; Linda Hunt, »Secret Agenda«, New York 1991.

30 Henry K. Beecher, »Information From Europe Related To The Ego-depressants«, 4.9.1952, *John Marks' files*, National Security Archives.

31 Insgesamt waren rund ein Dutzend deutscher Biologen und Chemiker vom *Chemical Corps* im Rahmen von »Paperclip« unter Vertrag genommen worden; Gespräch mit Bennie E. Hackley, Jr. am 19.2.2002.

32 Tauböck hatte Ende 1945 im Lager »Dustbin«, Schloss Kransberg, eingesessen; »Autogramme aus dem Dustbin« von Professor Hermann Oberth, der Ende Juli 1945 mehr als siebzig Unterschriften seiner Mitgefangenen sammelte; Antiquariat Steffen Völkel, Beratzhausen; OMGUS/FIAT, Detention Camp Dustbin, Periodic State Report No. 21, 10.10.1945; OMGUS/FIAT, Detention Camp Dustbin, Periodic State Report No. 43, 21.3.1946; NARA RG 330, Records Office Secretary of Defense, General Correspondence, Box 1, Folder Dustbin.

33 Interrogation of Karl Tauböck, 20. und 21.9.1945; NARA RG 238, Box 1019; INSCOM dossier Dr. Karl Tauböck XE 187079; Linda Hunt, »Secret Agenda«, New York 1991.

34 Inspector General Report, CIA 1951; *John Marks' files*, National Security Archives; Gespräch der amerikanischen Autorin Linda Hunt mit Seymour Silver; Linda Hunt, »Secret Agenda«, New York 1991.

35 INSCOM dossier OMGUS Security Report Friedrich Wilhelm Hoffmann, 8.2.1947; NARA RG 330, Records Secretary of Defense, Box 73; Gespräch der amerikanischen Autorin Linda Hunt mit Seymour Silver; Linda Hunt, »Secret Agenda«, New York 1991; Gespräch mit Valeska Hoffmann am 15.2.2002; Gespräch mit Bennie E. Hackley, Jr. am 19.2.2002.

36 Trip reports of Dr. Friedrich Hoffmann, INSCOM dossier OMGUS Security Report Friedrich Wilhelm Hoffmann, 8.2.1947; NARA RG 330, Records Secretary of Defense, Box 73; Linda Hunt, »Secret Agenda«, New York 1991.

37 Mit William A. Mosher, einem der Professoren unter CIA-Vertrag, schrieb Hoffmann später eine wissenschaftliche Veröffentlichung über den Wirkstoff aus Marihuana, Dr. James Moore, ein anderer Forscher an der University of Delaware, wurde zu Gottliebs wichtigsten Berater bei den LSD-Versuchen; Friedrich Hoffmann, William A. Mosher, Richard Hively, »Isolation of Trans-Tetrahydrocannabinol From Marihuana«, *Journal of the American Chemical Society* vom 20.4.1966; John Marks, »The Search For The Manchurian Candidate«, New York/London 1979.

38 H. P. Albarelli Jr./John Kelly, »The Strange Story of Frank Olson«, *Weekly Planet* 12/2000.

39 Martin A. Lee/Bruce Shlain, »Acid Dreams«, New York 1985; Jonathan D. Moreno, »Undue Risk«, New York 2001.

40 Das Projekt »Artischocke« wurde 1953 und danach durch eine Reihe zusätzlicher »mind control«-Operationen ergänzt, darunter »MK Ultra«, das seinerseits wiederum aus weit mehr als 100 Unterprojekten bestand; »Project MK ultra, the CIA's Program of Research in Behavioral Modification«, US Senate Select Committee Report, 1977.

41 Affidavit of Stanley Milton Glickman P13, 20.8.1983; Kronisch v. United States, 150 F.3d 112 (2nd Cir. 1998); US Court of Appeals: Gloria Kronisch v. Margaret Gottlieb, No. 99-6152, 2.5.2000; *New York Law Journal* vom 22.7.1998; F. A. McMorris, »Give LSD to an artist at Paris cafe in 1952«, *Wall Street Journal* vom 28.4.1999; Russ Baker/Siegesmund von Ilsemann, »Einstürzende Wände«, *Der Spiegel* vom 15.3.1999.

42 Affidavit of Stanley Milton Glickman P13 , 20.8.1983; US Court of Appeals: Gloria Kronisch v. Margaret Gottlieb, No. 99-6152, 2.5.2000; Russ Baker, »Acid, Americans and the Agency«, *The Guardian* vom 14.2.1999.

43 Kronisch v. United States, 150 F.3d 112 (2nd Cir. 1998); *New York Law Journal* vom 22.7.1998; F. A. McMorris, »Give LSD to an artist at Paris cafe in 1952«, *Wall Street Journal* vom 28.4.1999; Russ Baker/Siegesmund von Ilsemann, »Einstürzende Wände«, *Der Spiegel* vom 15.3.1999.

44 Affidavit of Stanley Milton Glickman P13, 20.8.1983; Kronisch v. United States, 150 F.3d 112 (2nd Cir. 1998); US Court of Appeals: Kronisch v. United States, No. 97-6116, 9.7.1998; US Court of Appeals: Gloria Kronisch v. Margaret Gottlieb, No. 99-6152, 2.5.2000.

45 F. A. McMorris, »Give LSD to an artist at Paris cafe in 1952«, *Wall Street Journal* vom 28.4.1999; Russ Baker/Siegesmund von Ilsemann, »Einstürzende Wände«, *Der Spiegel* vom 15.3.1999; Ulrich Gresch, »Der Fall Stanley Glickman«, in »Psychoskripte«, http://ourworld.compuserve.com/homepages/humgresch/MCGli.htm.

46 US Court of Appeals: Gloria Kronisch v. Margaret Gottlieb, No. 99-6152, 2.5.2000; F. A. McMorris, »Give LSD to an artist at Paris cafe in 1952«, *Wall Street Journal* vom 28.4.1999; Russ Baker/Siegesmund von Ilsemann, »Einstürzende Wände«, *Der Spiegel* vom 15.3.1999.

47 Als Glickman im Jahre 1977 durch Anhörungen im US-Senat von den LSD-Versuchen der CIA und dem Klumpfuß Sidney Gottliebs erfuhr, strengte er mit Hilfe seiner Schwester einen Prozess an, der sich über mehrere Instanzen fast 20 Jahre hinzog und erst nach dem Tod von Stanley Glickman (im Dezember 1992) und Sidney Gottlieb (im Mai 1999) endgültig entschieden wurde – gegen Glickman. Dessen Erinnerung, dass der Mann, der ihm in Paris die Drogen verabreicht hatte, einen Klumpfuß besaß, sei kein Beweis, dass es sich tatsächlich um Sid Gottlieb gehandelt habe, befand das Oberste US-Gericht. Affidavit of Stanley Milton Glickman P13, 20.8.1983; US Court of Appeals: Gloria Kronisch v. Margaret Gottlieb, No. 99-6152, 2.5.2000; Ulrich Gresch, »Der Fall Stanley Glickman«, in »Psychoskripte«, http://ourworld.compuserve.com/homepages/humgresch/MCGli.htm.

48 Barrett v. United States, 798 F.2d 565 (2nd Cir. 1986); Barrett v. United States, 689 F.2d 324 (2nd Cir. 1982); Barrett v. United States, 660 F. Supp. 1291, 1295 n.2 (S.D.N.Y. 1987); Jonathan D. Moreno, »Undue Risk«, New York 2001.

49 Die Meskalin-Experimente in Dachau wurden federführend von Dr. Kurt Plötner durchgeführt; John Marks, »The Search For The Manchurian Candidate«, New York/London 1979; Martin A. Lee/Bruce Shlain, »Acid Dreams«, New York 1985; »German Aviation Medical Research at the Dachau Concentration Camp«, US Naval Technical Mission Report No. 331-N45, Oktober 1945; wie Hoch hatte auch CIA-Berater Henry K. Beecher zunächst die Nazi-Drogenversuche studiert, um dann mit eigenen Untersuchungen zu beginnen; »Report on Trip to Germany 22 September to 30 September 1951 (Top Secret Control, SD-34990)«, von Henry K. Beecher, Harvard Medical School, Boston/Massachusetts, für Colonel John R. Wood, Department of the Army, 21.10.1951.

50 Jonathan D. Moreno, »Undue Risk«, New York 2001.

51 Jonathan D. Moreno, »Undue Risk«, New York 2001; Martin A. Lee/Bruce Shlain, »Acid Dreams«, New York 1985.

52 Abramson war jener LSD-Experte, den Gottliebs Adlatus Robert Lashbrook im November 1953 mit Frank R. Olson konsultierte, kurz vor dessen Tod; Bericht von Lt. Col. Vincent L. Ruwet (undatiert); Memorandum Harold A. Abramson, M. D., »Observations on Mr. Frank Olson from 24 November through 27 November 1953«, 4.12.1953; Protokoll Special Agent case 73317 – S. I. vom 4.12.1953; *Colby-Akte* des Falles Dr. Frank R. Olson; Jonathan D. Moreno, »Undue Risk«, New York 2001; Martin A. Lee/Bruce Shlain, »Acid Dreams«, New York 1985.

53 Martin A. Lee/Bruce Shlain, »Acid Dreams«, New York 1985; Elliot S. Valenstein, »Brain Control«, New York 1973; Egmont R. Koch, »Chirurgie der Seele«, Stuttgart 1976; Meinhard Adler/Rolf Saupe, »Psychochirurgie«, Stuttgart 1979.

54 Barrett v. United States, 798 F.2d 565 (2nd Cir. 1986); Barrett v. United States, 689 F.2d 324 (2nd Cir. 1982); Barrett v. United States, 660 F. Supp. 1291, 1295 n.2 (S.D.N.Y. 1987); Jonathan D. Moreno, »Undue Risk«, New York 2001.

55 Barrett v. United States, 798 F.2d 565 (2nd Cir. 1986); John Marks, »The Search For The Manchurian Candidate«, New York/London 1979; Jonathan D. Moreno, »Undue Risk«, New York 2001.

56 Barrett v. United States, 798 F.2d 565 (2nd Cir. 1986); Barrett v. United States, 689 F.2d 324 (2nd Cir. 1982); Barrett v. United States, 660 F. Supp. 1291, 1295 n.2 (S.D.N.Y. 1987); Jonathan D. Moreno, »Undue Risk«, New York 2001.

57 Siehe Anmerkung 56.

58 Barrett v. United States, 798 F.2d 565 (2nd Cir. 1986); Barrett v. United States, 689 F.2d 324 (2nd Cir. 1982); Barrett v. United States, 660 F. Supp. 1291, 1295 n.2 (S.D.N.Y. 1987); Jonathan D. Moreno, »Undue Risk«, New York 2001; Martin A. Lee/Bruce Shlain, »Acid Dreams«, New York 1985.

59 Jonathan D. Moreno, »Undue Risk«, New York 2001; Martin A. Lee/Bruce Shlain, »Acid Dreams«, New York 1985.

60 Der Fall wurde 1975 im Rahmen von Anhörungen des US-Senats bekannt, bei denen das *Chemical Corps* den wahren Sachverhalt einräumte. Jahre später sprach der District Court des Southern Districts von New York den hinterbliebenen Töchtern von Blauer eine Entschädigung von 700 000 US-Dollar zu, davon 500 000 US-Dollar für das Leid und die Schmerzen, die Harold Blauer nach der fünften Injektion zu ertragen hatte, die »gegen seinen Willen« erfolgt war; Barrett v. United States, 798 F.2d 565 (2nd Cir. 1986); Barrett v. United States, 689 F.2d 324 (2nd Cir. 1982); Barrett v. United States, 660 F. Supp. 1291, 1295 n.2 (S.D.N.Y. 1987); Jonathan D. Moreno, »Undue Risk«, New York 2001.

61 Jonathan D. Moreno, »Undue Risk«, New York 2001.

62 George H. White wurde in der CIA-Terminologie »subproject No. 3« der Operation »MK Ultra«, die zwischenzeitlich die Operation »Artichoke« ergänzte; John Marks, »The Search For The Manchurian Candidate«, New York/London 1979.

63 Gespräch mit Ike Feldman am 15.2.2002; John Marks, »The Search For The Manchurian Candidate«, New York/London 1979; Martin A. Lee/Bruce Shlain, »Acid Dreams«, New York 1985.

64 Gespräch mit Ike Feldman am 15.2.2002; John Marks, »The Search For The Manchurian Candidate«, New York/London 1979; Richard Stratton, »Altered States of America«, *Spin Magazine* 3/1994; John Jacobs, »The Diaries of a *CIA* Operative«, *Washington Post* vom 5.9.1977.

65 Richard Stratton, »Altered States of America«, *Spin Magazine* 3/1994; John Jacobs, »The Diaries of a CIA Operative«, *Washington Post* vom 5.9.1977.

66 Tatsächlich war Whites CIA-Engagement mit dem Chef des *Federal Bureau of Narcotics*, dem Großvater des Kriegs gegen die Drogen, Harry Anslinger, abgesprochen; Richard Stratton, »Altered States of America«, *Spin Magazine* 3/1994; John Jacobs, »The Diaries of a CIA Operative«, *Washington Post* vom 5.9.1977. Memorandum Sidney Gottlieb, 20.7.1953; *John Marks' files*, National Security Archives.

67 Gespräch mit Ike Feldman am 15.2.2002; Richard Stratton, »Altered States of America«, *Spin Magazine* 3/1994; John Jacobs, »The Diaries of a CIA Operative«, *Washington Post* vom 5.9.1977; John Marks, »The Search For The Manchurian Candidate«, New York/London 1979; Martin A. Lee/Bruce Shlain, »Acid Dreams«, New York 1985.

68 John Mulholland, »Mulholland's Book Of Magic«, New York 1963; Michael Edwards, »The Clandestine World of John Mulholland«, *Genii* vom 2.4.2001.

69 Memorandum for Deputy Director CIA, 13.4.1953; Schreiben von John Mulholland an Sidney Gottlieb vom 20.4.1953; *Michael Edwards' files*.

70 Schreiben von John Mulholland an die Herausgeber der Zeitschrift *The Sphinx* vom 29.6.1953; *Michael Edwards' files*; Michael Edwards, »The Clandestine World of John Mulholland«, *Genii* vom 2.4.2001.

71 In dieser Aktennotiz wurde später von dem zuständigen CIA-Officer die Schwärzung des Namens »Mr. Mulholland« vergessen; Memorandum Project MK ultra, Subproject 4, von Sidney Gottlieb vom 4.5.1953; *John Marks' files*, National Security Archives.

72 Michael Edwards, »The Clandestine World of John Mulholland«, *Genii* vom 2.4.2001.

73 Schreiben von John Mulholland an Sidney Gottlieb vom 20.4.1953; *Michael Edwards' files*.

74 Schreiben von John Mulholland an Sidney Gottlieb vom 11.5.1953; *Michael Edwards' files*.

75 Schreiben von John Mulholland an Sidney Gottlieb vom 11.11.1953; Memorandum Project MK ultra, Subproject 19, 17.11.1953; *John Marks' files*, National Security Archives.

76 John Mulholland, »Some Operational Applications of The Art of Deception«, 1954; *Michael Edwards' files*; Michael Edwards, »The Clandestine World of John Mulholland«, *Genii* vom 2.4.2001.

77 John Mulholland, »Mulholland's Book Of Magic«, New York 1963.

78 Belegt ist die Zusammenarbeit bis mindestens Anfang 1958, zuletzt erhielt der Magier einen Lohn von 200 US-Dollar pro Woche. Eines seiner vielen Aufgabengebiete war das Feld der Parapsychologie. In der CIA glaubten einige Wissenschaftler an die Möglichkeit des Gedankenlesens. Ein Medium mit derlei Fähigkeiten wäre für jeden Geheimdienst eine Wunderwaffe beim Verhör gegnerischer Agenten. Mulholland, der alte Fahrensmann der Illusionisten, stand fast tagtäglich mit dem Trick auf der Bühne, Spielkarten zu benennen, die ein Zuschauer zuvor, für ihn unsichtbar, aus einem Stapel gezogen hatte. Er warnte seine Auftraggeber, nicht ohne vorher eine umfassende Analyse angestellt zu haben, Gedankenlesen sei »falscher Zauber«; Memorandum Project MK ultra, Subproject 34, 1.10.1954; Memorandum Project MK ultra, Subproject 34, 20.6.1956; Memorandum Project MK ultra, Subproject 34a, 31.8.1956; *John Marks' files*, National Security Archives; Michael Edwards, »The Clandestine World of John Mulholland«, *Genii* vom 2.4.2001.

79 Allen W. Dulles, »Brain Warfare – Summary of Remarks At The National Alumin Conference, Princeton University, 10.4.1953; *John Marks' files*, National Security Archives.

80 Ray S. Cline, »The CIA Under Reagan, Bush and Casey«, Washington 1981; William R. Corson, »The Armies of Ignorance«, New York 1977; John Ranelagh, »The Agency«, New York 1987; Michael Edwards, »The Clandestine World of John Mulholland«, *Genii* vom 2.4.2001.

81 William R. Corson, »The Armies of Ignorance«, New York 1977; John Ranelagh, »The Agency«, New York 1987; Michael Edwards, »The Clandestine World of John Mulholland«, *Genii* vom 2.4.2001.

82 Drei Tage nach seiner Rede in Hot Springs schritt Allen W. Dulles zur Tat. Die CIA musste bei den Verhörtechniken unbedingt Fortschritte erzielen. Erst wies Dulles seinen Vize Richards Helms an, bei den »extrem sensiblen Forschungsprogrammen« könne künftig ein Anteil von sechs

Prozent des gesamten Budgets der Abteilung TSS ohne jeden Beleg ausgegeben werden. Das betraf den Liebeslohn für Georges Mädchen ebenso wie John Mulhollands Honorar, aber auch noch eine Reihe anderer Vorhaben, bei denen keine Spuren hinterlassen werden durften; Memorandum von Allen W. Dulles an Deputy Director vom 13.4.1953; *John Marks' files*, National Security Archives; Allen W. Dulles, »Brain Warfare – Summary of Remarks At The National Alumin Conference, Princeton University, 10.4.1953; *John Marks' files*, National Security Archives.

83 Allen W. Dulles, »Brain Warfare – Summary of Remarks At The National Alumin Conference, Princeton University, 10.4.1953; *John Marks' files*, National Security Archives.

84 Ed Regis, »The Biology Of Doom«, New York 1999; Callum MacDonald, »Korea: The War Before Vietnam«, New York 1986; Stanley Sandler, »The Korean War: An Encyclopedia«; Stephen Endicott/Edward Hagerman, »The United States and Biological Warfare«, Bloomington 1998.

85 Ed Regis, »The Biology Of Doom«, New York 1999; Stephen Endicott/Edward Hagerman, »The United States and Biological Warfare«, Bloomington 1998.

86 Albert E. Cowdrey, »Germ Warfare and Public Health in the Korean Conflict«, Journal of the History of Medicine and Allied Sciences, April 1984; Stephen Endicott/Edward Hagerman, »The United States and Biological Warfare: Secrets from the Early Cold War and Korea«, Bloomington 1999.

87 Stephen Endicott/Edward Hagerman, »The United States and Biological Warfare: Secrets from the Early Cold War and Korea«, Bloomington 1999; Milton Leitenberg, »New Russian Evidence on the Korean Biological Warfare Allegations«, Woodrow Wilson Center, *Bulletin* 11/1998; Kathryn Weathersby, »Deceiving the Deceivers: Moscow, Beijing, Pyongyang and the Allegations of Bacteriological Weapons Use in Korea«, Woodrow Wilson Center, *Bulletin* 11/1998.

88 Ed Regis, »The Biology Of Doom«, New York 1999; Gespräch mit Dr. Joseph Jemski am 11.2.2002.

89 Gespräch mit Dr. Joseph Jemski am 11.2.2002.

90 Q-Fieber (*rickettsia burnetii*) ist eine Abkürzung für Queensland-Fieber, wird auch als »Balkangrippe« bezeichnet. Die Infektion führt zu Gliederschmerzen und Abgeschlagenheit, verläuft aber nicht tödlich; *Pschyrembel*, Berlin 1972; Gespräch mit Dr. Joseph Jemski am 11.2.2002.

91 Depositions of 19 U. S. Airmen; Stephen Endicott/Edward Hagerman, »The United States and Biological Warfare«, Bloomington 1998.

92 Report of the International Scientific Commission for the Investigation of the Facts concerning Bacterial Warfare in Korea and China, World Council of Peace, Peking 1952.

93 A. M. Rosenthal, »Reds' Photographs on Germ Warfare Exposed As Fakes«, *New York Times* vom 3.4.1952; Ed Regis, »The Biology Of Doom«, New York 1999.

94 Von diesen 36 Erklärungen lagen den beiden kanadischen Histori-

kern Stephen Endicott und Edward Hagerman 27 Geständnisse zur Auswertung vor; Stephen Endicott/Edward Hagerman, »The United States and Biological Warfare«, Bloomington 1998.

95 Originalton wahrscheinlich des US-Piloten Colonel Walker M. Mahurin in »The Untold Story: Biological Warfare in Korea«, MBC Productions Seoul, 2001; Stephen Endicott/Edward Hagerman, »The United States and Biological Warfare«, Bloomington 1998.

96 John Marks, »The Search For The Manchurian Candidate«, New York/London 1979.

97 Stephen Endicott/Edward Hagerman, »The United States and Biological Warfare«, Bloomington 1998.

98 Eugene Kinkead, »In Every War but one«, New York 1951; Stephen Endicott/Edward Hagerman, »The United States and Biological Warfare«, Bloomington 1998.

99 Tatsächlich tauchten in den »Artischocke«-Dokumenten später Hinweise auf, dass sich bei den Verhören Anzeichen für verräterische Aktivitäten einiger Kriegsgefangener ergeben hätten; Memorandum for Chief of Operations, Subj.: 15 June Report on POW Situation; ohne Datum; *John Marks' files*, National Security Archives.

100 Frank Olson war im Oktober 1952 zum kommissarischen Leiter (»acting chief«) der *SO-Division* ernannt, im April 1953 aber (angeblich wegen eines Magengeschwürs) zurückgetreten und durch Vincent Ruwet abgelöst worden; Memorandum Artichoke Conference, 16.4.1953; *John Marks' files*, National Security Archives.

101 Die Mutmaßungen ergeben sich aus den in den jeweiligen Protokollen vorgenommenen Schwärzungen. Der dieser Darstellung zugrunde liegende verstümmelte Satz lautet: »(...) in connection with continued ARTICHOKE experimentation and research particulary on criminals passing through the (...) outlined problems involved (...)«; Memorandum Artichoke Conference, 16.4.1953; *John Marks' files*, National Security Archives.

102 Memorandum Artichoke Conference, 16.4.1953; *John Marks' files*, National Security Archives.

103 In dem Dokument ist der Begriff »amerikanische Kriegsgefangene aus Korea« geschwärzt worden. Aus den benutzten Termini, dem Inhalt und dem Zeitrahmen lässt sich aber unzweifelhaft erkennen, dass sich dieses Papier mit der Behandlung zurückkehrender Kriegsgefangener (POW) aus Nordkorea beschäftigt; Memorandum Chief Technical Branch wahrscheinlich an Richard Helms, 29.4.1953; *John Marks' files*, National Security Archives; Memorandum for Mr. Dulles, Subj.: Exploitation of Prisoners of War Returnees, ohne Datum; Memorandum for Chief of Operations, Subj.: 15 June Report on POW Situation, ohne Datum; Pkt. 7 Protokoll »Artischocke«-Konferenz April/Mai 1953; Protokoll »Artischocke«-Konferenz vom 18.6.1953; *John Marks' files*, National Security Archives.

104 Memorandum Chief Technical Branch wahrscheinlich an Richard Helms, 29.4.1953; *John Marks' files*, National Security Archives.

105 Bei den vierzig gesunden Menschen, an denen LSD bis zu diesem Zeitpunkt getestet worden war, handelte es sich vermutlich um Studenten und Probanden des CIA-Beraters Professor Henry K. Beecher vom Massachusetts General Hospital in Boston. George Hunter White begann mit seinen New Yorker »Reihenversuchen« erst im Juni 1953; Memorandum Chief Technical Branch wahrscheinlich an Richard Helms vom 29.4.1953; *John Marks' files*, National Security Archives.

106 Memorandum Chief Technical Branch wahrscheinlich an Richard Helms vom 29.4.1953; *John Marks' files*, National Security Archives. Das Gros der amerikanischen Kriegsgefangenen sollte per Schiff von Korea nach San Francisco gebracht werden, etwa 20 bis 30 der so genannten *hardcore*-Fälle wurden ausgeflogen und im Valley Forge Hospital untersucht bzw. von den »Artischocke«-Teams verhört; einige Amerikaner, die aus Korea zu speziellen Vernehmungen in die Sowjetunion verschleppt worden waren, wurden auf dem Landweg freigelassen; U. S. Army Forces, Far East, 8086th Army Unit, Military History Detachment, »Operation Little Switch«; Donald W. Boose, Jr., »The Korean War Truce Talks: A Study in Conflict Termination«, *US Army War College Quarterly*, Spring 2000; Stephen Endicott/Edward Hagerman, »The United States and Biological Warfare«, Bloomington 1998; Robert J. Lifton, »Home By Ship«, *The American Journal of Psychiatry* vom 10.4.1954; James Brooke, »Korean War US POW's in Soviet Jails«, *New York Times* vom 19.7.1996; Philip Shenon, »U.S., in 50's, Knew North Korea Held American P.O.W.'s«, *New York Times* vom 17.9.1996.

107 Der Begriff »Manchurian Candidate« stammt von dem 1959 erschienenen Roman von Richard Condon, der später von John Frankenheimer mit Laurence Harvey und Frank Sinatra in den Hauptrollen verfilmt wurde. Es geht in dem Roman um einen sowjetisch-chinesischen Coup, einen koreanischen Kriegsgefangenen in einem Gehirnwäsche-Zentrum in der Manchurei als ferngesteuerten Attentäter zu programmieren, der den amerikanischen Präsidenten ermorden soll. Es gilt als gesichert, dass Condon über beste Informationen aus den amerikanischen Geheimdiensten verfügte, die seinem Werk einen äußerst realistischen Hintergrund gestatteten; John Marks, »The Search For The Manchurian Candidate«, New York/London 1979.

108 Memorandum Chief Technical Branch wahrscheinlich an Richard Helms vom 29.4.1953; *John Marks' files*, National Security Archives.

109 Dieses Dokument wurde von John Marks, der 1978 die Freigabe vieler Unterlagen über die Operation »Artischocke« erreichte, offenbar falsch interpretiert und in keinen Zusammenhang mit amerikanischen Kriegsgefangenen aus Korea gebracht (siehe »Danksagung«); Memorandum Chief Technical Branch wahrscheinlich an Richard Helms vom 29.4.1953; *John Marks' files*, National Security Archives.

110 Memorandum for Mr. Dulles, Subj.: Exploitation of Prisoners of War Returnees, ohne Datum; Memorandum for Chief of Operations, Subj.: 15 June Report on POW Situation, ohne Datum; Pkt. 7 Protokoll »Arti-

schocke«-Konferenz April/Mai 1953; Protokoll Artischocke-Konferenz vom 18.6.1953; *John Marks' files*, National Security Archives.

111 G. M. Malenkow übernahm am Tag nach Stalins Tod den Vorsitz im Ministerrat, Molotow wurde Außenminister; im September übernahm Nikita Sergejewitsch Chruschtschow das Amt des Ersten Sekretärs des Zentralkomitees der KPdSU; Ploetz – Weltgeschichte in Daten, Würzburg 1973.

112 Christian F. Ostermann, »The United States, The East German Uprise Of 1953, And The Limits Of Rollback«, Cold War International History Project, Working Paper 11, Woodrow Wilson International Center for Scholars, Washington; Ploetz – Weltgeschichte in Daten, Würzburg 1973; »Probable Soviet Courses of Action with Respect to Germany Through Mid-1954«, CIA-Bericht III-1: NIE 81 vom 22.5.1953; »Probable Effect of Recent Developments in Eastern Germany on Soviet Policy with Respect to Germany«, CIA-Bericht III-2: SE 47 vom 24.7.1953; »Comment on the East Berlin Uprising«, CIA-Report MORI No. 144301, 17.6.1953; »Closing of Berlin Borders«, CIA-Report MORI No. 144211, 18.6.1953.

113 Barton Bernstein, »The Struggle over the Korean Armistice: Prisoners of Repatriation«, The Korean-American Relationship 1943–1953, New York 1983; Callum MacDonald, »Korea: The War Before Vietnam«, New York 1986; Stanley Sandler, »The Korean War: An Encyclopedia«; U. S. Army Forces, Far East, 8086th Army Unit, Military History Detachment, »Operation Little Switch«; Donald W. Boose, Jr., »The Korean War Truce Talks: A Study in Conflict Termination«, *US Army War College Quarterly*, Spring 2000; Stephen Endicott/Edward Hagerman, »The United States and Biological Warfare«, Bloomington 1998.

114 Christian F. Ostermann, »The United States, The East German Uprise Of 1953, And The Limits Of Rollback«, Cold War International History Project, Working Paper 11, Woodrow Wilson International Center for Scholars, Washington 1994.

115 Gerhard Kleiderling, »The Mother Of Berlin«, *Edition Luisenstadt*, Berlinische Monatsschrift 3/2001.

116 Felicitas Wlodyga, »Das war Eleanor«, *Klinik-Umschau* 12/1996, Freie Universität Berlin; Gerhard Kleiderling, »The Mother Of Berlin«, *Edition Luisenstadt*, Berlinische Monatsschrift 3/2001; Eleanor Lansing Dulles, »Berlin und die Amerikaner«, Köln 1967; Eleanor Lansing Dulles, »Hier ist Eleanor«, Freiburg 1982.

117 Christian F. Ostermann, »The United States, The East German Uprise Of 1953, And The Limits Of Rollback«, Cold War International History Project, Working Paper 11, Woodrow Wilson International Center for Scholars, Washington 1994; Gerhard Kleiderling, »The Mother Of Berlin«, *Edition Luisenstadt*, Berlinische Monatsschrift 3/2001.

118 Christian F. Ostermann, »The United States, The East German Uprise Of 1953, And The Limits Of Rollback«, Cold War International History Project, Working Paper 11, Woodrow Wilson International Center for Scholars, Washington 1994.

119 Auf dem Schmalfilm, den Frank Olson auf seiner letzten Europareise gemacht und den er mit »Paris, London, Stockholm« beschriftet hat, sind McNulty und Wagner auf einer Einstellung in einem Pariser Straßencafé identifizierbar.

120 Protokoll Chief, Security Research Staff, Artichoke Conference, 15.7.1953; *John Marks' files*, National Security Archives.

121 Von dem Protokoll der »Artischocke«-Konferenz am 15.7.1953 existieren zwei Versionen mit jeweils unterschiedlichen Schwärzungen: Pkt 12. beispielsweise, der sich mit den Lebensmittelpaketen für die DDR befasst, ist in der einen Fassung komplett geschwärzt, Pkt. 13, der möglicherweise auf Details eingeht, in beiden Versionen; Protokoll Chief, Security Research Staff, Artichoke Conference, 15.7.1953; *John Marks' files*, National Security Archives.

122 Dr. Sargant berichtete später dem Schriftsteller Gordon Thomas ausführlich über seine Begegnungen mit Dr. Frank Olson im Sommer 1953; Memorandum from Gordon Thomas to Eric Olson, 30.11.1998, http://www.frankolsonproject.org/Statements/Statement-G.Thomas.html

123 Das Contemporary Medical Archives Centre, History of Medicine Library London, enthält 21 Kästen Archivmaterial über Dr. William Walters Sargant; einige der Materialien tragen den Vermerk »beschränkter Zugang« (»restricted access«).

124 Memorandum from Gordon Thomas to Eric Olson, 30.11.1998, http://www.frankolsonproject.org/Statements/Statement-G.Thomas.html

125 Siehe Anmerkung 124.

126 Stempel in Frank Olsons Diplomatenpass Nr. 15403 : »London Airport, embarked 2 Aug 1953« und »In Bromma 2.8.1953«; Bromma ist der Flughafen von Stockholm.

127 8th International Congress of Pure and Applied Chemistry, Stockholm July 29 to August 4, 1953.

128 Zwischen dem Chef der chemischen und biologischen Abteilung der schwedischen *Defence Research Agency (FOA)*, Professor Gustaf Ljunggren, und dem *Chemical Corps* in Edgewood Arsenal/Maryland, gab es Anfang der Fünfzigerjahre eine enge Zusammenarbeit; Wilhelm Agrell, »Svenska förintelsevapen. Utvecklingen av kemiska och nuklära stridsmedel 1928–1970«, Historiska Media, Lund 2002.

129 Gespräche mit Eric Olson zwischen dem 11. und 18.2.2002.

130 Stempel in Frank Olsons Diplomatenpass Nr. 15403: vom 2. bis 5.8.1953 in Stockholm, vom 5. bis 8.8.1953 in London, vom 8.8. bis 13.8.1953 in Deutschland; sein Aufenthalt in Berlin ergibt sich aus dem Schmalfilm, den Olson auf dieser Reise machte.

131 Christian F. Ostermann, »The United States, The East German Uprise Of 1953, And The Limits Of Rollback«, Cold War International History Project, Working Paper 11, Woodrow Wilson International Center for Scholars, Washington 1994; Gerhard Kleiderling, »The Mother Of Berlin«, *Edition Luisenstadt*, Berlinische Monatsschrift 3/2001.

132 Der Film wurde von Eric Olson im Nachlass seines Vaters gefunden

und den Autoren, wie zahlreiche andere Schmalfilme und Dias, zur Auswertung zur Verfügung gestellt.

133 F. A. McMorris, »Give LSD to an artist at Paris cafe in 1952«, *Wall Street Journal* vom 28.4.1999; Russ Baker/Siegesmund von Ilsemann, »Einstürzende Wände«, *Der Spiegel* vom 15.3.1999; Ulrich Gresch, »Der Fall Stanley Glickman«, in »Psychoskripte«, http://ourworld.compuserve.com/homepages/humgresch/MCGli.htm

134 Der Film wurde von Eric Olson im Nachlass seines Vaters gefunden und den Autoren, wie zahlreiche andere Schmalfilme und Dias, zur Auswertung zur Verfügung gestellt; Gespräche mit Eric Olson vom 11. bis 18.2.2002.

135 Auf dem Film ist bei der Ausgabe der Lebensmittelpakete ein Schild der Firma *Stempel Freiberg* zu erkennen, die damals in einem Seitenflügel der heutigen Akademie der Künste in der Bundesallee, Ecke Schaperstraße, residierte; Gespräch und Ortstermin mit Peter Freiberg am 14.3.2002.

136 Von dem Protokoll der »Artischocke«-Konferenz am 15.7.1953 existieren zwei Versionen mit jeweils unterschiedlichen Schwärzungen: Pkt 12. beispielsweise, der sich mit den Lebensmittelpaketen für die DDR befasst, ist in der einen Fassung komplett geschwärzt, Pkt. 13, der möglicherweise auf Details eingeht, in beiden Versionen; Protokoll Chief, Security Research Staff, Artichoke Conference, 15.7.1953; *John Marks' files*, National Security Archives.

137 Hans Philipp Pöhn, Gernot Rasch, »Statistik meldepflichtiger übertragener Krankheiten«, BGA-Schriften 5/1993, München 1994.

138 »Report on Trip to Germany 22 September to 30 September 1951 (Top Secret Control, SD-34990)«, von Henry K. Beecher, Harvard Medical School, Boston/Massachusetts, für Colonel John R. Wood, Department of the Army, 21.10.1951.

139 Protokoll Chief, Security Research Staff, Artichoke Conference 20. August 1953, geschrieben am 22.9.1953, *John Marks' files*, National Security Archives.

140 Stempel in Frank Olsons Diplomatenpass Nr. 15403: »Date of departure R/Main 13.8.53, Westover Field, Chicopee Air Force Base Massachusetts Aug 14, 1953«.

141 Dr. Sargant berichtete später dem Schriftsteller Gordon Thomas ausführlich über seine Begegnungen mit Dr. Frank Olson im Sommer 1953; da dieser dabei über seinen Besuch in Berlin sprach, kann das Gespräch nur danach stattgefunden haben; Memorandum from Gordon Thomas to Eric Olson, 30.11.1998, http://www.frankolsonproject.org/Statements/Statement-G.Thomas.html

142 Memorandum from Gordon Thomas to Eric Olson, 30.11.1998, http://www.frankolsonproject.org/Statements/Statement-G.Thomas.html; Kevin Dowling/Philip Knightley, »The Olson File«, *Night & Day* vom 23.8.1998.

143 Siehe Anmerkung 142.

Ein schrecklicher Fehler

1 Gespräche mit Eric Olson vom 11. bis 18.2.2002.

2 Gespräche mit Donald Falconer am 4. und 8.2.2002.

3 Gespräch mit Arthur Vidich am 15.2.2002; Eric Olson, »The Frank Olson Story«, Chronologie der Ereignisse, 2000.

4 Siehe Anmerkung 3.

5 Gespräch mit Norman Cournoyer am 16.2.2002.

6 Siehe Anmerkung 5.

7 Norman Cournoyer hat bestätigt, dass nach Olsons Aussagen die »Artischocke«-Techniken zum Tod geführt hätten; er hat überdies bestätigt, dass solche Verhöre auch an eigenen Landsleuten durchgeführt worden seien, eine konkrete Stellungnahme zu der Frage, ob auch Amerikaner an den Folgen starben, blieb er jedoch schuldig.

8 Gespräch mit Norman Cournoyer am 16.2.2002.

9 Insgesamt kamen bei »Little Switch« 149 US-Soldaten frei; Henry A. Segal, »Initial Psychiatric Findings of Recently Repatriated Prisoners of War«, *American Journal of Psychiatry*, Mai 1954.

10 Memorandum for Chief of Operations, Report on POW Situation, 15.6.1953; *John Marks' files*, National Security Archives. Robert J. Lifton, »Home By Ship«, *The American Journal of Psychiatry*, April 1954.

11 William Brinkley, »Valley Forge GIs Tell of their Brainwashing Ordeal: Dispelling confusing which surrounded return of ›mystery 20‹«, *Life Magazine* vom 25.5.1953.

12 Report of the Ad Hoc Committee for the Secretary of Defense, June 1953; *John Marks' files*, National Security Archives.

13 William Brinkley, »Valley Forge GIs Tell of their Brainwashing Ordeal«, *Life Magazine* vom 25.5.1953.

14 Report of the Ad Hoc Committee for the Secretary of Defense, June 1953; *John Marks' files*, National Security Archives.

15 Protokoll Chief, Security Research Staff, Artichoke Conference, 18.6.1953; *John Marks' files*, National Security Archives.

16 Robert J. Lifton, »Home By Ship«, *The American Journal of Psychiatry*, April 1954; Stephen Endicott/Edward Hagerman, »The United States and Biological Warfare«, Bloomington 1998.

17 Eugene Kinkead, »Why They Collaborated«, London 1960; Stephen Endicott/Edward Hagerman, »The United States and Biological Warfare«, Bloomington 1998; Memorandum Chief Technical Branch wahrscheinlich an Richard Helms vom 29.4.1953; Memorandum for Mr. Dulles, Subj.: Exploitation of Prisoners of War Returnees, ohne Datum; Memorandum for Chief of Operations, Subj.: 15 June Report on POW Situation, ohne Datum; Pkt. 7 Protokoll »Artischocke«-Konferenz April/Mai 1953; Protokoll »Artischocke«-Konferenz, 18.6.1953; *John Marks' files*, National Security Archives; Henry A. Segal, »Initial Psychiatric Findings of Recently Repatriated Prisoners of War«, *American Journal of Psychiatry*, Mai 1954.

18 Protokoll Chief, Security Research Staff, Artichoke Conference, 15.7.1953; *John Marks' files*, National Security Archives; Eugene Kinkead, »Why They Collaborated«, London 1960; James Sanders, »Soldiers of Misfortune: Washington's Secret Betrayal of American POWs in the Sovjet Union«, New York 1992; Peter G. Tsouras/Timothy R. Lewis, »The Transfer of U.S. Korean POWs to the Sovjet Union«, US Department of State, 1993; Jan Sejna, Statement before the Subcommittee on Miltary Personnel, House National Security Committee, 17.9.1996.

19 James Sanders, »Soldiers of Misfortune«, New York 1992; Peter G. Tsouras/Timothy R. Lewis, »The Transfer of U.S. Korean POWs to the Sovjet Union«, US Department of State, 1993.

20 Peter G. Tsouras/Timothy R. Lewis, »The Transfer of U.S. Korean POWs to the Sovjet Union«, US Department of State, 1993.

21 William P. Hoar, »America's POW Secrets Exposed«, *The New American*, 1996; »An Examination of U.S. Policy Toward POW/MIAs«, Part 3, ohne Datum; James Brooke, »Korean War US POW's in Soviet Jails«, *New York Times* vom 19.7.1996; Philip Shenon, »Documents Show U.S. Knew North Korea Held American P.O.W.«, *New York Times* vom 17.9.1996; Stellungnahmen auf dem »Hearing on POW/MIA Accountability, House Subcommittee on Military Personnel«, 17.9.1996.

22 Report of the Ad Hoc Committee for the Secretary of Defense, June 1953; *John Marks' files*, National Security Archives; William P. Hoar, »America's POW Secrets Exposed«, *The New American*, 1996; »An Examination of U.S. Policy Toward POW/MIAs«, Part 3, ohne Datum.

23 Peter G. Tsouras/Timothy R. Lewis, »The Transfer of U.S. Korean POWs to the Sovjet Union«, US Department of State, 1993.

24 Gespräch mit Norman Cournoyer am 16.2.2002.

25 Deep Creek Rendezvous, Einladung zu einem Treffen vom 18.11. bis 20.11.1953; Prospekt Railey's Cottages, Deep Creek Lake, Oakland/Maryland; Bericht von Lt. Col. Vincent L. Ruwet (undatiert); *Colby-Akte* des Falles Dr. Frank R. Olson.

26 Deep Creek Rendezvous, Einladung zu einem Treffen vom 18.11. bis 20.11.1953; John Marks, »The Search For The Manchurian Candidate«, New York/London 1979.

27 Deep Creek Rendezvous, Einladung zu einem Treffen vom 18.11. bis 20.11.1953; Stellungnahme von Dr. Sidney Gottlieb, »Observations on Dr. Frank Olson 1951–1953« vom 7.12.1953, *Colby-Akte* des Falles Dr. Frank R. Olson. Nach Äußerung des ehemaligen CIA-Agenten William Buckley gegenüber dem Schriftsteller Gordon Thomas war auch Richards Helms bei dem Treffen in der Deep Creek Cottage Nr. 7 anwesend; Eric Olson, »The Frank Olson Story«, Chronologie der Ereignisse, 2000.

28 Schreiben von John Mulholland an Sidney Gottlieb vom 20.4.1953; *Michael Edwards' files*; Michael Edwards, »The Clandestine World of John Mulholland«, *Genii* vom 2.4.2001.

29 John Marks, »The Search For The Manchurian Candidate«, New York/London 1979.

30 Bruzellose tritt vornehmlich bei Wiederkäuern, aber auch Schweinen, Pferden und Hunden auf und wird insbesondere auf Landwirte und Melker übertragen. Sie führt bei Schafen oft zum Abort. *Pschyrembel*, Medizinisches Wörterbuch, Berlin 1972.

31 Aussagen des Teilnehmers Benjamin Wilson gegenüber John Marks; John Marks, »The Search For The Manchurian Candidate«, New York/London 1979; Ted Gup, »The Coldest Warrior«, *The Washington Post Magazine* vom 16.12.2001; Kevin Dowling/Philip Knightley, »The Olson File«, *Night & Day* vom 23.8.1998.

32 Siehe Anmerkung 31.

33 Aussagen des Teilnehmers Benjamin Wilson gegenüber John Marks; John Marks, »The Search For The Manchurian Candidate«, New York/London 1979.

34 Am 3.2.1999 offenbarte sich der Mitarbeiter der *SO-Division* Gerald Yonitz gegenüber Eric Olson, er sei am Deep Creek Lake dabei gewesen und der festen Überzeugung, Frank Olson sei der einzige unter den Teilnehmern gewesen, dem LSD verabreicht worden sei; Eric Olson, »The Frank Olson Story«, Chronologie der Ereignisse, 2000.

35 Der Mitarbeiter der Drogenbehörde und CIA-Agent Ike Feldman, der in den nachfolgenden Jahren an den LSD-Versuchen von George H. White beteiligt war, will später erfahren haben, dass Olson in der Deep Creek Lodge mit LSD »behandelt« wurde, weil er zu viel mit Unbeteiligten gesprochen hatte. Der Selbstversuch sei nur Tarnung gewesen; Gespräch mit Ira (»Ike«) Feldman am 15.2.2002; Stellungnahme von Dr. Sidney Gottlieb, »Observations on Dr. Frank Olson 1951–1953« vom 7.12.1953, *Colby-Akte* des Falles Dr. Frank R. Olson.

36 Gespräche mit Eric Olson zwischen dem 11. und 18.2.2002; *Colby-Akte* des Falles Dr. Frank R. Olson.

37 Eric Olson, »The Frank Olson Story«, Chronologie der Ereignisse, 2000; Gespräche mit Eric Olson zwischen dem 11. und 18.2.2002.

38 Bei diesem Kollegen handelte sich nach Ruwets späterer Darstellung um einen Mr. Champlin, der sonst nicht in den Unterlagen auftaucht; Bericht von Lt. Col. Vincent L. Ruwet (undatiert); *Colby-Akte* des Falles Dr. Frank R. Olson.

39 Gespräche mit Eric Olson zwischen dem 11. und 18.2.2002; J. Marks, »The Search For The Manchurian Candidate«, New York 1979.

40 Siehe Anmerkung 39.

41 Siehe Anmerkung 39.

42 Bericht von Lt. Col. Vincent L. Ruwet (undatiert); *Colby-Akte* des Falles Dr. Frank R. Olson.

43 Diese Bewertung stützt sich ganz wesentlich auf die Äußerungen der Zeitzeugen Norman Cournoyer, Donald Falconer, Arthur Vidich und Eric Olson, der entsprechende Äußerungen seiner Mutter wiedergibt; Gespräch mit Norman Cournoyer am 16.2.2002; Gespräche mit Donald Falconer am 4. und 8.2.2002; Gespräch mit Arthur Vidich am 15.2.2002; Gespräche mit Eric Olson zwischen dem 11. und 18.2.2002.

44 Bericht von Lt. Col. Vincent L. Ruwet (undatiert); *Colby-Akte* des Falles Dr. Frank R. Olson; John Marks, »The Search For The Manchurian Candidate«, New York/London 1979.

45 Bericht von Robert V. Lashbrook vom 7.12.1953; *Colby-Akte* des Falles Dr. Frank R. Olson; Bericht von Lt. Col. Vincent L. Ruwet (undatiert); *Colby-Akte* des Falles Dr. Frank R. Olson.

46 Bericht von Harold A. Abramson über Patient »John Smith« vom 9.2.1954; *Colby-Akte* des Falles Dr. Frank R. Olson.

47 Bericht von Lt. Col. Vincent L. Ruwet (undatiert); *Colby-Akte* des Falles Dr. Frank R. Olson.

48 Siehe Anmerkung 47.

49 Ted Gup, »The Coldest Warrior«, *The Washington Post Magazine* vom 16.12.2001.

50 Donald N. Wilber, »Overthrow of Prem. Mossadeq of Iran«, Summary Operation »TP AJAX«, März 1954, Clandestine Service History Paper No. 208, October 1969; James Risen, »The CIA in Iran«, *New York Times* vom 16.4.2000; »The CIA destroyed files on 1953 Iran coup d'etat«, *New York Times* vom 29.5.1997; »Overthrow of premier Mossadeq of Iran«, *New York Times* vom 18.6.2000.

51 Donald N. Wilber, »Overthrow of Prem. Mossadeq of Iran«, Summary Operation »TP AJAX«, März 1954, Clandestine Service History Paper No. 208, Oktober 1969.

52 Siehe Anmerkung 51.

53 James Risen, »The CIA in Iran«, *New York Times* vom 16.4.2000; US Foreign Policy 1953–1963, http://ppl.nhmccd.edu/-craigl/28.html

54 Einfluss auf den Schah im Sinne der Amerikaner nahmen dessen Zwillingsschwester Prinzessin Ashraf Pahlewi sowie der US-General H. Norman Schwarzkopf, Vater des gleichnamigen Generals, der später die Operation »Desert Storm«, den Krieg gegen Saddam Hussein, kommandierte; »Overthrow of premier Mossadeq of Iran«, *New York Times* vom 18.6.2000; Donald N. Wilber, »Overthrow of Prem. Mossadeq of Iran«, Summary Operation »TP AJAX«, März 1954, Clandestine Service History Paper No. 208, October 1969.

55 Donald N. Wilber, »Overthrow of Prem. Mossadeq of Iran«, Summary Operation »TP AJAX«, März 1954, Clandestine Service History Paper No. 208, October 1969; James Risen, »The CIA in Iran«, *New York Times* vom 16.4.2000; »The CIA destroyed files on 1953 Iran coup d'etat«, *New York Times* vom 29.5.1997; »Overthrow of premier Mossadeq of Iran«, *New York Times* vom 18.6.2000.

56 Donald N. Wilber, »Overthrow of Prem. Mossadeq of Iran«, Summary Operation »TP AJAX«, März 1954, Clandestine Service History Paper No. 208, October 1969.

57 Donald N. Wilber, »Overthrow of Prem. Mossadeq of Iran«, Summary Operation »TP AJAX«, März 1954, Clandestine Service History Paper No. 208, October 1969; James Risen, »The CIA in Iran«, *New York Times* vom 16.4.2000; »The CIA destroyed files on 1953 Iran coup d'etat«,

New York Times vom 29.5.1997; »Overthrow of premier Mossadeq of Iran«, *New York Times* vom 18.6.2000.

58 Nicholas Cullather, »Operation PB Success: The United States and Guatemala 1952–1954«; Studies and Other Records Relating to the Activities of the CIA in Guatemala 1952–1954, NARA RG 263, Box 1 & 2; US Foreign Policy 1953–1963, http://ppl.nhmccd.edu/-craigl/28.html; »Chiquita Banana«, http://lastminute-records.com/lmr/brad.html; Steve Kangas, »A Timeline of CIA Atrocities«, http://www.korpios.org/resurgent/CIAtimeline.html

59 US Foreign Policy 1953–1963, http://ppl.nhmccd.edu/craigl/28.html; »Chiquita Banana«, http://lastminute-records.com/lmr/brad.html; Steve Kangas, »A Timeline of CIA Atrocities«, http://www.korpios.org/resurgent/CIAtimeline.html; um diese Zeit, Mitte 1953, hielt sich der junge Arzt Ernesto (»Che«) Guevara in Guatemala auf und stand bereits unter Beobachtung von CIA-Agenten.

60 Tim Weiner, »CIA in 1950's Drew Up List of Guatemalan Leaders to Be Assassinated«, *New York Times* vom 28.5.1997; US Foreign Policy 1953–1963, http://ppl.nhmccd.edu/-craigl/28.html. Frank Wisner war auch in eine Reihe von Aktionen der »Artischocke«-Arbeitsgruppe involviert, darunter die Beschaffung von zehn Kilogramm LSD (entsprechend 100 Millionen Dosierungen) vom Schweizer Pharmakonzern *Sandoz*; Memorandum for the Record, meeting DCI's office am 23.10.1953; *John Marks' files*, National Security Archives.

61 Tim Weiner, »CIA in 1950's Drew Up List of Guatemalan Leaders to Be Assassinated«, *New York Times* vom 28.5.1997; Nicholas Cullather, »Operation PB Success: The United States and Guatemala 1952–1954«; Studies and Other Records Relating to the Activities of the CIA in Guatemala 1952–1954, NARA RG 263, Box 1 & 2.

62 Nicholas Cullather, »Operation PB Success: The United States and Guatemala 1952–1954«; Studies and Other Records Relating to the Activities of the CIA in Guatemala 1952–1954, NARA RG 263, Box 1 & 2; US Foreign Policy 1953–1963, http://ppl.nhmccd.edu/-craigl/28.html; »Chiquita Banana«, http://lastminute-records.com/lmr/brad.html; Steve Kangas, »A Timeline of CIA Atrocities«, http://www.korpios.org/resurgent/CIAtimeline.html

63 Tim Weiner, »CIA in 1950's Drew Up List of Guatemalan Leaders to Be Assassinated«, *New York Times* vom 28.5.1997; Nicholas Cullather, »Operation PB Success: The United States and Guatemala 1952–1954«; Studies and Other Records Relating to the Activities of the CIA in Guatemala 1952–1954, NARA RG 263, Box 1 & 2.

64 Nicholas Cullather, »Operation PB Success: The United States and Guatemala 1952–1954«; Studies and Other Records Relating to the Activities of the CIA in Guatemala 1952–1954, NARA RG 263, Box 1 & 2; Gerald K. Haines, »CIA and Guatemala Assassination Proposals 1952–1954«, CIA History Staff Analysis, June 1995.

65 Nicholas Cullather, »Operation PB Success: The United States and

Guatemala 1952–1954«; Studies and Other Records Relating to the Activities of the CIA in Guatemala 1952–1954, NARA RG 263, Box 1 & 2.

66 Tim Weiner, »CIA in 1950's Drew Up List of Guatemalan Leaders to Be Assassinated«, *New York Times* vom 28.5.1997; Nicholas Cullather, »Operation PB Success: The United States and Guatemala 1952–1954«.

67 »A Study of Assassination«, Training file of PB Success, NARA RG 263, Box 73, Folder 4.

68 Siehe Anmerkung 67.

69 Protokoll Special Agent case 73317, 3.12.1953; *Colby-Akte* des Falles Dr. Frank R. Olson; Gespräch mit Armand Pastore am 13.2.2002.

70 Memorandum For The Record, Subj.: Suicide of Frank Olson, 28.11.1953, *Colby-Akte* des Falles Dr. Frank R. Olson; Gespräch mit Armand Pastore am 13.2.2002.

71 Bei den beiden Detectives handelte es sich um James Ward und David Mullee; Protokoll Special Agent case 73317, 3.12.1953; *Colby-Akte* des Falles Dr. Frank R. Olson.

72 Protokoll Special Agent case 73317, 3.12.1953; *Colby-Akte* des Falles Dr. Frank R. Olson.

73 Memorandum For The Record, Subj.: Suicide of Frank Olson, 28.11.1953, *Colby-Akte* des Falles Dr. Frank R. Olson; Protokoll Special Agent case 73317, 3.12.1953; *Colby-Akte* des Falles Dr. Frank R. Olson.

74 Protokoll Special Agent case 73317, 3.12.1953; *Colby-Akte* des Falles Dr. Frank R. Olson.

75 Siehe Anmerkung 74.

76 Bericht von Lt. Col. Vincent L. Ruwet (undatiert); *Colby-Akte* des Falles Dr. Frank R. Olson; Eric Olson, »The Frank Olson Story«, Chronologie der Ereignisse, 2000; Gespräche mit Eric Olson zwischen dem 11. und 18.2.2002.

77 Eric Olson, »The Frank Olson Story«, Chronologie der Ereignisse, 2000; Gespräche mit Eric Olson zwischen dem 11. und 18.2.2002.

78 Siehe Anmerkung 77.

79 Während der berichterstattende Agent keinen Namen angibt, wird dessen Kollege mit »Agent Walter P. T. Jr.« bezeichnet; Protokoll Special Agent case 73317, 3.12.1953; *Colby-Akte* des Falles Dr. Frank R. Olson.

80 Protokoll Special Agent case 73317, 3.12.1953; *Colby-Akte* des Falles Dr. Frank R. Olson.

81 Protokoll Special Agent case 73317, 3.12.1953; *Colby-Akte* des Falles Dr. Frank R. Olson; John Marks, »The Search For The Manchurian Candidate«, New York/London 1979; Gespräche mit Eric Olson zwischen dem 11. und 18.2.2002.

82 Statement by Dr. Harold Abramson, Saturday, November 28, 1953; Protokoll Special Agent case 73317, 3.12.1953; *Colby-Akte* des Falles Dr. Frank R. Olson; John Marks, »The Search For The Manchurian Candidate«, New York/London 1979.

83 Protokoll Special Agent case 73317, 3.12.1953; *Colby-Akte* des Falles Dr. Frank R. Olson.

84 Death certificate, City of New York, Department of Health, 2.12.1953; Gespräch mit Prof. Dr. James E. Starrs, George Washington University, am 18.2.2002.

85 Kirkpatrick führte seine Ermittlungen in Zusammenarbeit mit dem *General Counsel*, einer Art Justitiar der CIA, durch; Memorandum For The Record, Subj: Conversation with Dr. Willis Gibbons of TSS re Olson Case, 1.12.1953. Gibbons war Gottliebs unmittelbarer Vorgesetzter; *Colby-Akte* des Falles Dr. Frank R. Olson; John Marks, »The Search For The Manchurian Candidate«, New York/London 1979.

86 Memorandum For The Record, Subj: Conversation with Dr. Willis Gibbons of TSS re Olson Case, 1.12.1953; Gibbons war Gottliebs unmittelbarer Vorgesetzter; *Colby-Akte* des Falles Dr. Frank R. Olson.

87 Eric Olson, »The Frank Olson Story«, Chronologie der Ereignisse, 2000; Gespräche mit Eric Olson zwischen dem 11. und 18.2.2002.

88 Gespräch mit Prof. Dr. James E. Starrs, George Washington University, am 18.2.2002.

89 »In Memoriam – Frank R. Olson Fund«, Kondolenzliste der Trauerfeierlichkeiten am 1.12.1953.

90 Gespräch mit Norman Cournoyer am 16.2.2002.

91 Das LSD wurde inzwischen von *Sandoz* in der Schweiz und vom amerikanischen Konzern *Eli Lilly* bezogen; Memorandum For Inspector General, Subj.: Use of LSD, 1.12.1953; *Colby-Akte* des Falles Dr. Frank R. Olson.

92 John Marks, »The Search For The Manchurian Candidate«, New York/London 1979.

93 Im englischen Originaltext der Stellungnahme heißt es: »(...) I had heard that an experiment had been performed especially to trap him (...)«; Memorandum von Dr. Harold Abramson für *General Counsel* vom 4.12.1953; *Colby-Akte* des Falles Dr. Frank R. Olson.

94 Im englischen Originaltext der Stellungnahme heißt es: »(...) and his release of classified information (...)«; Memorandum von Dr. Harold Abramson für *General Counsel* vom 4.12.1953; *Colby-Akte* des Falles Dr. Frank R. Olson.

95 Das geht auch aus einem Memorandum der CIA vom 14.12.1953 hervor, in dem es heißt, Olson habe keine Hemmungen gehabt, Außenstehenden sein Innenleben zu offenbaren; *Colby-Akte* des Falles Dr. Frank R. Olson. In einem weiteren Memorandum von Lyman B. Kirkpatrick heißt es: »Nach dem Ereignis in (...)« habe »Olson eindeutige Stellungnahmen zu unauthorisierten Personen im Feld und an der Basis abgegeben (...)«; Hank P. Albarelli Jr./John Kelly, »CIA Murder in Manhattan«, unveröffentlichtes Manuskript vom 24.9.2000; Memorandum from Gordon Thomas to Eric Olson, 30.11.1998, http://www.frankolsonproject.org/Statements/Statement-G.Thomas.html; Kevin Dowling/Philip Knightley, »The Olson File«, *Night & Day* vom 23.8.1998.

96 Im englischen Originaltext der Stellungnahme heißt es: »(...) he had long felt that his inability to sleep was connected with his belief that the

CIA group had been putting something like benzedrine in his coffee at night to keep him awake (...)«; Memorandum von Dr. Harold Abramson für *General Counsel* vom 4.12.1953; *Colby-Akte* des Falles Dr. Frank R. Olson.

97 Diese Bewertung war vor allem für die Witwenrente entscheidend, weil damit Frank Olson in der Folge eines Ereignisses in seinem beruflichen Umfeld gestorben war. Als offizielle Todesursache wurde eine »klassifizierte Erkrankung« angegeben; Employee's Notice of Injury Or Occupational Disease, rückdatiert auf den 27.11.1953; Memorandum For Record von Lawrence R. Houston, *General Counsel CIA*, 9.12.1953; *Colby-Akte* des Falles Dr. Frank R. Olson.

98 Stellungnahme von Lyman B. Kirkpatrick. *Inspector General CIA*, für DCI Allen Dulles vom 18.12.1953; *Colby-Akte* des Falles Dr. Frank R. Olson.

99 Statement von Lyman B. Kirkpatrick. *Inspector General CIA*, für DCI Allen Dulles vom 18.12.1953; *Colby-Akte* des Falles Dr. Frank R. Olson; John Marks, »The Search For The Manchurian Candidate«, New York/London 1979.

100 Gespräche mit Eric Olson zwischen dem 11. und 18.2.2002; John Marks, »The Search For The Manchurian Candidate«, New York/London 1979.

101 John Marks, »The Search For The Manchurian Candidate«, New York/London 1979.

102 Norman M. Covert, »Cutting Edge – A History of Fort Detrick, Maryland«, Frederick 1993.

103 Siehe Anmerkung 102.

104 »A Study of Assassination«, Training file of PB Success, NARA RG 263, Box 73, Folder 4.

105 Gespräch mit Ike Feldman am 15.2.2002; Richard Stratton, »Altered States of America«, *Spin Magazine* 3/1994.

106 Gespräch mit Ike Feldman am 15.2.2002.

Capitol Hill

1 Eric Olson, »Getting the news on June 11, 1975«, The Frank Olson Legacy Project; »The Frank Olson Story«, Chronologie der Ereignisse, 2000; Gespräche mit Eric Olson vom 11. bis 18.2.2002.

2 Der Name »Camp Detrick« wurde im Februar 1956 in »Fort Detrick« geändert, weil es sich in der Tradition der Armee bei Camps lediglich um temporäre Einrichtungen handelt; Richard M. Clendenin, »Science and Technology at Fort Detrick 1943–1968«, Frederick 1968.

3 US Senate, Report of Proceedings, Hearing held before Senate Select Committee to Study Governmental Operations with respect to Intelligence Activities, 9.10.1975; John Marks konnte diese Papiere später mit Hilfe des Freedom of Information Act sichern und machte sie zur Grund-

lage seines Buches; John Marks, »The Search For The Manchurian Candidate«, New York/London 1979.

4 »The Frank Olson Story«, Chronologie der Ereignisse, 2000; Gespräche mit Eric Olson vom 11. bis 18.2.2002.

5 Siehe Anmerkung 4.

6 Seymour Hersh, »Operation Chaos«, *New York Times* vom 22.12.1974.

7 Zeitgleich wurde die Operation »Minaret« bekannt, die amerikanische Sympathisanten von Fidel Castro ins Visier genommen hatte, sowie die Operation »Shamrock«, in deren Rahmen die *National Security Agency (NSA)*, der auf elektronische Aufklärung spezialisierte Geheimdienst der USA, routinemäßig amerikanische Auslandspost geöffnet und abfotografiert hatte; James Bamford, »The Puzzle Palace«, New York 1992; *International Herald Tribune* vom 17.10.1995; Egmont R. Koch/ Jochen Sperber, »Die Datenmafia«, Reinbek 1995.

8 Am 27.4.1996 verschwand William Colby nach einer Kanufahrt auf dem Wicomico River nahe Washington spurlos. Eine Woche später wurde sein Leichnam am Strand einer einsamen Insel des Flusses gefunden. Bis heute hält sich die Vermutung, Colbys Tod sei ein Mord im Auftrag alter CIA-Weggefährten gewesen.

9 Report to the President, Commission on CIA Activities Within the United States, June 1975; US Senate, Report of Proceedings, Hearing held before Senate Select Committee to Study Governmental Operations with respect to Intelligence Activities, 9.10.1975.

10 »Panel Finds CIA Broke Law Defends Record«, »CIA Infiltrated 17 Area Groups, Gave Out LSD«, »Commission Rejects Any Suspicion Of CIA Involvement in JFK Death«, alle Artikel in *Washington Post* vom 11.6.1975.

11 Thomas O'Toole, »Suicide Revealed«, *Washington Post* vom 11.6.1975.

12 Eric Olson, »Getting the news on June 11, 1975«, The Frank Olson Legacy Project; Gespräche mit Eric Olson vom 11. bis 18.2.2002.

13 Siehe Anmerkung 12.

14 Gespräche mit Eric Olson vom 11. bis 18.2.2002.

15 »The Frank Olson Story«, Chronologie der Ereignisse, 2000; Gespräche mit Eric Olson vom 11. bis 18.2.2002.

16 »Press conference in the backyard«, Stellungnahme von Eric Olson vor der amerikanischen Presse am 10.7.1975; »The Frank Olson Story«, Chronologie der Ereignisse, 2000; Gespräche mit Eric Olson vom 11. bis 18.2.2002.

17 Justice Department Report, Anhang zum Memorandum The White House, Subj.: The Olson Matter/CIA Suicide, 11.7.1975; Gerald R. Ford Library.

18 Memorandum The White House, Subj.: The Olson Matter/CIA Suicide, 11.7.1975; Gerald R. Ford Library.

19 Siehe Anmerkung 18.

20 *Colby-Akte* des Falles Dr. Frank R. Olson vom 24.7.1975.

21 »Colby's Vietnam: History misrepresented«, *Washington Post* vom 1.5.1981; Thomas Powers, »The Man Who Kept the Secret«, New York 1979.

22 Schreiben von *CIA Special Counsel* Mitchell Rogovin an Rechtsanwalt David Kairys vom 24.7.1975. Dieses Ansinnen wurde von den Anwälten abgelehnt; Schreiben von Rechtsanwalt David Kairys an *CIA Special Counsel* Mitchell Rogovin vom 7. und 8.8.1975.

23 Schreiben von Rechtsanwalt David Kairys an *CIA Special Counsel* Mitchell Rogovin vom 7. und 8.8.1975.

24 Das mysteriöse Dokument wurde im Juli 1994 von *Associated-Press*-Reporter Deb Reichman in der Olson-Akte in Fort Detrick gefunden; »The Frank Olson Story«, Chronologie der Ereignisse, 2000; Gespräche mit Eric Olson vom 11. bis 18.2.2002.

25 Mysteriöses Dokument »Dr. F. W. Olson« vom 24.7.1975.

26 US Senate, Hearings held before Senate Select Committee to Study Governmental Operations with respect to Intelligence Activities, 1973 bis 1976.

27 Memorandum The White House, Subj.: The Olson Matter/CIA Suicide, 11.7.1975; Gerald R. Ford Library.

28 US Senate, Hearings held before the Select Committee on Intelligence and the Subcommittee on Health and Scientific Research; US Senate, Joint Hearings before the Subcommittee on Health and Scientific Research of the Committee on Human Resources, 1975 bis 1977.

29 Richard Stratton, »Altered States of America«, *Spin Magazine* 3/1994; Gespräch mit Ike Feldman am 15.2.2002.

30 US Senate, Joint Hearing held before Senate Select Committee on Intelligence and Subcommittee on Health and Scientific Research, 3.8.1977.

31 US Senate, Report of Proceedings, Hearing held before Senate Select Committee to Study Governmental Operations with respect to Intelligence Activities, 9.10.1975; John Marks, »The Search For The Manchurian Candidate«, New York/London 1979; Martin A. Lee/Bruce Shlain, »Acid Dreams«, New York 1985.

32 Richard Stratton, »Altered States of America«, *Spin Magazine* 3/1994; Gespräch mit Ike Feldman am 15.2.2002; John Marks, »The Search For The Manchurian Candidate«, New York/London 1979.

33 Martin A. Lee/Bruce Shlain, »Acid Dreams«, New York 1985.

34 Richard Stratton, »Altered States of America«, *Spin Magazine* 3/1994; Gespräch mit Ike Feldman am 15.2.2002.

35 US Senate, Report of Proceedings, Hearing held before Senate Select Committee to Study Governmental Operations with respect to Intelligence Activities, 9.10.1975; John Marks, »The Search For The Manchurian Candidate«, New York/London 1979; Martin A. Lee/Bruce Shlain, »Acid Dreams«, New York 1985.

36 US Senate, Joint Hearing held before the Select Committee on Intelligence and the Subcommittee on Health and Scientific Research, 3.8.1977; John Marks, »The Search For The Manchurian Candidate«, New York/London 1979.

37 Memorandum For the Record, Subproject 42 MKULTRA, 17.8.1956; Joint Hearing held before Senate Select Committee on Intelligence and Subcommittee on Health and Scientific Research, 3.8.1977; *John Marks' files*, National Security Archives; John Marks, »The Search For The Manchurian Candidate«, New York/London 1979; Martin A. Lee/Bruce Shlain, »Acid Dreams«, New York 1985.

38 Gespräch mit Ike Feldman am 15.2.2002.

39 Siehe Anmerkung 38.

40 Siehe Anmerkung 38.

41 1961 wurden in Vietnam sechzig Sprüheinsätze geflogen, 1962 bereits 107, unter anderem an Kanälen und Flüssen des dicht besiedelten Mekong-Deltas. 1966 steigerten die USA das kombinierte Entlaubungs- und Erntevernichtungsprogramm auf eine Fläche von 2000 Quadratkilometern, 1967 auf fast 4000 Quadratkilometer. Es handelte sich bei den Pflanzengiften um eine Mischung aus den Produkten 2,4-D und 2,4,5-T, die als *Agent Orange* in die Geschichte einging und bei Tausenden von Vietnamesen, aber auch amerikanischen Soldaten, zu schweren Erkrankungen, bei Schwangeren zu Missbildungen ihrer ungeborenen Kinder führen sollte; Steven Rose, »Gefahr aus der Retorte«, Freiburg 1969; »The Problem of Chemical and Biological Warfare«, SIPRI-Report Volume 1, New York/Stockholm 1971.

42 Hearing held before Senate Select Committee on Intelligence and Subcommittee on Health and Scientific Research, 3.8.1977; *John Marks' files*, National Security Archives; John Marks, »The Search For The Manchurian Candidate«, New York/London 1979; Martin A. Lee/Bruce Shlain, »Acid Dreams«, New York 1985.

43 Martin A. Lee/Bruce Shlain, »Acid Dreams«, New York 1985.

44 Memorandum for Director, Subj.: CIA R&D and Testing of Behavioral Drugs, 5.2.1975; Memorandum »Behavioral Drugs and Testing«, 11.2.1975; *John Marks' files*, National Security Archives.

45 Stellungnahme von Sidney Gottlieb vor dem Senate Select Committee to Study Governmental Operations With Respect to Intelligence Activities am 9.10.1975.

46 Memorandum for the record »MKULTRA«, 17.1.1975; Memorandum for the record »Behavioral Drugs«, 29.1.1975; Memorandum for Director, Subj.: CIA R&D and Testing of Behavioral Drugs, 5.2.1975; Memorandum »Behavioral Drugs and Testing«, 11.2.1975; *John Marks' files*, National Security Archives.

47 Memorandum for the record »MKULTRA«, 17.1.1975; Memorandum for the record »Behavioral Drugs«, 29.1.1975; *John Marks' files*, National Security Archives.

48 Memorandum for Inspector General, Subj.: Destruction of Drug and Toxin Related Files«, 3.10.1975; *John Marks' files*, National Security Archives.

49 Memorandum »Behavioral Drugs and Testing«, 11.2.1975; *John Marks' files*, National Security Archives.

50 Statement by John Marks Concerning Release of CIA-MKULTRA Behavior Control Documents, 20.7.1977. Die Dokumente sind als *John Marks' files* in den National Security Archives in Washington für jedermann einsehbar.

51 John Marks, »The Search For The Manchurian Candidate«, New York/London 1979.

52 Im Englischen heißt es: »(...) bodies available for terminal experiments (...)«; Classified Message DIR 15339, 1650Z 31.8.1954; die Dependance, an die das Kabel ging, wurde vor dessen Freigabe geschwärzt; *John Marks' files*, National Security Archives.

53 Artichoke Operation Report August/September 1954, 14.9.1954; Report of Artichoke Operations 20 to 23 January 1955; *John Marks' files*, National Security Archives.

54 Memorandum Subj.: Artichoke Interviews with Contacts, 20.1.1954; *John Marks' files*, National Security Archives; Jonathan D. Moreno, »Undue Risk«, New York 2001.

55 Report of Artichoke Operations 20 to 23 January 1955; *John Marks' files*, National Security Archives; Jonathan D. Moreno, »Undue Risk«, New York 2001.

56 Memorandum for the record »MKULTRA«, 17.1.1975; US Senate, Joint Hearing held before Senate Select Committee on Intelligence and Subcommittee on Health and Scientific Research, 3.8.1977; Jonathan D. Moreno, »Undue Risk«, New York 2001.

57 Martin A. Lee/Bruce Shlain, »Acid Dreams«, New York 1985; Jonathan D. Moreno, »Undue Risk«, New York 2001.

58 Neben den drei genannten zählten noch andere Psychiater und Mediziner zum externen Team Gottliebs, darunter Dr. Paul Hoch vom *New York State Psychiatric Institute* (*PI*) und Professor Henry K. Beecher, Chefarzt am Massachusetts General Hospital in Boston; John Marks, »The Search For The Manchurian Candidate«, New York/London 1979; Martin A. Lee/Bruce Shlain, »Acid Dreams«, New York 1985; Jonathan D. Moreno, »Undue Risk«, New York 2001.

59 Elliot S. Valenstein, »Brain Control«, New York 1973; Egmont R. Koch, »Chirurgie der Seele«, Stuttgart 1976; Meinhard Adler/Rolf Saupe, »Psychochirurgie«, Stuttgart 1979; Egmont R. Koch/Wolfgang Kessler, »Am Ende ein neuer Mensch?«, Stuttgart 1974.

60 Martin A. Lee/Bruce Shlain, »Acid Dreams«, New York 1985; Elliot S. Valenstein, »Brain Control«, New York 1973; Egmont R. Koch, »Chirurgie der Seele«, Stuttgart 1976.

61 Orlikow v. United States, Verfahren von David und Val Orlikow gegen das *Allan Memorial Institute* der McGill University in Montreal und dessen Auftraggeber, die CIA; 682 F.Supp.77 (D.D.C. 1988) (Civ.No. 80-3163); John Marks, »The Search For The Manchurian Candidate«, New York/London 1979; Jonathan D. Moreno, »Undue Risk«, New York 2001.

62 Orlikow v. United States, 682 F.Supp.77 (D.D.C. 1988) (Civ.No. 80-3163); Jonathan D. Moreno, »Undue Risk«, New York 2001.

63 Orlikow v. United States, 682 F.Supp.77 (D.D.C. 1988) (Civ.No. 80-3163); Jonathan D. Moreno, »Undue Risk«, New York 2001; John Marks, »The Search For The Manchurian Candidate«, New York/London 1979.

64 Sem-Jacobsen nahm diese Versuche offenbar zusammen mit Wissenschaftlern des Rochester State Hospital in Minnesota vor; *Night & Day* vom 23.8.1998; Joar Tranoy, »Psykiatriens kjemiske makt«, Olso 1995; Tore Pryser, »Krigsbarn, LSD og CIA«, *Dagbladet* vom 14.10.2000; »Forsokskanin i LSD-eksperiment«, *Osloposten* vom 25.4.2001.

65 Manfred Ertel, »Gang durch die Hölle«, *Der Spiegel* 8/2001; Steffi Kammerer, »Verdammt, deutsch zu sein«, *Süddeutsche Zeitung* vom 7./8.7.2001; »Deutschenkinder klagen in Oslo«, *Süddeutsche Zeitung* vom 30.10.2001.

66 Tore Pryser, »Krigsbarn, LSD og CIA«, *Dagbladet*, 14.10.2000; die Anwältin Randi Hagen Spydevold vertritt eine Reihe von *krigsbarn*-Kindern, die gegen den norwegischen Staat klagen; *Aftenposten* vom 22.10.2001; »Tödliche LSD-Tests an Kriegskindern?«, *Die Tageszeitung* vom 4.9.2000;

67 Gespräch mit Robert G. Heath in Egmont R. Koch/Wolfgang Kessler, »Am Ende ein neuer Mensch?«, Stuttgart 1974; Elliot S. Valenstein, »Brain Control«, New York 1973; Egmont R. Koch, »Chirurgie der Seele«, Stuttgart 1976.

68 Robert G. Heath, »Electrical self-stimulation of the brain in man«, *American Journal of Psychiatry* 120, 1963, S. 571; Robert G. Heath, »The Role of Pleasure in Behavior«, New York 1964; Robert G. Heath, »Pleasure and Brain Activity in Man«, *Journal of Nerval Mental Diseases* 154, 1972, S. 3; Egmont R. Koch, »Chirurgie der Seele«, Stuttgart 1976.

69 Gespräch mit Robert G. Heath in Egmont R. Koch/Wolfgang Kessler, »Am Ende ein neuer Mensch?«, Stuttgart 1974.

70 Siehe Anmerkung 69.

71 *New York Times* vom 17.9.1975; US Senate, Report of Proceedings, Hearing held before Senate Select Committee to Study Governmental Operations with respect to Intelligence Activities, 9.10.1975.

72 Summary Report on CIA Investigation on MK Naomi, Joint Hearings Before the Subcommittee on Health and the Subcommittee on Administrative Practice and Procedure, 10.9, 12.9., 7.11.1975.

73 Siehe Anmerkung 72.

74 Nach Angaben von Colby standen im Rahmen der Operation »MK Naomi« zwischen 1953 und 1970 nicht mehr als etwa drei Millionen US-Dollar zur Verfügung; US Senate, Report of Proceedings, Hearing held before Senate Select Committee to Study Governmental Operations with respect to Intelligence Activities, 9.10.1975.

75 Das CIA-Depot umfasste 100 Gramm *Bacillus anthracis*, 20 Gramm *Pasteurella tularensis*, 20 Gramm *Venezuelan equine encephalomyelitis Virus*, 20 Gramm *Coccidioides immitis*, 2 bis 3 Gramm *Brucella suis*, 2 bis 3 Gramm *Brucella melitensis*, 3 Gramm *Mycobacterium tuberculosis*, 10 Gramm *Salmonella typhimurium*, 3 Gramm (chlorresistentes) *Salmonella*

typhimurium und 50 Gramm *Variola Virus*; daneben die folgenden Toxine: 10 Gramm *Staphylococcus Enterotoxin*, 5 Gramm *Clostridium botulinum Typ A*, 5193 Milligramm *Paralytic Shellfish Poison*, 2 Gramm *Bungarus candidas venom*, 25 Milligramm *Microcystis aeruginosa toxin* und 100 Milligramm *Toxiferine*; Ed Regis, »The Biology Of Doom«, New York 1999; Summary Report on CIA Investigation on MK Naomi, Joint Hearings Before the Subcommittee on Health and the Subcommittee on Administrative Practice and Procedure, 10.9.,12.9., 7.11.1975; Judith Miller/Stephen Engelberg/William Broad, »Germs«, New York 2001.

76 Die Army besaß für ihre eigenen Zwecke ebenfalls ein Gift-Depot in der *SO-Division* von Fort Detrick, das aber vernichtet wurde; Summary Report on CIA Investigation on »MK Naomi«, Joint Hearings Before the Subcommittee on Health and the Subcommittee on Administrative Practice and Procedure, 10.9.,12.9., 7.11.1975; Testimony of Sidney Gottlieb before Senate Select Committee to Study Governmental Operations with respect to Intelligence Activities, 9.10.1975; Ed Regis, »The Biology Of Doom«, New York 1999; Judith Miller/Stephen Engelberg/William Broad, »Germs«, New York 2001.

77 Testimony of Sidney Gottlieb before Senate Select Committee to Study Governmental Operations with respect to Intelligence Activities, 9.10.1975; John Marks, »The Search For The Manchurian Candidate«, New York/London 1979.

78 US Senate, Report of Proceedings, Hearing held before Senate Select Committee to Study Governmental Operations with respect to Intelligence Activities, 9.10.1975; Ed Regis, »The Biology Of Doom«, New York 1999.

79 In Gottliebs Anhörung vor dem Church-Komitee ist von einem irakischen Colonel Mahdawi die Rede, dem ein präpariertes Taschentuch aus Indien als Geschenk übermittelt werden sollte; mit den Bazillen in dem Taschenbuch sollte der Iraker »drei bis sechs Monate lahm gelegt« werden. Es ist nicht klar, ob es sich um den gleichen Fall oder um zwei verschiedene Fälle handelt; Testimony of Sidney Gottlieb before Senate Select Committee to Study Governmental Operations with respect to Intelligence Activities, 9.10.1975; Ed Regis, »The Biology Of Doom«, New York 1999; John Marks, »The Search For The Manchurian Candidate«, New York/London 1979; US Senate, Report of Proceedings, Hearing held before Senate Select Committee to Study Governmental Operations with respect to Intelligence Activities, 9.10.1975.

80 Appendix II: The Congo 1960 – State Terrorism and Foreign Policy, US Senate, Report of Proceedings, Hearing held before Senate Select Committee to Study Governmental Operations with respect to Intelligence Activities, 9.10.1975; *Harper's Magazine* vom Oktober 1984; Ted Gup, »The Coldest Warrior«, *The Washington Post Magazine* vom 16.12.2001.

81 Appendix II: The Congo 1960 – State Terrorism and Foreign Policy, US Senate, Report of Proceedings, Hearing held before Senate Select Committee to Study Governmental Operations with respect to Intelligence Activities, 9.10.1975; Ed Regis, »The Biology Of Doom«, New York 1999.

82 Testimony of Sidney Gottlieb before Senate Select Committee to Study Governmental Operations with respect to Intelligence Activities, 9.10.1975; Appendix II: The Congo 1960 – State Terrorism and Foreign Policy, US Senate, Report of Proceedings, Hearing held before Senate Select Committee to Study Governmental Operations with respect to Intelligence Activities, 9.10.1975; Ed Regis, »The Biology Of Doom«, New York 1999.

83 Gottlieb selbst konnte sich während der Anhörung des Church-Komitees nicht erinnern, ob es sich um Anthrax, Tuberkulose oder Hasenpest gehandelt hatte; dass es um Botulismustoxin ging, recherchierte Ed Regis in seinem Buch »The Biology Of Doom«, New York 1999; Testimony of Sidney Gottlieb before Senate Select Committee to Study Governmental Operations with respect to Intelligence Activities, 9.10.1975.

84 Ed Regis, »The Biology Of Doom«, New York 1999.

85 Appendix II: The Congo 1960 – State Terrorism and Foreign Policy, US Senate, Report of Proceedings, Hearing held before Senate Select Committee to Study Governmental Operations with respect to Intelligence Activities, 9.10.1975.

86 Ted Gup, »The Coldest Warrior«, *The Washington Post Magazine* vom 16.12.2001.

87 Testimony of Sidney Gottlieb before Senate Select Committee to Study Governmental Operations with respect to Intelligence Activities, 9.10.1975; Ted Gup, »The Coldest Warrior«, *The Washington Post Magazine* vom 16.12.2001; Ed Regis, »The Biology Of Doom«, New York 1999.

88 Testimony of Sidney Gottlieb before Senate Select Committee to Study Governmental Operations with respect to Intelligence Activities, 9.10.1975.

89 Siehe Anmerkung 88.

90 Appendix II: The Congo 1960 – State Terrorism and Foreign Policy, US Senate, Report of Proceedings, Hearing held before Senate Select Committee to Study Governmental Operations with respect to Intelligence Activities, 9.10.1975.

91 Ted Gup, »The Coldest Warrior«, *The Washington Post Magazine* vom 16.12.2001.

92 Ludo De Witte, »L'assassinat de Lumumba«, Paris 1999.

93 Appendix II: The Congo 1960 – State Terrorism and Foreign Policy, US Senate, Report of Proceedings, Hearing held before Senate Select Committee to Study Governmental Operations with respect to Intelligence Activities, 9.10.1975.

94 US Senate, Report of Proceedings, Hearing held before Senate Select Committee to Study Governmental Operations with respect to Intelligence Activities, 9.10.1975; Ed Regis, »The Biology Of Doom«, New York 1999.

95 US Senate, Report of Proceedings, Hearing held before Senate Select Committee to Study Governmental Operations with respect to Intelligence Activities, 9.10.1975; Ed Regis, »The Biology Of Doom«, New York 1999; John Marks, »The Search For The Manchurian Candidate«, New York/London 1979.

96 Siehe Anmerkung 95.

97 US Senate, Report of Proceedings, Hearing held before Senate Select Committee to Study Governmental Operations with respect to Intelligence Activities, 9.10.1975; Ed Regis, »The Biology Of Doom«, New York 1999; John Marks, »The Search For The Manchurian Candidate«, New York/London 1979.

98 US Senate, Report of Proceedings, Hearing held before Senate Select Committee to Study Governmental Operations with respect to Intelligence Activities, 9.10.1975; Ed Regis, »The Biology Of Doom«, New York 1999; John Marks, »The Search For The Manchurian Candidate«, New York/London 1979; Testimony of Sidney Gottlieb before Senate Select Committee to Study Governmental Operations with respect to Intelligence Activities, 9.10.1975.

99 Nach anderen Informationen händigten die Mafiosi die Kapseln an Castros damalige deutsche Freundin Marita Lorenz aus, die sich jedoch in letzter Minute weigerte, den Geliebten zu vergiften, und die Kapseln ins Bidet spülte; Marita Lorenz/Wilfried Huismann, »Lieber Fidel«, München 2000; Testimony of Sidney Gottlieb before Senate Select Committee to Study Governmental Operations with respect to Intelligence Activities, 9.10.1975; Ed Regis, »The Biology Of Doom«, New York 1999.

100 US Senate, Report of Proceedings, Hearing held before Senate Select Committee to Study Governmental Operations with respect to Intelligence Activities, 9.10.1975; Ed Regis, »The Biology Of Doom«, New York 1999.

101 Testimony of Sidney Gottlieb before Senate Select Committee to Study Governmental Operations with respect to Intelligence Activities, 9.10.1975; Ted Gup, »The Coldest Warrior«, *The Washington Post Magazine* vom 16.12.2001.

102 US Senate, Joint Hearings before the Subcommittee on Health and Scientific Research of the Committee on Human Resources, 1975–1977; Ted Gup, »The Coldest Warrior«, *The Washington Post Magazine* vom 16.12.2001.

103 Ted Gup, »The Coldest Warrior«, *The Washington Post Magazine* vom 16.12.2001.

104 Beechers biografische Daten stammen von Vincent J. Kopp, M. D.: http://www.asahq.org/NEWSLETTERS/1999/09_99/beecher0999.html; Jonathan D. Moreno, »Undue Risk«, New York 2001.

105 »Report on Trip to Germany 22 September to 30 September 1951 (Top Secret Control, SD-34990)«, von Henry K. Beecher, Harvard Medical School, Boston/Massachusetts, für Colonel John R. Wood, Department of the Army, 21.10.1951; Henry K. Beecher, »Information From Europe Related to the Ego-Depressants«, 4.9.1952.

106 Jonathan D. Moreno, »Undue Risk«, New York 2001.

107 Siehe Anmerkung 106.

108 Henry K. Beecher, »Ethics and clinical research«, *New England Journal of Medicine* 274, 1966, S.1354.

109 Auf Henry K. Beecher gehen auch die Verwendung so genannter

»Placebos«, unwirksamer Pillen und Therapien, zurück, weil der Scheineffekt (»Placeboeffekt«) bei klinischen Untersuchungen eine sehr wichtige Rolle spielt. Diese Erkenntnisse hatte Beecher offenbar auch bei den Drogenversuchen mit LSD gewonnen. Beecher empfahl deshalb so genannte »Doppelblindstudien«, bei denen weder die Versuchsperson noch der Versuchsleiter wissen, wer ein echtes Präparat, wer ein »Placebo« erhält. Nur auf diese Weise seien medizinische und pharmakologische Experimente objektivierbar; Henry K. Beecher, »The powerful placebo«, *Journal of the American Medical Association*, 159, 1955, S. 1602.

110 Beecher meldete sich in den Sechziger- und Siebzigerjahren immer wieder zu Fragen der medizinischen Verantwortung und ärztlichen Ethik zu Wort; überdies sind viele medizinische Preise und Auszeichnungen nach ihm benannt worden; Jonathan D. Moreno, »Undue Risk«, New York 2001; Egmont R. Koch/Wolfgang Kessler, »Am Ende ein neuer Mensch?«, Stuttgart 1974.

111 Henry K. Beecher, »Information From Europe Related to the Ego-Depressants«, 4.9.1952; *John Marks' file*, National Security Archives.

112 Memorandum from Secretary of Defense Charles E. Wilson, Subj.: Use of Human Volunteers in Experimental Research, 26.2.1953, revidierte Fassung vom 12.3.1954; ACHRE Report »Human Radiation Experiments«, Part 1, »The Department of Defense: Consent is Formalized«; US Army Inspector General, »Use of Volunteers in Chemical Agent Research«, Washington 1975.

113 Jonathan D. Moreno, »Undue Risk«, New York 2001.

114 Siehe Anmerkung 113.

115 »Army Projects from Outside the Medical Department«, US Senate, Joint Hearings before the Subcommittee on Health and Scientific Research of the Committee on Human Resources, »Human-Use Experimentation Programs of the Department of Defense and Central Intelligence Agency«, 1975–1977.

116 US Senate, Joint Hearings before the Subcommittee on Health and Scientific Research of the Committee on Human Resources, Appendix A: »Testing and Use of Chemical and Biological Agents by the Intelligence Community«, 3.8.1977; Jonathan D. Moreno, »Undue Risk«, New York 2001.

117 Ed Regis, »The Biology Of Doom«, New York 1999; Jonathan D. Moreno, »Undue Risk«, New York 2001.

118 US Senate, Joint Hearings before the Subcommittee on Health and Scientific Research of the Committee on Human Resources, Appendix A: »Testing and Use of Chemical and Biological Agents by the Intelligence Community«, 3.8.1977; Jonathan D. Moreno, »Undue Risk«, New York 2001; John Marks, »The Search For The Manchurian Candidate«, New York/London 1979.

119 SPT Trip Report, Operation THIRD CHANCE, 6.9.1961; US Senate, Joint Hearings before the Subcommittee on Health and Scientific Research of the Committee on Human Resources, Appendix A: »Testing and Use of

Chemical and Biological Agents by the Intelligence Community«, 3.8.1977.

120 Jonathan D. Moreno, »Undue Risk«, New York 2001; Memorandum from Secretary of Defense Charles E. Wilson, Subj.: Use of Human Volunteers in Experimental Research, 26.2.1953, revidierte Fassung vom 12.3.1954.

121 Medical and Pharmacological Report Operation DERBY HAT, Case 1, 20.9.1962; US Senate, Joint Hearings before the Subcommittee on Health and Scientific Research of the Committee on Human Resources, Appendix A: »Testing and Use of Chemical and Biological Agents by the Intelligence Community«, 3.8.1977.

122 US Senate, Joint Hearings before the Subcommittee on Health and Scientific Research of the Committee on Human Resources, Appendix A: »Testing and Use of Chemical and Biological Agents by the Intelligence Community«, 3.8.1977.

123 Im Mai 1976 verabschiedete der Senat ein Gesetz, dass Alice Olson und ihren drei erwachsenen Kindern Eric, Lisa und Nils eine Entschädigung von 1,25 Millionen US-Dollar zusprach, die auf Intervention eines Abgeordneten im Repräsentantenhaus dann noch einmal um eine halbe Million US-Dollar reduziert wurde; »The Frank Olson Story«, Chronologie der Ereignisse, 2000; Gespräche mit Eric Olson vom 11. bis 18.2.2002.

124 »The Frank Olson Story«, Chronologie der Ereignisse, 2000; Gespräche mit Eric Olson vom 11. bis 18.2.2002.

125 Siehe Anmerkung 124.

126 Siehe Anmerkung 124.

127 »The Frank Olson Story«, Chronologie der Ereignisse, 2000; Gespräche mit Eric Olson vom 11. bis 18.2.2002; Ted Gup, »The Coldest Warrior«, *The Washington Post Magazine* vom 16.12.2001; Ed Regis, »The Biology Of Doom«, New York 1999.

128 »The Frank Olson Story«, Chronologie der Ereignisse, 2000; Gespräche mit Eric Olson vom 11. bis 18.2.2002; Ted Gup, »The Coldest Warrior«, *The Washington Post Magazine* vom 16.12.2001.

129 »The Frank Olson Story«, Chronologie der Ereignisse, 2000; Gespräche mit Eric Olson vom 11. bis 18.2.2002.

130 »The Frank Olson Story«, Chronologie der Ereignisse, 2000; Gespräche mit Eric Olson vom 11. bis 18.2.2002; Ted Gup, »The Coldest Warrior«, *The Washington Post Magazine* vom 16.12.2001.

131 Siehe Anmerkung 130.

132 Siehe Anmerkung 130.

133 Ted Gup, »The Coldest Warrior«, *The Washington Post Magazine* vom 16.12.2001.

Blowback

1 Jack Dolan/Dave Altimari, »Detrick lost pathogens: Army audit«, *The Hartford Courant* vom 20.1.2002.

2 Eine der Proben wurde später wiedergefunden, die anderen 26 blieben verschollen; Jack Dolan/Dave Altimari, »Detrick lost pathogens: Army audit«, *The Hartford Courant* vom 20.1.2002.

3 Jack Dolan/Dave Altimari/Lynne Tuohy, »Scientist faults lab's security«, *The Hartford Courant* vom 20.1.2002.

4 Jack Dolan/Dave Altimari, »Detrick lost pathogens: Army audit«, *The Hartford Courant* vom 20.1.2002; Jack Dolan/Dave Altimari/Lynne Tuohy, »Scientist faults lab's security«, *The Hartford Courant* vom 20.1.2002.

5 Jack Dolan/Dave Altimari, »Detrick lost pathogens: Army audit«, *The Hartford Courant* vom 20.1.2002; Jack Dolan/Dave Altimari/Lynne Tuohy, »Scientist faults lab's security«, *The Hartford Courant* vom 20.1.2002; »Genom des terroristischen Anthrax-Erregers sequenziert – Herkunft US-Armee?«, *Deutsches Ärzteblatt* vom 10.5.2002.

6 »Camp Detrick scientists, technicians reunite«, *Frederick News-Post* vom 23.10.1992.

7 Ed Regis, »The Biology Of Doom«, New York 1999; Norman M. Covert, »Cutting Edge«, Frederick 2000; »Science and Technology at Fort Detrick 1943–1968«, Frederick 1968; Jeanne McDermott, »The Killing Winds«, New York 1987.

8 Norman M. Covert, »Cutting Edge«, Frederick 2000; »Science and Technology at Fort Detrick 1943–1968«, Frederick 1968; Jeanne McDermott, »The Killing Winds«, New York 1987.

9 Norman M. Covert, »Cutting Edge«, Frederick 2000; »Science and Technology at Fort Detrick 1943–1968«, Frederick 1968; Ed Regis, »The Biology Of Doom«, New York 1999.

10 Norman M. Covert, »Cutting Edge«, Frederick 2000; »Science and Technology at Fort Detrick 1943–1968«, Frederick 1968; »Camp Detrick scientists, technicians reunite«, *Frederick News-Post* vom 23.10.1992.

11 Norman M. Covert, »Cutting Edge«, Frederick 2000; Ed Regis, »The Biology Of Doom«, New York 1999.

12 Siehe Anmerkung 11.

13 Der »8-Ball« wird im *National Register of Historic Places* geführt; Norman M. Covert, »Cutting Edge«, Frederick 2000; Ed Regis, »The Biology Of Doom«, New York 1999.

14 Jack Dolan/Dave Altimari, »Detrick lost pathogens: Army audit«, *The Hartford Courant* vom 20.1.2002; Jack Dolan/Dave Altimari/Lynne Tuohy, »Scientist faults lab's security«, *The Hartford Courant* vom 20.1.2002.

15 »Anniversary festivities«, *Frederick News-Post* vom 10.5.1993.

16 »The Frank Olson Story«, Chronologie der Ereignisse, 2000; Gespräche mit Eric Olson vom 11. bis 18.2.2002.

17 Nancy Luse, »Former commanders not fading«, *Frederick News-Post* vom 10.5.1993.

18 Siehe Anmerkung 17.

19 »The Frank Olson Story«, Chronologie der Ereignisse, 2000; Gespräche mit Eric Olson vom 11. bis 18.2.2002.

20 James E. Starrs, Professor of Law and Forensic Sciences, wird vom *Department of Forensic Sciences* der George Washington University als »Full-Time Faculty« geführt.

21 Gespräch mit James E. Starrs am 17.2.2002; Gespräche mit Eric Olson zwischen dem 11. und 18.2.2002.

22 Gespräch mit James E. Starrs am 17.2.2002; Brian Mooar, »Tests Contradict U.S. Story of Man's Suicide«, *Washington Post* vom 12.7.1994.

23 »The Frank Olson Story«, Chronologie der Ereignisse, 2000; Gespräche mit Eric Olson vom 11. bis 18.2.2002.

24 Bei der Obduktion 1953 hatte nur eine äußere Leichenbeschau stattgefunden, keine Untersuchung der inneren Verletzungen; Gespräch mit James E. Starrs am 17.2.2002.

25 Nur einer von Starrs Mitarbeitern hielt es für möglich, dass sich Frank Olson die Verletzung beim Sprung aus dem Fenster an dessen Rahmen zugezogen haben könnte; Gespräch mit James E. Starrs am 17.2.2002; Brian Mooar, »Tests Contradict U.S. Story of Man's Suicide«, *Washington Post* vom 12.7.1994; Michael Ignatieff, »What Did the C.I.A. Do to His Father?«, *The New York Times Magazine* vom 1.4.2001.

26 Gespräch mit James E. Starrs am 17.2.2002; Gespräche mit Eric Olson zwischen dem 11. und 18.2.2002; Gespräch mit Armand Pastore am 13.2.2002.

27 Gespräch mit James E. Starrs am 17.2.2002.

28 US House of Representatives, Committee on Government Operations, Legislation and National Security Subcommittee, Hearings of Chairman John Conyers, Jr., 28.9.1994.

29 Brian Mooar, »New Study Yields Little on Death Of Biochemist Drugged by the CIA«, *Washington Post* vom 29.11.1994; Gespräch mit James E. Starrs am 17.2.2002; »The Frank Olson Story«, Chronologie der Ereignisse, 2000.

30 »Doktor thinks CIA man saw Olson fall to death«, *The News/Frederick* vom 19.1.1995; Gesprächsprotokoll zwischen Dr. Robert Gibson und Eric Olson vom 20.12.1999, von Gibson handschriftlich ergänzt und bestätigt; Gespräch mit James E. Starrs am 17.2.2002.

31 »Doktor thinks CIA man saw Olson fall to death«, *The News/Frederick* vom 19.1.1995; Gesprächsprotokoll zwischen Dr. Robert Gibson und Eric Olson vom 20.12.1999, von Gibson handschriftlich ergänzt und bestätigt.

32 »Doktor thinks CIA man saw Olson fall to death«, *The News/Frederick* vom 19.1.1995.

33 »Doktor thinks CIA man saw Olson fall to death«, *The News/Frederick* vom 19.1.1995; Gesprächsprotokoll zwischen Dr. Robert Gibson

und Eric Olson vom 20.12.1999, von Gibson handschriftlich ergänzt und bestätigt; Gespräch mit James E. Starrs am 17.2.2002; Gespräche mit Eric Olson zwischen dem 11. und 18.2.2002.

34 »A Study of Assassination«, Training file of PB Success, NARA RG 263, Box 73, Folder 4.

35 Gespräch mit James E. Starrs am 17.2.2002.

36 Dies wurde von Ari Ben-Menashe, einem ehemaligen Agenten des israelischen Geheimdienstes, der in Ungnade fiel und sich in Montreal als Geschäftsmann niederließ, bestätigt; »The Frank Olson Story«, Chronologie der Ereignisse, 2000; Gespräche mit Eric Olson vom 11. bis 18.2.2002.

37 William E. Colby, »Honorable Men«, New York 1978; »The Frank Olson Story«, Chronologie der Ereignisse, 2000.

38 »The Frank Olson Story«, Chronologie der Ereignisse, 2000; Gespräche mit Eric Olson vom 11. bis 18.2.2002; News Release District Attorney New York County vom 25.1.2001.

39 »Searchers find human scent near Colby's home«, *CNN* vom 30.4.1996; Arlington National Cemetery Website: William Egan Colby; http://www. arlingtoncemetery.com/wcolby.htm

40 »The Frank Olson Story«, Chronologie der Ereignisse, 2000; Arlington National Cemetery Website: William Egan Colby; http://www.arlingtoncemetery.com/wcolby.htm

41 »Searchers find human scent near Colby's home«, *CNN* vom 30.4.1996; Arlington National Cemetery Website: William Egan Colby; http://www. arlingtoncemetery.com/wcolby.htm

42 »The Frank Olson Story«, Chronologie der Ereignisse, 2000.

43 »The Frank Olson Story«, Chronologie der Ereignisse, 2000; Gespräche mit Eric Olson vom 11. bis 18.2.2002.

44 Siehe Anmerkung 43.

45 Siehe Anmerkung 43.

46 Siehe Anmerkung 43.

47 Siehe Anmerkung 43.

48 Gespräche mit Eric Olson vom 11. bis 18.2.2002; Eric Olson, »Shutting off curiosity«, 24.8.2001; Eric Olson, »Blowback from 1953: Thoughts on the Frank Olson story and another one«, Oktober 2001.

49 »The Frank Olson Story«, Chronologie der Ereignisse, 2000; Gespräche mit Eric Olson vom 11. bis 18.2.2002; Gespräch mit Don Falconer am 4. und 8.2.2002; Gespräche mit Henry T. Eigelsbach am 9. und 10.2.2002.

50 »The Frank Olson Story«, Chronologie der Ereignisse, 2000.

51 Das Verfahren wurde später gegen die Witwe Margaret Gottlieb weitergeführt, endete aber mit einer Zurückweisung, weil nicht nachzuweisen war, dass es sich bei dem damaligen »Klumpfuß« in Paris tatsächlich um Sidney Gottlieb gehandelt hatte; Affidavit of Stanley Milton Glickman P13, 20.8.1983; Kronisch v. United States, 150 F.3d 112 (2nd Cir. 1998); US Court of Appeals: Gloria Kronisch v. Margaret Gottlieb, No. 99-6152, 2.5.2000; *New York Law Journal* vom 22.7.1998; F. A. McMorris, »Give LSD to an artist at Paris cafe in 1952«, *Wall Street Journal* vom 28.4.1999;

Russ Baker/Siegesmund von Ilsemann, »Einstürzende Wände«, *Der Spiegel* vom 15.3.1999.

52 Ed Regis, »The Biology Of Doom«, New York 1999; Peter Michalski, »CIA unter unheimlichen Verdacht«, *Welt am Sonntag* vom 21.3.1999.

53 Die Beschreibung dieser Szene stammt von Ed Regis; Ed Regis, »The Biology Of Doom«, New York 1999.

54 Michael Ignatieff, »What Did the C.I.A. Do to His Father?«, *The New York Times Magazine* vom 1.4.2001.

55 Gespräch mit Norman Cournoyer am 16.2.2002.

56 Gespräch mit Norman Cournoyer am 16.2.2002; »A Lion in the Yard«, Notes on meeting my father's old colleague, May 16–19, 2001 (persönliche Aufzeichnungen von Eric Olson).

57 Gespräch mit Norman Cournoyer am 16.2.2002; Gespräche mit Eric Olson vom 11. bis 18.2.2002; »A Lion in the Yard«, Notes on meeting my father's old colleague, May 16–19, 2001 (persönliche Aufzeichnungen von Eric Olson).

58 »A Lion in the Yard«, Notes on meeting my father's old colleague, May 16–19, 2001 (persönliche Aufzeichnungen von Eric Olson).

59 Siehe Anmerkung 58.

60 Gespräch mit Norman Cournoyer am 16.2.2002; Gespräche mit Eric Olson vom 11. bis 18.2.2002; »A Lion in the Yard«, Notes on meeting my father's old colleague, May 16–19, 2001 (persönliche Aufzeichnungen von Eric Olson).

61 Albert E. Cowdrey, »Germ Warfare and Public Health in the Korean Conflict«, *Journal of the History of Medicine and Allied Sciences*, April 1984; Stephen Endicott/Edward Hagerman, »The United States and Biological Warfare: Secrets from the Early Cold War and Korea«, Bloomington 1999.

62 Milton Leitenberg, »New Russian Evidence on the Korean Biological Warfare Allegations«, Woodrow Wilson Center, *Bulletin* 11/1998; Kathryn Weathersby, »Deceiving the Deceivers: Moscow, Beijing, Pyongyang and the Allegations of Bacteriological Weapons Use in Korea«, Woodrow Wilson Center, *Bulletin* 11/1998.

63 Gespräch mit Norman Cournoyer am 16.2.2002; Gespräche mit Eric Olson vom 11. bis 18.2.2002; »A Lion in the Yard«, Notes on meeting my father's old colleague, May 16–19, 2001 (persönliche Aufzeichnungen von Eric Olson).

64 Siehe Anmerkung 63.

65 Schreiben des Assistant Directors, *FBI Washington Field Office*, an die Mitglieder der *American Society for Microbiology* vom 29.1.2002.

66 Barbara Hatch Rosenberg, »Analysis of the Source of the Anthrax Attacks«, *Federation of American Scientists*, Arbeitspapier vom 31.1. 2002; Claire Bowles, »Could the FBI be doing more in the hunt for the anthrax attacker?, *New Scientist* vom 2.3.2002.

67 Barbara Hatch Rosenberg, »Is the FBI Dragging Its Feets?«, *Federation of American Scientists*, Kommentar vom 5.2.2002.

68 Siehe Anmerkung 67.

69 Trotz verschiedener Versuche haben Saracco und Bibbs auch nicht auf Anrufe und Anschreiben der Autoren reagiert. Sie standen weder für ein persönliches Gespräch noch für ein Telefonat oder auch nur einen E-mail-Kontakt zur Verfügung, obwohl sie früher durchaus mit Journalisten über den Fall gesprochen hatten, zum Beispiel mit Michael Ignatieff; Michael Ignatieff, »What Did the C.I.A. Do to His Father?«, *The New York Times Magazine* vom 1.4.2001.

70 Schreiben von Eric Olson an Stephen Saracco, New York County District Attorney, vom 30.4.2002.

71 Siehe Anmerkung 70.

72 Eric Olson, »Blowback from 1953«, Manuskript Oktober 2001.

73 *New York Times* vom 4.9.2001.

74 Die frühere Abrüstungsexpertin Elisa D. Harris, die acht Jahre lang in Clintons Nationalem Sicherheitsrat gearbeitet hatte, bekannte, sie sei durch die Veröffentlichung der *New York Times* schockiert gewesen, weil sie von einigen der dort erwähnten Bio-Abwehr-Projekten noch nie gehört hatte; Laura Rozen in *Salon* vom 8.2.2002; *New York Times* vom 4.9.2001.

75 Untersuchungen des »Sunshine Project« ergaben, dass offenbar in weit größerem Umfang Experimente zur biologischen Kriegsführung geplant wurden, die Anträge jedoch nicht zugänglich waren; »US-Militärs planen die Entwicklung neuartiger Biowaffen«, *The Sunshine Project*, Presseverlautbarung vom 8.5.2002; »Enhanced Degredation of Military Material Proposed Concept, Capability and Technology Investment«, *Naval Research Laboratory*, Code 6106, Washington 1997; »US Department of Justice Receives ›Non-Lethal‹ Biological Weapons Documents«, *The Sunshine Project*, Presseverlautbarung vom 24.5.2002; »Biofouling and Biocorrosion«, *Idaho National Engineering Laboratory*, Idaho Falls 1994.

76 »US-Militärs planen die Entwicklung neuartiger Biowaffen«, *The Sunshine Project*, Presseverlautbarung vom 8.5.2002; »Enhanced Degredation of Military Material Proposed Concept, Capability and Technology Investment«, *Naval Research Laboratory*, Code 6106, Washington 1997.

77 »Washington blockiert B-Waffen-Gespräche«, *Süddeutsche Zeitung* vom 1./2.12.2001; Laura Rozen in *Salon* vom 8.2.2002; Claire Bowles, »Could the FBI be doing more in the hunt for the anthrax attacker?, *New Scientist* vom 2.3.2002.

78 »Washington blockiert B-Waffen-Gespräche«, *Süddeutsche Zeitung* vom 1./2.12.2001.

79 White House Memorandum from Dick Cheney for Don Rumsfeld, Subj: The Olson Matter/CIA Suicide, 11.7.1975; Gerald Ford Library.

80 Der entsprechende Absatz des Memorandum im Wortlaut: »(...) Furthermore, there are serious legal questions that will have to be resolved concerning the Government's responsibility, the possibility of additional compensation, and the possibility that it might be necessary to disclose highly classified national security information in connection with any court suit, or legislative hearings on a private bill intended to provide ad-

ditional compensation to the family (...)«; White House Memorandum from Dick Cheney for Don Rumsfeld, Subj: The Olson Matter/CIA Suicide, 11.7.1975; Gerald Ford Library.

81 White House Memorandum for the President from Roderick Hills through Jerry Jones/James Connor, Subj: Scheduling of Meeting re Invitation to Mrs. Frank Olson and her three children to meet with the President, 16.7.1975; White House Memorandum for the President from Roderick Hills through Dick Cheney, Subj: Olson Family Compensation Claim, 30.9.1975; White House Memorandum for Dick Cheney from Roderick Hills, Subj: Attorneys for the Olson Family; Gerald Ford Library.

82 Schreiben von CIA-Direktor George Bush an James M. Frey, *Office of Management and Budget*, 6.10.1976.

83 Eric Olson, »Blowback from 1953«, Manuskript Oktober 2001.

Epilog

1 Gespräch mit Ike Feldman am 15.2.2002; »The Frank Olson Story«, Chronologie der Ereignisse, 2000; Gespräche mit Eric Olson vom 11. bis 18.2.2002.

2 Die Information hatte Eric Olson von dem Journalisten Hank Albarelli erhalten, der offenbar mit ehemaligen CIA-Leuten in Florida engen Umgang pflegte. Doch Albarelli konnte niemals seine Quelle benennen. Ein Buch unter dem Titel »A Terrible Mistake: The Murder of Frank Olson and the CIA's Cold War Experiments«, das er zusammen mit John F. Kelly schreiben wollte und seit Jahren ankündigte, erschien jedoch bisher nicht; Hank P. Albarelli/John F. Kelly, »CIA Murder in Manhattan« vom 24.9.2000 (unveröffentlichtes Manuskript); Gespräche mit Eric Olson vom 11. bis 18.2.2002.

3 Martin A. Lee/Bruce Shlain, »Acid Dreams«, New York 1985.

4 »The Frank Olson Story«, Chronologie der Ereignisse, 2000; Gespräche mit Eric Olson vom 11. bis 18.2.2002.

5 Gespräch mit Ike Feldman am 15.2.2002.

Register

Namensregister

Sachregister